教育部人文社会科学研究一般项目（项目编号：07JA790046）

国民政府与中国农村
金融制度的演变

龚　关　等著

南开大学出版社

天　津

图书在版编目(CIP)数据

国民政府与中国农村金融制度的演变 / 龚关等著.
—天津:南开大学出版社,2016.3
 (南开人文社科文库)
 ISBN 978-7-310-05054-3

Ⅰ.①国… Ⅱ.①龚… Ⅲ.①农村金融—金融制度—
研究—中国 Ⅳ.①F832.35

中国版本图书馆 CIP 数据核字(2016)第 011808 号

南开大学出版社出版发行
出版人:孙克强
地址:天津市南开区卫津路 94 号   邮政编码:300071
营销部电话:(022)23508339 23500755
营销部传真:(022)23508542   邮购部电话:(022)23502200
*
唐山新苑印务有限公司印刷
全国各地新华书店经销
*
2016 年 3 月第 1 版   2016 年 3 月第 1 次印刷
230×160 毫米 16 开本 23.5 印张 2 插页 336 千字
定价:45.00 元

如遇图书印装质量问题,请与本社营销部联系调换,电话:(022)23507125

目　录

绪　论

一、研究缘起

对农村金融这一课题的兴趣，最初是在研究天津金融史时，涉及20世纪30年代初商业银行的"资金归农"。因为感兴趣，便着手搜集和梳理现有的研究成果，搜寻当时报刊、杂志发表的文章、调查资料，更进一步到南京、重庆等地档案馆查阅档案资料，对农村金融的了解深入了一步，也坚定了探究这一问题的决心。农村金融是金融领域里一个相对独立又具有一些特殊性的领域，同时又与国家的农业政策、农业的发展及生产技术、金融市场、社会组织等密切相关，可以探讨的问题很多，研究的空间很大。现有的研究成果不少，涉及的问题也比较广泛，但总体来看不能令人满意，这些成果似乎弄清楚了基本事实，但又给人以模糊的印象，在某种程度上说，还不如时人的研究能给人一个比较清晰的图景，这就意味着要想在农村金融问题研究上有所突破，应该寻找新的途径或者新的视角。丰富的文献资料也给研究提供了很好的基础，各地档案馆有大量档案资料，当时出版的农村金融或相关的著作很多，报刊发表的有关农村金融的论文、调查报告也不少。当然，这些文献资料相同、类似的很多，研究所需要的关键资料却又很少，这就使得研究者在资料的发掘上要花费不少时间。

在探究这一问题时，必须回答一个问题：农村金融的研究是否有意义。长期以来，学术界有一种观点认为，中国的农村问题盘根错节，非常复杂，不是一点一滴的改良能够解决的，需要对中国农村社会来一个根本的改造。这一观点确实有它的道理，它也成为推进中国农村变革乃至中国革命的指导思想，是中国学术界、政治领域的主导性观点。正因如此，主张社会改良的观点则被长期忽视甚至被抑制，20世纪20年代晏阳初在河北定县所推行的平民教育、30年代梁漱溟在山东等地进行的乡村建设被认为是在农村推行社会改良，所起的作用非常有限，它维护的是地主阶级的利益，是与社会的根本改造道路相对抗的。这种否定乡村建设的观点近些年来有些改变，但持否定态度的仍大有市场。由此不能不联想到农村金融问题，按照革命与改良两极对立的逻辑，农村金融的探索也是一种社会改良，而且很多研究农村金融者也发现，解决中国农村单靠发展农村金融是不够的，农村金融自身的发展也需要其他农村问题乃至整个社会问题的解决才能得以实现。这似乎又使问题回到了根本改造的逻辑，不禁使人怀疑今天去研究民国时期对农村金融的探索还有没有意义。但如果我们换一个角度去审视这一问题，研究农村金融是有意义的，而且有很重大的意义。20世纪中叶，中国革命取得了胜利，这应该说是在对中国社会进行根本改造上取得了重大的胜利，在中国历史上有着划时代的意义。但是，革命胜利并不等于能解决所有的社会问题，革命胜利了，这只是推进社会根本改造的第一步，此后还需要社会秩序的重建，这种秩序的重建难度更大，需要的时间更长。这时，历史上的社会改良就不是没有意义了。因为历史的延续性，前代的社会秩序总会对后代新的社会秩序的形成产生重大影响，前代的社会改良哪怕是留下些微的新的制度和秩序，也会对革命后的社会秩序的重建有着积极的意义。民国时期对农村金融的探索，实际上是在中国社会发生转型的背景下，引入西方新型的农村金融制度，在中国农村建立一种新的农村金融秩序，这种探索曲折复杂，其绩效也很不令人满意，但是它的制度建设的意义仍然值得肯定，它是此后进一步探索的基础。

新中国成立后，农村金融的建设和发展实践异常曲折。改革开放前，在中国人民银行统揽一切金融业务的"大一统"金融体制下，农村金融领域形成了国家银行（主要是中国人民银行，少数年份成立了农业银行）与农村信用社并存的格局，其中国家银行是主导，农村信用社则从农民的合作组织演变成了中国人民银行的基层组织。改革开放30余年来，为适应农村经济改革和发展的需要，农村金融体制改革不断深入，到目前为止，已初步形成了一个包括合作性金融、商业性金融、政策性金融在内的金融体系，但这一体系存在着诸多的问题和缺陷，制约了农村金融有效作用的发挥。笔者曾将20世纪前期和后期农村金融的发展和探索实践进行对比，发现两者有很多不同之处，同时，其相同之处或者说相同的问题也不少，于此说来，研究历史上的农村金融问题就更有意义了。

正是既着眼于历史，又以现实观照历史，笔者认为仅仅研究20世纪前期的中国农村金融是不够的，应该将20世纪后期也纳入研究的视野，以20世纪中国农村金融的发展作为自己的研究课题。当然，这是一个庞大的课题，笔者研究的第一步是着眼于民国时期，待这一研究告一段落后，再转向新中国的研究，并从整个20世纪来审视中国农村金融的发展演变。

二、文献综述

（一）民国时期研究与实践的并重

民国时期，中国农村金融发生了重大转变，旧式金融机构逐渐走向衰落，新式金融机构兴起并得到了较大发展。新式农村金融兴起和发展的进程，同时也是新的农村金融制度探索和建设的过程，一批热衷于推动农业合作、农村金融的社会人士，如寿勉成、于永滋、王世颖、林和成、侯哲葊、乔启明、姚公振等，他们或是学者，或是金融业者、政府官员，或者几者兼而有之，一方面直接参与农村金融实践，在这一进程中扮演着组织者、指导者、领导者的角色，另一方面，则致力于农村金融的研究，学术研究与农村金融发展的实践相结合成为民国时期农村金融发展的一个重要特点。他们研究的问题大致有如下几个：

1. 梳理中国农村金融发展史。

姚公振系统地梳理了中国几千年的农业金融发展，时间跨度上自先秦，下至抗战时期，先论及先秦至清代的农业金融之演变，进而分析民国以来农业金融之发展；[①]侯哲荨、林嵘将先秦到抗战时期为止的农业金融发展史分为萌芽、滋长、变革、整刷四个时期；[②]王世颖则分别论述了历代的农业金融政策、青苗钱制和我国近代农业金融制度的发轫。[③]长时段的研究之外，更多的是对现实农村金融的状况和实践的归纳，陆国香、韩德章分别研究了湖南、浙西农村之借贷；[④]言穆渊利用已有的研究和所能搜集的各种调查资料、银行报告，对1931－1937年间的银行经放的农贷数量进行了估计；[⑤]林嵘、姚公振等对中国农民银行所推进的农贷及最初10年的发展史进行了梳理；[⑥]黄肇兴、丁宗智则总结了自1936年以来至1944年间合作金库的发展进程以及合作金融制度建设的状况；[⑦]林和成对我国新式农业金融机关农业银行、农村信用合作社、农业仓库，旧式农业金融机关典当、合会等做了较为系统的介绍；[⑧]中央银行经济研究处所编《中国农业金融概要》，先分省介绍中国农业金融概况，进而又介绍了典当、合会、农

① 姚公振：《中国农业金融史》，中国文化服务社，1947年。

② 侯哲荨、林嵘：《中国农业金融之史的发展》，《金融知识》1卷5期、6期，1942年9、11月。

③ 王世颖：《我国历代之农业金融政策》，《中农月刊》1卷2期，1940年2月；《青苗钱制——我国历史上一个农业金融制度》，《中农月刊》1卷4期，1940年4月；《我国近代农业金融之发轫》，《中农月刊》1卷6期，1940年6月。

④ 陆国香：《湖南农村借贷之研究》，国民政府实业部国际贸易局，1935年；韩德章：《浙西农村之借贷制度》，《社会科学杂志》3卷2期，1932年6月。

⑤ 言穆渊：《我国银行经放农贷之数量（1931－1937）》，《经济学报》第2期，1941年。

⑥ 林嵘：《七年来中国农民银行之农贷》，《中农月刊》1卷1期，1940年1月；姚公振：《十年来之中国农民银行》，《经济汇报》6卷11期，1942年12月；顾翊群：《十年来之中国农民银行》，《中农月刊》4卷4期，1943年4月。

⑦ 黄肇兴：《中国合作金库发展史之鸟瞰》，《新中华》复刊第1卷第10、11期，1943年10－11月；《中国合作金融之发展》，《新中华》复刊第1卷第3期，1943年3月。丁宗智：《八年来之合作金融》，《金融知识》4卷1、2期合刊，1945年7月。

⑧ 林和成：《中国农业金融》，中华书局，1936年。

工银行、农民银行、合作社、商业银行等各种农业金融机关；①另外，有不少对传统金融业研究的专著出版。②

2. 介绍国外农村金融的理论和发展经验。

新式农村金融制度在德国产生后，在欧美及世界其他地区得到了广泛的推广。当中国开始探索新式农村金融制度时，它在欧美国家已经有了长则 100 多年，短则几十年的历史，这之中既有成功的范例，也有失败的教训，它们足以成为中国在推进新式农村金融制度建设时的借鉴。因此，介绍国外农村金融理论、各国农村金融发展史以及各国农村金融制度的特点成为研究的一个重要领域。王志莘、吴敬敷的《农业金融经营论》对农业金融的分析以需求与供给为基本框架，对农业信用、农业资金的来源、农业债券、农业金融机关、利率、农家负债的整理、政府与农业金融等进行了论述；③陈振华的《农业信用》，介绍了一般农业信用的原理、土地信用、合作信用及短期农业信用等；④于树德于 1919 至 1920 年间，参考日本有关合作社的文献，著有《信用合作社经营论》，对信用合作社的理论与实际经营做了全面介绍；⑤侯哲荪的《合作金融论》，在论述了合作金融的本质后，分别介绍了各种类合作金融如消费合作金融、都市小生产者合作金融、农业的合作金融、特殊合作金融、国际合作金融等；⑥有关合作金融的著作还有张绍言《合作金融概论》（中华书局，1944 年），张则尧《合作金融要义》（中国合作经济研究社，1944 年 10 月），陈颖光、李锡勋的《合作金融》（正中书局，1947 年）等。薛树薰探讨了合作金库的本质及其组织系统⑦，叶谦吉则分析了合作金库制度的意义。⑧在介绍各国农

① 中央银行经济研究处：《中国农业金融概要》，商务印书馆，1936 年。

② 杨肇遇：《中国典当业》，商务印书馆，1933 年；王宗培：《中国之合会》，中国合作学社，1935 年；杨西孟：《中国合会之研究》，商务印书馆，1935 年。

③ 王志莘、吴敬敷：《农业金融经营论》，商务印书馆，1936 年。

④ 陈振华：《农业信用》，商务印书馆，1933 年。

⑤ 于树德：《信用合作社经营论》，中华书局，1921 年。

⑥ 侯哲荪：《合作金融论》，中国合作学社，1936 年。

⑦ 薛树薰：《合作金库本质之鸟瞰》，《中农月刊》5 卷 9、10 期，1944 年 10 月；《合作金库组织系统及其理论之探讨》，《中农月刊》5 卷 11 期，1944 年 11 月。

⑧ 叶谦吉：《合作金库制度之意义与建立》，南开大学经济研究所农业经济丛刊第一种。

村金融制度方面，1933 年，王志莘受国民政府行政院农村复兴委员会的委托，邀集数人研究农村金融问题，首先于 1935 年出版了《农业金融制度论》，是对各国农业金融制度的概括性研究，分别分析了各国农业金融制度的发展、实施及其趋势。此后则对各国农业金融制度进行个别研究，分别出版了《日本之农业金融》《德国之农业金融》《美国之农业金融》。[①]民国时期，对各国农业金融制度的介绍和研究一直绵延不断，其中既有分别介绍各国的农业金融制度及其特点的，也有综合性和比较性的研究，这些研究无疑对推进中国农村金融制度的建设有着积极的作用。[②]

3. 总结正在推进的农村金融实践并提出批评。

对中国来说，新式农村金融制度是全新的事物。介绍新制度的基本理论以及国外的经验，这是引入新制度的第一步，在新制度的建设、实施过程中，它还需要与中国的环境、制度、文化、习俗等相磨合，于是，新式农村金融实践的进程中，存在何种缺陷与问题、其原因何在、与国外成功的经验有何差距、如何改进，便成为各方的集中关注点。这些被关注和讨论的问题非常广泛，既有农村金融本身的问题，更有与农村金融相关并对其产生影响的方面，诸如农贷的方式与政策、农业金融制度、合作社与合作金融、土地金融等等。

农村金融最核心的是农贷问题，即如何让急需资金的贫苦农民能够有效地借到资金，最受关注、最受诟病的也是农贷问题。被各方广

---

① 吴敬敷、徐渊若：《农业金融制度论》，商务印书馆，1935 年；徐渊若：《日本之农业金融》，商务印书馆，1935 年；徐渊若：《德国之农业金融》，商务印书馆，1936 年；吴宝华：《美国之农业金融》，商务印书馆，1938 年。

② 黄卓：《英国农村金融概观》、曹锡光：《美国农村金融概观》、陈宗：《德国农村金融概观》、郑麟翔：《苏联农村金融概观》，上述文章见《中国农民月刊》1 卷 6 期，1942 年 7 月；王世颖：《美国农业金融制度之新猷》，《银行周报》20 卷 9 期，1936 年 3 月；蒋学楷：《美国农业金融制度》，《农村合作》2 卷 6 期，1937 年 1 月；小平权一：《各国合作金融制度概述》，《经济汇报》8 卷 2 期，1943 年 7 月；罗俊：《各国中央合作金融机关之组织制度及其特征》，《中农月刊》3 卷 3 期，1942 年 3 月；侯厚培：《近代农业金融机关之发展及其比较研究》，《中农月刊》1 卷 5 期，1940 年 5 月；崔永辑：《德法农业金融制度之比较研究》，《中农月刊》1 卷 11、12 期合刊，1940 年 12 月；章景瑞：《近世农业金融制度的发展及其趋势》，《中农月刊》1 卷 11、12 期合刊，1940 年 12 月；许性初：《各国农贷制度之比较》，《中农月刊》1 卷 11、12 期合刊，1940 年 12 月。

泛讨论的是农民所能借到的资金数额小、期限短，致使资金得不到有效利用，更有因农贷机关的偏好、地主豪强的控制，大量贫苦农民根本得不到借款，农贷达不到它应有的目的。围绕这一困扰各方的难题，各个角度的探讨主要是基于导致这一难题的原因以及寻求对策两大方面，而涉及的问题则有农贷的特性、任务、方式和方针政策等。[①]这其中不乏真知灼见，同时也将诸多的困惑展现出来。从事农贷者都很清楚在小农经济里，"农场与农家，根本为一不可分离之混合体；因之家庭开支，及生产投资，根本无法判别"[②]，因此，单纯地规定贷款用于生产用途没有实际意义，而应该从贷款的运作机制设计上做文章，这其中被广泛提及的有实物贷放、农村合作组织的健全以及农贷机关应与农业推广机关、科学技术机关等密切配合。[③]然而要做到这些，又会牵涉诸多方面的关系，于是，似乎可以寻求到的解决之途，恰是面临的此路不通。

农贷问题，除合理的机制设计，更需要健全的制度。随着农村金融实践的推进和制度的演变，很多参与者、组织者纷纷发文分析演进中的农村金融制度的进步之处和缺陷。关于其进步之处，有强调农村金融由消极的救灾恤贫，进而为积极之资金融通；农业金融利用合作组织，不仅予农民以资金融通，且在组织上与技术上加以帮助；政府由认识到农业金融之重要，进而设立农业金融机关。[④]有在分析农业金融的进步时，肯定了抗战时期国民政府在金融机构之整饬、农贷业

---

① 赵之敏：《论我国今后农贷政策》，《经济汇报》5卷11期，1942年6月；秦柳方：《论当前农贷》，《经济论衡》2卷2期，1944年2月；汪荫元：《当前农贷的出路》，《中农月刊》3卷3期，1942年3月；费孝通：《农贷方式的检讨》，《中农月刊》1卷6期，1940年6月；章元善：《农贷何处去》，《中农月刊》2卷1期，1941年1月；孙耀华：《我国农贷事业之检讨与改进》，《中国农村》战时版8卷7期，1942年；杨蔚：《农贷理论之检讨与根据》，《经济汇报》1卷13期，1940年5月；乔启明：《农贷问题》，《中华农学会报》第186期，1948年3月。

② 杨蔚：《农贷理论之检讨与根据》，《经济汇报》1卷13期，1940年5月；

③ 费孝通：《农贷方式的检讨》，《中农月刊》1卷6期，1940年6月；章元善：《农贷何处去》，《中农月刊》2卷1期，1941年1月。

④ 厉德寅：《三年来之农业金融及今后改进之途径》，《经济汇报》2卷1、2期合刊，1940年7月。

务之推广、贷款方针之改善等方面对农业金融的发展所做的贡献。[1]然而，对农村金融制度的批评更多，涉及诸多方面，其中被认为是"我国农业金融制度之最大问题，为农业金融机构之无系统，与农贷政策之未确立"，而农业金融机构之无系统，则表现为"现时中央农贷机关，有中央、中国、交通、中农四行；地方农贷机关，有省农民银行、地方银行、合作金库及水利贷款委员会。这种多头性的农贷机关的存在，造成各贷款机关只有地域的分工，而无业务的分工，其结果是各区域农贷需要的缓急，与农贷种类的倚重倚轻不能统筹并顾，各贷款机关乃至各种业务俱做，而不能按各机关之性质，专致力于某一种业务"。[2]关于农贷机关庞杂的类似话语在其他有关文献里经常出现，这恰好说明这一问题的严重，以及它所引起的广泛关注，乃至有人认为中国只有农贷政策，而没有农业金融制度。

民国时期，农村金融发展的一个主要特点是，农贷主要以合作社为对象，于是，合作社及合作金融成为广受关注、广被研究的对象，其涉及的主要问题有：（1）合作社。合作社的发展及其组织的健全，是合作金融制度得以建立并有效发挥作用的基础。对中国来说，合作社乃外来之物，于是如何促进合作社的发展便成为合作金融制度建立的首要问题。关于合作社的讨论，主要有合作指导制度、合作社的兼营与单营、合作社组织的健全、合作社被地主豪绅控制等问题。[3]（2）商业银行的农村放款。20 世纪 30 年代前半期的商业银行农村放款热潮，为濒临崩溃的农村注入了有限的资金，从而有限地缓解农村资金枯竭问题的同时，也引起了学理上的广泛争论，即商业银行是否应该主导农村金融、商业银行进入农村金融市场后的利弊等。各方观点分

---

[1] 王世颖：《我国农业金融之新献》，《财政评论》3 卷 5 期，1940 年 5 月。

[2] 巫宝三：《论我国农业金融制度与贷款政策》，《金融知识》1 卷 4 期，1942 年 7 月。

[3] 张镜予：《中国农村信用合作运动》，商务印书馆，1930 年；侯哲葊：《现在中国之信用合作事业》，《银行周报》16 卷 21、22 期，1932 年 6 月 7、14 日；于永滋：《中国合作社之进展》，《东方杂志》32 卷 1 号，1935 年 1 月；陈晖：《中国信用合作社的考察》，《中国农村》1 卷 8 期，1935 年 5 月；郑厚博：《中国合作社实况之检讨》，《实业部月刊》1 卷 7 期，1936 年 7 月；李景汉：《中国农村金融与农村合作问题》，《东方杂志》33 卷 7 号，1936 年 4 月；宋之英：《农贷与合作的检讨》，《西南实业通讯》5 卷 5、6 期、6 卷 1 期，1942 年 5、6、7 月。

歧较大，但是商业银行以盈利的眼光进入农村金融市场所产生的消极影响，被各方所共同关注，这也成为要求建立合作金融系统的一个重要原因。①（3）合作金融制度问题。民国时期的合作金融分一般银行参与农贷及合作金库两种情况，这也说明合作金融制度尚处于不合理、不健全的状态，与合作金融的原则是背道而驰的。建立系统的合作金融制度便成为广泛讨论的课题，首先，被探讨的是关于建立系统的合作金融系统特别是建立中央合作金库的必要性，而到底是自上而下还是自下而上地建立合作金融系统则始终争论不休，与此相关，政府在合作金融制度的建立中应发挥怎样的作用也意见不一。系统合作金融制度主要是通过建立各级合作金库机构体系而实现，有关合作金库的探讨，诸如性质、业务、资金来源、各层级之间的关系，也成为合作金融制度研究的重要内容。②

　　合作金融之外，还有关于土地金融的探讨和研究，主要涉及的问题有土地金融的性质、目的、体系、业务及资金筹措等。③

　　① 慕杰：《新币制策动下之银行农村投资》，《统计月报》31卷，1937年5月；《廿五年银行业农业投资之状况》，《上海法学院商专刊》1卷1期，1937年1月；符致逮：《商业银行对于农村放款问题》，《东方杂志》32卷22号，1935年11月；傅兆元：《中国农村贷款事业之检讨》，《新农村》第15期，1934年8月；王益滔：《论商业银行之农村放款》，《农学月刊》2卷2期，1936年5月；武育宣：《银行业投资农村之检讨》，《中国经济》3卷5期，1935年5月；王厚渭：《银行救济农村商榷》，《银行周报》19卷35期，1935年9月10日；施德兰：《对于中国银行界投资农村之意见》，《银行周报》19卷9期，1935年3月12日；邹枋：《农村放款中的几个实际问题》，《银行周报》19卷5期，1935年12月5日。

　　② 寿勉成：《我国合作金融问题》，《金融知识》3卷6期，1944年11月，《我国合作金融问题批判》，《中国合作》2卷10—12期，1942年6月；《改进我国合作金融制度刍议》，《财政评论》5卷1期，1941年；《我国合作金库之沿革与将来》，《银行周报》31卷1期，1947年。刘荫仁：《创设中央合作金库问题时论析评》，《中国合作》2卷10—12期合刊，1942年6月。余建寅：《合作金库的现势及其前途》，《经济汇报》3卷1、2期合刊，1941年1月。杜元信：《论中国合作金库》，《西南实业通讯》3卷2期，1941年。顾尧章：《当前我国合作金库实务问题之检讨》，《经济汇报》6卷10期，1942年11月。陈颖光：《合作金库业务改进刍议》，《金融知识》1卷4期，1942年7月。叶谦吉：《我国合作金库制度的检讨》，《财政评论》3卷5期，1940年5月。张则尧：《论我国中央合作金库之创设》，《中国合作》1卷8、9期合刊，1941年3月。

　　③ 黄通：《土地金融之概念及其体系》，《地政月刊》2卷2期，1942年2月；崔永楫：《我国土地金融事业之回顾与展望》，《中农月刊》3卷2期，1942年2月；洪瑞坚：《土地金融业务之检讨》，《中农月刊》5卷11期，1944年11月；钟崇敏：《发行土地债券推进土地金融业务问题》，《中农月刊》9卷6期，1948年6月。

4．向政府提出未来农村金融发展的构想。

在吸收国外农村金融经验、总结本国农村金融实践的基础上，向政府提出农村金融改进的思路、未来发展方向也是各方对农村金融探讨的一个重要方面，此类文献数量不少，他们所提的建议许多具有很好的针对性，如林和成提出将中国农民银行改组为中央农业银行[①]，其他的还有系统完整地建立合作金融制度的重要性、政府在合作金融制度建设过程中的重要作用等。他们的见解在一定程度上影响了国民政府的行为。

（二）新中国时期民国农村金融史研究

新中国成立后直到 20 世纪 80 年代，农村金融的研究处于沉寂状态，发表的文章屈指可数。90 年代初，"三农"问题日益凸显，农村金融也越来越引起广泛的关注，政府一再推进农村金融体制改革，学术界除关注现实的农村金融问题外，也把眼光伸向历史，一度沉寂的民国农村金融研究逐渐多了起来，乃至成为学术研究的一个热点。已出版的著作除詹玉荣的《中国农村金融史》(中国农业大学出版社,1991年)、徐唐龄的《中国农村金融史略》（中国金融出版社，2000 年）两部农村金融通史都有民国时期的介绍外，更有多部专以民国时期的农村金融为题的，如李金铮《借贷关系与乡村变动》（河北大学出版社，2000 年)、《民国乡村借贷关系研究》（人民出版社，2003 年）、于永《20世纪 30 年代中国农村金融救济之考察》(内蒙古人民出版社,2002 年)、徐畅《20 世纪二三十年代华中地区的农村金融研究》（齐鲁书社，2005年）、付红《民国时期现代农村金融制度变迁研究》（中国物资出版社，2009 年）等、赵泉民《政府·合作社·乡村社会》（上海社会科学院出版社，2007 年）、张曼茵《中国近代合作化思想研究》（上海世纪出版集团、上海书店出版社，2010 年）等也涉及农村金融。论文发表的数量递年增多，近些年，研究生以此作为学位论文选题的也不在少数。

---

① 林和成：《改组中国农民银行为中央农业银行之检讨》,《湖南大学季刊》2 卷 3 期，1936年 7 月；乔启明：《我国农业金融之展望》,《中农月刊》3 卷 3 期，1942 年 3 月；陈颖光：《论我国农业金融之使命及其应有之改进》,《金融知识》1 卷 6 期，1942 年 11 月；侯哲莽：《论今后我国农业金融制度的改进》,《财政评论》8 卷 4 期，1942 年 10 月。

此外，海外学者的研究也日益加深，著作主要有台湾学者潘敏德的《中国近代典当业之研究》（台湾师范大学历史研究所，1985 年）、曹竞辉的《合会制度之研究》（台北联经出版社，1980 年）、赖建诚的《近代中国的合作经济运动》（正中书局，1990 年；修订版，学生书局，2011），论文有罗炳绵关于典当业的系列论文《清代以来典当业的管制及其衰落（1644－1937）》（《食货》7 卷 5、6 期，1977 年 7、8 月）、《中国典当业的起源和发展》（《食货》8 卷 7 期，1978 年 10 月）、《近代中国典当业的社会意义及其类别与捐税》（《台湾研究院近代史研究所集刊》第 7 期，1978 年 6 月）、《近代中国典当业的分布趋势和同业组织》（《食货》8 卷 2、3 期，1978 年 5、6 月）、美国华人学者陈意新的论文《二十世纪早期西方合作主义在中国的传播和影响》（《历史研究》2001 年第 6 期）、《农村合作运动与中国现代农业金融的困窘》（《南京大学学报》2005 年第 3 期）。探讨的问题主要有：

1. 合作社及合作运动

合作运动兴起的原因，涉及的文章比较多，观点差异不大，主要强调农业经济的破产在经济上、政治上威胁到国民党的统治，带来了一系列的社会问题，这些问题的解决最终归结到挽救农村经济上来，挽救农村经济成为国民政府的当务之急，为此，国民政府极力寻找一种既能调剂农村金融，又能取代土地革命的方法，去达到复兴农村经济的目的；近代合作主义的传播，为国民党提供了理论上的借鉴；再就是商业银行为过剩资金寻求出路。①

合作社的资金来源与构成。民国时期合作社自有资金缺少，大量依赖社外资金，对外部资金的依赖，给合作社及合作带来了不利的影响。有人认为，社外资金对于农村合作社的支撑极不稳定，从而无法保障农村合作乃至农村经济的复苏；有人认为，靠政府强力与银行资本的资助而推进的合作社资金结构呈现畸形、失衡的状态，促使了合作社的"变异"，"异化"成为银行资本在乡村的"代理人"，政府实

---

① 张士杰：《国民政府推行农村合作运动的原因与理论阐释》，《民国档案》2000 年第 1 期；姜枫《抗战前国民党的农村合作运动》，《近代史研究》1990 年第 3 期；晉金生《20 世纪二三十年代江南农村信用合作社述论》，《中国农史》2003 年第 3 期。

施管制经济、控制乡村、整合意识形态等多项政策目标的政治性组织，以及为乡村权势阶层所控制的"新的集团高利贷"。[①]但上述这些后果都归咎于资金构成似有不妥，对于合作社来说，最为关键的是形成有利于其独立经营、不受外来干预的治理结构。

合作社的经营管理和制度特征。对信用合作社的经营管理的探讨，除分析其组织、经营、管理与监督等外，有人认为南京国民政府时期信用合作社的兴起和它一枝独秀的畸形发展成了农村合作社鲜明的特点，信用合作社始终在各类合作社中独占鳌头，参加信用合作社的社员人数多和参加者投入的股本数额大是其畸形发展的主要表现，畸形发展导致其性质的变化，名义上是农民的组织，实际上却被地主、富农、乡绅、保甲长所操纵，成为向贫苦农民进行高利贷剥削的工具。[②]信用合作社一枝独秀是否称得上是畸形值得商榷，从世界各国情况看，信用合作社占多数是一个共同的现象。有人从国家与社会的视角对其制度特征的探讨，认为从制度变迁的方式来看，国统区的合作社组织是一种以政府为主导的强制性制度安排，由政府制定并实施合作社法规和由政府设置合作社各级行政管理机构，表明合作社组织的建立已纳入国民政府的政治经济决策体系。合作社组织的建立更多考虑了国民党政府的政府意愿和制度偏好，农民的利益和意志就被放在次要的位置。合作社的利益被地方强权势力控制，致使国民党政府企图通过合作社的制度安排"复兴农村经济"的目的成为泡影。[③]对江西的合作运动的研究也有类似的结论，认为 20 世纪三四十年代国民政府江西省政当局着力推行的农村合作运动已经具有明显的合作化特征。农村合作化运动体现了江西省府推进合作事业的广度与力度，成为江西农村近代化进程的重要推动力，也体现出国家对乡村社会的渗透和影响。

---

① 王先明、张翠莉：《二三十年代农村合作社借贷资金的构成及其来源》，《天津师范大学学报》2002 年第 4 期；赵泉民、忻平：《资金构成与合作社的"异化"》，《华东师范大学学报》2006 年第 2 期。

② 昝金生：《20 世纪二三十年代江南农村信用合作社述论》，《中国农史》2003 年第 3 期。范崇山、周为号：《抗战前我国农村信用合作社之考察》，《学海》1992 年第 2 期。

③ 梅德平：《国民党政府时期农村合作社组织变迁的制度分析》，《民国档案》2004 年第 2 期。

通过这一过程，可以观察到国家政权的强制、社会互动的错位、合作互助初衷的背离。①从国家与社会的关系研究合作社的经营、组织与制度，不失为一个很好的视角，可进一步深入。

合作运动的绩效与不足。涉及此问题的文章很多，结论大同小异，兹引两例。第一例：20 世纪 30 年代，"为挽救江南农村经济，在国民党政府的倡导下，江南农村信用合作社兴起并发展起来。江南农村信用合作社在组织、经营和监督上有自身的特点，它对江南农村经济的复苏起了一定的作用，但不能从根本上解决江南农村经济存在的问题"；②又一例："从 1927 年到 1937 年，国民党推行了整整 10 年的合作运动，最终合作运动的基础——合作社组织仍处于一片浑沌松散状态。合作运动的结果，既没有解决农村金融的枯竭，也没有改变农民生活的困苦，农村经济的恢复终成空话"。③当然，也有深入的分析，如认为"传统农业改造之关键是新的现代性农业生产要素的引进，而新生产要素的分配、扩散对于仅能维持生存的个体农民而言是力所不及的，需要由相当的组织机构来承担。为挽救农村危机，20 世纪前半期国民政府借助行政力量自上而下掀起了颇具声势的乡村合作运动，诸多合作社的组建，对于农村中诸如资金、技术及良种等现代性生产要素的引进有着促进作用，但同时合作社制度又为国家政权建设过程中基层社会形成的'经纪'体制所困扰，使其效用难以最大限度地发挥"；④华洋义赈会合作运动的实质是通过合作社把农民集结为信用团体单位，减少借贷的交易费用，从而把现代银行和国家金融机构吸引到农村的金融活动中，形成以金融制度改良农民经济的模式。这场运动的重要性并不在其本身，而在于其展示了一种改良农民经济的模式，并开创了中国现代农业金融制度。⑤

① 魏本权：《20 世纪上半叶的农村合作化——以民国江西农村合作运动为中心的考察》，《中国农史》2005 年第 4 期。

② 昝金生：《20 世纪二三十年代江南农村信用合作社述论》，《中国农史》2003 年第 3 期。

③ 姜枫：《抗战前国民党的农村合作运动》，《近代史研究》1990 年第 3 期。

④ 赵泉民、刘巧胜：《绩效与不足：合作运动对中国农业生产影响分析》，《东方论坛》2007 年第 2 期。

⑤ 陈意新：《农村合作运动与中国现代农业金融的困窘》《南京大学学报》2005 年第 3 期）。

2．农村金融机构

知名学者罗炳绵的系列论文探讨了近代中国典当业的起源和发展、类别及意义、分布趋势、管制及衰落等。刘秋根分析了明清至民国以来典当业的资本来源与构成。李金铮则分析了 20 世纪 20－40 年代典当业的衰落。另有文章研究了近代广西、浙江、江南、无锡等地区的典当业。① 关于合会，徐畅分析了 20 世纪二三十年代合会的运行机制、类型、功能和特点，在农村借贷中的地位及其发展趋势。单强、昝金生则对近代江南农村合会的性质、数量、形态、机制、功能做了分析。②

韩德章的文章是 20 世纪 80 年代以来较早地讨论民国时期新式农村金融的，认为中国新式农业金融机关的发端可上溯到 19 世纪末，北伐以后，专业的农业金融机关开始出现，并很快为官僚资本所控制，最后完全被官僚资本所垄断。③ 薛念文则论述了 20 世纪三十年代中国新式农业金融机构的建立与发展状况，认为因国民政府不够重视、中国农业的极大落后与破产的制约，是新式农业金融机构发展缓慢的原因。④ 徐畅对抗战前江苏省农民银行的研究认为，该行是抗战前经营最好、成绩最为显著、对农村贡献最大的农业银行。⑤ 有多篇文章专门探讨中国农民银行，其中邹晓昇的文章论述了中国农民银行角色和职能的演变，认为中国农民银行成立之初具有农村金融救济银行、"剿匪"银行、军事银行和蒋介石私人银行等多重角色及职能。1935 年 11 月国民政府统制金融，实施法币政策时，中国农民银行发行的货币与法币同样行使，确立了其国家银行的法律地位，并与中央银行、中国

---

① 李金铮：《20 世纪 20－40 年代典当业的衰落》，《中国经济史研究》2002 年第 4 期；刘秋根：《明清民国时期典当业的资金来源及资本构成分析》，《河北大学学报》1999 年；马俊亚：《典当业与江南近代农村社会关系辨析》，《中国农史》2002 年第 4 期；杨勇：《近代江南典当业的社会转型》，《史学月刊》2005 年第 5 期。

② 徐畅：《"合会"述论》，《近代史研究》1998 年第 2 期；单强、昝金生：《论近代江南农村的"合会"》，《中国经济史研究》2002 年第 4 期。

③ 韩德章、詹玉荣：《民国时期的新式农业金融》，《中国农史》1989 年第 2 期。

④ 薛念文：《论 20 世纪三十年代中国新式农业金融机构的发展》，《档案与史学》2001 年第 4 期。

⑤ 徐畅：《抗战前江苏省农民银行述论》，《中国农史》2003 年第 3 期。

银行、交通银行一起构成国家银行体系。此后，通过兼并农本局和四行所进行的改组，中国农民银行逐步统一了农贷，成为国民政府的国家农业专业银行。①傅亮、池子华等探讨了农本局对发展现代农业金融的作用，认为农本局曾作为政府调整农业金融的机关，通过辅导成立合作社，辅助设立合作金库，建立农业仓库，初步建立起一套实行农贷的网络，这些都促进了现代农业金融的发展，在一定程度上促进了农业金融的流通，打击了农村高利贷的行为。②龚关、李顺毅对合作金库的设立及资本结构等问题做了探讨③。

3.农村借贷

农村借贷是农村金融领域里的一个重要范畴，对其研究经久不衰。近年的研究出现少有的理论探讨，张杰从长期的视角探讨了中国的农贷制度，认为中国农户的融资次序耐人寻味，在农业收入不足以抵补维生成本时，首先考虑增加非农收入，其次才寻求信贷支持。就信贷支持而言，先争取国家农贷，再谋求民间熟人信贷，最后是高利信贷。在中国，长期以来，国家与农户在分割有限农村剩余过程中存在一种脆弱的平衡，而国家农贷制度的基本功能则是维持这种平衡。④

根据借贷供给主体和方式的不同，农村借贷可分为传统借贷和新式借贷。其中对传统借贷的研究主要是高利贷。韩德章等介绍了高利贷的起源与发展、近代农村高利贷的基本情况、性质和特点，分析了旧中国农村高利贷的形式与作用；郑庆平则分析了高利贷的形式、特点和危害，以及高利贷债主队伍的复杂化；王天奖论述了近代河南农村的高利贷。⑤上述文章对高利贷基本持否定的态度，近些年来，越

① 蒋国河：《中国农民银行农贷业务评析》，《福建师范大学学报》，2003 年第 4 期；邹晓昇、黄静：《论中国农民银行的农贷运行机制》，《河北大学学报》2004 年第 4 期；邹晓昇：《试论中国农民银行角色和职能的演变》，《中国经济史研究》2006 年第 4 期。

② 傅亮、池子华：《国民政府时期农本局与现代农业金融》，《中国农史》2010 年第 1 期。

③ 龚关：《合作金库的辅设问题探究》，《贵州财经学院学报》2011 年第 6 期；李顺毅：《资金来源结构与合作金库的发展》，《民国档案》2010 年第 2 期。

④ 张杰：《农户、国家与中国农贷制度：一个长期视角》，《金融研究》2005 年第 2 期。

⑤ 韩德章、詹玉荣：《旧中国农村的高利贷》，《中国农史》1984 年第 4 期；郑庆平：《中国近代高利贷资本及其对农民的剥削》，《经济问题探索》1986 年第 2 期；王天奖：《近代河南农村高利贷》，《近代史研究》1995 年第 2 期。

来越多的学者强调要客观分析高利贷的作用，肯定了它在维持社会再生产的顺利进行上的积极作用。李金铮的《借贷关系与乡村变动》《民国乡村借贷关系研究》两书则从乡村借贷关系转型的角度，对乡村借贷的总体状况从负债率、负债额、借贷来源、借贷用途、负债者构成、负债原因等进行了定量分析，分析和探讨了农村传统借贷的运作机制、基本构成、社会经济影响，新式借贷机构的建立发展、运作方式、绩效与不足。关于新式农贷，岳谦厚等以《大公报》的社评及所刊文章为范围分析了20世纪30年代中国农村合作运动讨论中关于"商资归农"的争论①，近年续有学者探讨这一问题。②黄立人论述了抗战时期国统区的农贷，分析了抗战时期国统区农贷发展的阶段性、特点和作用，认为抗战时期的农贷无疑是中国近代农贷史上的一个特殊的、绝无仅有的高峰时期，国家行政当局高度重视农贷，把农贷作为发展战时农业生产的主要措施；农贷呈普遍化发展；农贷的性质有了改变。抗战时期的农贷，体现了国家在农贷发展中具有无可替代的意义。③此外，有多篇文章探讨了某一银行或某一区域的农贷，或者是四联总处的农贷政策。④

4．农村金融制度

合理的农村金融制度与健全的农村金融体系，是农贷能否有效发挥作用的制度保证。民国时期，一些实践的参与者、学者在介绍国外农村金融理论和发展经验的同时，分析中国建立新的农村金融制度所

---

① 岳谦厚、许永锋：《20世纪30年代中国农村合作运动讨论中的"商资归农"问题》，《安徽史学》2007年第4期。

② 刘永祥：《20世纪20年代商业银行"资金归农"活动评述》，《社会科学家》2007年第3期；许永锋：《20世纪二三十年代"商资归农"活动运作的特点》，《中国经济史研究》2012年第2期。

③ 黄立人：《论抗战时期国统区的农贷》，《近代史研究》1997年第6期。

④ 刘志英、张朝晖：《民国时期浙江地方银行的农贷研究》，《杭州师范学院学报》2007年第1期；张天政：《抗战时期国家金融机构在陕西的农贷》，《抗日战争研究》2009年第2期；张晓辉、屈晶：《抗战时期广东省银行农贷研究》，《抗日战争研究》2011年第4期；邹晓昇：《20世纪30年代前半期商业银行农贷活动》，《江海学刊》2011年第2期；黄正林：《农贷与甘肃农村经济的复苏（1935－1945年）》，《近代史研究》2012年第4期；易绵阳：《抗战时期四联总处农贷研究》，《中国农史》2010年第4期。

面临的环境、存在的问题、推进的途径以及政府的作用等，纷纷提出了建立农村金融制度的构想，有学者对时人的这种宝贵探索进行了归纳。赵泉民认为时人对中国合作金融制度与体系建设进行了学理探讨，主要包括合作金融内涵、体系建设路径、组织体系层级、与农业金融的区别和联系、中央合作金库的地位及目标等。程霖、韩丽娟则认为他们提出了四种模式的构想（国家集中型、商业银行型、合作金融型、复合信用型），试图从中选择一种适应当时中国国情的新型农业金融制度。这些构想不仅具有较高的理论价值，其中一些观点对今天进行的金融体制改革也具有有益的启示。[①]

有学者分析了民国时期合作金融制度建设的探索。成功伟认为抗战时期，在推行农村合作运动的过程中，四川逐渐建立了由省、县两级合作金库组成的农村合作金融体系。各大金融机构是这一体系的主要资金来源，办理低利合作贷款是其主要业务。推行合贷的主要形式分为联合办理和分区办理两种，这两种形式都是首先由金融机构提供资金给各级合作金库，再由合作金库放款于基层合作社。[②]魏本权则论述了近代中国农村合作金融的制度变迁，认为20世纪三四十年代，以信用合作社—县（市）合作金库—中央合作金库及省（市）分支库组成的三级合作金融组织体系已经初步形成，成为新式农业金融中的重要一极，也构成与农民银行及其分支系统组成的农业金融体系并立的新型农业金融体系之一。它的建立对中国近代农业金融发展不无重要历史意义。它以合作金融的力量为近代农业与农村提供金融支持，成为近代乡村变革中的一注强力剂，并成为中国近代农业金融制度建设的一大创新。[③]

杜恂诚认为20世纪20—30年代中国的政界、金融界和学界曾掀起一波农村金融的浪潮，由中央和地方政府组织的农民银行、中国银

[①] 程霖、韩丽娟：《民国时期农业金融制度建设的四种模式》，《中国经济史研究》2006年第4期；赵泉民：《乡村合作运动中合作金融制度建设之议》，《东方论坛》2008年第4期。

[②] 成功伟：《抗战时期四川农村合作金融体系初探》，《社会科学研究》2010年第6期。

[③] 魏本权：《试论近代中国农村合作金融的制度变迁与创新》，《浙江社会科学》2009年第6期。

行以及若干商业银行展开了对农村信用合作社等农民组织及农民个体的贷款，并形成了一套理论思路和操作规程。农村新式金融的开展需要解决受体的设计，农村信用合作社是一种信用受体，它本身并不是金融机构，它以加入者的信用来降低贷款风险，并以此来促进中国农村社会信用共同体的发育。农村新式金融的品种设计是从实际出发的，风险防范是有效的。农村新式金融可以做到低成本和薄利润，农村新式金融专业机构除了在开创期需要政府投入外，其日常经营能够做到自负盈亏。农村新式金融需要长期稳定的社会、经济和货币条件才能稳步推进，需要政府的自律清廉才能约束其成本和贷款方向，这些方面体现了当时中国农村新式金融的局限性，并注定这次农村金融新的尝试不能取得成功。①

5. 农村金融的绩效与不足

近代中国农村金融的发展取得的成效及不足，是被许多研究者广为关注的一个话题，甚至可以称之为研究这一问题的一个范式。众多的研究成果，其结论大同小异，大致都是既肯定起积极作用，又认为其存在着诸多的不足之处，如高石钢评价民国时期新式金融在西北的农贷活动绩效，认为民国时期，新式金融在西北各地所进行的农贷活动虽涉及农村经济、农业生产与农户生活的各个领域，对于缓解该地区农村资金市场的压力、减轻农户所受传统高利贷的剥削等方面有一定程度的积极作用。但由于参与农贷各方目的的不一致性，新式农贷机构分布很不均匀，一些农贷机构被地主、富农操纵，农贷活动借贷手续烦琐、时效性差，贷款平均分散等原因，活动所产生的积极作用是相当有限的。总体上说，农贷活动并未对该地区传统借贷关系产生根本性的冲击，西北农村金融现代化的目标并未实现。②

也有学者主要强调起积极的作用，张天政分析抗战时期国家金融机构在陕西的农贷，认为国家金融机构在陕西农贷活动，不仅打击了高利贷盛行的现象，而且在推动区域经济兴起及支持抗日战争方面，

① 杜恂诚：《20世纪20—30年代的中国农村新式金融》，《社会科学》2010年第6期。
② 高石钢：《民国时期新式金融在西北的农贷活动绩效评价》，《中国农史》2009年第3期。

具有至关重要的历史作用。①刘志英、张朝晖对民国时期浙江地方银行农贷的研究，认为在 20 世纪 30－40 年代中国农村经济极度衰败、农村金融极度匮乏、农民深受高利贷盘剥的状况下，作为新式金融机关的浙江地方银行却将资金投入农村，将从农村流入城市的资金部分地流还农村。这一新举措无疑给资金枯竭、高利贷横行的浙江农村金融注入了新鲜血液，为浙江农村经济带来了活力。该行在农贷工作中善于因地制宜、顺势而谋、大胆探索，体现出了具有典型意义的特点。黄正林对国民政府在甘肃推行农贷做了更高的评价，认为甘肃农贷以 1941 年为界，1941 年以前以救济农村为主，之后以国民经济建设为主，发放农田水利、农业推广、土地改良、农村副业和畜牧业等贷款，取得了比较好的成效。农贷的发放，使甘肃农业和农村经济总体上呈上升趋势，也使抗战时期成为近代以来甘肃农业和农村经济发展状况最好的一个时期。②

　　上述的梳理表明，近些年来，对民国时期农村金融的研究在逐渐深入，一般性的分析在减少，一些成果聚焦于对某一地区或某一金融机构的农村金融活动，所做的较具功力的实证研究，显示了研究的微观化；还有从制度的角度或国家与社会关系的角度进行探讨，把研究进一步引向深入。然而，民国时期农村金融研究的不足也是显而易见的，总体上给人的感觉是欠深入。首先，很多成果在对当时的实践活动或者制度结构进行归纳或表述时，如关于合作金融制度，表明研究者根本没有弄清楚其内在逻辑，表述让人不明所以。其次，研究思路和结论的雷同，大量研究的基本思路是原因、过程、结果、成效与不足，而结论上的成效与不足，如上所述，大同小异。似乎研究到此，无法再深入推进，一些研究的结论，似乎也说明了再研究也没有什么意义，如认为国民政府推进的合作运动，取得了一定的成效，但是中国的农村问题在于土地制度的根本变革，企图用农村合作运动的方式来解决农村问题，无疑是治标之举，最终的结果就是无法避免农村的

①　张天政：《抗战时期国家金融机构在陕西的农贷》，《抗日战争研究》2009 年第 2 期。
②　黄正林：《农贷与甘肃农村经济的复苏》，《近代史研究》2012 年第 4 期。

破产，根本达不到救济农村、复兴农村的目的。

历史研究的价值，不仅仅是关注历史事件的结果，更为重要的是历史过程，是历史过程中所逐步展现的各种复杂的社会经济关系。要准确地把握历史，关键就是要能够很好地把握这种复杂关系及其演进。有关民国时期农村金融研究的成果比较注重事实的梳理，但这种梳理只是浅层次的，没有能够展示其中所蕴含的关系，这些研究看似事实清楚，实则似是而非。看来，要推进研究的深入，必须透过表面现象，真正把握能够揭示农村金融内在逻辑的各种关系，其中最为关键的是揭示其制度。可以说，很多现有的研究给人以似是而非的印象，关键是没有能够很好地把握制度，这是对民国时期农村金融研究的最为薄弱而又迫切需要突破之处。基于此，笔者将问题的研究聚焦于农村金融制度，而要做好这一研究，首先要深入到研究对象之中，弄清其基本事实，把握其内在逻辑，又要从中跳出来，从对各国农村金融史的比较研究中，抓住关键性的因素，去把握内在的逻辑。其次，借助相关理论加大分析的深度。现有一些研究成果分析农村金融制度变迁时，运用了制度变迁理论，但大多未能透彻理解制度变迁理论本身，加上对农村金融制度变迁的基本史实及内在逻辑就没有弄清楚，所阐述的农村金融制度变迁更不清晰，这点很值得注意。第三，确立合适的研究视角。把握内在逻辑，借用相关理论和方法只是基础，独特的视角也很关键，民国时期农村金融制度变迁中政府起到举足轻重的作用，因此，从政府行为入手，应该是把握住了问题的关键。

需要说明的是，将20世纪前期和后期的研究成果进行比较，可以说在某种程度上，后期的研究远不如前期，后期的一些研究实际是对前期研究的重复，前期所探讨、研究的一些重要问题在后期却没有或很少研究。出现这种状况，其原因是多方面的，其中有一点值得关注，那就是20世纪前期农村金融的研究与实践是相结合的，亦步亦趋的，而后期，研究农村金融史的学者与农村金融的实践是相脱节的，以致现实的农村金融的实践、研究与农村金融历史的研究互不相谋，有着不同的范式。这种状况是不正常的，如何使现实的实践和研究与历史研究相互沟通、互相促进，是一个亟待解决的课题。

三、政府行为、社会结构与农村金融

（一）农业金融、农村金融、合作金融

在论及农村金融问题时，一般都会涉及农村金融、农业金融、合作金融这几个概念，有必要对它们做一区分。

关于农业金融，民国时期对之解释者颇多，其中王志莘、吴敬敷的解释最为详细，"所谓农业金融，普通可有三种不同之解释。从最狭义言之，农业金融即为农业经营资金之供给，换言之，即农业经营所需资金之贷与是也。农业经营资金之供给，在农业上极为重要，故农业金融之研究，实非以之为中枢不可。其次，从较广义言之，农业金融，不仅限于农业经营资金之贷与，且包含因农业经营而产生的资金之存放。最后，从最广义言之，农业金融，乃包括农业界资金流通作用之一切经济现象，此中包括农业资金之贷与借入、贷与及借入之方法、手续、贷与之机关、借入之机关、资金过剩与不足之现象、农业经营上余裕金之存入及其利用、农业贷借之利率以及其他关于农业金融现象之事项"。① 二人所著的《农业金融经营论》即是以广义的释义构思整个框架。李奇流的解释与二人相同，不过表述更为简练，"所谓农业金融者，即农业界资金流通之一切经济现象。在农业界资金流通作用这一课题中，以资金供给论与资金需要论为最重要的部门。农业不动产金融、农业动产金融及农业对人信用属于后者，农业资金之来源，资金流动之支配的因素，促进资金流入农业界之方法及农业债券等属于前者"。②

也有单从需求的角度揭示者。侯哲葊、林嵘认为农业金融，乃由于农业的需要资金而起，这种资金的需要可分生产和消费两方面。生产方面需要的资金，包括用作购买种子肥料及防治病虫害等药品、支付工资薪给、经营管理费、捐税等的流动资本，用于购买牲畜和农具

---

① 王志莘、吴敬敷：《农业金融经营论》，第 1-2 页。
② 李奇流：《农业金融之需要与供给》，《中农月刊》1 卷 1 期，1940 年 1 月。

等的固定的垦殖资本，用于购买土地、土地改良、农业设施改良等的不动产资本等。凡因基于以上需要的资金流通，都可以认为是农业金融中的生产金融，其又可区分为土地购入金融、土地改良金融、农业经营金融。生产金融，也可以说是生产信用，是基于农业信用所得的资金，使之用于生产，由生产收入而为偿还的计划，所以有资金再生的作用，得以农业者的信用，循环保证而为交易。消费方面所需的资金，如灾害损失的弥补、子弟学费、生活费或丧葬费等。因此而融通的金融，便是消费金融，也就是消费信用。因为并非投入生产，所以没有资金再生的希望，若授信的农业者无其他财产，或其他可供担保的物件，那么授与信用，原则上甚属危险。所以，一般农业资金的融通，多注重于生产的，而非消费的。①

民国时期的文献里，"农业金融"较为常见，对其作解释的也不少，"农村金融"也能见到，但使用频率要低得多，对其释义则非常少见。为明了其含义，这里引几个现代学者的解释。刘永钊的解释："农村金融是农村货币流通和信用活动的总称。在农村整个再生产过程中，从生产、分配、交换到消费，一刻也离不开货币资金，这些货币资金的融通，都是通过农村金融机构办理存款、贷款、现金收付和转账结算等活动来实现的。"②于海的解释是："农村金融（或称农业金融），是指农村货币资金的融通，是以信用手段筹集、分配和管理农村货币资金的活动，是农村领域内相互联系、相互依存的货币流通、资金运动和信用活动的统一，是全社会金融活动的重要组成部分。"③需要指出的是，民国时期的文献对"农业金融"与"农村金融"的区分并不严格，而以前者使用为多，当今的有关农村金融的文献，多使用"农村金融"，"农业金融"的使用则较少，这与两个概念的略微区别及两个时期农村产业结构的差别有关。一是，农村金融是从地域上定义的，与之相对的是城市金融；而农业金融则是从产业的角度定义的，与之相对的是工商业金融。二是，民国时期，在农村地域范围内，农业占

① 侯哲葊、林崿：《中国农业金融论》第一章，《金融知识》1卷4期，1942年。
② 刘永钊主编：《新编金融词汇》，中国金融出版社，1994年，第222页。
③ 于海：《中外农村金融制度比较研究》，中国金融出版社，2003年，第49页。

绝对优势，现代工业凤毛麟角，主要是手工业，在广义上可以纳入农业的范畴。因此，民国时期，农业金融与农村金融两个概念，实际上没有多大的差别；而在当今，农村地域范围内，20世纪80年代以来农村乡镇企业发展的突飞猛进，农村的产业结构发生了很大的变化，农业仍是主要的产业，但已很难说占绝对的优势，在农村范围内的资金融通活动，其对象不仅有农户和农业企业，还有大量的农村工商业企业，因此，农村金融与农业金融有着很大的不同。鉴于民国时期，二者差异不大，笔者在本书中使用了农村金融这一概念，当然在行文时，会有两者交叉出现的情况。

　　关于合作金融的概念。张绍言的解释是，合作金融包含合作界资金流通作用的一切经济现象，可概括为合作资金贷放与借入，包括贷放与借入方法、手续、机关，资金过剩与不足，余裕资金存入和利用，借贷利率，资金运用、管理、监督，以及其他有关事项；[①]张则尧则定义为，合作金融是指在资金流通经济现象中，采用合作经济组织所经营者。换言之，经济上的弱者互相结合，共负责任，集合对外以取得信用者，称为合作金融。即由合作组织取得信用，并运用此组织互存余款，而以之贷放给社员，或存入其他确实之处所等以合作组织为中心所经营的信用交易。[②]两者都指出了合作金融是采取合作组织的方式进行资金融通的活动，而后者则进一步强调是经济上的弱者聚合起来对外取得信用。国外的学者则从不同的角度对合作金融有种种解释。Sonnichsen着重其自卫作用，谓其为"多数人所构成，集聚各自之储蓄，以排除银行业者或放款业者之利润为目的，而其盈余则平均分配于借款者与存款者"；Leifmann则重视其奋斗精神，谓此系资金需要者对于银行及金融业者所持之金融组织；N. Barou综合各方意见，认为"合组金融组织系小生产者或工人自动组织之团体，对于社员既未有限制，而其资本为社员共同所有，并以民主为基础，经营其业务，一面吸收社员之储金，同时又以最惠条件放款于社员，使社员

---

①　张绍言：《合作金融概论》，中华书局，1944。
②　张则尧：《合作金融要义》，中国合作经济研究社，1944。

能互相得其益，盈余则拨为公积金，或分配于存款者、借款者与股东。此外，又常用社员连带责任之办法，为社员向外界借款。"①这些解释，实际意味着合作金融有其自身的特质，它本着合作的组织公开、管理民主、自卫性能与互助精神等基本精神，专为融通合作资金、发展合作业务为其专责，与一般金融有着不同：一是它以人的结合为基础，而非以资金组织为基础；二是不以营利为目的。

合作金融与农业金融含义上是不同的，但存在着交叉。合作金融是从组织方式的角度定义的，而农业金融则是从产业角度定义。因合作是一种组织方式，以合作方式经营农业，亦可以合作方式经营工业；对经营农业的合作社放款，可谓之农业金融，对经营工业的合作社放款，亦可谓之工业金融，同时，此二者均以合作社所经营的事业为放款的根据，都可以称之为合作金融。当然，从世界范围内看，金融采取合作方式的主要在农业领域，亦即合作金融主要存在于农业领域。在民国时期的中国，国民政府与社会各界共同参与探索建立的农村金融制度主要就是合作金融制度。

（二）政府行为与农村金融

农业与工商业不同，它是以动植物的生长为基础的产业，动植物的生长都需要一个较长的过程，这就决定了农业的生长期较长；其次，不同的自然条件会适于不同的动植物生长，这使农业又具有地域性和季节性；再者，农业易受天气与病虫害的影响。因此，农业是一个自然风险极高的产业。

农业又是一个市场风险极高的产业。农产品是人类维持生存必不可少的物质资料，农产品的市场供给与需求弹性小，但由于农产品生产的地域性和季节性，又往往造成局部或大部分区域市场的失衡，从而使得农产品价格更易于波动，而农业又是适宜于小规模经营的产业，且收益率比较低，更难经得起市场风险。

自然风险与市场风险的交织，使得农业成为一个弱质产业，而农业又是整个社会生产与再生产不可缺少的产业，这就需要建立相应的

---

① 陈颖光、李锡勋：《合作金融》，正中书局，1947年，第8页。

制度以有助于农业抗衡自然风险与市场风险，农业金融制度是其中之一。农业金融要与农业生产经营相适应，与商业金融相比，有着不同的特性：第一，由于农业生产期长，资金周转慢，对长期资金需求大；第二，农业生产的地域性、季节性，决定了资金需求的地区、季节差异大；第三，自然灾害与价格风险的存在，有可能使得贷款难以偿还；第四，农户除了农地之外，可用以担保的很少，许多贫苦的农户甚至没有自己的土地，几乎没有什么用来作为担保。还有，每个农户既是生产单位，又是家庭生活单位，二者难以区分，准确获得农户的信用状况难度大；第五，农业经营的小规模，使得农村借贷每笔的数额都很小，金融机构单位服务成本高；第六，农业无论是资金规模大的共同设施投资，还是一家一户的农业经营，投资报酬率相对较低，农业需要的是低利资金。总之，农业经营的诸多特点，使农业需要一整套与商业金融相区别的农业金融制度，这一制度要能够提供长期、低利的资金，通过制度设计尽可能降低单位服务成本，同时，还要能抗御自然与市场所带来的高风险。

显然，这样一套制度的设计与建设，政府具有责无旁贷的责任，甚至在某种程度上说，它在整个制度设计、建设中起到主导作用，特别表现在法律法规的制定、巨额低利无利资金的提供、金融机构尤其是中央金融机构的建立上。但是，政府发挥主导作用，不等于政府控制乃至统制整个农村金融市场，农村金融制度能够有效的运行还要发挥政府以外的其他力量的作用。

（三）社会结构与农村金融

农村金融制度的有效运行，取决于整个农村金融体系的健全，尤其是中下层组织体系的健全至关重要，它能有效地降低风险和服务成本。各国的经验，无论是长期农业金融，还是中短期农业金融，多以合作社为其基层组织。那些农业金融发达的国家，无一例外都有着健全的合作组织体系。合作社对于中国来说，是外来事物。合作社是否适应中国，能否建立起来，建立了以后能否形成健全的组织体系，如果不能，又有哪些因素起到阻碍的作用。这些问题涉及整个社会的权力结构、文化习惯、思想观念等等。从社会结构的角度探讨农村金融制度，是整个制度研究不可缺少的一环。当然，本书在探讨民国时期农村金融制度的演变时，更多是从政府行为的角度，从社会结构层面的分析也有所涉及。

农村金融与商业金融相对区分，并不意味着农村金融市场与整个金融市场相隔离，农村金融市场是整个金融市场的重要组成部分。农村金融资金的筹措要以整个金融市场为基础，金融市场的发达，尤其是债券、贴现等金融工具的有效运用，有利于资金的筹措。而金融市场的发达与否，又取决于整个经济的发展程度以及经济结构是否合理。农村金融制度能否健全地建立起来，农村金融市场能否有效地发挥作用，又取决于整个经济的发展程度及金融市场的健全与否。

四、研究框架

根据上述的分析，本书研究的中心问题是农村金融制度的演变问题。所谓"制度"（System），时人有过很好的概括，"就是完善的组织，就是法，就是典章、规则，其最大的功能，在使有组织的群众，守同一的法则、趋同一的目标、集同一之能力、作同一的事物，成为一个完整的系统"①。如何使有组织的群众，集统一能力，趋同一目标，政府的作用至关重要。

民国时期，在农村金融制度发展演变的进程中，国民政府发挥着重大作用。从政府的角度探寻制度演变的内在逻辑，国民政府在这一进程中发挥了怎样的作用，最终又形成了怎样的农村金融制度，便成了本书的中心线索。

本书除绪论、结语外，分七章，其中第一章主要分析农村金融制度在欧美各主要国家的发展演变，第二到第七章按时间顺序，分析整个制度的演进，前后章节之间既大体遵照时间先后顺序，又使每一章讨论的问题相对完整，这样各章在时间上又有交叉的情况。

绪论部分主要就研究的基本问题做一交待，主要有为何要研究、

---

① 姚公振：《论农业合作金融制度》，《中农月刊》1卷5期，1940年5月。

文献综述、研究的基本思路与构架等。

第一章主要分析农村金融制度在欧美各主要国家的发展演变。在介绍德、法、美、日等国农村金融的历史后，分析各国农村金融制度演进的一些共同趋势。

第二章主要分析清末到北洋政府时期新式农村金融制度的初显。主要有清政府、北洋政府的农村金融制度的设计，合作思潮的引入，华洋义赈会推进农村合作运动对新式农村金融制度兴起的贡献。

第三章分析 20 世纪二三十年代农村经济衰败之际上台的国民政府，在最初的 10 年对农村金融制度之设计，推进合作、成立农民银行的实绩，指出其对制度形成的有利与不利之处。

第四章立足于商业金融与合作金融的关系，分析商业银行农村放款对农村合作金融的利弊，在此基础上分析了系统合作金融诉求的提出、农本局的成立及其开始辅设合作金库。本章还对抗战前的合作社（成立方式、组织结构、经营方式）作概括分析。同时，还指出抗战前，农村合作金融开始出现两种方式：一是银行直接对合作社放款，二是透过合作金库。

第五章主要分析自抗战开始到 1942 年四行专业化之前，国民政府扩大农贷与农村金融制度的复杂化。这一时期，国民政府一方面通过国家行局积极扩大农贷，另一方面，又推动国家行局对合作金库的辅设，使之迅猛发展。前一时期所出现的并行的两种制度在这一时期都得以扩大，问题越来越突出，制度也变得复杂。

第六章分析 1942 年到 1945 年农村金融的发展变化。1942 年，国民政府的农贷政策由扩大转向停滞，同时对日趋复杂的制度进行调整，这主要是调整国家行局的农贷，归并于中国农民银行；为顺应建立系统合作金融的呼声，着手筹备中央合作金库；着手试办土地金融。此外，本章还分析了抗战时期合作运动的进一步推进与国民政府对合作社控制的加强。

第七章分析抗战胜利后农村金融制度的调整。一方面中国农民银行加强了对农贷的统制，另一方面，中央合作金库成立后，力图对合作金库制度进行调整。但这一时期的调整并没有解决在此之前就已愈趋严重的制度复杂化问题。

结语部分概括分析民国时期中国农村金融制度的演变及其特点，并从合作基础的脆弱、金融机构建设的缺陷等角度探讨导致这些特点的深层次原因，认为民国时期中国农村金融发展演变的种种问题的产生，除了社会结构方面的原因，国民政府对农村金融干预存在着过度与不足是其主要原因。

第一章
近代农村金融制度的发展演变

从世界范围说，近代农村金融制度产生自欧洲。18 世纪后期，首先从德国兴起，19 世纪以来，向欧洲各国蔓延，并向美洲、亚洲扩展。农村金融早发的德、法诸国及后起的日、美等国，其农村金融制度的演进与实践，既有为他国所模仿的成功经验，也遭遇各不相同的曲折。中国探索建立新的农村金融制度始于清末民初，并在国民政府时期获得较大的发展。从整个民国时期看，新式农村金融制度的发展演进都是基于向德、法、日、美等国的学习，因此，要深入探究民国时期中国农村金融制度的发展演进，首先应该对近代农村金融制度在世界范围内的发展演变有一个清楚的了解。

第一节　各主要国家农村金融发展概况

近代农村金融制度在欧洲的兴起，首先在于封建制度破坏、农奴解放之后，增加了农民对于土地及农业经营资金的需要；其次是工商交通各业发达之后，农业逐渐商业化，农业经营由粗放而趋于集约，农业资金的需要日渐增多；再次是遇到天灾人祸和经济恐慌时，农民的痛苦加深，农民缺乏资金的情形更为严重。由于生态环境、经济发展水平的差异，社会文化传统、政府政策的不同，各国农村金融制度的演进及其结构表现各异，但农业的共性也使得各国农村金融制度的演进存在着诸多相同的趋势。

一、德国：农村金融的发源地[①]

德国为近代农村金融的发源地，自 1769 年德国土地抵押信用协会成立及 1849 年雷发巽和 1852 年许尔志分别创立信用合作社以后，欧洲各国争相仿效，法、意、英及其他许多国家皆一再派员赴德调查农村金融制度，故德国的农村金融制度对各国影响甚大，尤其是信用合作制度。

德国的农村金融可分为长期和短期两大类。长期农村金融机关最早创立的是土地抵押信用协会（Landschaft），它创立于普鲁士王腓特烈大帝之时。其时正值普鲁士遭遇七年战争之后，土地荒芜，房屋毁于炮火，牲畜死亡殆尽，农具损坏无余，农村经济趋于破产，贵族地主平时其土地收入已有不能维持奢侈生活之虞，此时更是入不敷出，为维持其奢华的生活，只有抵押土地告贷一途。正值贵族地主债台高筑，束手无策之际，由柏林商人皮林（Buring）建议，腓特烈大帝于 1769 年谕令西里西亚（Silesia）贵族地主组织抵押信用协会，次年宣告成立。该会由需要土地资金的地主，以互助为原则组织而成，以会员全体的连带责任，并以其土地为担保发行债券，借以吸收资金贷放会员。自西里西亚组织土地信用协会以后，其他各地也望风兴起，相继组织。但这种土地抵押信用协会仅限于拥有领地的贵族参加，平民被排除在外。1807 年，普鲁士王宣布废除农奴制，农民可以自由获得地产或者离开土地，同时令土地抵押信用协会修改章程，准许平民参

---

① 徐渊若：《德国之农业金融》，第 1、160-164 页；吴敬敷、徐渊若：《农业金融制度论》，第 14-30 页；孙起炟：《德国农业信用制度》，《农村合作》2 卷 6 期，1937 年 1 月；侯厚培：《近代农业金融机关之发展及其比较研究》，《中农月刊》1 卷 5 期，1940 年 5 月；崔永楫：《德法农业金融制度之比较研究》，《中农月刊》1 卷 11、12 期合刊，1940 年 12 月；章景瑞：《近世农业金融制度的发展及其趋势》，《中农月刊》1 卷 11、12 期合刊，1940 年 12 月。

加。于是，土地抵押信用协会分新旧两式，19 世纪以前所组织的属旧式，19 世纪以后的属新式。土地抵押信用协会初成立时，皆由各地自行组织，无中央机关，各协会间缺少联络，债券的流通也仅限于一地。1873 年，普鲁士中央土地抵押信用协会在柏林设立，由各土地抵押信用协会组成。加入的协会于发行债券时予以援助，并利用其信用为各协会提供保证。中央会本身也从事中央土地证券的发行，并统制各地的土地抵押信用协会。土地抵押信用协会最初本为大地主贵族而设，其后经过几番改革，一般农民也相继参加，其性质渐渐平民化，因而成为服务农村的重要金融机关。

土地抵押信用协会尽管渐次平民化，但对于借款者的资格限制仍很严，非占绝大多数的小农所能问津，其放款又仅限于已开垦的土地，对于开辟荒地所需的资金则不予融通。而当时德国人口大增，开垦土地势在必行，但一般私人资本多投资工商业。为补救其不足，德国政府设立了公营的土地信用机关，主要有三种：邦营、省营及区营的土地信用银行、土地改良银行和地租银行。

土地信用银行在 19 世纪初已具雏形，盛行于土地抵押信用协会不发达的德国中部南部地区，是联邦的各州或地方自治体自己经营的公立不动产金融机关，不以牟利为目的。土地改良银行是以贷放土地改良上必要资金为目的的公立机关，1861 年首先成立于撒克逊，后来在柏来、赫森等地也相继设立。地租银行是依据 1850 年的《土地负担解除法》而设立，系纯粹的国立土地信用机关，不作一般金融业务，专代小农垫付封建时代所遗留的各种地租。

德国的私营土地金融机关，以储蓄银行及不动产抵押银行为主要。储蓄银行始于 1831 年，至第一次世界大战为止，共有 268 家，其放款大多集中于中小地主。起初，储蓄银行业务对于不动产抵押放款，皆为定期一次归还性质，19 世纪末开始采用分期摊还办法。

德国不动产金融机关中放款最大的，要算不动产抵押银行，以 1862 年成立于法兰克福者为嚆矢，1862 至 1873 年间新设立 27 家，1894 至 1896 年间新设立 8 家。1899 年政府对此种银行特制定统一的法律。不动产抵押银行在城市和农村都存在，以不动产作担保而放款，凡可以用作抵押的不动产如土地、建筑物、工场、森林、矿山等有永续收益的，多为长期放款，而抵押放款则仅对德国国内的土地与其他不动产行之。

德国的短期农村金融制度，完全建立在信用合作社之上。19世纪初，摆脱封建式奴役的农奴尽管已获得土地所有权，但直到19世纪中叶，农奴始免于服役，获得全部公民权。农奴解放并未能提高其经济地位，19世纪中叶仍然极端贫困，毫无出路，至1850年，德国农民之需要互助与合作，已达极点，德国合作金融制度由此产生，其有三大派，即雷发巽派、许尔志派及哈斯派。雷派的信用合作社以小农村为单位，范围小，宗教色彩浓厚，首创于1849年。1876年，雷氏鉴于农业金融供求不易维持均衡，组织中央农业放款银行，以为各信用合作社挹注之中枢，1877年，又组织德意志农村合作社总联合会，以保障各合作社之利益；许派以市镇为对象，营业区域较大，并较重经济的意义，首创于1852年。1859年，许尔志为发展合作起见，集合各合作社组织总联合会，负责指导一切；哈斯派折中于雷、许二派之间，其开始虽较迟，然实力则甚大。1883年，哈斯派组织帝国农业合作社总联合会。这三派界限分明，彼此各有其中央组织，直到1930年德国成立国立德意志农业合作社总联合会，德国农业合作的分立各派才走向统一。19世纪末，德国合作金融的发展遇到瓶颈，农民个人不能向金融市场融通资金，信用合作社也不时感到资金周转不灵。为解除此种困境，奖励信用合作社的发展，德国政府于1895年设立普鲁士中央合作银行。1929年，德国中央政府投资于该银行，德国有了包括全国各派信用合作的中央金融组织。该银行为调剂短期农业金融之中枢，以信用合作社联合社为放款对象。

国立农业中央银行于1924年由德国政府将第一次世界大战后新创设的兰顿银行改组而成，它是一种有独立性的国家银行，不以营利为目的，专以调剂其他各种中央农业金融机构之资金为职务而不直接放款于农民或农民团体，可谓"中央的中央"。

德国是近代农业金融制度之先驱，各种农业金融机关皆应需要随时设立，既无先例可资参考，亦无预定的全盘计划为依据。它的制度演进可归纳如下：

第一，德国国营、公营或公共团体所经营之农业金融机关繁多。公立土地金融机关的发达，因该国的经济政策，自 17 世纪起，即异于英国等之自由政策，而带有国家主义、社会主义的色彩。

第二，德国各种农业金融机关，并不像美国那样条分缕析，各种机关星罗棋布，往往因各种要求才有各种设施，并不是在事前已有了精密计划而按部就班设立，因此，看起来制度显得繁复纷歧，但其系统性仍非常明显，农村金融中的经营信用，概由信用合作社系统负责；农村金融界与一般金融界之往来，则由普鲁士中央合作银行及德国农业中央银行联络。不动产金融，则由土地抵押信用协会、州立邦立的公共金融机关供给。这种组织系统，即以信用合作社及公立的公益不动产金融机关之金融为原则的系统，在德国最为发达。

第三，各种公共的农业金融机关，均可发行土地抵押债券，以代替现款，或放款时以土地抵押债券代替现金而交付之，如兰顿银行发行兰顿债券，土地抵押信用协会发行土地抵押债券，一战后通货膨胀时代设立的兰顿银行，也以地租为担保而发行兰顿马克，其他邦立、州立的公立银行，均发行许多土地抵押债券。德国的农村金融机关，以债券而使土地资金化，较欧洲其他各国为进步，这些国家的农村金融机关，均凭发行债券以吸收资金，但终不及德国兴盛。

二、法国：政府的作用较德国显著[①]

法国农业资金，主要由法国土地信用银行及农业合作银行两种机构供给，前者业务以大农、中农之土地押金为对象，后者则集中业务于小农及合作社。

德国农业金融制度成立之后经 80 年之久，法国半官式的土地信用银行始宣告成立；合作金融制度，德国也比法国早 50 年。在德国，战

---

① 吴敬敷、徐渊若：《农业金融制度论》，第 31-40 页；章景瑞：《近世农业金融制度的发展及其趋势》，《中农月刊》1 卷 11、12 期合刊，1940 年 12 月；崔永楫：《德法农业金融制度之比较研究》，《中农月刊》1 卷 11、12 期合刊，1940 年 12 月。

争与农奴制度的解除是德国成为近代农业金融制度发源地，并早于法国的重要原因。在法国，1789 年法国大革命以前，自给自足的小农制度早已风行法国，此种小农具有勤俭节约的习惯，经济上均能独立，不需要合作，这不仅使小农没有感觉农业信用的需要，也不能引起政府对于农业信用的注意。

1800 年以后，欧洲各国农业经营均趋于集约化，农业资金的需要渐增，法国更因农村人口减少之故，农业机械的使用增多，同时土地负债年年增加，农业信用问题益感重要。拿破仑战争以后，法国农民进入一个极痛苦的时代，佃农因战争结果，储蓄消失殆尽，失去耕种能力，为维持生计，乃不得不开始借贷；大地主负债既久，收入仅足纳税及归还旧债之用，再加上欧洲沿海交通逐渐发达，大批外粮进入，在背负重债，农产不能及时脱售，新债非以特别高利不能继续举借情形下，法国农民、地主遂陷入破产。

法国农村金融发轫于 1826 年，先是卡塞米尔·皮埃尔征求关于改良法国土地金融的论文，继有国会设立研究委员会研究农村金融问题，派遣调查团调查欧洲其他国家农业金融状况。1852 年，法国颁布第一个农业金融法令《土地银行法》，为鼓励组织信用机构，规定政府除购买一部分债券外，并以 200 万法郎供给各金融机关。此法令制定后，各地纷起设立土地抵押银行，巴黎土地银行即于是年 3 月宣布成立，马赛、里昂、纽尔斯等多处亦相继设立，不到一年成立已有十余家。对于此等银行，法国政府原主张地方分权制，每县设立一所，但施行不久即发现各处银行形成割据局面，此种情形非常危险，因此种机构不易管理，规模狭小，在互相竞争情形下，极易破产。1852 年 12 月，拿破仑三世下令将巴黎土地银行改为法兰西土地信用银行，为全国农业金融制度之中枢，并授权吸收其他各独立机构，以打破互相竞争的现象，同时，将以前政府所拨之 200 万法郎完全归该行支配，并特许以 25 年的独占权。1853 年，法政府下令特准该行以抽签给奖办法出卖土地债券，1854 年规定其直接受政府监督，总裁、副总裁由总统指派，变为半官半民之银行，基础更加巩固。至此，法兰西土地信用银行的组织得以完善。而此后法国最主要的农业长期金融机关，仅有法兰西土地信用银行一家，与德国有多家土地金融机构形成鲜明对比。

法兰西土地信用银行，总行设于巴黎，其分支行以法国、阿尔及利亚及突尼斯为限。其资本来源以股金、公积金及储蓄为主，再为出售债券所得，前者为执行银行业务短期放款及合法投资之基础，后者则完全为长期放款之用。各种债券流通总额不得多于股金 20 倍，资本的 1/4 必须以购买法国国家公债方式投入财政部，1/4 必须用于建筑办公室、贷给各殖民地或以债券存于法国银行，其余一半可以抵押放款，购买自己发行的债券，或购买破产的不动产。

法国农业短期金融问题，19 世纪中叶以后才逐渐引起注意，此前数十年举国所思者，仅为农业长期金融。1852 年，法兰西土地银行成立后，法国政府鉴于其业务大半以不动产抵押放款为对象，与农民无大关系，至少法国小农未受其实惠，1861 年设立由国家协助的大规模中央银行，即农业信用银行，资本初定 400 万法郎，由法兰西抵押信用银行供给。该行设立的主要目的在放款予农业及与农业有关之团体及个人，贴现、抵押放款、发行五年满期之债券。但该行采用由上而下之组织，无下层机关作基础，未能与法国小农发生业务关系，一般小农对银行私人放款之怀疑态度并未改变，该行走向投机，1876 年宣告破产。农业信用银行倒闭以后，法国政府对于农业金融组织放弃中央集权原则，转向于分散制度的合作原则，至 19 世纪末叶，农业合作金融制度风行法国。

法国农村合作金融制度，开始于 1894 年之《地方农业合作银行法》，完成于 1899 年之《县农业合作银行法》。在此之前，法国政府于 1884 年颁布法令，允许同一职业者 20 人以上，为研究、保障及促进其公共经济利益，自由组织协会。其时正值农业恐慌，法国农业大受美国农产品倾销之害，农民乘机而起组织农民协会，以谋相互扶助，不到一年，即成立 30 多个农民协会。1885 年，波立尼农民协会还组织了一家农业合作银行，此后，还有其他农民协会成立农业合作银行，农民协会逐渐成为促进农业信用合作的基础。但 1884 年的法令，是为普通不经营银行或商业事务的社团而设，不是为信用合作社而设，农民协会组织合作银行，依据的是该法"促进会员经济利益"。法国政府为奖励农业合作银行发展起见，于 1894 年颁行《地方农业合作银行法》，正式允许农民协会会员组织地方农业合作银行。

1894 年的法令，虽有利于农民协会组织地方银行，但该法通过后，地方银行发展甚为迟滞，两年之间仅有 75 家银行成立，个中原因，实因各地资金枯竭所致。要想解决这一问题，只有再设立相应的金融机关，以为地方农业银行融通资金。恰在此时，1897 年，法兰西银行与政府商定，由该行无息借予政府 4000 万法郎，并每年最少给予政府 200 万法郎报效金，以延展其发行纸币的特权。此两款必须用于农业用途，此外，该行还允许接受农业票据再贴现。趁此机会，1899 年 3 月，法国政府通过《县农业银行法》，决定创立县农业合作银行，使与地方银行连成一套有系统的农业合作银行制度。于是，到 19 世纪终了，合作金融制度的基础已完全在法国树立，为供给农民协会会员或农民本身短期信用，法国各村镇均有地方农业银行。

每一地方银行成立之后，即与县银行发生联系，必须以一部分股本，投入县银行，然后，县银行方便予以贴现或借款。地方银行借款不限于社员，任何农民，只要持有可以在县银行贴现之票据，借款用途为改进农业，即可申请借贷，并可贷予农会、农业保险互助社及合作社等团体。

县银行并非官立，乃私人团体组织，但任何县银行希望政府补助时，必须交由政府管理。凡经政府管理之银行，每年须将资产负债情形向农务部呈报 4 次，由专家审核；同时，县银行对所辖地方银行，每年必须检查一次，但不能与无限责任信用合作社发生联系。

至 1913 年，全法国每县有县银行一所，平均每县行辖有地方银行 42 个，每地方银行约有社员 50 人。第一次世界大战后，法国土地金融机构并无变更，合作金融制度则发生重大变化，战前法国合作金融制度，下层为地方银行或合作社，中层为县银行，上层为分配法兰西银行农业放款之政府机构。1920 年 8 月，法国政府为使农业合作银行制度系统化，将此前在农业部所设农业资金分配委员会改为中央农业信用局，以统一全国农业合作银行。1926 年，改称为国立中央农业合作银行。至此，形成了三级法国农业合作银行制度，即国立中央农业合作银行、县农业合作银行、地方农业合作银行。这一制度是以农民互助为本位，以政府援助为用，根据其组织系统及发展程序，是由下而上的农业金融制度。

法国农业合作金融，其业务经营由战前只有长期、短期两种，战后逐渐兼营中期及长期金融，而变为同时经营短期、中期及长期三种金融。农业合作银行兼作长期、中期及短期各种农业放款，在法国农业金融中占最重要的地位，因为法国不动产银行的农地放款甚少，而农业动产证券有银行接受贴现才能发达。

三、美国：农村金融体系堪称最为完备[①]

19世纪以前，美国已有各种土地银行作农业抵押放款，最早可追溯到17世纪中叶，当时私立土地银行设立甚多，私立土地银行失败后，1712年起，又陆续设立12家公立土地银行，先后失败，而后又有私立之不动产银行开创于1827年，不久又告失败。此三种土地银行失败原因，可归结于一点，即不动产银行以土地为抵押品发行纸币，不久纸币发行数量过多，价值低落，物价高涨，致使市面纷乱，发生经济恐慌，各种银行不得不宣告清理。19世纪初，美国西部农地开垦已多，商人多起而设立农地抵押公司，从事农地抵押借贷，至1900年后，仍有继续设立者，此外如保险公司、商业银行等亦纷纷向农村投资。上述公私土地银行、农地抵押公司皆因制度不良，少有成效。

20世纪初，因地价高涨，农业资金需要增多，政府感觉有设立一全国农业金融制度之需要。1912年，联邦准备制度中规定各商业银行可作农地抵押业务及农业票据贴现，但因限制甚多未能充分满足农民需要。与此同时，美国各商业团体及政府纷纷组织调查团，研究欧洲各国农业金融状况，1913年，美国南方商会所组织的美国委员会与威尔逊总统所组织的合众国委员会联合组成调查团体，于11月共同发表

---

① 吴宝华：《美国之农业金融》，第139-146页；章景瑞：《近世农业金融制度的发展及其趋势》，《中农月刊》1卷11、12期合刊，1940年12月；曹锡光：《美国农业金融概观》，《中国农民月刊》1卷6期，1942年7月。

一调查报告。1916 年，国会根据调查欧洲农业金融的报告及一再研究的结果，通过《联邦农业放款法》，成立联邦土地银行及国民农地放款合作社，以改善不动产信用。同时，于联邦土地银行之外，尚有合股土地银行，亦受联邦农业放款局之监督。1917 年及 1918 年美国西北部大旱，政府特拨款 500 万元，设立作物种子贷款所直接贷款予农民，第一次世界大战时，为奖励战时必要物资的生产，又设立战时金融公司举办短期农产运销放款，至 1921 年，该公司更增加家畜的生产放款及运销放款。

联邦土地银行等机构的设立使美国农业金融已多所改善，但缺少中期放款机构。1923 年，国会通过《农业信用法》，根据此法规定，每一联邦土地银行所在地，各设一联邦中期信用银行，接受其他放款机关的票据贴现，所谓其他放款机关指特别放款公司、商业银行及根据同法设立之州农业信用公司及国民农业信用公司等而言。1923 年，因经济不景气的影响，商业银行的农业放款竭力紧缩，农民短期资金的来源减少，国会通过《急救复兴法》，于 12 个农业金融区各设一区农业信用公司以应农民需要。一战后，农产物价惨落，政府为救济农民，1929 年又颁布《农产运销法》，设立联邦农业局并拨款 5 亿元作为基金，从事有关农业运销之工作，并贷款予农产运销合作社接济其设备资金及流动资金。

到 1933 年以前，美国的农民放款机关，除民营的及私人借贷外，还有联邦土地银行、联邦中期信用银行、作物种子贷款所、区农业信用公司及联邦农业局等，这些机构管理不统一，权力不集中，业务也有重复冲突，且何处是中短期放款机关，何处是长期放款机关，尤使农民不知所措。为弥补上述之弊病，联邦政府于 1933 年 3 月根据国会所通过的《农业金融法》设立农业金融管理局，以为全国农业金融设施的最高机关，其总裁直接对美国总统负责。原有的联邦农业放款局及联邦农业局取消，新设 12 个区合作银行，一个中央合作银行，以代联邦农业局及联邦中期信用银行直接放款予运销合作社，12 个生产信用公司负责组织及监督各地的生产信用合作社。以前的作物种子贷款所、区农业信用公司及合股土地银行，也逐渐分别清理取消。

至此,形成完整的美国农业金融制度,分全国为 12 个农业金融区,每区内有四种机关,即联邦土地银行、联邦中期信用银行、生产信用公司及区合作银行（中央合作银行设在华盛顿），这四个机关同在一处办公,借款农民不必因长、中、短期各种借款而东奔西走。在华盛顿的农业信用管理局统负管理监督之责,在各区有四机关之联合理事会。在各贷放机关之下,有 5000 余国民农地贷款合作社及 500 余生产信用合作社,为农民之合作组织。

联邦土地银行,专从事农业土地抵押长期贷款,其资金来源主要依赖发行土地债券。因全国土地银行仅有 12 家,不直接放款于农民,须通过农地贷款合作社之手,合作社向土地银行借款,须扣 5% 的认购股票。至于土地股份银行则可直接向农民贷款,1933 年土地股份银行逐渐清理停业,同时设置农地抵押公司,发行公司债,以辅助土地银行办理贷款业务。联邦土地银行放款期限,最长 40 年,普通为 32 至 36 年;偿还方式,初多采一次偿清制,嗣后逐渐改为分期摊还;放款利率,年利不出六厘,除此以外,土地银行还略取手续费作为弥补估值及记录票据的费用。

联邦中期信用银行,主要供给农业中期信用资金,贷款期限比商业银行放款长,较土地抵押放款短,其业务经营大致可分下列两种方式:（1）贴现及购买生产信用合作社、地方农业信用公司、国立及州立银行、州立农业信用公司、家畜贷款公司、信托公司、储蓄银行等期票、汇票、债券及其他农业票据;（2）以仓单、抵单、汇票及其他可靠票据为担保对农业生产合作社及购买合作社放款。中期信用银行多以运销品之单位担保,对农产运销合作社直接放款,虽然商业银行也供给运销信用,但中期信用银行并不与之竞争,而仅办理不适于商业银行之放款,以弥补商业银行之不足。中期信用银行所做之放款及票据贴现,100 至 100 万元不等;放款期限规定为 6 个月至 3 年,事实上,多为 6 个月至一年;利率较之长期信用为低,普通再贴现利率为五厘,直接放款利率仅四厘半。

生产信用公司,以生产信用合作社为直接贷款对象,其重要功用是协助农民组织生产信用合作社并供给其资本,监督指导其业务。生产信用合作社为农民自动之组织，其放款专为一般农业生产及改良之用。

中央合作银行及 12 个地方合作银行为合作金融制度的核心。中央合作银行可直接放款予合作社，且对地方合作银行可行放款及贴现，但地方合作银行仅可对合作社放款。贷款之用途可分为运销及建设贷款两种，前者为调节合作运销业务之金融，使农产品商品化而建立合理之运销机构，后者在扩充生产设备以增进生产力。合作银行的放款利率，年率不得超过六厘，也不得低于三厘。运销贷款期限因市场季节而定，大致均为短期，建设贷款期限较长，普通多在 10 年以内。

美国农村金融制度的建立晚于德、法等欧洲各国，其特点如下：

第一，国家投资、集中控制。美国的不动产金融与动产金融，均在国家统制之下，为国立银行组织，长期中期信用，均由证券供给之；以证券之贴现为中心，向一般金融界通融低利之资金。农家可以凭其所发出之证券，充分获得必要的资金。尤其是农业金融由特别设置于财政部的官厅监督之，这是美国的特征。德美两国的不同，就是前者因各种需要而组织了各种机关，但后者则先有了通盘的筹划而设立的。美国农业金融组织之所以能如此整齐，完全是后起国家的优势。

第二，贷款资金得自公共投资市场。各放款机关于开办时虽各由联邦政府拨付一部分资金作为股本，但不能作为放款之用，仅可以之购买各种可靠债券作为担保金之一部分。联邦土地银行、联邦中期信用银行或合作银行的贷放资金大部分来自发行债券。

第三，贷款本为商业性质，非为救济。各放贷机关所取利率均根据市面上通行利率，并不因贷款予农民而存救济性质致减低其所取利率，如联邦土地银行及联邦中期信用银行向合作社所取利率可较其所负债券利率高出一厘，生产信用合作社向农民所取利率，不得超过其付予联邦中期信用银行贴现率三厘以上。如此，银行及合作社等均可以其所付利率与所收利率之差额作为收入之一部分，而作为各种开支欠款损失及公积金聚积等之用。

第四，分区办理。1916 年，根据《联邦农业放款法》着手组织 12 家联邦土地银行时，将全国 48 州分为 12 区，每区设立一银行分区办理放款业务。至 1933 年，农业金融管理局成立后，仍一本其旧，分区办理。分区办理可综合考虑各区内的农业人口、农地亩数、通行利率等，以备将来贷放时有所便利，并且分区设立银行较分州设立银行经济不少。

四、日本：效法法、德[1]

日本农村的信用往来，在王朝时代已经有出举、屯仓、义仓、常平仓等公益救济放款机关，因货币经济未发达，放款多以谷物行之。王朝时代已经有了入质的方法，类似中国合会的"赖母子讲""无尽讲"，始于镰仓时代，而盛行于德川时代，到明治时代，成为农村最有力的平民金融。农地抵押方法，亦为德川时代农村所盛行。幕府末世，为改善极困苦的地方农民经济，由二宫尊德发起一种经济的结社，名为报德社，此社除执行信用事业外，还兼营若干道德事业，一时各地争相设立。

明治初，德川时代禁止土地买卖、限制农民迁移的禁令被解除，土地抵押、入质制度确立，田单制度被采用，农业经营对资金的需求增多，农业金融界有了设立特殊农业银行的各种计划，如明治十年（1876）左右的设置田单银行计划、十四年（1880）设置不动产银行的大日本劝农义社的计划、十七年（1883）左右的组织劝业银行的计划、二十三年（1889）设置的中央不动产银行及地方不动产银行的计划，但均未实现。同时，不少人提出改变报德社等团体而设立欧洲各国盛行的信用组合，以图小农金融之便，信用合作社的确立运动因日本发动中日甲午战争而中断。中日战争后，明治初期所计划的各种农业金融方法逐渐实现，先是明治二十九年（1896），议会通过了日本劝业银行及各府县农工银行的法律，三十三年（1900）通过了对人信用农业金融机关的信用合作社法；大正十二年（1924）通过了《中央合作银

---

[1] 徐渊若：《日本之农业金融》，第 1-56、156-164 页；沈伯虬：《日本农业金融制度》，《农村合作》2 卷 6 期，1937 年 1 月。

行法》。但明治初期所行或计划的农业金融方法，中途废止或停止计划者不在少数，如明治六年所计划的动产抵押方法，随民法之制定而废止；又如田单制度因土地登记制度的普及完全废止。大正六年（1918），政府制定了农业仓库制度，使农产物尤其是米、茧等证券化，完成了农产信用制度。

昭和初年，尽管原有的金融机关如无尽讲、赖母子讲、商店赊放信用、个人金贷业者、典当等仍旧存在于农村，而新兴的金融机关逐渐发达。居于统制地位的农业金融机关，在不动产方面有日本劝业银行、各府县农工银行、北海道拓殖银行、东洋拓殖股份公司；动产方面则有农业仓库；对人信用机关，则有依据产业合作法的信用合作社、信用合作联合会、中央合作银行等；储蓄机关则有邮政储金制度。营利机关则有普通银行。

劝业银行是日本唯一的全国区域不动产银行，明治二十九年（1896）议会提出法案并通过，三十年八月开始营业。劝业银行是股份公司组织的不动产银行，效法于法国不动产银行而设立的。其资金初定 1000 万圆，其后逐渐增加，至昭和初定为 9600 万圆。在资本之外，可利用发行债券的特权，募集长期资金，由此对存款的吸收并不注重。据《劝业银行法》，政府对其业务有监督之权，关于放款的变更、放款金额及方法、利率、债券的发行、资本金的增加、支店代理店的设置等，须财务大臣承认。劝业银行设立时，最初以对农工业改良发达的资本的贷付为目的，业务有以不动产为担保 50 年以内的贷款、5 年以内的不动产抵押放款、公共团体的无担保放款。其后放款扩至农工业以外，其中最重要的是商业性质的放款。劝业银行的放款，原则上以旱田、山林、宅地等不动产为放款之第一抵押品，但在无农工银行地方的农业者，由十人以上连带申请，可无担保放款。此外，产业组合、耕地整理组合、渔业组合亦可申请无担保放款。劝业银行的放款法，以农工银行为其代理店，由农工银行保证代理放款。

农工银行与劝业银行同时设立，其资本由政府令各府县认摊一部分，数额在 30 万圆以内。北海道另于明治三十二年（1899）依北海道拓殖银行法，成立特别银行。农工银行设立的目的与业务大致与劝业银行无大差异，只是营业区域限于一府一县。北海道拓殖银行相当于府县之农工银行。

日本与德、法等国同样，以信用组合为农业信用之基础。日本之信用组合，为产业组合之一种，依明治三十三年（1900）产业组合法而得认可。日本信用组合，原则上形成三层次的系统，最下级信用组合，其区域为市、町、村，由各个人组织；在其上为信用组合联合会，以府、县为区域，以各信用组合、事业组合组成；产业组合中央金库作为中央金融机关，以全国为区域，除信用组合联合会外，事业组合联合会也可加入。

日本的农业金融机关，与德、法、美相比，同样受政府的补助和监督；同样可以划分出系统，如以不动产抵押放款为主的有日本劝业银行、府县农工银行、北海道拓殖银行；以农业动产信用为主要业务的有农业仓库；关于相互信用者有信用合作社、日本中央合作银行、农村负债整理合作社。但日本的农业金融机关和德国相似，每个机关大都兼营各种信用业务，并不像美国把长期、中期、短期放款机关，井井有条地划分出来。从放款期限看，各机关莫不兼营长期、中期、短期三种信用业务。例如，日本劝业银行、各府县农工银行，其放款均分 50 年以内之分期摊还，即长期信用放款；五年以内之定期偿还，即中期信用放款及短期信用放款；短期信用或用活期透支、期票贴现方式，或作一年内之抵押放款。北海道拓殖银行亦兼营三者，唯前者长期限 30 年以内。信用合作社虽也执行三种放款，但中央合作银行除期票贴现、活期透支等短期放款及五年以内之中期放款外，长期信用未见施行。

日本没有仅以农业为目的的特殊金融机关，而德国有农业中央银行、土地信用银行、地租银行，美国有联邦中期信用银行、联邦土地信用银行，法国有国立农业信用银行、区农业合作银行、地方农业合作银行等。

关于农业不动产方面，日本并无纯粹的金融机关。劝业银行、各府县农工银行、北海道拓殖银行都取法于法兰西土地抵押银行，具有同样的弊病。劝业银行等都兼营农工两业，往往不能致其全力于农业，其各种放款，农业方面仅占十分之三四，据农林省农务局的公报，昭和六年末，日本劝业银行放款总额为 108795 万元，其中农业资金仅占 39256 万元，即总额的十分之三强；农工银行之放款总额为 66355 万元，内中农业资金仅占 27223 万元，即总额的十分之四；北海道拓殖银行之比例为最高，但亦仅占总额十分之五点八，农民实际上毫无实惠。劝业银行等不是国立或公营以公益为目的，而是盈利机关，既以盈利为目的，自对危险性较多、信用薄弱的零碎放款和农民信用放款，不愿倾注其全力；因兼营农工业，以致反将农村资金吸收后投入工商界。

中央合作银行，形式上大体与德国普鲁士中央合作银行相似，但在组织上，德国以信用合作联合会以上的联合体为加入者及往来者，而日本则信用合作联合会与各合作社均可以加入。在业务上，则中央合作银行已成为社会非难之的。据昭和六年调查，该行现有资本 3070 万元，与存款、产业债券等合计共有 12789 万余元，然其资金运用，放款为 9330 万元，活期透支为 242 万元，期票贴现为 54 万元，存入银行 1691 万元，购买有价证券 1182 万元。这比大正十五年的放款、透支、贴现等 900 万元，存入银行 820 万元，购买公债者 520 万元已显有进步，但农民缺少资金，12000 余万元犹感不足，还有余款存入银行、购买公债，无怪使一般人感到该行的行为去设立本旨太远而表示不满。

第二节　农村金融：以合作组织为基础

农村金融是为经营规模小、又相对处于弱势地位的农民提供金融服务的，金融机构为减低经营风险、降低经营成本，不适宜直接面对农民，同时，对处于弱势的农业提供支持，又不能完全以商业金融的原则经营农村金融。因此，各国的农村金融多以合作组织为基础，合作金融在农村金融中具有重要地位，同时，农村金融还具有社会性。

一、农村金融机关的底层组织

农村金融制度多以合作组织为基础原因是基于合作组织具有许多优点，如由农民自身组成、连带责任、不以营利为目的等等。1937 年，国际联盟对 40 余国的农村金融及保险制度的调查显示，尽管各国的名称有所不同，实际上其基础机构均属合作组织，这在长期和短期金融机关里都是如此。

各国长期农业金融机关的底层组织，多由农民或地主以相互之利益结合而成，如德国土地抵押信用协会，均为地主的相互结合，地主以所有的地产合并起来，作为发行债券的担保品，以罗致资金，而且会员又可以共同担保，向上级机构融通；又如，美国的农地贷款合作社完全为农民的合作组织。

各国短期农业金融机关多有健全的底层组织，这种组织几乎全为信用合作社。德国的短期农业金融机关中，农村金融为雷氏信用合作社，城市金融为许氏平民银行；意大利的农村金融组织有吴伦伯式农村银行，取法于雷氏信用合作社，城市平民金融组织，有路查提式平民银行，与德国许氏平民银行相似；法国的农村金融组织中的地方农业合作银行，为农民协会、合作社及农民个人所组织，系法国普遍的一种底层组织，皆隶属于法国农业协会中央会之下；荷兰的农业信用合作社甚为普遍，各乡村均有此种组织，每省有合作社联合会，全国有省联合会之联合会，取法于雷氏信用合作社，会员为个人农民；比利时有雷氏农村银行，也有许氏平民银行；瑞士、奥地利有许氏平民银行及雷氏农村银行，其他如丹麦、瑞典、匈牙利、苏俄、日本诸国，合作社性质的底层组织，均极为普遍。丹麦农民 90% 以上为信用合作社社员；美国的底层组织为各种生产信用合作社，全美的农业金融，即以合作社为基础。[①]

值得注意的是，农村金融是否能够发挥有效作用，处于底层的合

---

① 侯厚培：《近代农业金融机关之发展及其比较研究》，《中农月刊》1 卷 5 期，1940 年 5 月。

作组织,其组织是否健全,运行机制是否正常,非常关键。

二、农村金融的社会性

从各国情形看,近代农村金融的发展,多由农村灾祸所促成,农村金融在初期多带有救济性、慈善性的,其作用几乎完全是消极的。但农村金融如果一直保持它的救济性、慈善性,政府和社会将不堪承受其赔累。所以,为巩固农村金融基础,使其能得到健全发展,必须使其像商业金融那样能够自己维持,为了维持开支,不能不收取相当的利息,为保障放款的安全,不能不征取相当的担保品。从农村金融的发展阶段来看,其由救济性、慈善性趋于经济性是一个进步,但是如果完全趋于经济性,则必然阻碍贫苦农民享受新式农村金融的实惠,也无法体现政府对农业这个弱势产业的支持。因此,基于社会政策的要求,各国政府对此都制定特殊政策,或设立特殊的金融机关予贫农借款,如各国信用合作的发达、鲁士中央合作金库的设立等,或减低抵押品之成数,如美国土地银行的放款,或减低放款利率,如芬兰的农业放款,芬兰的农业放款分为二种,有一种专放给贫农或佃农,利率特别低,称为社会性的农业信用,有一种按照经济原则放款给一般农民,利率与担保品皆与普通银行的放款相同,成为经济性的农业信用。其他各国的农业信用虽没有标出社会性的和经济性的名目,实际上多有这两种存在着。所谓农村金融的社会性是政府为实现其社会政策,通过办理此类业务以扶助农民,具有积极的意义,这是与单纯的救济性、慈善性的农业信用不同的地方。

三、合作金融与商业金融

合作金融在农村金融体系中占有重要的地位,近代农村金融制度的创立始于合作金融,其后无论农村金融制度如何演变,合作金融仍发挥着重要作用,之所以如此,关键一点在于合作金融充分利用了合作组织自助、互助及民主管理的机制,可以大大减少一般的金融机构直接向农户提供借款的高昂成本，也不必担心违约事件的大量发生，同时，也使农户能以低利率获得贷款。

商业金融在农村金融中始终存在。商业金融以牟利为目的，只要向农村提供资金能保证其获得利润，必然有其存在的价值。因此，农村金融创立初期，市场利率较高，同时合作金融刚刚兴起，商业银行乐于兼办此类业务；合作金融发展起来后，伴随着农村经济水平的提高，利率趋于下降，商业金融逐渐让位于合作金融，农村几乎成了合作金融的市场。但当经济进一步发展，农村对资金需求的规模扩大，利率的下降使商业银行获利空间缩小的同时，资金的成本也会趋于下降，向农村提供资金也会有利可图，有越来越多的商业银行又参与到农村金融中来。商业银行的参与使农村金融市场充满了竞争的色彩，逐渐模糊了农村金融市场与一般金融市场的界线。另外，农村金融市场的运作与整个金融市场密切相关，其资金筹措的一个重要渠道是发行债券，债券市场的发育程度及其容量规模直接决定了农村金融市场可以筹得的资金规模。

农村金融的发展进程中，早期以合作金融为主，随着农村经济的发展，商业金融逐渐向农村渗透，同时合作金融也有着商业化的趋势，政府也会加强对农村金融的政策性支持。以美国为例，从 1916 年到 1933 年，先后成立了联邦土地银行、联邦中期信用银行、合作银行等合作金融机构，建立起美国的农村合作金融体系，这一体系是由联邦政府出资设立的，待条件成熟后政府资本才退出，这是政府对农村合作金融的政策性支持。美国专门的政策性金融机构兴起较晚，其中，商品信贷公司成立于 1933 年，农民家计局、农村电气化管理局成立于 1935 年，小企业管理局成立于 1953 年，这些专门的政策性机构经营范围有限，政府更多地是为各种农业信贷机构提供多种优惠政策，如提供贷款、支付补贴、减免税收等，来实现政府对农村金融的政策性支持，它是通过政策性金融与商业性金融的密切结合来实现的。第二次世界大战前，美国的农村金融体系中合作金融占有重要地位，第二次世界大战后，因农户基本上是以家庭农场的形式存在，拥有大量可抵押财产，使商业银行可以较低的风险向农户提供抵押贷款，这引发

47

了商业银行对农业生产的大规模的介入，商业金融在农村金融中所占份额大量增加，但合作金融仍在农村金融中占有相当的份额。据统计，截至 2006 年末，美国农业信贷市场中，商业银行信贷规模占市场份额的 42.4%，合作组织占 32.6%，个人信贷及其他占 17.2%，政策性金融和保险公司分别占 5.3%和 2.6%。[①]美国的经验是，尽管随着农村经济的发展，农村金融有着明显的商业化的趋势，但合作金融仍然是农村金融体系的重要支柱，因为商业金融是在合作金融有了充分发展，形成了健全的组织系统以后才发展起来的，合作金融是商业金融得以发展的前提和基础，为商业金融的发展提供了良好的市场环境。德、法等其他发达国家的情形也基本如此。

第三节　农村金融制度的系统性

农村金融的特殊性，使得一般的银行兼营农村金融业务并不能取得满意的效果，这就决定了农村金融多趋向建立专门的机构，并且这些专门的机构还应形成完整的系统。

一、专门农村金融机构的建立

由商业银行或社会团体兼办农村金融的情形在各国多有所见，但以创立初期居多，也有一些国家的土地银行于土地信用之外，兼做一些一般商业银行的业务，如存款、汇兑、买卖有价证券等，如法国的土地信用银行、日本的劝业银行等。但总体看，世界各国的农村金融机关，除少数外，多专营农业信用，如美国农业金融管理局下的各金融机关，德国土地抵押信用协会、兰顿银行等，专门做农业金融的贷放业务，连可以增加资金来源的存款及便利汇解款项和增加收入的汇兑等业务也不经营，这是因为他们的放款资金，多由发行债券和票据

---

① 汪小亚：《农村金融体制改革研究》，中国金融出版社，2009 年，第 179-191 页。

贴现而来，而农村汇兑有发达的商业银行网络的缘故。

建立专门的农村金融机构、使农村金融市场与一般金融市场相对区分，这主要是基于农村金融的特性。农业资金的运用受农业生产的控制，借款期限长，利益薄，周转慢，与商业银行的业务不相吻合；再者，建立专门的农村金融机构可以保障通过各种特定方式筹措的资金不致流出，并能得到充分合理的运用，避免出现资金运用上的阶层间或区域间的不平衡。

二、农村金融的系统性

农村金融业务不仅多以专门的金融机构承担，这些机构还逐渐自成一相对完整的系统。农村金融初创时，各种机构多是应一时的需要随时设立的，各自相对独立，彼此没有联系，后来逐渐演变成系统的组织。系统的组织，与各自相对独立的单个机构相比，可以避免直接面对个体农民而产生的交易的零碎，以及相互之间的激烈竞争，从而降低交易成本；系统组织比单个机构有更高的信用，从而有利于债券的发行，有比较稳定的资金来源；还可通过系统内各机构之间或通过中央机构调剂资金运用，提高资金运用效率；政府更可以系统地组织贯彻其政策。

从各国情况看，因国情差异，农村金融建立的时间有先后，各国的体系有所差异，但还是有些共性：一是长、短期农村金融基本上是各成系统，二是每个系统都由多层级的机构组成，包括中央机构、中间层级机构和基层组织。到第二次世界大战前，西方各主要国家都已基本形成比较完整的农村金融体系，下面简要介绍德国、法国、美国的农村金融体系。

德国是农村金融的发源地，其长期农业金融机关包括德意志中央农业银行、土地抵押信用协会、土地信用银行、土地改良银行、地租银行、储蓄银行及不动产抵押股份银行等，均经营农地购买或农地改良等长期抵押金融业务；短期农业金融完全建立在信用合作基础上，德国的农业合作制度，是将各地方的农业合作社集合为联合会，各联合会又集合为总联合会,总联合会又分雷发巽领导的雷发巽总联合会、哈斯领导的帝国农业合作社总联合会等。农业信用合作制度即组织于此种农业合作制度内,各地方组有农村信用合作社,归联合会监督;信用合作社之上,则有农村中央银行,归总联合会监督。在此之上者,则为普鲁士中央合作银行,直接受政府监督。普鲁士中央合作银行虽属普鲁士邦立,其业务则遍及全德国。[1]

法国农村金融制度包括法兰西土地信用银行及农业合作银行。法兰西土地信用银行是纯粹以营利为目的民营的长期金融机关;其农业合作银行制度设有国立中央农业合作银行、县农业合作银行、地方农业合作银行三种机关,系由下而上组织的农村金融制度,其基本组织地方农业合作银行业务主要是对会员放款;各县地方农业合作银行联合组织县农业合作银行,并受县合作银行监督,县农业合作银行为中级机关,其股份最少须有 2/3 由地方银行募集而来,其业务主要是对地方合作银行及其他各种农业合作社放款。中央农业合作银行系国立,但政府并不出资,只是每年提供低利或无利资金,其业务仅与县农业银行往来,收受县银行存款、调剂县银行资金之运用。[2]

美国的农村金融体系堪称最为完备。自 1916 年设立联邦土地银行,1923 年设立联邦中期信用银行,再到 1933 年成立农业金融管理局,对以前所存各种放款机关进行整合,并新设立合作银行,美国基本形成完整的农村金融制度。其最高机关为农业金融管理局,它不是直接放款机关,而是中央管理监督机关,在此机关之下,全国分为 12 个农业金融区,每区内有四种机关,即联邦土地银行、联邦中期信用银行、生产信用公司及区合作银行,各区有四机关之联合理事会,且四个机关同在一处办公,借款农民不必因长中短期各种借款而东奔西走。各机关贷予农民所需要的长中短各期农业信用,其中联邦土地银行贷款予国民农地贷款合作社,而不直接放款予个人;联邦中期信用银行以向其他农业放款机关贴现为主,并以农产物栈单向农业合作社放款;

---

① 吴敬敷、徐渊若:《农业金融制度论》,第 68-87 页;小平权一:《各国合作金融制度概述》,《经济汇报》8 卷 2 期,1943 年 7 月。

② 吴敬敷、徐渊若:《农业金融制度论》,第 87-99 页。

生产信用公司制主要作用在组织各地之生产信用合作社并供给其资金；合作银行则对农业运销合作社作长期之不动产设备贷款，并对运销或购买合作社作短期流动资金之贷款。[①]

　　各国农村金融体系的层级性都很显著，以合作金融来看，其构成层级，或为四级（法国），或为三级（美国、德国），每一层级在其特定的区域范围内独立经营存款、放款、汇兑等业务，资金不足时，可向上一级获得融资。各层级之间的关系有多种情形，有的上级机构以下级机构的出资为基础建立起来，上下级之间的交易仅限于出资者，所谓的专属交易（德国、美国）；有的上下级之间没有出资关系，仅是交易关系，但主要限于会员交易（法国），不管哪一种情形，上级对下级都负有资金调剂之责。在整个金融体系中，中央机构最为重要，它处于核心地位，整个金融体系是否能够有效的运作，关键在这个处于核心的中央机构。各国中央机构多为国家出资（德国、美国）或国立（法国），其职责在于筹措资金，调剂整个系统资金的运用，对下级还负有监督之责。除前述德、法、美外，意大利有意大利国立合作银行，为全国合作银行（信用合作社）之中央银行，及生产消费住宅合作社的把注中枢；荷兰的合作社之上，有农业信用中央银行；比利时有农业中央信用银行；奥地利信用合作社之上，各省均有中央合作银行，其上更有奥国合作银行、中央清算银行，为各省中央合作银行之中央银行，其城市平民银行之上，则有奥地利中央合作银行，为城市平民之中央银行及清算处；匈牙利之匈牙利信用合作中央会，为该国信用合作社之一把注枢纽；日本有中央合作金库。强有力的中央机构，既可使整个合作金融保持一贯之系统，又可使基层机构的资金来源有着强有力的后盾。

　　各国长期农业金融机关同样具有系统性，其中央机构或上级组织，同样都是土地抵押或债券流通的坚强后盾，如德国1873年设立的中央土地抵押信用协会，即为信用协会的中央机关，应协会要求，发行中央债券，发给借款人，以救济地方债券之困难；瑞典不动产抵押信用

---

① 吴宝华：《美国之农业金融》，第9-16页。

银行，即为瑞典地主抵押信用协会的中央机关，由政府津贴设立，其放款以 10 家协会为限，且收买地方协会的债券，以增进其市场；丹麦不动产抵押银行也由政府设立，以增进信用协会债券市场为目的；又如美国联邦土地银行，亦为各区农地贷款合作社的上层机构，而以农地贷款合作社为其业务之基础。

当然，各国的农村金融体系能够有效地发挥其作用，还在于处于最基层的合作社都建立了健全的合作制度。

第四节　政府与农村金融

一个完整的农村金融体系的形成离不开政府的重要作用。18 世纪后期到 19 世纪中叶，农村金融制度创立时，主要是民间的自发行为，其结果是自下而上地形成农村合作金融制度。19 世纪中叶以后，政府对农村金融的干预成为一种趋势，政府的介入，既有政府对农村金融发展的支持，也包括它对农村金融的规范和监管。农村金融的特点，需要国家将农村金融视作一种经济政策，从农业乃至整个国家经济的角度出发，给农村金融以必要的特别待遇，以尽量减少农村金融的弱点对其自身及农民带来的不利影响。

一、设计农村金融制度

德国的农村金融机构多是应实际需要而设，政府对农村金融制度的设计并不明显，但德国之后，各国都加强了农村金融的制度设计，越晚兴起的国家，这一特点越显著，美国形成堪称最为完备的农村金融体系，正是得益于政府的制度设计。政府的制度设计，主要是对国内外农村金融的调查研究，在此基础上制定农村金融立法，并根据立法设立相应的机构。

法国比较早地开展了调查研究，在 1852 年《土地银行法》颁行及巴黎土地抵押银行设立之前，从 1826 年起的 20 余年间，首先是卡塞米尔·皮埃尔悬赏征求改善法国土地金融论文，继而有国会设立研究委员会研究农村金融问题，派遣调查团调查欧洲其他国家农村金融状况。①长期处于分裂的意大利于 1861 年统一后，亟待创设农村金融制度以救济农民，1866 年设立一委员会，研究救济土地金融办法。②英国的农村金融发展相对滞后，但一战爆发前数年，农村金融问题也是英国重要的问题之一。英国政府于 1912 年派人赴德国调查农业不动产金融、农村信用合作社及农家家畜保险等情形，1922 年又委派一农村金融调查团，至欧洲大陆调查农业长期金融、短期金融、信用合作等情形。③美国农村金融制度的创设较欧洲各国为迟，因有欧洲各国制度可供参考，在制度创设初期特别注重调查研究。1908 年，美国组织农村生活调查团调查农村状况，1913 年，派遣合众国考察团考察欧洲各国农村金融制度，1920 年设立农业短期金融联合委员会，研究设立农业短期金融制度问题。④日本明治十年以后，派员调查德、法诸国农村金融状况，聘请外国专家，以备咨询。⑤

以调查研究为基础，制定各种农村金融法规，并据此成立各种金融机构。法国于 1852 年颁行《土地银行法》，设立多家土地抵押银行，并最终统一为法兰西土地信用银行。美国于 1916 年颁布《联邦农业放款法》，设立联邦土地银行，1923 年通过《农业信用法》，设立联邦中期信用银行，1933 年通过《联邦农业金融法》，成立农业金融管理局，并对以前所存各种放款机关进行整合。各国对农村金融制度的设计、改进和机构的设立，都要进行立法，赋予农村金融应有的法律地位，以示国家的重视。各国的立法情形，除上述外，还有 1920、1923 年法国相继制定的《农业信用法》《农村电气化信用法》，1923、1928 年英国的《农地信用法》，1921 年意大利的《农业信用法》，1926 年德国的《佃农信用法》等。

---

① 吴敬敷、徐渊若：《农业金融制度论》，第 36-37 页。
② 吴敬敷、徐渊若：《农业金融制度论》，第 41 页。
③ 吴敬敷、徐渊若：《农业金融制度论》，第 53-54 页。
④ 吴敬敷、徐渊若：《农业金融制度论》，第 55-60 页。
⑤ 吴敬敷、徐渊若：《农业金融制度论》，第 63 页。

二、设立官营机构，提供低利资金

各国政府多于私营农村金融机关之外，设立官营农村金融机关，负责供给农业资金。而且，20世纪以来，这种官营农村金融机关有日趋发达之势。德国早于19世纪初就设有邦营、省营及区营的土地信用银行，1861年以后又设有土地改良银行，1891年设立地租银行，1895年设立普鲁士中央合作银行，1924年设立中央农业银行；法国于1926年改组设立国立中央农业合作银行；意大利于1929年改组设立国立劳动银行；美国于1916年设立联邦土地银行，1923年设立联邦中期信用银行。诸如此种情况，在其他国家也有不少。需要指出的是，不动产抵押金融机关方面，以政府设立或津贴设立者为最发达，民营机构除少数国家外都不很发达；合作金融方面，各国中央合作金融机关多由政府颁订专门法令或章程设立，并多由政府拨款或认股创设，并不一定依据由下而上的原则由合作社自行筹设。

农村金融因地利、长期的特点，较诸一般金融处于不利地位，因此，各国政府对于农村金融机关，多有供给低利资金或给予特别补助的举措。德国于1770年设立西里西亚土地抵押信用协会时，政府即借给年利二厘的低利资金90万马克。法国于1852年改组巴黎土地抵押银行为法兰西土地信用银行时，政府则给予1000万法郎的补助金；而法国的农村合作银行制度，大部分也依赖政府低利资金的供给。英国于1929年设立农业抵押公司时，政府借予资金65万镑，定期60年，不收利息，此外允许该公司创立的头10年，每年给予1万镑的补助金。美国于1916年设立联邦土地银行时，政府出资800万美元，不领股息。日本对于农村金融机关，也有类似处置，劝业银行在创立头10年间，每年盈余分配如未达到5%，不足之数由政府补足；农工银行在创立头5年间，政府股份不领股息；东洋拓殖会社在初设立的8年间，每年由政府给予补助30万元。①

---

① 吴敬敷、徐渊若：《农业金融制度论》，第149-150页。

三、授予特权

各国政府对于农业长期金融机关及短期金融机关，莫不授予发行债券的特权。农村金融的资金来源，主要有政府津贴或提供低利资金、发行债券、股金和吸收储蓄等，其中，政府资金有限且主要用于放款或发行债券的担保，农村金融机构的股金也为数不多，储蓄多为活期，难以与农村金融所需的长期资金相适应，都难以满足农村金融的资金需要，而债券则成为资金的主要来源。因此，各国农村金融机关，均有发行债券的特权。长期农村金融机构多有无股金的，其获得资金的方式，为发行以贷款陆续收入的不动产抵押品为担保的债券，土地本为极不易流动财产，但通过发行债券，其变换现金之易，与其他证券不相上下。数十年长期贷款，如果没有债券的发行，其资金很难得以解决。各国农业债券的发行，大多以放款为依据，规定于放款时发行，有的还以债券为放款之支付券（如德国信用协会），并规定债券流通额不得超过放款未收，每收回一放款须赎还同一之债券，故各国对于发行额，除规定不得超过已收资本之四倍或五倍外，也规定不得超过放款总额，其每年偿还额不得少于收回放款之几成。[①]

四、政府监管

农村金融与农业技术、农业行政密切相关，不能分离，需要加以联络统制，各国多将农村金融事务隶属于统理农业行政相关部门，如法国国立农业信用银行归农务部管辖，英国 1923 年及 1928 年的《农业信用法》，规定农务水产部长对农业信用具有管辖权，意大利的劳动合作银行由国民经济部管辖，墨西哥 1926 年的《农业信用法》规定有关农业信用的行政归农务部长处理。农村金融发源于德国，德国也不例外，而由国家对农业金融实施统制，德国各农业不动产金融机关大

---

① 侯厚培：《近代农业金融机关之发展及其比较研究》，《中农月刊》1 卷 5 期，1940 年 5 月。

半属于国营或公立。这种统制在合作金融上则更具影响，各国中央合作银行的业务目标，均为调剂全国一切合作资金，并均有集中管制的性质。各国政府对中央合作金库机关，统制管理甚为严密，如德、日、法、苏、美、罗等国，均由政府派认中央合作银行的理监事及主管人，日本及罗马尼亚还派有监察官驻库监督。一些国家对农业信用合作社还有特别立法，如葡萄牙的农业相互信用制度、苏俄的农业信用合作社、罗马尼亚的土地信用合作社、瑞典的土地信用合作社、新西兰的农业信用合作社等，均树立特别法制，使农业的信用合作社与一般信用合作社相区别。①

值得提出的是，在农村金融制度从形成到成熟的关键时期，政府既有巨大的投入，又采取非常审慎的态度，如在美国，1916－1933年间是美国农村金融制度完善的关键时期，政府以巨额投入先后成立联邦土地银行、联邦中期信用银行及合作银行，同时，每一步的制度设计，都是在政府组织广泛调查研究的基础上，制定农村金融法规，紧接着成立金融机构，并根据经济发展形势的变化，修改法规、成立新的机构，终于在1933年对农村金融法规作全面的修订，对整个农村金融制度重新进行规划，奠定了美国农村金融制度的基本框架，这一制度框架一直延续至今。

需要说明的是，政府的干预主要集中在制度框架的设计及中央金融机构的成立及其经营规划上，至于中下层金融机构因参与者与经营者长期以来已经形成了稳定的自主经营机制，上层金融机构和政府则不干涉其经营。待整个制度的运行已经形成基本的运作机制后，政府不仅不干涉中下层金融机构的经营，甚至退出中央机构的投资，而由中下层民间金融机构持有股份，对中央金融机构的经营规划，则主要是通过固有的法律和制度框架维护其运行，而不再轻易对其加以改变，充其量只对整个制度体系做些局部的修补。

---

① 徐渊若：《德国之农业金融》，第164-165页；罗俊：《各国中央合作金融机关之组织制度及其特征》，《中农月刊》3卷3期，1942年3月。

第二章

合作思潮的传入与新式农村金融制度初显

　　制度的变化源自于新的需求。清末民初，随着中国农村经济的发展变化，在农村资金外流、资金供给减少的同时，资金的需求却在增加，致使原有的农村金融制度、资金供给渠道无法解决资金供给，一些有识之士乃至政府试图寻求建立新的农村金融制度，以求解决供求不平衡的问题，并改善资金运用的方向。与此同时，西方现代金融制度、农业金融制度逐渐传入中国，它们成为先进的中国人创新中国农村金融制度的蓝本。

第一节　旧式农村金融及其衰落

一、社会经济的变化与农村借贷需求的扩大

　　中国近代农村的资金市场，总体趋势是供求的不平衡，资金供给没有明显增加甚至萎缩，资金需求却显著增加。一方面，近代中国动

荡的社会环境、频发的天灾人祸，使农村经济趋于停滞，甚至出现衰退，这不仅使农民很难从农业中得到维持基本生存的收益，而且在各国工业化进程以及中国沿海通商都市近代工商业发展的进程中，显示出越来越明显的劣势，从而导致资金的不断外流，20 世纪 30 年代到了空前严重的程度，以致呈现农村资金枯竭的状况。另一方面，农村经济的商品化、农民生活的贫困化以及农业政策的转型等因素则促成了农村金融市场资金需求的增加。

资金需求的增加，首先是农村经济商品化的必然结果。19 世纪中叶以来，中国农村经济的商品化呈加速发展的趋势，这首先是西方列强打开中国大门后，中国被卷入世界市场的结果。鸦片战争后，英、法等国为扩大在中国的市场，极力向中国倾销棉毛纺织品、金属制品等工业品，又自中国收购丝、茶、土布、瓷器等农副产品，随着各国工业化的推进，其推销工业品、收购农副产品的规模也不断扩大。这极大地冲击了中国农村自给自足的经济结构，农民越来越减少其生产、生活的自给部分，增加市场的购买。洋纱、洋布市场的扩大，意味着农民更多地从市场获得其衣着的需求；丝、茶、土布、棉花等出口的增加，使农民在安排农业生产时，不再仅仅着眼于家庭生活的需要，而是在一定程度上面向市场，以企图获取更高的收益。

近代中国，规模不断扩大的对外贸易一直是推进中国农村经济商品化的主要动力。中日甲午战争后，国内近代工商业、交通运输业的发展，也是重要的推动力量。江苏、河北、山东等地棉花商品生产的发展与上海、天津、青岛、武汉等城市棉纺织业的发展分不开；蚕丝、烟草、花生、畜牧业商品生产的发展与丝织、卷烟、榨油、毛纺织业所需原料的日益增长有关；工商业发展带来的城市人口的增加，使粮食的市场需求大量增加，一些粮食贸易中心因此而发展起来；新式交通运输业的发展便利了农产品的运输，为农产品的商品化提供了有利条件，因此，铁路沿线经济商品化的程度比其他地区要高。

农村经济的商品化，突出地表现为经济作物生产的专业化、区域化，粮食作物生产的商品化和手工业生产的商品化。商品化的发展，意味着在农民的生产、生活中，货币的作用越来越突出，农民生产的农副产品更多地用于出售，其收入中，货币收入所占比重增加，同时，以货币购买生产、生活资料的比重也相应增加。与货币获得及需求的增加相应的，必然是对资金需求的增加。

资金需求的增加，还与农民生活的贫困化密切相关。近代中国，农民在商品化进程中处于十分不利的地位。一般来说，在市场交换中，农产品对于工业品处于相对劣势，农产品因市场波动大，其价格风险更大。而近代中国因是被动卷入世界市场，农产品的这种劣势更为显著，突出表现在农产品价格的决定上。19世纪70年代以后，不仅工业品价格取决于世界市场，农产品的收购价格也由世界市场所决定，这种价格的决定机制必然使农民成为农产品价格风险的最终承担者。价格决定上的这种劣势使得农民很难从农产品的商品化中获益，相反，有可能因为商品化后生产成本的上升，所得收益难以补偿成本，其境况比以前更为不利。

农村经济在商品化中已处于不利境地，而不断遭受的战乱、天灾又给其以沉重的打击，两者的叠加使农村处于非常不利的境地，农村经济呈衰退之象，甚至趋于崩溃。衰退甚至崩溃的农村，不能提供足够的农副产品与工业品相交换，形成农村在城乡贸易中的入超，这必然导致农村资金的外流，极端的情形是农村资金的枯竭。农民生活因此越来越陷入贫困化的境地，为了维持入不敷出的生活，借债已成为大多数贫苦农民的生活常态。不难理解，贫困化也提高了农民对资金的需求。

资金需求的增加，还源于农业政策的转型。面对农村经济的衰退、农民生活的贫困化，主要采取救济方式的传统农业政策，根本不能解决问题。清末民初，在不断掀起的"振兴实业"的浪潮声中，政府试图借鉴西方各国的做法，通过实施某些农业政策以图振兴农业。纵观清至民国各政府的农业政策，其振兴农业之法不外二途：一是技术的改进、新的农业生产方法的推广。19世纪以来，各国在农业上开始应用新的科学方法，有关土地的改良、优良农具机械及家畜的购入与使用、优良种子种苗的育成、新的耕地的开垦，都依赖于新的科学方法。清末民国时期，由中央政府、地方政府以及大学所开办的遍及全国各地的农事试验场，成为推广新的农业生产方法的重要载体，他们主要从事优良作物品种的引进、培育和推广，优良畜种的试养与繁育，化肥与新式农机具的引入与尝试使用等。二是改善土地的分配。实现"耕者有其田"，是孙中山三民主义土地政策的一大要纲，国民政府标榜要以实现三民主义为目标，在土地政策上，从最初提出实施的"二五减租"，到后来进一步提出要实现"耕者有其田"。如何实现耕者有其田，消极面上讲，是保护现有的自耕农，使其不致丧失土地；积极面上是创立新的自耕农，自耕农创定的方法不外二途，首先是用和缓的手段，即奖励地主出售土地，同时又以政府的力量供给农民资金，帮助他们购买土地；其次是采用强制的办法，即对于地主的土地除保留一部分外，其余一律由政府强制征收，并转售于农民。抗战时期，国民政府恰是以和缓的方法，推动试办土地金融。实施这些农业政策，其他如耕地的改善、农业经营的改良等，都需要有金融的支持，才能取得效果。所以农业政策的实施，离不开农业金融，甚至有人说，国民政府的农业政策，实质上主要是农业金融政策。农业政策的实施，会使农民需要更多的资金，此项资金，以农民自有的资财来供给是不够的，农业金融在这方面便显得重要了，这又是传统的金融所不具备的，农村金融制度不仅是农民的需求，也是政府的需求。

二、旧式农村金融组织及其衰落

面对日益扩大的资金需求，已有的农村金融组织已难以应付。已有的资金供给渠道有私人借贷、典当、合会，而历代的仓储平粜制度，也多具有调节农业资金之职能。

1. 私人借贷

在各种已有的资金供给渠道中，私人借贷所占比重最大，据估计，20 世纪 30 年代，全国负债农家大约占一半，每家负债平均约 100 元，全国农家大约 6000 万，全国农家负债总额约 30 亿元，其中约有 2/3

来自私人借贷而来。[①]私人贷款者，大半是地主、商人和富农，据中央农业试验所 1933 年对全国 22 省的农家借贷调查，现金借贷来源，地主占 9%、富农占 45.1%、商家占 17.3%；而粮食借贷，地主占 13.6%、富农占 46.6%、商家占 11.3%。[②]当然，不同区域有所区别，在商业比较发达地区，商人占最重要的地位，经济落后地区，则地主占最主要地位。

私人借贷最普通的借贷方式一是借钱，其偿还方式或还钱；或还粮，这多半是农民于青黄不接时，因急需而借钱，于收获后还粮；或者利息付粮，还本用钱，此多是比较长期的借贷，每年收获后以粮付息，此种借贷，通常以土地为担保品。二是借粮，其偿还多是还粮，通常于青黄不接时借，收获还，借者几乎都是贫农，而贷者则多是粮商。三是借耕牛或农具，以劳役或现金偿还。四是赊欠，向商店赊谷种、肥料及日用品。五是农产预卖或预押，即将未收获的农作物（青苗）卖给或押给商家，是高利贷与商业操纵的混合形式。

私人借贷的信用方式，视借款多少及期限长短而定。如果借贷数量很小，期限很短，而借贷者信用素著，又与借款人有亲友关系，借贷行为可用对人信用方式，无需担保品，甚至无需书面契约。借贷有时取保证人信用方式。若借贷数目甚大，期限很长，则必须有物品为担保，担保物品为不动产（土地房屋）或动产（家具、农产物、农具等），若借贷数额极大，期限极长，非有土地为担保品不可。私人借贷，对物信用较对人信用为重要。所以贫农很难借到钱。一般来说，对物信用中，70%是土地抵押信用，借贷额通常为土地市价的一半，少者 30%，多者 60%。

私人借贷利率通常都很高。据中央农业试验所的调查，1934 年各省平均借贷利率，月利一分至二分的仅占 9.4%，二分至三分的占 36.2%，三分至五分的占 41.5%，五分以上的占 12.9%，三分以上的占 54%以上。[③]上述调查还包括银行、钱庄、合作社、典当在内，它们的

---

① 吴文晖：《现阶段我国农业金融组织之检讨》，《青年中国季刊》1 卷 3 期，1940 年 4 月。
② 中央银行经济研究处：《中国农业金融概要》，商务印书馆，1936 年，第 8 页。
③ 吴文晖：《现阶段我国农业金融组织之检讨》，《青年中国季刊》1 卷 3 期，1940 年 4 月。

利率多有规定,大体在三分以下,私人借贷利率在三分以上者,所占比率应该更高。从地区看,各省利率高低颇有参差,大抵西北各省如陕西、绥远、宁夏、甘肃、察哈尔,利率最高,四分以上的利率要占到50%以上甚至百分之六七十;而东南各省如福建、广东,则利率较低,这主要是因西北各省经济落后,资金最缺,求过于供,时有天灾,放款危险性极大,而沿海各省则否。上述为借钱利率,借粮利率较借钱还高。1933年全国借钱利率,平均为年利率三分四厘,借粮利率则平均为月利七分一厘。借粮利高,乃因期短额小,而计算粮价又全由贷者操纵。

私人借贷所占比例甚大,但其缺陷甚为明显。第一,通常借贷期限极短,多在一年以下。农民要靠私人借贷以改良土壤或购买农具牲畜等以增加农业生产力,是不大可能的。最大部分的私人借贷是短期信用,只有一小部分可说是中期信用。第二,只要担保品确实可靠,借贷者不问借款人的用途如何,无不乐于贷出,故农民借入之款,常用于消费方面。第三,私人借贷,多属高利贷,农民大众挣扎在高利贷的桎梏中。利率太高,则农民借债后,利息积增甚快,常常积久而不能偿清债务,形成慢性负债甚至永久不能偿付。高利贷常使土地由农业者之手转移于非农业者之手。高利贷者多半是非农业经营者,他们最喜欢土地抵押借款,土地常常由"押"而"典",最后则"卖"给高利贷者,或由高利贷者转卖给别的非业农者。

2. 典当

典当是中国最古老的、以经营动产抵押借贷为主要业务的民间金融机构。按资本及规模的大小,典当可分为典、当、质、押。典的资本最大,满典期限最长,押值最大,取息较轻。当与典原本有很大区别,其资本及规模比典小得多,至民国后混淆难分。质与押的规模、资本更次于典、当,至于押、质之间,谁大谁小,未可一概而论,有些地方押的资本较大,有些地方则质的资本较大。总之,押、质较典、当资本小,期限较短,押值较低,利率较重。另外,因时代变迁,地域不同,各地的分法不同,如江苏的典当业,只分当、质、押三等,典为三者之公称;广东的典当业则无典、质之名,而分当、按、押三等。就各地一般习惯，凡经营典当的店铺，多称为当店，或当铺。

典当资本大者通常达 10 万元，甚至 20 至 50 万元不等，此类典当多在都市，其资本多是商人所出；农村典当资本较小，最少者只约 2000 余元，多是地主所创设，与农民最有关系者，当是农村贸易中心之典当店。典当的资金，除自有资本外，并常常吸收存款、借入资金或发行钱票，以扩大营业。

典当物品，在都市，多为衣服、首饰、木器及器皿之类；在乡镇，农具及农产物之类皆可入当。农民持往典当入当之物，绝少珠宝、皮裘之类，最普通的为衣服、棉被等，贫农甚至以家中木器、厨房器皿、农具等为当品，农产物如米、麦、丝等，亦可为当品。这些当品在其入当时，其所得当值，通常多为市价之三成，亦有低至一成的。农民典当物品，多在青黄不接或下种之时，收成之后则赎回当品；又通常在年关时节，需要资金甚亟，常向典当当物。

满当期限，各地不同，同时视当价高低而别，当价高者期限长，但最长不过 3 年，最短则为 3 个月，而以一年、13 个月、半年、二年为最普遍。可见典当所供给之信用，为中期的或短期的，而非长期。

各地典当利率不一，多为月利二分至三分，最低者一分，最高者八分。可见典当实带有高利贷的性质。

据民国年间的调查，农家借款约有 10% 来自典当，典当仍是农民借贷的重要来源之一。但从农业金融的角度看，典当不是理想的农业金融机关。其一，就一般而言，典当利率虽较私人借贷略低，但仍过高。其二，典当所注意的只在当品，至于农家所得资金，是否用于生产或其他正当用途，则全不过问，此与私人借贷相同。其三，清末以来，尤其是民国年间，典当业趋于衰落。明清时期，因商品经济的发展，商人资本的大量注入，典当业达于鼎盛时期。然而，近代以后，因战乱天灾的打击、税收摊派的加重、币制混乱及通货膨胀的冲击、社会变迁导致满当货品变卖困难、新式金融机构的竞争等原因而使典当业趋于衰落，这与农村资金需求的扩大明显不相适应。[①]

当然，新式农业金融机构出现后，典当业尚有其存在的价值。在新式农业金融机构健全之前，农民需款，如不能向新式机关通融，其告贷于一般高利贷者，或坐而待毙，似不如出之典当。20 世纪 30 年代，中国农民银行有对典当放款之举，其创办的农民抵押贷款借贷所实是典当。这说明典当如办理得当，可裨益农村，其与新式金融机关并非绝不相容，若对其营业加以改进，是能够发挥其积极作用的。

3．合会

合会为我国固有的平民金融组织，特别流行于农村。合会通常由一需要资金之人邀集若干亲友组织而成，发起者称会首，或会头，被邀参加者称会脚，或会友。成会之后，第一次聚会，由各会脚各出若干，凑成一笔款项，交会首收用，以后每次集会，由各会脚及会头分别出缴若干，交给一未曾得会人收用，直至全体会员都已得会，该会始告终止。一般来说，先得会者，逐期付出之数，较后得会者付出之数为多，先得会者为整借零还，后得会者为零储整收。

按收会的方法，合会可分为三种。由各会脚预先认定收会次序，依次轮收的，叫做轮会或坐会；用拈阄摇骰的方法决定的，叫做摇会；既不认定，也不摇定，而采用投标竞争之法，由出利息最多的会脚得会的，叫做标会。轮会与摇会通行最广，标会则盛行于广东。

合会的会期长短各不相同。轮会多一年或十个月一转，最短亦不下半年；摇会会期由一个月以至半年不等；标会则多逐月举行，会期最短。合会人数，多少亦不一致。轮会由六七人至 10 余人，以 7 人会与 11 人会为最流行，故会期有长至 10 年的；摇会与标会的人数多寡不一，但最多亦不过 40 人左右，因其转期较速，故一会的寿命，通常在三五年之间。

合会在我国历史悠久，之所以能世代相传，是因为其组织多以亲友感情为其信用的主要条件，"有无相济"乃亲友间的道德准绳，所以

[①] 李金铮：《20 世纪 20—40 年代典当业的衰落》，《中国经济史研究》2002 年第 4 期；刘建生、王瑞芬：《浅析山西典当业的衰落及其原因》，《中国社会经济史研究》2002 年第 3 期。

含有互助意义，为平民所乐于采用。基于自动和互助，它的作用不止是借贷，还有储蓄，是一种互相借贷和集体储蓄。它与私人借贷、典当相比，在本质上是有区别的。它的信用方式是对人的，非对物的；它的利率较之私人借贷与典当为低；会款的用途大多用于消费或应付急需，如婚丧嫁娶、还旧债，但也有不少用于购田、买牲畜、造屋或经商等。

但合会也有其种种缺点：其一，合会由会首发起而成立，待每一会脚都得会而终止，它不是一种永久性的金融组织，它所能提供的借贷最长的为合会由成立至终结。一般来说，合会多数年限不长，大部分在 5 年以下，超过 10 年的很少，可见合会金融属中短期性质；其二，合会款额大都甚小，根据中央农业试验所的调查，58%都在 100 元以下，600 元以上者只占 6%，合会是通融小额资金的组织；其三，能够参加合会的农民，事实上多是富农，至于贫农大众，难有余资预交会金；其四，会金的分配，并非由精密的数理计算得来，故各会员所得的利益不很公平，大致是居中的会者最为吃亏，会首会末最有利；其五，每届会期，必设酒席，浪费非常严重。

合会固然有其种种缺点，但作为我国固有的平民金融组织，带有互助、合作的意义，在新式农业金融机关还没有而且一时也很难普遍完善地发展以前，尚有其存在的价值。

4. 常平仓、社仓

常平仓源于战国时李悝在魏所行的平籴，即政府于丰年购进粮食储存，以免谷贱伤农，歉年卖出所储粮食以稳定粮价。汉武帝时，桑弘羊发展了上述思想，创立平准法，依仗政府掌握的大量钱帛物资，在京师贱收贵卖以平抑物价。宣帝五凤四年（公元前 54 年），大司农中丞耿寿昌向宣帝奏请在边郡设立常平仓，以供给北部边防之需，减省转输漕运之费，是为设常平仓之始，其主要作用是调节粮价、储粮备荒以供应官需民食。此后直至清代，时兴时废。义仓创自隋文帝开皇五年（公元 585 年），其法是在收获时劝民出粟麦，储于当社粮仓，用于荒年赈给。唐太宗贞观二年（公元 628 年）在各州县设立义仓，每亩土地按其所出收粮 2 升；无田商人分九等，每户出粟 5 斗到 5 石；

下下户及少数民族不征。所收粮食储于义仓，荒年时用于赈民，或贷给种子，于秋天归还。宋代朱熹倡社仓，奖励人民自动积谷，按财产多寡而定其出米标准，其作用一为放米生息，一为积谷备荒。社仓粮食的来源是劝捐或募捐，存丰补欠。粮食的周转则是借贷的形式，一般春放秋收，利息为十分之二。后世常平仓、义仓、社仓的区分并不严格。

清初，顺治中，各府、州、县都设常平及义、社仓，责成道员专管，每年造册报户部。十七年（公元 1660 年），定仓谷粜籴之法，春夏出粜，秋冬籴还，平价出息，如遇灾荒，即以赈济。康熙年间，又定春借秋还，每石取息一斗；各地常平、义仓储粮永留本境备赈，并规定了大、中、小州县应储粮数。清前期，常平仓储量随着国力的上升曾不断扩充，清中叶以后，弊端日甚，各地常平仓多数钱、谷两虚，徒有其名，起不到平抑粮价和备荒的作用。至清末，政治窈败，积谷废弛，仓储事业日替，常平仓已经名存实亡。

常平仓、社仓、义仓的作用，主要是平抑物价、赈济灾民，同时为解决青黄不接时农村发生的困难，还出借给农民作为种籽、口粮。但常平、社仓毕竟主要不是农业金融机关，它所发挥调剂农业资金的作用以消极的赈贷为主。

综上所述，私人借贷、典当、合会等都有着各自的缺陷，无论从满足资金需求的角度，还是资金运用的方向都不能适应新的变化。况且，在城乡资金流动不均衡、农村资金外流的情况下，农村金融市场资金供给减少，这些传统的金融机构根本无力解决。社会经济的发展变化需要农村金融制度的创新，产生新的农村金融机构。

第二节　殖业、农工银行之设立

清末民初，当外商银行在中国设立和发展，中国人自己开始兴办银行时，受欧美的影响，开始以现代银行之组织设立农业金融机关，这是中国探索建立现代农村金融制度的开始。这一时期所建立的是兼营农业金融的实业银行，而非专门的农业金融机关。

一、殖业银行的设立

最早提出要设立银行的是洪仁玕，1859 年，他在《资政新篇》中首提"兴银行"的主张，此后越来越多的人认识到兴办银行的重要性，呼吁兴办银行。郑观应论证了银行在百业中的突出地位和作用，认为"商务之本莫切于银行，泰西各国多设银行，以维持商务，长袖善舞，为百业之总枢，以浚财源，以维大局"。①甲午战后，在变法自强、振兴实业的呼声中，兴办银行成为解决国家财政问题、振兴实业的重要工具。1896 年，容闳向清政府提出创立国家银行。这年 9 月，督办铁路公司事务盛宣怀上奏申请创办银行，指出："西人聚举国之财为通商惠工之本，综其枢纽，皆在银行。中国亟宜仿办，毋任洋人银行专我大利。"②

盛宣怀的奏请得到了清廷的批准。盛积极进行筹备，于 1897 年设立了中国通商银行，总行设在上海。此后，清政府先后设立了大清银行、交通银行。其他有多家地方银行和商办银行的设立。

当各官商银行先后创办时，1908 年，度支部奏请厘定各银行则例，包括《大清银行则例》《银行注册章程》《银行通行则例》《储蓄银行则例》《殖业银行则例》等，其中《殖业银行则例》共 34 条，其内容涉及农业金融。

《殖业银行则例》规定殖业银行以放款于农业、工业为宗旨，其资本总额至少须 20 万两以上；银行可发行债券，以实收资本五倍之数为限，如资本实收在 200 万元以上，可发行债票至 8 倍，但不得超过放出款项之总额。

关于银行的放款业务，条例规定，放款以田地、园林、房屋或工业上实在产业或股票、债票等项作抵，于 30 年内用分年摊还法归清本

---

① 郑观应：《盛世危言》《银行上》。
② 盛宣怀：《愚斋存稿》卷一。

利，但借款总数不得超过押产实值的 7/10。以房屋作抵，须附保险契约，否则借款不得过实值 5/10。若款项无多，有殷户 5 人以上连环担保，亦可不用抵押，惟借期应减短，以五年为率，其借款通计不得过银行资本 1/10。银行因农工业家之便，以产业作抵，亦可出放短期借款，但不可过本行出放款项金额 1/5。关于放款利率，其最高之率，应于每年年首具呈度支部或该管地方官核准，如年内市面陡变必须更改之时，亦应随时呈报。

关于放款偿还办法，规定债务人可于先数年内只还利息，满年限后再摊还本利，惟此项年限不得过五年。至于分年摊还，其数目合本利计算，每年定一平均偿还之额，但不得过于债务人每年净得出息之总数。

银行还可代人保管金银及一切重要物件、汇兑、储蓄、长年定期存款等。①

《殖业银行则例》颁行后，1910 年，天津盐商李士钰、李士镕、李士铭兄弟开始策划成立银行一事，次年，由李士镕出面禀报度支部核准、农工商部注册成立。殖业银行成立时，发起人李氏兄弟出资 30 万两，马振宪等其他发起人共出资 24 万两，刘彭年代表津浦铁路出资 20 万两，因此该银行定名为津浦殖业银行，资金到位 50 万两时，津浦铁路到位 12 万两，其他发起人总计到位 38 万两。②

从《殖业银行则例》看，殖业银行与日本的劝业银行相似，有调剂农业资金的内容，可视为我国近代农业金融之始。但从其业务经营看，主要是抵押放款，保证放款仅占银行资本的 1/10，一般农民之视殖业银行无异于典当。殖业银行真正向农民通融资金甚少，其营业与其他商业银行无异。因此，清末殖业银行之创设，准确地说，是我国近代农业金融之先声。

---

① 中国第二历史档案馆编：《中华民国档案资料汇编》，第三辑，《金融》，江苏古籍出版社，1991 年，第 25-29 页。

② 关于这家银行的成立，姚公振的《中国农业金融史》、叶世昌的《中国古近代金融史》《天津通志·金融志》等都认为发起人是李颂臣等，根据近年发现的该银行成立时发行的股票及相关资料，银行发起人实为李士钰兄弟，李颂臣是李家的第二代，1932 年李颂臣出任津浦殖业银行总董。参见 http://bbs.ifeng.com/viewthread.php?tid=2013218。

二、劝业银行、农工银行的设立

民国初年，北京政府先后拟定劝业银行、农工银行条例，并筹设劝业银行、农工银行，这些银行属于一般的实业银行，它们都兼营各种农业放款以通融农业资金，这表明北京政府仍是延续清末模仿法国、日本的农业金融制度，而不是建立专营农业金融业务的银行。

（一）劝业银行的筹设

劝业银行是1913年冬农商部筹议举办的，设立劝业银行是鉴于劝导实业缺少金融业的支持："我国地大物博，夙擅天府之称，惟农工各业，囿于小成，未能宏大规模，扩充营业，推原其故，端由农林垦牧水利工矿等项，非有雄厚资本，不足发展事业，而环顾内外，金融机关现未遍设，农工借贷又苦无从，遂使地利未获尽辟，富源不克大兴，国计民生，胥受其困，亟宜特设银行，借以劝导实业"。[①]

1914年4月，北京政府财政、农商两部呈准颁行《劝业银行条例》，共53条，条例规定劝业银行以放款于农林、垦牧、水利、矿产、工厂等事业为目的，其中涉及农业金融业务的，有关于水利、森林、垦牧之放款。

条例规定劝业银行资本总额500万元，分为5万股，每股100元。除资本金外，其资金还可通过发行债券筹集，条例第35条规定，劝业银行于资本金缴足1/4以上时，可发行劝业债票，但不得超过资本金缴足额的四倍，并不得超过分年偿还放款的总额。

关于放款偿还办法，一是以不动产作抵押，偿还期限不逾十年的，用分年摊还法。分年摊还的放款，自放款之日起，五年内可还息不还本，五年以后须将本息分年摊还；二是以不动产为押款，偿期不逾五年的，用定期偿还法。定期偿还的放款总额，不得逾该行分年偿还放款总额的1/10。

劝业银行可代人保管生金银或有价证券，购买农民银行、工业银

<hr />

[①] 姚公振：《中国农业金融史》，第170页。

行的债券，购买国债或地方债券。①

劝业银行是全国性的农业金融机关，总行拟设于北京，显然是模仿自日本的劝业银行，但虽颁定条例，订定计划，终究未能兴办。

（二）农工银行的设立

农工银行是1915年由财政部筹议设立的。劝业银行的筹设未成事实，财政总长周学熙以"吾国地质之厚，物产之富，甲于天下，只以农工事业，拘守旧法，未尽地利，殊为可惜"，提出其补救之道，应普设农工银行，遂于1915年10月，拟定《农工银行条例》46条呈准，11月由大总统令颁布。

条例规定农工银行为股份有限公司，以通融资财，振兴农工业为宗旨；资本额定为10万元以上，每股金额至少须达10元；农工银行可禀由该管官厅查核，转请财政部核准发行债券，债券总额不得逾放款总额，并不得超过已缴资本之二倍；农工银行以一县境为一营业区域，在一营业区域内，以设立一行为限。

农工银行经营的放款有：（一）五年以内分期摊还，以不动产为抵押者。分期摊还办法，应将本利合计，定一平均数目，分若干期摊还之；（二）三年以内定期归还，以不动产作抵押者；（三）一年以内定期或分期归还，以不易变坏农产作抵押者；（四）一年以内定期或分期归还，以渔业权作抵押者，除渔业权作抵押外，银行可要求另外以公债票或不动产作为增加抵押。（五）一年以内定期或分期归还，以政府公债票、各省公债票、公司债票、股票作抵押者。

前项放款以供下列各项用途为限：垦荒耕作，水利、林业，购办籽种、肥料及各项农、工业原料，农、工生产之运输、囤积，购办或修理农、工业用器械及牲畜，修造农、工业房屋，购办牲畜、修造牧场，购办渔业、蚕业、种子及各种器具，其他农、工业各种兴作改良等事。

农工银行除放款外，可经营定期存款，受中央金库委任，办理租税、钱粮及其他各种款项收发之事，代人保管金银锭块及其他重要物

---

① 中国第二历史档案馆编：《中华民国档案资料汇编》，第三辑，《金融》，第51-56页。

品，购买政府公债、各省公债票、民国实业银行实业债票等，可受劝业银行委托为代理点。①

　　农工银行最早成立者，是 1915 年 11 月开始营业的通县农工银行、昌平农工银行。通县农工银行直属于财政部，原定资本为 20 万元，实收 10 万元，在未收足商股以前，曾由财政部及京兆财政分厅合垫 10 万元开始营业，后陆续招有商股，收回官股，终变为商办性质。其营业有定期存款、往来透支、定期及分期抵押放款，其定期抵押放款和分期抵押放款，抵押品则以田地、债据为最多，因当时通县尚未实行土地登记，该行为放款安全计，先经派员调查借款人信用及地亩状况，填具表单，取具保单，再派员复查，认为满意，始能按章放款。此后，为推进各种业务，曾发动农民组织农工借款联合会（需要借款的农民联合团体）、农工借款协助会（公正绅商协助农民借款之组织）及不动产登记所。该行自 1915 年至 1927 年，放款总额为 90 余万元，其用途最多者为购买肥料与牲畜，前者占 33.6%，后者占 23.4%；其次为购买农具、雇工、种子、种棉、农屋、渔业、垦荒、水利、林业等。就农工各业计，用于农业者占 88.5%，用于工业者占 9.9%。该行开办最初 10 年内，营业尚可，农民沾其利，此后主持者迭有更易，营业有江河日下之势，与农民几无往来。1926 年后，因地方不靖，农村破产，该行亏折达 1.4 万余元。昌平农工银行，其资本与营业状况，完全相同。其所遭遇亦相同，而亏折有 8 万元之多。②

　　1918 年，为筹设及管理各地农工银行便利起见，财政部设立全国农工银行筹备处（1921 年 2 月，改为全国农工银行事务局，专司筹设及督导之责）。该处首先筹设大宛农工银行，拟定章程呈请财政部注册立案，并请部拨官股 20 万元，但因财政部款项短绌，未能照拨，由筹备处垫资 15 万元，再招募商股 10 万元，于这年 12 月呈准开业。后以商股 10 万元如数收足，而官股仍未拨到，于 1920 年 1 月起，完全改为商办。因经营状况尚可，乃增加股本 20 万元，连原有共 40 万元。

---

① 中国第二历史档案馆编：《中华民国档案资料汇编》，第三辑，《金融》，第 62-68 页。

② 中央银行经济研究处：《中国农业金融概要》，第 178-179 页；姚公振：《中国农业金融史》，第 176-177 页。

此后资本逐年增加，至1926年实收资本已达100万元。资本增加，营业扩充，经董事会议决，将大宛农工银行改组为中国农工银行，另设总管理处，修改章程，呈部备案。遂于1927年2月实行改组，并于天津、上海各添设分行一处。该行成为全国性的农工银行。[①]

北京政府时期，江南办有成效的农工银行有江丰农工银行、嵊县农工银行。江丰农工银行设立于1922年3月，由施肇曾、施则敬等创办，设在江苏吴江震泽镇。资本20万元，认股者大半系镇上居民。营业分存款、放款（农工为主）、储蓄、买卖证券及汇兑等。该行开业后，所吸收的存款大多非农工之存款，转为周转农工之用，此种办法外国农业金融机关多有之，在中国则是一种有益的尝试。因农工放款有季节性，在农业不需款时，酌做商业放款，是运用资金之一调剂法。其农工放款主要有三种：农产抵押放款，以生丝与米为主，放款时按市价70%作抵；动产抵押放款，如金银饰物等，以贷于农工阶级者为多，放款时按市价60%作抵；不动产抵押放款，以房契田单为主，占农工放款之最大部分，达85%以上。尽管不动产抵押放款所占比例最大，实则难以为继，因为土地未经整理，有的有单无田，有的一田重单，抵借者虽延不回赎，银行虽实行标卖，仍不能影响于抵借者的所有权或耕种权。[②]

嵊县农工银行于1923年7月由钱惟烈等发起组织，1924年4月正式成立。所营业务，主要是经营农家蚕茧放款、茧子抵押放款、动产抵押放款。除此而外，一般银行业务如储蓄、存款、汇兑及保险、信托等亦兼办。[③]

北京政府时期，农工银行的设立有10余处，但多数资本微薄，其所营业务不但未使其资金用作农业放款，且积极从事商业投资，一反其业务宗旨，实等于一般商业银行，与农民并无直接关系。

此外，以农业为名的还有一家农商银行，成立于1921年7月，官

---

① 中央银行经济研究处：《中国农业金融概要》，第176-177页。
② 中央银行经济研究处：《中国农业金融概要》，第186-188页；姚公振：《中国农业金融史》，第177-178页。
③ 姚公振：《中国农业金融史》，第178页。

商合办，实收资本 173 万元。营业和一般商业银行相同，并无特定的
农业金融业务。[①]

第三节　合作思潮的引入和传播

实业银行式的兼营农业金融制度尽管有政府的立法，也有民间投
资设立银行，但终究没有发展起来，中国农村金融制度变迁走上了另
外一条道路，即以合作制度为基础的金融制度。北京政府时期，合作
思潮的传入与合作运动的兴起，便成为这一制度在中国形成和发展的
起点。合作运动兴起之时，实际上已经显露出了两条路径：一是主张
以政府之力推进合作运动，薛仙舟的《全国合作化方案》正立足于此；
一是华洋义赈会力主帮助农民自主地组织、经营合作社，以实现其自
助、自立。

一、合作运动的兴起与发展

合作运动是产业革命后随着阶级分化和阶级矛盾的加剧而兴起
的。18 世纪末 19 世纪初，产业革命在英、法等国陆续展开，它在推
进经济繁荣的同时，也加剧了社会的分化。随着工业化的推进，传统
农业和手工业加速衰落，乡村破败，城市兴起，大批失去土地的农民
和破产的手工业者流落都市，成为机器工厂制度下的雇佣工人，但成
为雇佣工人后的他们，依然普遍贫穷困苦，生产、生活条件恶劣。饱
受艰辛生活摧残的工人阶级在一次次发起争取改善生活待遇的罢工运
动没有取得成功，一次次期望通过政府或资本家减轻压榨的努力失败
之后，转向了谋求通过自救互救以达生活改善的合作运动，这也意味
着合作运动从最初的欧文、傅立叶等空想社会主义者的空泛理想和理
想的实验，转变成为具体化的实际运动。

---

① 姚公振：《中国农业金融史》，第 176 页。

1844 年 10 月，在英国曼彻斯特的兰开夏郡附近的罗虚戴尔镇，28 位法兰绒工人发起成立消费合作公社——罗虚戴尔公平先锋社（Rochdale Society of Equitable Pioneers），并向官府注册。公平先锋社标榜，其成立旨在"设法使社员获得经济的利益，改进他们家庭及社会的生活"，为此还制定了先锋社的基本原则："资本由社员筹集，给予一定利息；职员由社员投票选举，不论股金多少，每人一票，不得代理；男女社员的权利一律平等；卖出的商品不得短斤少两；现金交易；不仅社员可来社购物，大众都可以来社购物；社员分配余利，以购物多寡为比例；每年的余利在分配之前，应先提出若干，作为公积金和教育基金。"① 它所确定的有关先锋社的组织、管理、盈余分配等方面的制度，为世界各国的合作运动所普遍参照，基本奠定了近代合作组织的基本制度。1895 年，国际合作社联盟在曼彻斯特举行成立大会，大会把罗虚戴尔先锋社制定的合作原则概括为 8 点，将其列入联盟章程，作为国际合作运动的指南，这 8 点是：（1）自愿入社，（2）民主管理，（3）现金交易，（4）按市价销售，（5）只销售货真量足的商品，（6）按惠顾额分配盈余，（7）重视对社员的教育，（8）政治与宗教中立。

罗虚戴尔公平先锋社开创了合作运动发展史的新纪元，此后，合作运动首先在欧洲各国普遍开展，由英而法而德而意而丹麦而苏联，再由欧而美而东亚，美国、日本、印度等也积极推行合作经济政策，19 世纪末 20 世纪初，合作运动已经遍及世界范围。合作运动的发展史，有几点值得总结：

首先，合作运动的发展从空想变为现实，也意味着它从依靠外力转向强调自助、互助。空想社会主义者欧文积极倡导社会改革，以希望普遍建立他所设计的和谐新村，但寄希望于大资本的力量，幻想得到大资本家和政府的帮助，他请求英国政府实施他的计划，并要求政府组成由李嘉图和其他有名的经济学者组成的委员会来补充修改他的计划，遭到了李嘉图和贵族王公的一致反对，他的新村试验也最终失

---

① 季特：《英国合作运动史》，商务印书馆，1933 年，第 52-57 页。

败。与欧文同时代的威廉·金则反对欧文"要实行合作，必定要有大的资本"的主张，认为这只能"使人民减少对于合作的信仰，使他们听见了合作这个字就要退避三舍"，强调"合作社的目的第一是社员的相互保障，以驱除贫困；第二是要得到生命的安乐；第三是要得到生活的独立"，[①]这是强调合作要依靠平民的自力更生和自助互助。他主张平民在现有的私有财产制度和竞争环境中，通过流通领域的合作创造资本，过渡到生产领域去铲除剥削的根源，进而逐渐建设一个新社会。威廉·金特别强调贫民的自力更生、自助互助的主张在罗虚戴尔公平先锋社的组织原则里得到了体现，它强调资本由社员筹集，每人一票平等参与管理，以及盈余分配既留有公积金、公益金又按惠顾额分配正是其体现。19 世纪末，当各国政府逐渐加强对合作运动的干预时，强调自助互助仍是合作运动一直坚持的一个重要原则。

　　第二，合作运动依各国自然及社会经济环境的不同而各有侧重。英国合作运动发生最早，又是消费合作社的发祥地，之所以发展消费合作，是因为英国是个工业国家，当初劳工受资方的压迫，生活艰难，需要自己的团结。批发合作社的成立又进一步推进了消费合作，英国的批发合作社不仅向制造工厂和国外购货供给合作社，且自设工厂制造，甚至所用的原料在可能的范围内也是自给，避免了商人的剥削，甚至是有意刁难。1856 年罗虚戴尔成立一个批发部，供给社员及附近的小合作社一些货物；1864 年在曼彻斯特成立英北工业粮食批发合作社，1871 年改名为英格兰批发合作社；1868 年，苏格兰批发合作社也成立；1897 年爱尔兰农业批发合作社又开业。[②]法国是生产合作的策源地，纤维工业是法国传统的工业，手工业为其特色，以手工业为生的独立小生产者是社会重要阶层，当法国产业革命勃兴时，其社会问题的重心不在劳动问题而在手工业者及小生产者的失业问题，因之生产合作得以兴起。但当法国的资本主义日益扩张，大资本对小资本的优势日益明显，劳动者及手工业者的生产合作社业已失去其发达的可

---

① 侯哲葊：《世界合作思想十讲》，正中书局，1946 年，第 59-60 页。
② 沙凤岐：《英国合作运动的特征》，《合作经济》新 2 卷第 3 期，1948 年 8 月。

能，这时因资本主义的发达，劳动者日益增多，又因农业与资本主义接触后有劣败的趋势，所以消费合作及农业合作遂继之以兴。因此，手工业生产合作日趋没落，消费合作及农业合作在今天已形成为法国合作运动的主流。[1]德国的合作运动以信用合作为中心。19世纪中叶，随着德国农奴制改革的推进，农民在取得自由民身份的同时，因赎买封建义务大量失去土地或耗去资金，广大农村普遍出现资金短缺，同时，工业化使城镇小手工业者无处融资，只好依靠高利贷，信用借贷成为制约资本主义发展迫切需要解决的问题。于是，倡导信用合作在德国兴起，并形成许尔志式和雷发巽式两大针锋相对的派别。[2]意大利与德国类似，也以信用合作为主，它也是与德国有着同样的资金缺乏问题的经济落后国家，其合作运动也以信用合作最为突出。此外，美国、瑞典的产销合作发达，丹麦、瑞士则以农业运销合作为主。

第三，合作运动由最初的民间自发运动转向由国家推动。英、法、德等国的合作运动，是起自广大的工人阶级和濒于破产的农民、手工业者等弱势群体，为了谋求自身的生活改善而发起的，并自下而上地逐步形成消费、信用、产销等合作系统。19世纪后期20世纪初，当合作运动在社会经济中发挥越来越大的作用时，这些国家政府才加强了对合作社的干预。而合作运动在向经济落后国家蔓延时，它们的发展路径与前述国家不同，它们大都不是民间自发的，依靠的是外在的力量由上而下的推动，其推动力量，有的是政府，如印度、南洋群岛等；有的是半官方的机关，如埃及的农业银行、南斯拉夫的农业改良促进会等。[3]因此，20世纪以来，合作运动发展的总体趋势是各国政府加强了对合作运动的干预，但因为各自路径的不同，合作运动的成效也差异甚大。英、法等国是在自发的由下而上的基础上，政府的干预参与进来，政府的干预是在尊重合作基本原则的前提下进行的，重在引导、规范；而后发国家是在还没有合作的基础时，由政府或其他团体自上而下推动合作，他们的推动是把合作作为推行政策的一个工

---

① 吕克勤：《法国合作运动的特征》，《合作经济》新2卷第3期，1948年8月。
② 董时进：《农村合作》，北平大学农学院，1931年，第18-36、105页。
③ 黄肇兴：《经济落后国家合作运动的特征》，《合作经济》新2卷第3期，1948年8月。

具，也就谈不上尊重合作，甚至会损害合作。

二、合作思潮在中国的传播

五四前后，在社会改造的呼声中，各种思潮澎湃，西方各种制度、学说和方法纷纷涌入中国，知识分子争相介绍和传播。各种思潮中，影响较大的除共产主义及各种社会主义思潮外，还有实用主义、基尔特社会主义、新村主义、合作主义、无政府主义等，合作主义是主要思潮之一。

清末，京师大学堂即设有"产业组合"的课程，其名称仿自日本，实即西方的合作制度，是为我国有合作名词的滥觞。但京师大学堂开设此课的目的，不过为学生学问上的研究，与实际运动没有关系。

入民国后，我国经济问题日见重要。一些热衷合作运动的倡导者和宣传合作理论的传播者积极介绍、传播合作思想制度，渐渐引起了社会上对合作的注意和认识。覃寿公、朱进之、徐沧水等是较早的传播者。

覃寿公（1877－1938），早年留学日本，攻经济学，曾任国会议员，著有《救危三策》《德意志日本产业组合法令汇编》等，出版于 1916 年，可以说是我国最早出版的有关合作的著作。《救危三策》中，他认为合作是应付世界经济竞争、发展国民经济的最优手段，惟有推行合作，才可解决我国的产业问题，惟有推行合作，才可救中国于危亡之中，主张合作应由行政力量推动，以国会及省议会为立法及监督者，中央政府、地方政府和县知事为促进者，地方自治团体为指导实行者，而合作的当事者便是社员、合作社及各级联合会。他还认为当时中国的情况，与 19 世纪中期的德国相近，应该推行融通小生产者资金，促进各种产业。只是覃寿公的著作在当时并未为人所注意，直到 1938 年他去世后，才为人在昆明旧书摊中发现。[1]

朱进之（1888－1923），清末民初的教育家兼经济学者，曾留学日

---

[1] 陈岩松：《中华合作事业发展史》，台北商务印书馆，1983 年，第 93-95 页。

本。因鉴于当时政府所采取的政策及金融制度，无补于平民，主张设立平民银行，使平民也可得到资金融通的便利，并主张提倡互助制度，使平民在消费、生产及贩卖上都自行结合，设立机关，自助互助。

徐沧水（1895－1925），初就职于新闻界，曾任《民立报》编辑，主办实业编辑社，1916 年任教于南洋商业公学，此后即致力于宣传合作运动，1918 年，以《说产业公会》为题，宣传合作主义，后又继续发表《消费公社与百货商店》《平民银行之商榷》等文，著有《合作的效用论》，1920 年，曾与陈果夫、薛仙舟等，同被选为上海合作同志社首任委员。曾赴日本，调查研究经济与合作事业，返国后更努力宣传合作运动。朱、徐二人对宣扬合作甚为热心，不幸早逝，他们的宣传所造成的社会影响不大。①

提倡最早而最努力的，是薛仙舟（1878－1927），后来被国民政府称为"中国合作的导师"。清末，薛仙舟曾先后留学美国、德国、英国。德国是信用合作的发源地，薛仙舟留学于此，攻读银行与合作学，对于信用合作制度，经过研究考察，坚信这种制度，足以解放平民经济。薛回国后以毕生精力倡导合作运动，可以说是在德国留学时奠定了基础。

民国初年，薛仙舟回国。1914 年，薛仙舟到复旦公学任教授，并兼教务长，先后担任的课程有经济、财政、金融及德文等。可薛所重视的，亦为复旦公学所传名的，乃是课外活动的合作事业。他除亲自讲解合作外，常请学者专家到校，做合作学的演讲。复旦大学因薛倡导合作，成为我国未设合作课程之合作学术发源地。

1918 年，上海工商银行开办，薛仙舟就任董事长兼总经理，即赴海外集股，同时在美国搜访合作制度。1919 年归国，借复旦大学一席之地，创办上海国民合作储蓄银行，此为我国第一个信用合作社，亦为我国第一个合作社。1920 年，复鼓励复旦学生，发行《平民周刊》，宣传合作主义，同年，又与陈果夫在上海联合发起组织中国合作同志社，研究合作主义，策进合作运动。至此，推行我国合作运动的三大

---

① 陈岩松：《中华合作事业发展史》，第97-99 页。

基本机构——经营合作业务之上海国民合作储蓄银行、宣传合作主义之《平民周刊》、研究策动合作运动之中国合作同志社，均在薛的策划领导主持之下成立。①

薛仙舟倡导合作运动，对后来国民政府推动合作运动产生了直接的影响。这种影响主要通过两个途径，一是通过社会交往影响国民党上层人物，最突出的当属陈果夫。陈果夫之所以成为日后国民政府最热忱于合作运动的领袖，直接源于薛，据他回忆，薛仙舟1911年回国后，在教他德文的两年期间，通常与人只谈合作，从没问过德文，受薛影响，陈决心献身于合作事业。孙中山在论及民生时，也非常注重合作，很可能也受到了薛仙舟的影响。薛孙是旧识，孙在薛1911年回国后，曾邀请薛担任银行要职，薛抱定做大事不做大官的理念予以拒绝，薛认定一生的大事就是合作。后来二人的思想轨迹显示，他们在主张合作上实是相互影响。

二是制定《全国合作化方案》②。薛仙舟一生重实行，不尚空谈，不事著述，除了1920年6月在《平民周刊》发表一篇《消费合作》的演讲稿外，只有1927年制定的《全国合作化方案》，这是他思想的结晶，亦是他认为改造中国社会最彻底最有效的办法。

薛仙舟反对革命，也痛恨资本主义经济的交易行为，坚决主张"惟有合作主义，始能防止资本主义……有了合作运动，社会革命始能实现"。他所制定的《全国合作化方案》，如陈果夫所说，乃是民生主义的合作计划，方案的导言一开始就说，三民主义归结于民生主义，民生主义的实现即三民主义的实现，亦即革命成功。要实行民生主义，应定民生政策，总理于民生主义有两大政策：节制资本和平均地权。……要达到节制资本之方法，固不专在合作一种，然而最根本最彻底，而与民众身上做起的，则舍合作莫属；欲达平均地权，舍合作外，亦没有其他较好的办法。

同时他还指出，合作不但是注重经济本身的改造，而尤须注重经

---

① 陈岩松：《中华合作事业发展史》，第56-60页。
② 《全国合作化方案》的文本见《革命文献》第84辑，《合作运动》（一），第241-255页。

济改造的基础，这个基础是指人本身，他认为倘人自身不先彻底改造，则虽有极好的制度，也是徒然；倘要民众本身的改造，则必须先有人才，他们自身经受过严密的最彻底的训练，具有许身于民众的决心，藉密布于全国的合作机关，做社会事业的中心，投入民众之间，与民众共同生活，共嗜甘苦，去服务民众、辅助民众，享受合作共和的福利。只有这样，民生主义始能真正实现，革命才算成功。

基于此，薛仙舟所拟的全国合作化方案的主要内容，包括三大部分：

第一，组织全国合作社。全国合作社是全国合作运动的总机关，全国合作社之下，设全国合作社区分社。全国合作社的工作有训练、调查、宣传、实施等。其社员分四等，一是普通社员，凡训练终了而及格之人员，或有此同等资格，由社员审查会认可者，可入此类；二是基本社员，此项社员，必能继续奋斗，牺牲到底，而且自奉菲薄，不求安逸者；三是特别社员，有决死之精神者属此类；四是凡以实力赞助本社者，可为赞助社员。

第二，要组织全国合作社，要有基本的人才才能收实效，为此要设立合作训练院。凡经考试录取的入合作训练院者，必须用最庄严的仪式举行宣誓典礼。合作训练院的训练，着重于人格的训练、主义的训练和技术的训练。具体地说，意志的训练，目的在养成牺牲与奋斗的意志、革命的决心与改革社会的毅力；性情的训练，目的在养成仁爱、温和、镇定、审美的情绪；习惯的训练，目的在养成简单的劳动生活、耐苦、守秩序、无嗜好，做事有恒心，并铲除龌龊、喧哗等恶习；此外尚有感觉的训练和身体的训练。

第三，设立合作训练院的同时，须赶速设立一强有力的全国合作银行。全国合作银行之目的，为赞助合作事业，资助劳农事业，为信用合作之中央调剂机关及赞助小本营业。其资本额暂定为一万元，每股 5 元，共分 2000 股，其赢利先拨一成为公积，余先分股息 6 厘，扣除股息外，余分做十成，以三成拨助全国合作社经费，余七成亦拨充股息，分给股东。关于合作银行之营业，包括：（1）赞助合作事业、劳农事业以及小本营业，（2）兼做普通商业银行各种放款及其他营业，唯商业银行放款之总额，须以商界往来存款为标准，（3）有发行钞票权，（4）吸收各种存款储蓄，（5）有发行长期债券之特权，专作供给劳农合作、劳农事业、住房合作等之长期借款。

薛的《全国合作化方案》，稿成送请陈果夫，并送蒋介石、胡汉民，但以时局变动，该案未能实行。

孙中山非常重视合作，合作被嵌进三民主义的思想体系之中。当孙中山游历欧美时，正值欧洲各国合作事业，尤其是英国的消费合作蓬勃发展，高唱建立"合作共和"之时。因亲历其境，体察实况，孙中山表现了对合作的极大兴趣，也形成了在中国推行合作事业的主张。而孙中山的思想体系是民生哲学，他认为民生是社会进化的重心，社会进化的原则是互助，而互助是合作制度的基础，于思想上，合作与民生也有着天然的联系。1912 年，孙在上海，曾以《中国之铁路计划与民生主义》为题发表演讲，指出"将来中国之实业建设于合作的基础之上，政治与实业皆民主化"。此后，直到他去世前，陆续提出了一些关于合作的观点和主张。

1919 年，孙中山在《地方自治开始实行法》中，指出："地方自治团体为一政治及经济的组织，应办理合作为要事，地方自治开始之六事，如办有成效，当逐渐扩及于他事，此后之要事，为地方自治团体所应办者，农业合作、工业合作、交易合作、银行合作、保险合作等事……总而论之，此所建议之地方自治团体，不止为一政治组织，抑且为一经济组织"，这是强调合作在地方自治中的重要性。

1921 年，在实业计划中，孙中山又提到矿业合作，他说："各种金属冶铸机厂，应遍设于各矿区，使之便于各种金属之化炼。此等冶铸机厂，应仿合作制度组织之，当其始也，生矿之收集价必廉，迨后金属之出售，无论其在中国或外国市场，而此冶铸工夫，可以分享其一分之利益，用以抵偿各种费用，利息与冗费，其他之剩余利益，应按各种工人之工资，并各资本家所供予铸炉之生矿多寡，比例摊之。"这是指出合作制度可以推广到国家经营的企业，因为按照他的分类，矿业厂属于国家经营的范围。

1924 年，演讲民生主义时，讲到"分配社会化"。所谓分配的社

81

会化，按照他的解释，是指人类一切日常消耗货物，"可以不必由商人分配，可以由社会组织团体来分配，或者由政府来分配，譬如英国所发明的消费合作社，就是由社会组织团体来分配货物……便可省去商人所赚的佣钱，免去消耗者所受的损失"，行这种新分配方法的组织就是合作社，而"分配之社会化，就是行社会主义来分配货物"。[①]

孙中山的合作观点和主张可能受到了薛仙舟思想的影响，反过来，孙中山的思想和观点也影响了薛仙舟，他进一步阐释了孙中山将合作嵌入三民主义的观点，明确提出，要实现民生主义，舍合作就没有其他较好的办法了。孙中山和薛仙舟关于合作的思想和观点，对国民政府推行合作运动、建立农村金融制度产生了极大的影响。首先，二人都强调国家的作用，为国民政府采取自上而下的方式推行合作运动提供了理论依据；其次，孙中山的关于合作在地方自治中的作用的观点，也成为国民政府将合作与地方自治结合起来的直接依据。1940年，国民政府在推行新县制时，将政治与经济合一、保甲制度与合作制度结合在一起，正是渊源于此。

第四节　华洋义赈会与农村合作运动

北京政府时期，孙中山、薛仙舟的由国家自上而下的推行合作的主张还没有变成实际的政策，与此同时，由慈善团体华洋义赈会在农村展开了以自下而上的方式推行合作的尝试，并取得了一定的成效。

一、华洋义赈会："救灾不如防灾"

1920年，北方直隶、山东、山西、陕西、河南等五省大旱，中外人士纷纷在各省组织义赈团体募集资金、筹集赈粮以救济灾民。救灾过程中，为数众多的官办、民办、官民合办、外国人办、中外合办的

---

① 关于孙中山的合作思想参见陈岩松：《中华合作事业发展史》，第52-55页。

义赈团体，各自行事，彼此并不互相联络，这造成了财力、物力的分散和浪费，使救灾效果大大降低。各义赈团体意识到有必要将各团体联合起来，共同行动。1921 年秋，北方收成很好，各地华洋义赈会停止办赈，但其赈款尚余二三百万元，这笔数目，分在各省，并不算大，若集合在一起，却是一宗巨款，留之不用，实觉可惜。同时，经此灾荒后，人们开始在思索如何避免灾荒的反复，一种可行的办法是成立永久性的救灾团体。于是，这年 9 月，北京国际统一救灾总会召集上海华洋义赈会、天津华北华洋义赈会、山东华洋义赈会、河南华洋义赈会、山西华洋义赈会、汉口中国华洋义赈救灾会湖北分会代表齐聚北京，商讨成立一个统一的全国救灾机构。11 月 16 日，七团体代表齐聚上海，举行总会成立大会，定名为"中国华洋义赈救灾总会"（China International Famine Relief Commission），决定总会事务所设北京，以各地原有华洋义赈团体为分会。会议举定梁如浩为会长，怀履光（W. C. White）为副会长，艾德敷为首任总干事，章元善为副总干事。18 日，华洋义赈会执行委员会宣告成立，司库和委员华洋各半。[①]

华洋义赈会成立初，以"筹赈未来之天灾""提倡防灾"为主要职责，因深觉"救灾不如防灾"，而把工作的重点放在防灾上。至于如何防灾，执委会广征意见，聘请对此问题有研究或有兴趣的中外人士组设各种委员会，分头深入探讨，研究结果主要是兴办两项工作：一是举办工程，兴水利，造公路，改善排灌及便利交通；二是设法建立一种互助性的制度，壮大贫苦农人的经济能力，摆脱高利贷的剥削。[②]

1922 年 1 月，执行委员会召开第二次中外专家会议，决定成立农利分委办会，推章元善、艾德和英国戴乐仁为负责人。4 月，农利分委办会成立，决定着手调查农村经济状况，研究农村信用制度。6 月，义赈总会执行委员会议决拨款 5000 元，以为农利分委办会试办农村信用合作社之用。同时，华洋义赈会出资，委托燕京大学戴乐仁教授，在 9 所大学抽调 61 名大学生到直隶、山东、江苏、浙江、河南的 240

---

① 蔡勤禹：《民间组织与灾荒救治》，商务印书馆，2005 年，第 60-70 页。

② 章元善：《华洋义赈会的合作事业》，《文史资料选辑》第 80 辑，文史资料出版社，1982 年，第 159 页。

个村庄从事社会调查。这批学生随身带了三份调查提纲，一份交由各县县长填报，一份是对村庄的调查，一份是对农户的调查，调查内容涉及人口、家庭规模和构成、住房、土地、当地工业、家庭收入来源等。此项调查为时 3 个月，调查结果汇成一报告书《中国农村经济之研究》，由总会出版。该项调查结果认为，农村信用合作制度最适合于中国农村社会的需要。①

调查农村经济后，农利分委办会又着手研究东西各国合作制度，在此基础上，参考各国成法，酌量本国情形，于 1923 年 4 月订成《农村信用合作社空白章程》，这一章程经执行委员会举行的第 8 次会议讨论通过，产生了中国农村信用合作社的原始社章。8 月，农利分委办会议决设立合作委办会，专门负责办理农村合作事宜，由戴乐仁、康有恒、艾德、章元善为委员，11 月，聘于树德为合作指导员。从此，华洋义赈会所倡导的合作运动由宣传进入推广试验阶段。1925 年 10 月，农利股正式成立，至是，华洋义赈会关于农村合作事业，在设计机关之外，正式设有执行机关。合作委办会，是华洋义赈会常设分委办会之一，专司设计事项。延聘热心合作事业者，充任委员，纯为义务职。开会无定期，大约每月有一次会议。凡关于合作制章则及重大事项皆须经合作委办会议决。其特别重要者，则提交华洋义赈会执行委员会核议。农利股专司执行事项，分设两组，即利用组和合作组，利用组办理掘井贷款及渠工经营事务。合作组专办合作社事务，其工作分为收发、登记、调查、统计、通讯、放款和用品七部。华洋义赈会每年协助合作事业的底款，则由其执行委员会拨付。

二、推行合作：从河北到皖赣湘鄂陕

华洋义赈会办理农村合作社，初以直隶省为试办区域，意在试办取得经验后，再逐步推广。之所以择定直隶省，基于两个考虑：一是

---

① 吴敬敷：《华洋义赈会农村合作事业访问记》，《农村复兴委员会会报》2 卷 4 号，1934 年 9 月；蔡勤禹：《民间组织与灾荒救治》，第 72 页。

直隶省与总会所在地北京接近，以为管理上的便利；二是认为农村合作事业在民风淳朴、经济落后的穷乡僻壤更易于接受，直隶省正是这样的一个区域。①1931 年长江淮河大水后，因政府委托该会办理各省农赈事务，其所办合作事业乃随之扩充到皖、赣、湘、鄂、陕等省。1935 年，国民政府于实业部设立合作司，该会在各省所办理合作事业，逐步移交政府。

为了推动合作事业，华洋义赈会农利分委办会成立后，多次邀集附近各县乡民来会座谈，向他们介绍华洋义赈会倡导成立合作社的计划和要求，答疑解惑，消除农民的顾虑。同时，农民也从亲友、教会牧师或有关合作的书刊杂志了解合作社。于是，直隶香河、唐县、涞水、定县等地相继成立了农村信用合作社。1923 年 6 月，经华北公理会教士邵作德（E. K. Shaw）的介绍，在京兆香河县城内福音堂设立了河北第一个合作社，名曰香河县第一信用合作社，这是我国最早的农村信用合作社。相继成立信用合作社的有宛平县的模式口、大辛庄（1923 年 8 月），南京丰润门（1923 年 10 月），唐县管家佐村（1923 年 11 月），涞水县娄村镇及定县浯村（1923 年 12 月）。

涞水县的第一信用合作社，是该村李庭兰所发起。涞水县在北京西南，距京 260 里，娄村地居涞水西北，居民 3000 余，不识字的占 2/3。1920 年大旱时，华洋义赈会托涞水基督教会办理赈济事务。李庭兰为娄村一带领袖，因赈灾事务与该地教会的美国传教士邵作德相识。1921 年秋，赈务停办，村民仍感不足。李欲寻求一根本办法，以求农民生计的彻底解决，但苦无具体计划，偶与邵谈及，邵常在北京，与华洋义赈总会的办事人员，颇多相识。知该会方在提倡农村信用合作事业，因告李以此种制度的办法及其利益，并为介绍于华洋义赈总会之农利分委办会。委办会当然乐于尽指导之能事，而李遂自动在本地发起组织信用合作社。当时该地农民，均感经济困苦，而李又为当地农民所信任的领袖，对于组织此种合作社，正是他们的需要，颇多表示赞成。乃集娄村周围 30 里村落的居民 160 余人，正式组织涞水县

---

① 薛毅：《中国华洋义赈救灾总会研究》，武汉大学出版社，2008 年，第 152 页。

第一信用合作社，并设事务所于娄村。1925 年 5 月，该社因其为娄村 30 里以内的农村所合组，社员人数甚多，乃分设为 6 所。[1]

1924 年 2 月，华洋义赈会正式承认涞水县第一信用合作社及定县浯村信用合作社，这是该会承认信用合作社之始。同时经合作委办会核准，华洋义赈会第一次放款给这两个信用合作社各 500 元。[2]在华洋义赈会倡导的最初两年，事属初始，提倡不易，尽管义赈会职员奔走呼号，但效果不大。此后数年，发展较快，各地设立的合作社社数、社员数、入股数、存款数都有了大量的增加。河北合作事业发展情形如下表：

表 2-1　河北省合作事业历年发展状况表

（截至每年 12 月底）

单位：元

	年份	1923	1924	1925	1926	1927	1928	1929	1930	1931	1932	1933
	县数	8	10	24	43	56	58	61	68	67	69	71
社数	已认	—	9	44	97	129	169	246	277	273	379	411
	未认	8	2	56	220	432	534	572	669	630	497	541
	共计	8	11	100	317	561	604	818	946	903	876	952
社员数	已认	—	403	1270	3288	4354	5624	7862	8788	8903	11274	11901
	未认	256	47	1062	4744	8836	9677	14072	16939	16730	12943	11852
	共计	256	450	2332	8032	13190	15301	21934	25727	25633	24217	23753
社员股数	已认	—	418	1367	3048	4105	6341	9160	8812	10510	15371	17067
	未认	176	44	733	3634	7849	10032	13164	15832	15376	15100	12661
	共计	176	462	2100	6682	11954	16373	22324	24644	25886	30471	29728
社员股款数	已认	—	691	2281	5825	7984.96	10322.8	14703.65	17193.85	17699.77	23602.10	26725.39
	未认	286	44	1242	5878	12713	13508	20984.5	28554.5	28158.5	23209.5	25766
	共计	286	735	3523	71703	20697.96	23930.8	35688.25	45748.35	45858.27	46811.6	52491.39

---

[1] 张镜予：《中国农村信用合作运动》，商务印书馆，1938 年，第 44 页。

[2] 吴敬敷：《华洋义赈会农村合作事业访问记》，《农村复兴委员会会报》2 卷 4 号，1934 年 9 月。

续表

年份	1923	1924	1925	1926	1927	1928	1929	1930	1931	1932	1933
已认社之储金	—	—	121.46	266.08	723.58	1378.18	3464.74	7745.38	11455.68	22389.67	31914.15
已认社之放款	—	—	169.86	1195.11	2550.28	4465.05	2519.49	4546.78	8777.33	16244.69	29262
已认社之公积金	—	—	42.50	156.10	342.79	559.47	898.29	1506.80	1958.43	4887.85	9606.76
自集资金总计	—	—	333.82	1617.29	3616.64	6402.70	6882.52	13798.96	22191.44	43522.21	70782.91
总会对已认社放款数额　历年放款	—	3290	7160	21990	28355	28579	33040	49859	59834	68619	89778
总会对已认社放款数额　历年累计	—	3290	10450	32440	60795	89374	122414	178273	232107	300726	390504

资料来源：李文伯：《华洋义赈救灾总会与中国合作运动》，《南大半月刊》，第13、14合期，1936年。

1931年，长江淮河流域发生特大洪灾，国民政府特设救济水灾委员会，拨发美麦4万吨，约合300万元，作为救济皖、赣、湘、鄂四省灾民之用。当年底，成立不久的国民政府救济水灾委员会由于缺乏赈灾经验，该会负责人便通过财政部长宋子文，借调华洋义赈会总干事章元善担任救济水灾委员会总干事，并委托华洋义赈会代为制定施赈方案。由于救济水灾委员会缺少赈灾经验丰富的工作人员，便委托华洋义赈会全权主持办理安徽、江西农赈。随后，又委托华洋义赈会湖南分会、湖北分会办理湖南、湖北两省的农赈。

为了便于领导江淮灾区农赈，华洋义赈会在上海设立了驻沪事务所和皖赣农赈办事处，驻沪事务所成立于1931年12月16日，其资金来源于总会拨付，所拨多寡照所办事业范围大小来定。皖赣农赈办事处接受驻沪事务所领导，设于安庆，另在芜湖、蚌埠和南昌、九江各设分处，负责指导本区域内农赈事宜。同时，该会在上海设立扬子江水灾赈务委员会（简称扬子江委员会），作为议事机关，委员会由旅沪中外名流推选华洋委员11人组成，其中华委员6人，洋委员5人，王正廷为名誉会长，伍连德为主席，副主席是罗炳生，司库为贝克。1932年赈务结束时，总会考虑到在江南诸省影响较小，在沪设立一处代表机关非常必要，于是决定将扬子江委员会更名为"扬子江流域赈务顾问委员会"，继续工作，以扩大该会在江南的影响。

水委会拨给美麦 16800 吨为农贷资金，其中安徽 11800 吨、江西5000 吨，除约 2200 吨用麦及粉分配外，其余按每吨售价 74 元变售现款。在安徽办理农赈共 25 县，江西 12 县。为了确保办赈的顺利推进，华洋义赈会特意由河北合作社召集 120 人至安徽，组织合作训练班 28处，受训练之农民达 2000 余人。办赈的具体办法是，首先将受灾农民组织互助社（合作社预备社），然后将赈款借给互助社，利率为年息 4厘，赈款的用途必须用于恢复农事。这一时期，安徽组织互助社 2000多个，江西 1000 多个，所放赈款安徽共计 80 多万元，江西 30 多万元。此种借款，并无抵押，类似于合作社的信用借款，以社员全体信用为担保，社员借款数额大多在 10 元以下，平均每人所得 6 元。所借之款用来购买种子的占 60%，购买耕畜的占 25%，此外用来购制农具、肥料等；借款期限长者 5 年，短者半年。互助社实为初步之合作社。

在湖南，最初湖南水灾善后委员会受水委会委托办理湘省救灾。后来看到华洋义赈会在皖赣办理农赈，已有成绩，于是在 1932 年 5月，湖南水灾善后委员会也把农赈事宜委托华洋义赈会湖南分会代办。原拨湖南赈麦 1 万吨，其中 7500 吨变价现款 576700 余元，全数交义赈会。湖南分会参照皖赣农赈方式，在湖南组织互助社 1930 多个，放款 576778 元，受惠农民 166000 多人。第二年春天，湖南水灾善后委员会将剩下的 2500 吨麦合现款 191900 元，一律拨交华洋义赈会湖南分会用于办理农赈。如此，此次办理湖南农赈共用赈款 768700 元。

在湖北，农赈范围有 31 县，开始是水委会直接办理，后来委托华洋义赈会湖北分会已收回的赈款，办理武昌、襄阳等区域的农赈。

赈灾结束后，根据华洋义赈会执委会议决，1932 年 6 月，皖赣农赈办事处改组为华洋义赈会驻皖赣事务所，专司推行皖赣两省的农村合作事业。1933 年 1 月，经总干事提议执委会讨论，将驻皖赣事务所一分为二，两省各设一所。驻皖事务所设于安庆，驻赣事务所设于南昌。各驻省事务所仿照河北省信用合作社的成功经验，在推行合作之始，先办讲习会，宣传合作思想，向农民解释合作价值，这既宣传了合作的观念，也培养了办理合作事务之人才。会后，安徽合作运动发展迅速，为时不过一年，成立社数已达 1800 多个，承认并贷款者达 271 个社。以后，皖省每年举办一届讲习会，吸引了大批互助社社员参加。到 1936 年 2 月，皖省合作社已发展到 3796 个，其中承认社 949 个，未承认社 2847 个；互助社 1132 个；社员共计 166060 人；自筹资金 231283.48 元，贷放款额 1591453.92 元。此时皖赣湘鄂四省已有互助社 4215 个，合作社 6298 个，其中已承认社 2652 个，未承认社 3646 个，区联合社 42 个。①

此外，华洋义赈会还与陕西省及国民政府经济委员会合作，在陕西推进合作事业。为推进陕西合作事业，已任陕西省合作事务局主任的章元善分批从赈会及河北各县的合作社调来人员，按照陕省合委会的施政方针展开工作。推进办法一如义赈会在皖赣办理农赈，先设立农赈互助社，办有成效后，再将互助社改组为合作社。②

三、办社宗旨：带动而不是代动

华洋义赈会在农村倡导合作社，采取审慎态度，它并不派人到各地替农民组织合作社，而是设法因势利导各地农民自动地组织，这是基于华洋义赈会对合作社的认识。关于华洋义赈会对合作社的认识和倡导的策略，章元善后来的回忆有过很好的总结："合作社是农人自己的组织，有其独立性，在这个问题上，不但合作社社员要有足够的认识，赈会的工作人员尤应在自己的言行中，充分尊重合作社。尽管赈会为了合作社的利益，出人出钱，但会与社之间，并不存在领导与被领导的关系。社内的事要社中负责人根据需要与可能，按照社章自己

---

① 关于华洋义赈会在皖赣湘鄂四省办理农赈及推行合作的情形，见蔡勤禹：《民间组织与灾荒救治》，第 242-248 页。

② 关于华洋义赈会在陕西赈灾与推进合作事业的情形见薛毅：《中国华洋义赈救灾总会研究》，第 280-287 页。

决定，量力而行。赈会自将采取积极态度，相机推动、带动，合作社则应主动而不应指望赈会为之带动。这个认识一为各社体会接受，从听天由命、指望施舍等迷信及依赖思想中解放出来，就成为一种巨大的力量，从而各社不断吸收新社员，社数日增，组织的力量日见显著"。[1]华洋义赈会倡导合作社的策略是相机推动、带动农民组织合作社，而不是义赈会为之代动，这种策略在义赈会推进合作社的一些举措中有了很好的体现。

首先，在合作社的选择上，从信用合作社入手，逐渐提倡他种合作及联合会。

合作社有信用合作社、供给合作社、运销合作社、生产合作社、消费合作社和利用合作社等。该会所提倡的合作社，是先从信用合作社入手，以信用合作社为中心，逐渐推及他种合作。这种进行步骤，在该会的处理农村合作事业之方针（1923年4月4日议决）第三条中，便明白规定，本会提倡合作事业之步骤如下："先从信用合作社入手，逐渐提倡他种合作及其联合会"，因为在农村资金极度枯竭的中国，组织信用合作社的需要比较急切，同时信用合作社也比较容易经营。一俟农民团结坚固，经营能力增进以后，自然就可以兼营他种合作社了。

农村信用合作社发源于德国，为曾在德国莱茵地区担任过地方行政官员的雷发巽所创，此即所谓雷发巽（Raeffecsen）式合作社。雷发巽创办信用合作社，是期望通过让农民组织信用合作组织，以为物质上和道德上的相互援助，不为牟利，专为互助。独立、自助是雷氏合作社的宗旨，其组社原则：一是合作社限于极小区域，往往限于2000以下人口的乡村，入社的必须是村里的居民，因为他们素相认识，可以谢却信用不孚的社员。二是合作社的目的在互助而不在营业。合作社唯一的宗旨，在便利借款人。合作社不收股本，是要避免以营业为目的；其资本运用，也是纯为谋社员的利益；合作社职员都不收薪水，这既可减少合作社的费用支出，也可以减低放款利率。三是社员的责

---

[1] 章元善：《华洋义赈会的合作事业》，《文史资料选辑》第80辑，第160页。

任为无限。每一社员对于全社的债务负无限的责任，社员必须以全部财产为一社债务的保证，因此，合作社对于社会的信用格外坚固。四是合作社的精神在自助。雷氏期望，小农业者通过组织起来的团体互相救济，互相监督，这样的团体也能获得公众的信用。正因如此，特别强调合作社要保持业务的独立性，反对政府干涉。正是这独立自助的精神，使其获得了很高的社会信用，在最初并没有收股款的情形下，合作社能全赖各种存款储蓄及其向其他银行借入之款作为运营资本。[①]

华洋义赈会所倡导的合作社，便是以雷氏信用合作社为蓝本，它为合作社所拟定的《农村信用合作社章程》[②]，明确规定合作社的宗旨是"养成社员之俭朴自助及合作之精神"，这一宗旨贯穿于整个章程。首先，社员的资格，要求是年满 20 岁品行端正之村人，入社时至少需认购社股一股。第二，合作社的运用资本，规定除社员股外，尚有定期存款、由总会或其他联属之合作机关借入之款和公积金等。照华洋义赈会所定《农村信用合作社储金章程》规定，存款是向社员、社员之家族及亲属、与社员同居之雇员和公益团体及学校吸收得来。合作社吸收储金，每户金额以 1000 元为限，逾额的储金不付利息，但经执行委员会议决者不在此限。[③]照社章规定，合作社每年以盈利总额的 3/4 为营业费及发展地方合作计划费，1/4 作公积金，按期以定期存款存入最方便之银行，专为抵偿不可收还之债权以及其他特别债务、作社外借款担保之用。第三，合作社的放款，规定仅限于本社社员。社员向社借款时，须在借款请求书里向合作社说明借款用途，合作社可随时勘查其款项是否归作正用，否则一经查出，合作社可令其于一个月内将本息一并交还，且处以该债额 1/10 的罚金。放款分为信用放款和抵押放款两种，信用放款，须有社员二人或二人以上为担保；抵押放款，则须不动产、动产如舟车家畜灌溉器具等物、已种未收获的庄稼和社员收押的他人财产等为担保。放款用途和期限，用于购买种子、食物、畜料或支付耕植费，于收获后，或牲畜售出后及时还清；

---

① 张镜予：《中国近代农村信用合作社运动》，第 12-15 页。

② 《农村信用合作社章程》见张镜予：《中国近代农村信用合作社运动》，第 245-254 页。

③ 《农村信用合作社储金章程》见薛毅：《中国华洋义赈救灾总会研究》，第 169-172 页。

用于购买车辆、牲畜或整理零星旧债、修盖房屋、置备用具等，分二年或至多三年平均还清；用于掘河、筑堤、灌溉、排水、偿债等，分三年或至多四年平均还清；用于婚丧等事，分二年或至多三年平均还清。第四，合作社的管理。合作社最高权力机关为社员全体会议，其下设有执行委员会和监察会，社员全体会议要求每社员均应亲自到会，社员行使权力时，每员只限一权，这体现了合作社管理民主、平等的原则。

华洋义赈会为农村信用合作社所定的社章详细、具体且比较完备，很好地体现了平等、自助、互助的原则，既为合作社的设立提供了一个规范的文件，也为以后华洋义赈会所指导的合作社的良好发展奠定了基础。

当信用合作社发展至相当程度时，合作社社员彻底明了合作原理后，华洋义赈会又倡办别种合作社。1927年，华洋义赈会开始倡办运销合作，这年先在直隶安平两合作社试办毛、发运销合作，先将近村之毛收集成宗，运至天津，义赈会特派经理人员，代向出口商贩接洽售卖。这次毛、发的运销合作，尽管社员获利甚少，但经此实践，他们了解了市场，取得了经验。[①]河北棉产丰富，但每个棉农无力待价而沽，被迫将皮棉卖给中间商，多劳少获，受人剥削。1932年11月，华洋义赈会决定推进各合作社兼营棉花运销合作业务，为此，义赈会制定了信用合作社兼营运销供给业务之方针、规程及须知等，并拨借款项，协助深泽县王家梨园社等，试办棉花运销合作业务。试办时，义赈会说服产棉的合作社自办运销，派人协助，做到棉农自办包装、运输，制止掺水掺杂，严格分等，树立市场信用，把产品直接卖给中外纱厂，收到买卖双方均感满意的良效。这年棉花运销合作的试点又扩大三县。取得经验后，1934年又扩大到无极、晋县、束鹿、元氏、高邑、蠡县、赵县等产棉县，以后又扩大到藁城、栾城、尧山、隆平、柏乡、永年、冀县、南宫、博野等县。棉花运销合作社的兴办减少了中间商的盘剥，增加了棉农的收入，反过来又刺激了各信用合作社办

---

① 中国华洋义赈救灾总会：《民国十六年度赈务报告书》，1928年。

理运销合作的兴趣，1932 年河北只有 10 个棉花运销合作社，1934 年增加到 406 个。①值得注意的是，华洋义赈会在协助信用合作社兼营棉花运销合作业务时，一切手续都由各社自办，赈会只是在初期发动及在运销季节从旁协助而已。

当各地合作社日渐发达后，华洋义赈会管理合作社的事务亦日渐繁重。为处理会务方便起见，乃鼓吹合作社较多成绩较好的区域，组织农村信用合作社地方联合会。1926 年 4 月间，义赈会订定合作社联合会章程。这年六七月间，安平县西南区、涞水县西北区及深泽县西区农村信用合作社联合会先后成立。于是华洋义赈会指导下的农村合作社，可分为两级，各地方的农村合作社和各区的农村合作社联合会，在这之上的，是负指导和监督责任的华洋义赈会的合作委办会和农利股。

1934 年 2 月，中国第一个县级合作社联合会在河北省深泽县诞生了。这一创举立即引起各社的兴趣，随后，晋县、赵县、无极、高邑、束鹿、蠡县、元氏、肥乡、成安的"县联"相继组成。县联会的组成，导致扩大业务范围的趋势，如上述的棉花运销，亦为提高各社的自信力、变被"带动"为主动提供了条件。联合会是合作社独立自主的高级组织形式，具有广阔发展前途，意义深远。他们主动组织冬季讲习会，并从 1933 年起，各社即主动举办各式各样的所谓"附属事业"，如戒烟（鸦片）、息讼、掘井、种树、扫盲、灭蝗等项活动，此起彼伏。联合会的发展有逐步取代义赈会的趋势。

第二，采取各种措施，向农民宣传合作，帮助农民解决组社过程中的各种问题。

在帮助农民建社的过程中，用种种方法，如开合作讲习会，刊行《合作讯》，委托教会牧师传布，请先知先觉的人对农民宣传等，使农民知道合作社的好处，启发他们组织合作社的动机。待到有些农民明白了合作的意义及利益，自动发起组织合作社，通讯请求该会协助，然后始通讯指导他们，针对其需要与可能采取相应的措施，帮助合作

---

① 薛毅：《中国华洋义赈救灾总会研究》，第 220、222 页。

社解决具体问题。具体说来，其主要措施有：

一是创办定期刊物。赈会于1924年6月创刊了一种定期刊物《合作讯》。这是一种白话文编写的、十六开本的月刊，其一至五期是油印品，每期发行不及100本，自第六期起改用铅印，篇幅不断扩大，发行量亦逐渐增加至1934年的9000份以上。《合作讯》的头几期，是赈会向合作社"说教"的刊物。不久即演变成河北省各社共有的宣传手段。赠送办法规定，各社识字社员有对不识字的群众宣读的义务，因此，它在社内外的影响远远超过其发行数字。它的影响之大，引起商店、银行、书店、药店的注意，纷纷在《合作讯》上出资刊登广告，从而减轻了赈会的负担。《合作讯》一共发行了144期，到1934年7月后，日军侵来，国土日蹙，印了发不出去，被迫停刊。

二是经常派人在各社之间进行工作。一群"外勤人员"，按照其学历和经历，分为调查员和视察员两级，前者的职责是核对工作，报道情况，遇事请示，就地解释等等，后者级别较高，可以对具体问题向有关的合作社提供意见，帮助解决问题。外勤人员同农利股之间保持着定期通信制度，从而逐步提高工作的质量，起到定期报表不能起的作用。他们分批分组，外勤一时，回会一时，使赈会与合作社经常取得联系。

三是每年冬季举办讲习会，简称"几合讲"（如第三期讲习会即简称"三合讲"）。这种讲习会从1925年起，一共办了12期，其中三期会期较长，是为培训讲员而设的。讲习会的教程比较深入地讲解合作的意义、可期的效果、组社、经营方法等常识，为期一期是一个星期，每天上下午上课，晚上搞些娱乐，社员们乘兴而来，载兴而归，可能时还照相留念。讲习会从第四期起，分组就地举行，十二期共分了316个组，听讲人数共为7800余人次。1924年夏，派戴乐仁赴印度调查合作制度，以资借鉴。1925年、1926年及1927年冬，先后开办合作讲习会三次，以传授合作知识于办理合作社的职员。于合作社办法的进行，颇收效果。1926年11月，又派章元善赴日本调查合作事业，回国后，主张仿效日本开办期限较长的合作讲习会。第三次合作讲习会，即是这种主张的实现。第一至第四期的经费全是赈会支付的，从第五期起，赈会的支出逐渐减少，从 1932 年的"八合讲"起，一切费用基本上是由各社自给的。听讲的人返回本村，参照会上印发的讲义等件，召开各式各样的集会，介绍讲习会的精神和资料。

第三，承认及考成制度。

华洋义赈会对它所指导成立的合作社实行"承认"制度。其基本程序是，刚组成的合作社理事填具承认请愿书、社员一览表、社员经济调查表以及印鉴等，请求承认。该会接到承认请愿书及附件之后，于每年定期派调查员赴各社调查。经过一次或一次以上的调查以后，认为可以承认时，然后提交合作委办会予以承认，发给承认证书。凡经承认的合作社，每年由该会派人调查一次或两次，做成各社成绩考成表，以为决定放款多寡的根据。1930 年，河北省政府开始办理合作社登记手续，按规定，合作社的成立，须先向县政府请求许可设立，然后再办成立登记等手续，接着再向华洋义赈会申请承认。因照该会的规定，须得其承认，方可向之借款，所以一般农民都非常重视"承认"，而轻视"成立登记"。一般来说，一合作社由创立至承认，中间须经过长期之犹豫。其中有的是经过数年始得承认，有的是永远得不到承认。犹豫期间既长，其信力不坚，或热心不足的分子，多半中途退出，剩下的分子自然是比较的健全。①

华洋义赈会对未承认社只予以组织上与教育上之训练，对承认社则予以放款。其放款之根据与合作社对社员放款标准相同，即根据信用社信用等级之高下，定额数之多少。而对合作社信用之评定，采用考成制。放款额数除根据信用等级，还参考承认时期之长短和社员数量之多寡，而稍作伸缩。②

推行社务考核是华洋义赈会首创，是"别国从未见过的一种。就是依据各社的工作能力和处理社款的成绩，来定社务成绩的考成和登

---

① 吴敬敷：《华洋义赈会农村合作事业访问记》，《农村复兴委员会会报》2 卷 4 号，1934 年 9 月。

② 李文伯：《华洋义赈救灾总会与中国合作运动》，《南大半月刊》，第 13、14 合期，1936 年。

第"[1]。最初的社务考核始于 1926 年 4 月。考核的方法主要通过调查统计，以表格的形式把各社的成绩罗列出来。通过调查统计，进行考成分等，以利于下一步有针对性地进行指导。考核的主要内容有：是否按时还本付息；财会账目是否完整准确，是否有管理制度；是否熟悉合作原理，对于合作事业是否尽心尽力；有文化的社员占社员的比例；社内工作人员是否团结；自筹款额与借入款额的比例；各种报告、表册等是否按时上报；参加讲习会的人数。考核的时段一般以上一年度的结算为准，考核结果要在《合作讯》上公开发布。考核方式是根据合作社的主要工作给以量化打分。根据考核的结果，华洋义赈会把各合作社分甲、乙、丙、丁四等。通过考核，对信用可靠、办社合格者发给证书，并与之签订放款合同；对未达到要求的则暂不贷款，指出其不足之处，待其改进后再议；对于个别成绩很差的合作社将停止放款，直至取消对其资格的承认。[2]

凡经该会承认之保证及有限责任信用合作社，可照上表所定数额，向该会申请借款。但保证合作社的借款额，以其社股及保证额之合计额为限；有限合作社之借款额，以其所认社股总额为限。借款的最高限度，系分社员每人最高额和每社最高额两种。各社借款的标准，系以现有社员人数与表中所列社员每人的最高额相乘而定。但如社员较多，以致乘出的数目超过该社的最高额时，则该社可借之款，仍以全社之最高额为限。新经承认而社务成绩未经考成列等之各社，其借款数额之多不得过五百元。该会对于各社的放款，在 1927 年以前，概按年利六厘取息，1927 年 5 月以后，重为修正。按社务成绩之优劣，承认时期之久暂，以及还款分期次数之多少，定利率之高低。分期还款的期限：甲等社不得过 48 个月，乙等社不得过 40 个月，丙等社不得过 32 个月，丁等社不得过 24 个月。

---

① 章元善：《一千个农村里的信用合作社》，载中国华洋义赈救灾总会编《合作资料》，1932年 5 月，第 40 页。

② 李文伯：《华洋义赈救灾总会与中国合作运动》，《南大半月刊》，第 13、14 合期，1936年；薛毅：《中国华洋义赈救灾总会研究》，第 185-187 页。

表2-2　各社借款最高额度表

承认年度	社务成绩考成等次	最高额（元）		承认年度	社务成绩考成等次	最高额（元）	
		社员每人	每社			社员每人	每社
未及一年	丁	10	200	六年	丁	16	656
	丙	18	450		丙	25	1150
	乙	23	572		乙	38	1976
	甲	27	729		甲	53	3074
一年	丁	11	231	七年	丁	17	816
	丙	19	494		丙	26	1378
	乙	24	648		乙	41	2460
	甲	29	812		甲	58	3886
二年	丁	12	276	八年	丁	18	1008
	丙	20	560		丙	28	1708
	乙	27	810		乙	43	2967
	甲	34	1088		甲	62	4774
三年	丁	13	338	九年	丁	19	1235
	丙	22	682		丙	29	2030
	乙	29	986		乙	46	3634
	甲	38	1406		甲	67	5890
四年	丁	14	420	十年	丁	20	1500
	丙	23	805		丙	30	2400
	乙	32	1248		乙	49	4410
	甲	43	1849		甲	72	7200
五年	丁	15	525				
	丙	24	960				
	乙	35	1575				
	甲	48	2400				

资料来源：吴敬敷：《华洋义赈会农村合作事业访问记》，《农村复兴委员会会报》2卷4号，1934年9月。

中国农村信用合作的发源和兴起，既不是农民完全自发的行为，更非政府首先提倡,乃是来自一个慈善团体华洋义赈会的提倡和指导。由"合作指导"机关倡导合作运动,是中国这样的经济落后国家所特有的,它基于这些国家自发推进合作运动存在的两大障碍:一是人民知识低下,不能自动改善自身经济利益;二是人民穷困,已无余力自动改善自身经济利益。组织复杂的合作社,对于无知无力的小民,倘若不由外力引动,是无法兴起的。但是,从华洋义赈会推动合作运动的宗旨、策略和行动看,它最终的目的还是想在中国造成一个由农民自发行动的、自下而上的合作运动。从 1923 年到 1935 年十余年间,尽管它所推进的合作运动只局限于河北等少数省份,但一直在朝它所确定的目标前进,这除了从前述的一些数据得以证明外,下面几个方面更能说明这一点:首先,就河北各合作社而言,该会对各社的放款,大多能如期收回。在抵押放款和信用放款两种方式中,最初成立几年,以抵押放款为多,后来抵押放款在实数上虽仍有增加,但比率日渐减少。1928 年以后,信用放款不但放款金额实数超过抵押放款,而且其比率占放款总额的 70% 以上。其次,关于社员借款申明的用途与实际用途是否一致,据华洋义赈会社务考成的报告,早期不很明确,1928年以后,社员借款实际用途,已与申明用途渐趋一致。据 1931 年的统计,河北省合作社放款的用途,计用以买种子、肥料、粮食以及还地租付耕植费者,约占总放款额的 26%,用以买牲畜、农具、车辆者,约占 24%,用以购地、开垦、灌溉、修盖房屋、排水筑堤者,约占 12%,用以举办婚丧、经营副业、偿还旧债及其他用途者,约占 5%。第三,关于放款利率。照义赈会的规定,承认未及一年的社,合作社对社员放款所取利率,最高不得过年利一分二厘;承认二年以上四年以下的社,一分二厘五;承认五年以上七年以下的社,一分三厘;承认八年以上的社,一分四厘。因为有这样的规定,所以,各合作社历年放款利率的统计,以一分一厘至一分三厘为最多,约占所有放款的 76% 以上。此种放款利率,与义赈会调查过的 150 个乡村通行利率相比较,则仅及其半而已。乡村通行利率,普通在三分与三分五之间。[①]

---

① 吴敬敷:《华洋义赈会农村合作事业访问记》,《农村复兴委员会会报》2 卷 4 号,1934 年 9 月。

当然，华洋义赈会推进合作运动，也存在着诸多不足之处：首先，各社向义赈会贷款时，手续较为繁冗。其基本程序是，合作社向义赈会贷款，须先由理事会把借款请求书可决后，再以合作社名义填写义赈会预先制定的借款愿意书，寄给义赈会审查。义赈会审查认可后，再寄给借款合同二份，交给合作社签字盖章，然后寄回义赈会，如审查无误，则将借款汇给合作社。经过几层转折，始能拨款。其次，放款数额小。合作社放款给每一社员的数额，以河北省而论，在推行合作事业最初一两年，几乎全部是在 20 元以下，20 世纪 30 年代初，数额始见增大，然普通对每一社员的放款仍以 20 元以下者占多数。第三，放款期限短。虽然合作社章程规定义赈会对于合作社的放款期限，短者一年以内，长则三四年，但在 1927 年以前，概以一年为限。1927 年以后，期限虽略有更改，然普通亦在一年以内收回。因此，合作社对于社员的放款，普通也不得不缩短为一年以内。据统计，1927 年以前，合作社放款期限，几乎全部为一年以内，从 1928 年起，始有一年至三年期限的放款，然期限在一年以内的放款，仍占 80% 左右。[①]

华洋义赈会推动合作所存在的不足，在以后由国民政府和金融机构主导推动时依然存在，昭示着在中国发展合作运动内在地存在着诸多障碍。而华洋义赈会的力图倡导的自下而上的道路，也因国民政府参与和主导后，而中断、消失。这些注定了中国的合作运动以及在此基础上发展起来的农村金融命运多艰。

四、华洋义赈会与现代农村金融制度

华洋义赈会指导农民组织合作社，并向承认社予以放款，可它毕竟是一慈善团体，不是金融机关，资金有限，不可能为合作社提供更多的贷款。要使合作社能够获得更多的资金，必然要与金融界发生联系，否则难期长足进展。有鉴于此，1929 年，当河北省合作社已有相

---

① 吴敬敷：《华洋义赈会农村合作事业访问记》，《农村复兴委员会会报》2 卷 4 号，1934 年 9 月。

当程度发展时，华洋义赈会积极向银行接洽。义赈会首先向中国农工银行联络，农工银行亦分期派员考察，数度开会商议，终以贷予合作社的利息，尚不及银行应付存款利息，未成事实。[1]

不仅向合作社贷款的利息不及银行应付存款利息，而且对于刚刚出现的合作社，其信用状况如何，银行界也不甚知晓。1931年春，上海商业储蓄银行总经理陈光甫到访北平，知悉河北省农村信用合作社的状态，才打开了商业银行向信用合作社的放款之门。陈光甫嘱咐该行北平分行经理与义赈会总干事章元善协商，于3月11日签订搭成放款合同，搭成放款的数额为2万元。所谓搭成放款是指每对一合作社贷款，其金额由参与贷款双方依一定比例分担。初步的搭成放款获得成功，上海银行便扩大搭成数额，1932年6月增至5万元，1933年2月又增至10万元，并成立专门的农贷部门，聘请专家专司其事。继上海商业储蓄银行之后，1933年3月，中国银行亦以2万元参加义赈会搭成银行。1933年12月14日，上海、中国、金城三行与义赈会共订一彼此自行搭成放款合同，各行参加款额，计中国银行5万元、上海银行10万元、金城银行5万元，共计20万元。

商业银行通过义赈会放款的第二种形式是经手放款，即义赈会受银行的委托，以代理人资格，经手将委托款项，贷予合作社，以促进合作社运供业务的发展，是曰"经手放款"。经手放款的参加银行有金城（1933年）、大陆（1924、1935）两行，前后三次，各出洋5万元。这种放款方法，与搭成比较，经放的资金之运用活泼，手续简单，银行与义赈会俱感便利。

第三种形式是介绍放款，又比前两种方法简便了许多，赈会只负介绍之责，银行与合作社直接往来。介绍的手续是赈会以介绍人身份，向双方说合，并在合同上签字，三方各执一份，以资信守，并专以联合社为对象。放款种类分为两种：一为棉花抵押透支放款，一为棉社信用透支放款，前者以棉花时价70%为准，后者专贷予合作社，棉田以每亩2元为限，麦田以一元为限。以这两种放款，义赈会曾介绍河

---

① 王士勉：《商子流入农村之先河》，《实业部月刊》1卷7期，1936年10月。

北省各联合社，向中国、大陆两银行分别订立透支合同，1934 年度借款透支合同总额为 44.4 万元，1935 年度为 65.8 万元，1936 年度则为 33.41 万元。[①]

在借助义赈会向农村信用合作社放款之前，银行与合作社之间没有建立起信用关系，而这种信用关系的建立是借助了义赈会。义赈会向信用社放款，信用社及社员在获得借款的同时，也向外界展示了自己的信用状况。商业银行正是据此信息，参与了义赈会向合作社的放款，放款形式从搭成、经放到介绍放款，银行与合作社的关系越来越直接、越来越密切，最终银行不再经由义赈会，而直接向合作社放款。银行与合作社间的信用关系由此建立起来了，而这恰是民国时期农村金融制度中最基本的关系。从这个意义上说，华洋义赈会向合作社的放款实乃民国时期农村金融制度的开端。

[①] 言穆渊：《我国银行经放农贷之数量（1931-1937）》，《经济学报》第 2 期，1941 年。

第三章

国民政府推进合作与农民银行的成立

国民政府上台后，为拯救日益衰退、濒临经济崩溃的农村，在土地制度、农产品流通、农业技术和农村金融上制定和出台了诸多政策和措施。诸多的政策和措施中，土地改革被认为是农业改良的先声，改善农村金融则是当务之急。对于农村金融，国民政府有关部门曾组织过农村金融制度设计的讨论，但没有在此基础上形成一个实际推行的法案，推行合作运动、成立专门农村金融机构等建立新的农村金融制度的举措是由地方政府和中央政府分别进行的，缺少统一的部署，这与农村金融初创时期的法、美等国政府的举措有着很大的不同。国民政府行动的这一特点，对于初创的农村金融制度产生了不利影响。关于国民政府的相关举措，本章主要分析推行合作运动、成立农民银行，设立农本局和合作金库则留待下章再作探究。

第一节　农村经济崩溃与国民政府的农村政策

1927 年，国民党执掌政权，但这个政权面临的是危机四伏。首先是政权有来自异己力量的挑战。在推翻北京政府后，国民党内各派之间矛盾激化，相互间的混战势在难免，先是爆发蒋桂战争，随后蒋冯、蒋阎的矛盾逐步公开化，蒋介石各个击破、一强独霸的局面，导致其他新军阀走向联合，最终导致了 1930 年的中原大战。中原大战胜利后，蒋介石的地位大幅提升，在继续打击其他军阀势力的同时，把主要的精力对准共产党，使国共之间的内战进入白热化状态。

连年战争的背后必然是严重的财政危机。战争导致军费开支浩大，而有限的财政收入根本无法承担，为了弥补财政收支的巨大缺口，寄希望于发行公债一途，而公债发行过多难于偿还又不得不进行债务整理。

经济的萧条是国民政府遭遇的更为严重的危机。近代以来，中国经济一直面临着各种危机，20 世纪 30 年代初，危机达到空前严重的程度，其中最为突出的是农村经济的崩溃、农村金融的枯竭，这是农村遭受来自内外打击的结果。首先是来自世界市场的冲击。因不平等条约的束缚，经济的不发达，中国在对外贸易上长期处于劣势，甲午战争以后更是几乎年年入超，且入超额逐年扩大。这种不平等的经济关系，延伸到中国国内，表现为农村对城市贸易入超，贸易的入超致使中国的资金不断外流，也使国内农村与城市间呈现农村资金持续不断流向都市的趋势。1929 至 1933 年的世界经济大萧条，其影响于 1931 年波及到中国，中国的入超达到空前严重的程度，年入超额 1928 年为 3.07 亿元，1929 年上升到 3.75 亿元，1930 年骤升至 6.22 亿元，1931 年达到 7.86 亿元，1932 年达到最高峰，为 8.33 亿元，1933 年为 7.34 亿元。[①] 巨额的入超加剧了农村资金流向都市的速度，农村外流的资金由小城移到大城，由大城而流入通商大埠，最终主要聚集于上海一地。1932 至 1934 年间，上海各银行的存银大量增加，外商银行尤盛。农村资金空前外流，聚集都市，致使农村金融枯竭。其次，日本侵占东三省及进攻、蚕食华北的强烈冲击。日本侵占东三省，不仅使中国失去了全国唯一的出超地区，而且也使华北地区失去了东北这一最重

---

① 常文熙：《农村经济破产声中农村金融问题之研究》，《中国经济》3 卷 8 期，1935 年 8 月。

要的市场，对华北产生重大打击。再次，1931 年的长江淮河大水，使经常遭受天灾人祸的黎民遭受更大的打击，加上地租及苛捐杂税的加重，致使土地抛荒、农产品产量减少、农产品价格低落、农村收入减少。最后，在战争天灾蹂躏下，农村社会的极度动荡不定，使农村各地的富户巨室，纷纷携资进入社会秩序相对安定、经济社会生活奢华的城市，更助长了农村资金流入大都市。

农村经济的崩溃，农村金融的枯竭，不仅仅对整个社会经济产生不利影响，更直接威胁到国民政府的统治。首先，农村经济的崩溃，殃及工商业。1931 年以后，工商业普遍萧条，各大都市出现非常矛盾的现象，一方面，资金集中都市，各银行资金过剩没有出路；另一方面，许多工商企业常感资金缺乏，但因经营毁损无法获得银行贷款。工商业的萧条，固然有多种原因，其中农村经济的崩溃影响重大。农村经济崩溃，农民普遍陷入极度贫困的境地，购买力大幅度下降，工业品市场大大缩小，同时也使农村向工业可提供的农产原料减少。其次，农村经济的崩溃更危及政府的财政基础。国民政府财政收入，除债款外主要来自税收，其中关税、盐税、统税为中央政府最主要的三大税收，田赋则是地方政府重要的收入来源。这些税收的绝大部分都与农村相关，其中田赋完全取诸农村，盐税主要来自农村，关税也与农村经济密切关联。

农村经济的崩溃及其所产生的严重后果，引起了全国上下的急切关注，"救济乡村""复兴农村"的呼声不绝于耳，一些知识分子、实业家等纷纷提出拯救方案，并付诸实施。国民政府也意识到"若不设法救济，国家前途，危险将不堪设想"[①]，开始重视农业问题，寻求拯救农村、复兴农业之策，为此采取的政策和措施主要有土地政策、农产统制政策、农产改良与推广措施、推动农村合作运动、调剂农村金融等。在土地政策上，对地主的撤佃条件和地租征收做了某些限制，规定佃农缴纳地租的最高额不得超过当年耕地正产物的 37.5%，此即所谓的"三七五"地租限额；针对田赋赋额过高，田赋附加名目繁多，

---

① 《农村复兴委员会会报》1 卷 1 号，1933 年 6 月 26 日。

实施田赋整理，试图减轻田赋；1930 年 6 月颁行《土地法》，对土地登记、土地使用、土地税与土地征收都做了规定。在农产统制方面，1933 年全国经济委员会成立后，在中央和一些地方相继设立各种机构，如蚕丝改良委员会、棉业统制委员会等，先后对蚕丝、棉花、食糖、粮食、茶叶、烟草等几种主要农产品的运销和某些生产、加工环节实行统制，推行改良计划。在农产改良与农业推广上，成立了中央农业试验所、中央农业推广委员会、全国稻麦改进所、中央棉产改进所、棉业统制委员会、蚕丝改良委员会、农本局等科研、改良、推广机构。1933 年 5 月，国民政府还专门成立了农村复兴委员会，隶属于行政院，目的在"调剂农村金融，增加农民生产，使农村之复兴得早实现"[1]；在推动农村合作运动上，1931 年实业部制定《合作运动方案》，公布《农村合作社暂行规程》，1934 年立法院通过《合作社决议案》和《合作社法》；在调剂农村金融上，成立农民银行、农本局等农村金融机构，制定相关法规等。

农村经济崩溃所暴露的农村问题是多方面的，其中农村资金的枯竭被认为是最严重的，当务之急是如何让流出农村的资金回归农村，于是如何向农村注入资金的有关农村金融的政策和措施，在救济农村诸策中，其声势最大，影响也最大。向农村注入资金，不仅本身是救济农村的重要之策，而农产品的统制、农业技术的推广与改良、推动合作运动等也需要资金支持。正因为农村金融问题与其他农村问题密切联系在一起，于是农村金融的制度设计，不只是关于农村金融自身的制度，还涉及它与相关领域的相互配合问题，而这恰恰也是民国时期农村金融制度探索的一个重要方面。

第二节　国民政府与农村合作运动之勃兴

国民政府对合作运动的推动始于中国国民党的倡导，在采取实际

---

[1] 《农村复兴委员会会报》1 卷 1 号，1933 年 6 月 26 日。

行动上地方政府先于中央政府。因有政府的推动，合作推进的速度要比单由慈善团体推动大大加快，但是，政府对合作的推进，主要关注数量的增加，而忽视了对合作社合作精神的培育，使得合作社从一开始就偏离了合作的精神，组织体系也极不健全，新的农村金融制度只能建立在脆弱的基础上。

一、中国国民党对合作运动的倡导

中国国民党对合作运动的倡导，始于孙中山。1919 年，孙中山在《地方自治开始实行法》中指出，地方自治开始时，有六事如清户口、立机关、定地价、修道路、垦荒地及设学校等必须先行举办。此六事如办有成效，当逐渐扩及于他事，此后之要事，为地方自治团体所应办者，农业合作、工业合作、交易合作、银行合作、保险合作等事。陈果夫对这篇文献有很高的评价："这篇文章，后来成为国民政府训政时期根本法之一，其效力与约法等，是一篇十分重要的文献。中国国民党之重视合作运动，实以此为起点。"[①]

1924 年，国民党完成改组以后，正式开始了对合作的提倡。1924 年 1 月，国民党第一次全国代表大会宣言中提出，农民缺乏资本，国家为之筹设调剂机关，如农民银行等。[②] 1926 年 1 月，国民党第二次全国代表大会通过的《农民运动决议案》提出："从速设立农民银行，提倡农民合作事业"。[③]但执掌政权前的国民党对合作的提倡为数不多，更谈不上有实际的行动。

1927 年定都南京后，国民党明显加强了对合作的提倡，在历次全国大会及全会等会议通过的议案中，有关合作的议案频繁出现，如二届四次全会的《组织合作运动委员会建议案》，三次全国代表大会的《确

---

① 陈果夫：《十年来的中国合作运动》，载秦孝仪主编：《抗战前国家建设史料——合作运动（一）》，《革命文献》第 84 辑，（台北）中央文物供应社，1980 年，第 192 页。
② 荣孟源主编：《中国国民党历次代表大会及中央全会资料》（上册），光明日报出版社，1985 年，第 18 页。
③ 荣孟源主编：《中国国民党历次代表大会及中央全会资料》（上册），第 134 页。

定地方自治之方略及秩序以立政治建设基础案》，三届二次全会的《人民团体组织方案案》《关于建设方针案》《厉行节约运动案》，三届二次临时全会的《推进地方自治案》，四届六次全会的《努力生产建设以图自救案》等。[①]据统计，从 1927 年到 1936 年，此类议案约有 30 件之多[②]，这些议案除少数是一般意义上提倡合作运动外，更多的是提出具体方案，这些方案涉及内容广泛，诸如设置推进合作机构、通过各种民众组织倡导合作、敦促政府颁布合作法规、倡导合作教育与合作训练、强调实现合作是地方自治机关的重要任务、强调地方党部对合作的控制、设立农村金融机构以推动合作事业等等，其中有两点值得关注：

第一，建议在中央政府设立合作组织机构。

1928 年 2 月，国民党第二届中央执委会第四次会议上，陈果夫、李煜瀛、张人杰、蒋介石鉴于国民党推进合作运动必须有组织有方案，才能切实发展，联名提出《组织合作运动委员会建议案》，主张中央于经济委员会之下设立合作运动委员会，合作运动委员会的职责是详细规划合作运动的步骤、合作人才的训练、合作事业的推行等；中央规定合作运动宣传费，每年至少 5 万元，以资宣传。[③]通过中央政府设立合作组织机构以推动合作是后起国家合作运动发展的基本趋势，国民党的这一建议正好与这一趋势相符，尽管当时它并未得到实施。

第二，国民党力图通过各种方式加强对合作运动的控制。

1928 年 10 月，国民党第二届中央常务委员会第 179 次会议通过《下层工作纲领案》，规定以合作运动发展平民经济列为国民党下层组织的七项运动之一，这一纲领案既是国民党决心推进合作事业的开始，[④]也预示着国民党企图通过其基层组织系统控制合作运动。在此前后，国民党还提出通过工会组织、商民协会、农民协会等组织发展合作，加强对此类民众运动的指导，推进合作。1930 年 3 月，第三届中执会

---

① 秦孝仪主编：《抗战前国家建设史料——合作运动（一）》，第 307 页。
② 秦孝仪主编：《抗战前国家建设史料——合作运动（一）》，第 196-197 页。
③ 秦孝仪主编：《抗战前国家建设史料——合作运动（一）》，第 305-306 页。
④ 秦孝仪主编：《抗战前国家建设史料——合作运动（一）》，第 306 页。

第三次全会通过《训政时期民众训练方案》，提出"全国农工已有相当之组织者，今后必须由本党协助之，使增其知识与技能，提高社会道德之标准，促进其生产力与生产额，而达改善生计之目的"。[①]1935年4月中央民众运动委员会规定，合作社指导办法五项，其中强调合作社组织受党部的指导、政府的监督。这个合作社指导办法，经呈准中央执行委员会批准施行，于1935年5月17日，通令各省市知照。[②]1936年2月，第五届中央常务委员会第五次会议通过《省党部组织条例》，规定在省党部书记长之下，得依户口、交通、水利、合作……等事项，分别组织工作团，策动全体党员参加工作。此后，第7次会议通过《中央民众训练部合作事业指导委员会组织规程》，第21次会议通过《省市党部合作事业指导委员会组织大纲》《指导党员参加合作运动办法》《本党党员参加合作运动办法》。3月，国民党在中央民众训练部下成立中央合作事业指导委员会，7月该会又令各省市设立省市党部合作事业委员会。[③]这是国民党在中央及省级机关成立合作事业专管机构，督率党员推行合作事业的开始。

实行地方自治，这是孙中山为国民党树立的一大政纲，1929年3月23日，国民党第三次代表大会通过《确定地方自治之方略及程序以立政治建设之基础案》，再次强调地方民治团体不只为一政治组织并为一经济组织，自治机关之职务应注意各种合作事业之实现。[④]1933年5月18日，第四届中央执委会第71次决议，提出指导人民举办各种事业，以发展国民经济，强调各级自治机关，对于下列自治事项，应依其地方情形，次第举办之事业，计分为22种，其中第11种即组织合作社。1935年11月，第五届代表大会通过《切实推行地方自治以完成训政工作案》议决，中央党部成立地方自治计划委员会，为全国地方自治设计及考查机关，内设组织委员会、民众训练委员会、农村生产委员会、保甲委员会、合作委员会、户口委员会等，其中合作委

---

① 荣孟源主编：《中国国民党历次代表大会及中央全会资料》（上册），第795页。
② 秦孝仪主编：《抗战前国家建设史料——合作运动（一）》，第6页。
③ 秦孝仪主编：《抗战前国家建设史料——合作运动（一）》，第5-6页。
④ 荣孟源主编：《中国国民党历次代表大会及中央全会资料》（上册），第660-661页。

员会司事农业合作、工业合作、交易合作、银行合作、保险合作等指导事项。[1]这就意味着，国民党推动合作运动，不仅通过党的组织系统加强了合作运动的控制，而且又将地方自治与合作紧密联系在一起，这一点在 1940 年以后变成了国民政府具体实施的政策。

二、地方政府对合作的率先推动

执掌政权后的国民党尽管提倡合作的声势不小，但国民政府的中央政府直到 20 世纪 30 年代初仍然没有实际行动，自 1928 年起，一个相当长的时间内，实际推进合作的是地方政府，其中省级政府起着主导作用，举凡合作行政机构的设立，合作法规和规章的颁订，合作推进的指导、合作人员培训的举办，都是由省政府或是政府里的某一部门主持，或是由政府为主，某些社会团体协助；县政府的有关人员在省政府的指导下，直接负责指导农民组织合作社、监督合作社的经营、帮助合作社解决运营过程中出现的问题。

最早设立合作行政机构的是江苏省政府，1928 年 6 月，江苏省农矿厅设立合作事业指导委员会，浙江省亦于 7 月成立省农民银行筹备处，兼办合作行政事宜。此后，各省市均相继仿行江浙两省，设立合作行政机构。[2]1929 年，山东省在农矿厅内设合作事业设计委员会；江西、河南、安徽、湖北、福建等省则依据豫鄂皖三省剿匪总司令所颁行《剿匪区内农村合作委员会组织规程》，先后设立农村合作委员会。四川、甘肃、贵州等西部省份的合作行政机构成立较晚，时间在 1935、1936 年。[3]县市合作行政，有的只设立合作指导员，有的专设合作指导员办事处，还有的则由省合作行政机关派员驻县工作，一般每县合作指导员多为一人，在贫瘠县份，则两三县合设指导员一人。合作指

---

① 荣孟源主编：《中国国民党历次代表大会及中央全会资料》（下册），光明日报出版社，1985年，第 327 页。

② 陈岩松：《中华合作事业发展史》，第 208 页。

③ 各省县行政机构的设置详情，参见秦孝仪主编：《抗战前国家建设史料——合作运动（一）》，第 17-20 页。

导员主要由省级合作行政机构培养，并由他们派往各县。

为使合作社的组设与经营有规可循，各省均相继颁有合作法规与规章制度。1928 年，江苏、浙江两省先后公布《江苏省合作社暂行条例》《浙江省农村信用合作社暂行条例》。此后，山东、河北诸省政府亦先后颁定合作法规，以及各种合作社章程。实业部直到 1931 年 4 月才颁布《农村合作社暂行规程》，通令各省市遵行，但各省基本还是各行其政。同年，军事委员会委员长南昌行营颁行《江西省剿匪区内农村合作社暂行条例》，以为指导"剿匪区"农村合作事业之准则。1932 年，豫鄂皖三省剿匪司令部颁定《剿匪区农村合作条例》及信用、利用、供给、运销四种合作社模范章程。[1]1932 年 3 月 4 日，省政府仍颁有《湖南省合作社暂行规程》。[2]直到 1934 年 2 月，国民政府立法院通过了《中华民国合作社法》，合作运动的推进才有了真正的法律依据。

在推动合作的初期，省级政府最重要的一项工作当属合作指导人员以及合作社职员和社员的培训。首先是合作指导员的培养，各省先后举办了各种短期训练班。江苏省于 1928、1929 年，先后举办江苏省合作社指导员养成所两期，共训练学员 151 人，分发各县担任指导工作。1936 年 3 月 30 日至 4 月 25 日，抽调各县农业推广及合作指导人员，分两期来省训练，共计 1 月，每期 2 周，授以农业推广技术以及合作经营、合作指导等课程，谋求合作指导员与农业推广员能相互帮助，发挥其工作效率。[3]浙江省于 1928 年 12 月举办第一期合作指导人员养成所，1929 年 5 月毕业，共 40 人，先后派赴杭县等 24 县工作；1932 年 12 月举办第二期养成所，于 1933 年 6 月毕业，共 38 人，先后派往各县充任合作指导员。[4]合作运动开展较早的河北，1929 年由农矿厅与北平大学法学院合办合作讲习班，令交通便利各县，选送学员入班肄业。1930 年春天，毕业生 30 人，均由厅分发原县派充合作

---

① 陈岩松：《中华合作事业发展史》，第 184 页。

② 秦孝仪主编：《抗战前国家建设史料——合作运动（一）》，第 105 页。

③ 秦孝仪主编：《抗战前国家建设史料——合作运动（一）》，第 81、83 页。

④ 秦孝仪主编：《抗战前国家建设史料——合作运动（一）》，第 88 页。

或农业指导员。[1]1932 年，山东省实业厅于济南设立合作统计人员训练班，先后毕业学员 170 余人，分派各县充任合作社指导员，负全县合作事业推行倡导之责。1933 年 9 月，建设厅接办实业厅后，侧重推进特产之生产运销合作，并与农业技术及都市金融取得联络，以期相辅并进。[2]陕西省 1933 年夏开办农村合作讲习所，训练合作人员两班，分发各县筹办合作社。[3]1933 年 4 月，湖南省合作协会指导部开办合作实施人员训练班，为期 3 个月；1933 年 7 月，湖南省党部、建设厅合办合作指导人员训练班，为期两个月；1935 年 7 月，建设厅委托湖南合作协会开办合作人员训练班，为期 3 个月。前后三个训练班共毕业 270 余人，这些学员毕业后，除在本省任建设厅县市合作指导员干事、省县党部合作干事外，还有担任全国经济委员会合作视导员及合作组织员，以及服务湖北、山西、河南、浙江、安徽等省合作机关。[4]军事委员会委员长行营，1931 年 9 月，设立江西省农村合作指导员训练所，招生训练，定期一月，计受训卒业者 110 人。1932 年，豫鄂皖三省剿匪总司令部，设立豫鄂皖赣四省农村合作指导员训练所，规定每省 100 名，分由各该省初试，再送该所复试，集中训练，定期四个月卒业，嗣以学科加多，延长 2 月，继又调赴庐山加授精神训练一月，计在该所卒业者，四省学员共 337 人。即就前项训练所卒业之学员，为农村合作指导员，派驻各地实行组社。[5]

合作社职员和社员的训练，则主要采取讲习会的形式。1928 年冬，江苏省实业厅会同中国合作学社在吴县举办合作讲习会，嗣后淮阴、铜山、南通等县，亦皆次第举办合作讲习会。此后，江苏省大都均于农闲时期举办合作讲习会，丹阳、淮阴两县合作实验区及吴县、吴江、宜兴、金坛等县，办理成绩尤为卓著。[6]浙江由县负责举办合作讲习会，由建设厅派员前往指导，至 1934 年底，计有吴兴、金华、平湖、

---

① 秦孝仪主编：《抗战前国家建设史料——合作运动（一）》，第 127-128 页。

② 秦孝仪主编：《抗战前国家建设史料——合作运动（一）》，第 156 页。

③ 秦孝仪主编：《抗战前国家建设史料——合作运动（一）》，第 168 页。

④ 秦孝仪主编：《抗战前国家建设史料——合作运动（一）》，第 108-109 页。

⑤ 秦孝仪主编：《抗战前国家建设史料——合作运动（一）》，第 7 页。

⑥ 秦孝仪主编：《抗战前国家建设史料——合作运动（一）》，第 83 页。

嘉兴、嵊县、诸暨、杭县、崇德、义乌等20县市及第一、第二两合作实验区，均已先后举办合作讲习会，予社员以合作知识及业务经营之训练。[1]湖南省则有建设厅、湖南华洋义赈会、全国经济委员会，先后举办长沙等22县合作讲习会，每班讲习3至5日，讲习民众及合作社社员约3000余人。[2]陕西省为训练各社职员，并向农民灌输合作学识，自1935年10月至次年2月，将关中区曾经办理农贷合贷的咸阳等36县，划分为五大区域，区又分组，共分28组，分别举办合作传习会，到会的合作社共329社，互助社1104社，听讲职员2220人，旁听者197人。[3]

地方政府的这些措施，对合作运动的发展起到了极大的推动作用。1927年，全国合作社数还只有584个，1933年也仅3087个，1934年猛增到14644个，1935、1936年更进一步增加到26224、37318个，[4]形成了合作社发展的第一次高潮。当然，形成这次高潮，除政府的推动作用外，银行、社会团体的功劳也不可忽视，商业银行向农村放款对农民参加合作社的吸引力不小。

三、全国合作事业讨论会与合作行政的初步统一

合作运动快速推进的同时，问题也暴露出来。首先，地方政府对合作的认识有参差，江苏的当政者因对合作有深刻的认识，江苏的合作推进也较有成效，其他省份则不是这样。因认识的不足，而致合作行政机构变动频繁，如浙江，初有农行筹备处兼办合作行政，后筹备处撤销，合作事业划归建设厅办理，由建设厅社合作事业室主管其事，1930年10月农矿处成立，合作事业曾一度划归该处管理。1931年1月，农矿处撤销，复归建设厅接办；1932年6月，建设厅恢复合作事业室，并设置专员，主持其事。1935年2月，农业管理委员会成立，

① 秦孝仪主编：《抗战前国家建设史料——合作运动（一）》，第88页。
② 秦孝仪主编：《抗战前国家建设史料——合作运动（一）》，第108-109页。
③ 秦孝仪主编：《抗战前国家建设史料——合作运动（一）》，第178页。
④ 侯哲葊：《十年来之吾国合作运动》，《中农月刊》4卷4期，1943年4月。

合作事业室遂并入该会，为合作事业管理处，内部组织仍照旧惯。1936年1月，农管会撤销，合作管理处仍恢复为合作事业室。1936年6月，建设厅变更组织，合作事业室改隶农业管理处。①行政机构的频繁变动必然使政府对合作的指导和规划大打折扣。地方政府行为的参差还导致合作立法、合作行政的不完善。其次，合作社经营中存在着种种问题，如农民对合作缺乏真正的了解，合作社组织不健全，社会恶势力操纵控制合作社。再次，农民参加合作社的目的就是为了借钱，合作社被认为是合借社。中国是合作运动的后进国家，合作运动的发展需要政府的参与，但上述存在的问题，说明政府推行合作的方式存在偏差，需要改善，这主要在两个方面：一是完善合作行政系统，以避免地方政府行为的参差所导致的种种问题；二是改善推进合作的方式，以使合作运动在中国的发展能真正得到合作的真谛。但国民政府注意的是前者，合作行政的完善、合作立法的统一，至于后者，则根本没有关注。

自1931年始，国民政府的中央政府对推进合作运动开始有了实质性的措施，这年实业部制定了《合作运动方案》，公布了《农村合作社暂行规程》。1933年，农村复兴委员会决议每省设"合作指导委员会"，指导各县合作社。1934年，立法院通过《合作社决议案》和《合作社法》；1935年，实业部颁布《合作社法施行细则》，并成立合作司，掌管全国合作事业。

1935年，当合作运动快速发展，同时又暴露不少问题之时，需要由政府尤其是中央政府出面集合社会各方面的智慧，共同研讨，以寻求制度的完善、合作的健康发展之法。正是基于此，这年3月，全国经济委员会与农村复兴委员会、实业部共同发起在南京召开全国合作事业讨论会，聚集政府各机关、金融界及专家代表100余人，就合作制度的确立、合作法规的订定、合作人才的培养以及合作指导机关的设立等重大问题进行了广泛的讨论。大会将收到的123件议案，分类交合作制度、合作事业、合作资金、合作教育四组审议，各组拟具审

---

① 秦孝仪主编：《抗战前国家建设史料——合作运动（一）》，第84-85页。

查报告，提请大会讨论，分别修正通过。

此次讨论会议案所讨论的问题，值得注意者有：第一，关于合作行政制度，提出合作事业的主管属于实业部，于该部设立机关办理，同时，由实业部会同有关部会，并聘任专家组织全国合作事业委员会，隶属于行政院，负合作事业之设计、指导、推进与资金筹措之责；在各省市，由全国合作事业委员会，会同各省市政府组织各省市合作事务局，直隶于各省市主管机关，并受全国合作事业委员会指导监督，负省市内前述之责；各省市合作事务局，得派指导员分赴各县市，指导合作社及合作社联合社之组织及技术事项。第二，关于合作业务，提出应倡导信用兼营合作社、保险合作社、产销合作，特别是产销合作，认为运销合作发达，可兼收农工合作之效，盖运销合作须利用工业，以改良农产品，使农业日就工业化。第三，关于合作金融机关，认为其组织方法若由下而上，因国土广袤、民智浅薄，有缓不济急之憾；由上而下，则因中央资金有限，复苦鞭长莫及。因而主张上下同起，县以下者以合作社之股金为主体，省以上者则暂以政府出资或辅助为主体，以资提倡。第四，关于合作教育，广泛涉及合作教育原则、普通合作教育、高级合作干部人才之训练、初级合作人员之训练、合作社社员及一般民众之训练。①

讨论会闭幕后，合作事业委员会、实业部合作司先后成立，中央政府开始有了合作行政与促进机关。1935 年 3 月，实业部部长陈公博令参事厅会同各关系司，筹商修改实业部组织法，即在该部内增设一合作司，5 月，立法院通过了在实业部设立合作司的议案，10 月，实业部设立合作司，合作司主要负责合作社的监督、合作事业的计划、促进、指导及视察，合作资金的调节，合作人才的训练，合作事业的调查统计等事宜。8 月 30 日，实业部任命章元善为合作司司长，章氏于 11 月 16 日到部就职，开始办公。②

1935 年 10 月，全国经济委员会设立合作事业委员会，其执掌主

---

① 秦孝仪主编：《抗战前国家建设史料——合作运动（一）》，第 10-11、353-424 页。
② 秦孝仪主编：《抗战前国家建设史料——合作运动（一）》，第 15-16 页。

要是全国合作事业的技术推广事项。会内设秘书室，办理文书、会计、庶务等事项；金融股，办理合作资金，接洽合作，专款保管及合作金库，合作银行之规划等事项；技术股，办理关于合作业务指导，合作团体联络，即技术标准之拟定等事项。^①名义上，合作司与合作事业委员会分掌合作行政与技术推广事项，但在实践中，二者难以分开执行，因此，合作事业委员会设立不久，即奉令结束，其经营事务，统归合作司接管办理。而此前由军事委员会委员长行营所指导之豫、鄂、皖、赣、闽、甘等六省"剿匪区"内之合作事业，也于这年 4 月移交归实业部接管。至此，全国合作行政权都集中于实业部合作司，农村合作运动的推行有了统一的行政主管机构。但这只是初步的形式的统一，各省市的合作行政仍维持现状。

推进合作是国民政府农村政策的一个组成部分，又是其推行整个农村金融政策的起点和基础。但合作也由此变成了政府的一个政策工具，国民政府推进合作时丢掉合作社的宗旨，忽视了对农民合作意识的培养，忽视了农民的意愿和利益，不注重合作社的质量。国民政府推进合作的方式与华洋义赈会差不多，如举办各种训练班和讲习会、对合作社的考核等，但是，它只有这些形式，丢掉了华洋义赈会始终以合作社自身的独立发展为目标的灵魂。而同期指导农民组织合作社的各类银行，也有着只注重数量不注重质量的倾向。政府和银行的这种倾向，促成了合作社的数量在短期内的大量增加，但合作社最本质的东西没有了。尽管合作社的组织机构、章则完备，但形同虚设，人们几乎一致认为组织信用合作社就是为了借钱，而不是寻求社员的自助、互助、自立。信用合作社成立后，除借款外别无业务，除成立外即无会议，至于用途不当、账目不清、社务腐败，更比比皆是，如湖北的合作社信用放款，本应以各社员信用程度为放款标准，而事实上，各社放款数额大都职员高于社员；各合作社的股金，除一部分作为短期信用放款贷给社员外，大都存于司库或商店之手。^②当出现这些问

---

① 秦孝仪主编：《抗战前国家建设史料——合作运动（一）》，第 11-15 页。
② 秦孝仪主编：《抗战前国家建设史料——合作运动（一）》，第 102 页。

题后，政府再施以对合作社的整顿，订定各县市指导员整理合作社办法及合作社考级规则，但这样的整顿实际收效甚微。在政府推动下的合作社数量的不断增加既构筑了农村合作金融的初步基础，又使这一制度建立在非常脆弱的基础上。

第三节　国民政府对农村金融制度的设计

清末民初，建立新的农村金融制度已经成为朝野上下的共识。1926年，国民党二大就提出要从速设立农民银行，此后，呼吁设立专门的农业金融机构的越来越多，1930、1932年，更有国民政府农矿部、实业部先后组织农业金融讨论会，集合专家学者，专门就农业金融制度的设计进行讨论。

一、有关农村金融制度的各种提案

国民党二大提出要设立农民银行，及1927年薛仙舟在《全国合作化方案》里提出要设立合作银行后，在国民党、国民政府及有关机构的各种会议上，关于设立农业金融机构的提案、决议案不断出现，兹列举一些主要者：

1928年4月，朱霁青提交国民党二届中央第137次政治会议《改善劳动生活建议案》，提出由国民政府速令各省募捐基金，依照江苏省政府，创立农民银行、乡村设信用合作社。[①]

1928年7月，国民党二届157次政治会议《商民协会条例》，办理创设合作银行及筹备各种合作事宜。[②]

1931年5月，国民会议《中华民国训政时期约法》第34条，提出设立农业金融机关，奖励农村合作事业。[③]

---

① 秦孝仪主编：《抗战前国家建设史料——合作运动（一）》，第5页。
② 秦孝仪主编：《抗战前国家建设史料——合作运动（一）》，第196页。
③ 秦孝仪主编：《抗战前国家建设史料——合作运动（一）》，第197页。

1932 年 12 月，国民党四届三中全会《救济农村案》，提出各地设立农民银行及各种合作社。[①]1934 年 1 月，国民党四届四中全会《确定今后物质建设及心理建设根本方针案》，提出以各种合作社筹划农业金融。[②]

1933 年 5 月，农村复兴委员会第一次会议关于合作事业的决议案，提出："每省设一合作指导委员会，指导各县合作社，每省设一农民银行，省中各地尽可能范围分设农民银行，关于农民银行及指导合作进行事宜，得由本委员会设专门委员会，协助实业部及省政府督促进行。"[③]

这些提案，在提出要设立专门的农村金融机构时，又提到发展、奖励合作事业，这意味着这些方案都认同，农村金融机构要建立在合作社普遍发展的基础上。但是，这些提案对如何设立农村金融机构并没有详细的方案，至多是提出仿照江苏省的做法，每省设一农民银行。

1929 年 6 月，国民党在南京召开三届二中全会，会上通过《确立农业政策为发展工商业之基础案》，会后，国民党中央要求行政院限于 1929 年底之前制定一切计划规程。为此，建设委员会于 12 月提出《建设委员会拟设立全国农民银行并倡组农民信用合作社意见书》，其基本主旨是，仿照美国的联邦土地银行制度，设立全国农民银行，倡组农民信用合作社，其办法如下：由中央发行公债，或从地丁项下筹国币 1000 万元，以 500 万作总行基金，其余 500 万作分行基金，每行 100 万元，总行设于南京，五分行暂设于沈阳、保定、西安、汉口、广州五处，各省会设立分行办事处。各县设立农民信用合作社总社，各乡村筹设信用合作分社。南京总行除监理各分行业务外，并经理附近的江浙皖闽四省农民借款事宜。沈阳分行营业范围限于东三省及热河省，保定分行营业限于河北、察哈尔、山西、绥远、山东各省，西安分行营业限于河南、陕西、甘肃、宁夏、青海、新疆各省，汉口分行营业限于湖北、湖南、四川、贵州、江西各省，广州分行营业限于广东、

---

① 荣孟源主编：《中国国民党历次代表大会及中央全会资料》（下册），第 181 页。
② 荣孟源主编：《中国国民党历次代表大会及中央全会资料》（下册），第 228 页。
③ 秦孝仪主编：《抗战前国家建设史料——合作运动（一）》，第 351 页。

广西及云南各省。各分行均有权于其确定营业范围内各省设立办事处，每一办事处之下设有农民信用合作总社及分社，办事处的主要业务为直接与农民信用合作社接洽，并谈判以低利率向农民放款事宜。[①]

这一意见书，较之前述诸多提案进一步具体化了，但仍然是一个粗略的框架。

二、实业部的《农业金融制度及其实施方案》

除了在各种会议上的提案、决议案外，国民政府农矿部、实业部还专门组织讨论农村金融制度的设计。1929 年 12 月 5 日－11 日，农矿部举行农政会议，其中的一个重要议题是讨论关于农村金融制度的制定事宜，形成了一个决议大纲，提出了所要设计的农村金融制度的初步框架，内容如下：

（一）要旨：制定整个农业贷款制度，设立中央及地方农业金融机关，专事供给农业上需要的低利资金，以扶助农业的发展与农民生活的改善。

（二）行政：中央设立农业金融委员会，由农矿部、财政部两部会同组织，作为实行农业贷款制度的最高机关，其职务如下：（1）规定全国农业金融机关的设置事宜；（2）扶植及监督全国农业金融机关的进行事宜；（3）拟定与农业金融有关系的各种法规；（4）调查全国农业经济事项；（5）提倡并奖励各种农业合作事业；（6）筹备中央农业银行。

（三）组织：（1）中央农业银行，补助各省农业金融机关的进行，并贷放长期及中期农业放款；（2）各省设立农业银行，补助各县农业金融机关的进行，并贷放中期及短期农业放款；（3）由各县或农民团体组织农民银行，以贷放短期农业放款为限。

（四）实施：（1）各级农业金融机关的性质应以不牟利为原则；（2）中央农业银行应由国家指拨基金或补助金设立；（3）地方农业金融机

---

① 秦孝仪主编：《抗战前国家建设史料——合作运动（一）》，第 320-321 页。

关应以公款设立为原则；（4）地方农业金融机关的信用放款，以贷与农民所组织的信用合作社为限；（5）中央及地方农业金融机关应有发行农业债票的权利。

（五）法规：各种农业金融机关条例、农业债票发行条例、农业合作社条例及其他农业贷款制度有关系的法规，应从速厘定公布施行。

会议还提出，各种法则的制定与详细办法的规定，应从速成立农业金融委员会，聘请专家根据国情慎重讨论后决定。①农政会议所决议的事项，成为此后农矿部、实业部进一步讨论农业金融制度的基础。

1930 年，农矿部为制定农业金融整个制度及其具体实施方案与法规起见，于 4 月设立农业金融讨论委员会，分别聘请农业经济专家，并指派部员为委员，负责研究。经过讨论研究，先后决议的案件，计有《农业金融制度及其实施方案》《中央农业金融委员会组织条例草案》《中央农业银行条例草案》《农民银行条例草案》《农业银行农民银行分期设置案及农业保险法草案》等六件。1933 年 3 月 23 日，实业部农业金融讨论委员会第六次会议，对前述草案复加以删正。此虽属草案性质，但我国之有整个农业金融制度草案，这是第一次。

农业金融制度及其实施方案，其内容大致如下：②

1. 全国农业金融机关的设置

全国农业金融机关的设置，主要涉及农业金融机关种类、设置地点及管辖区域、放款范围：

（1）农业金融机关种类。农业金融为适应农民需要，应分为长期贷款、中期贷款、短期贷款三种。长期贷款，由 3 年至 40 年，以贷款于购置产业及其他有长期性质之用途为主；中期贷款，由 8 个月至 3年，以贷款于改良土地及其他有中期性质之用途为主；短期贷款，8个月或 8 个月以下，供流动资本及其他有短期性质之用途为主。与之相适应，农业金融制度应分设农业银行与农民银行：仿各国土地银行制度，兼采纳美国所特设之中期贷款制度，设立农业银行，贷放长期

---

① 《农矿部农政会议汇编》，决议案第 14 号（关于农业贷款各案之决议案），1930 年，第77 页。

② 王志莘、吴敬敷：《农业金融经营论》，商务印书馆，1936 年，第 423-432 页。

及中期贷款，农业银行由政府办理，资本由政府于公款内筹拨，政府有营业权及管理权；仿各国合作银行制度设立农民银行，贷放中期及短期贷款，可由政府或人民办理。

（2）设置地点及管辖区域。农业银行总行设于中央政府所在地，分行设于沈阳、北平、兰州、成都、汉口、广州六处，其他各省区视需要增设办事处及代理处。凡农民银行未设立之区域，农业银行得代理其业务。南京总行，除监理各分行之业务外，并经理附近省份如江苏、浙江、安徽等省农业贷款事宜。各分行管辖区域如下：沈阳分行，辽宁、吉林、黑龙江、热河四省；北平分行，河北、察哈尔、山西、绥远、山东五省；兰州分行，陕西、甘肃、宁夏、新疆、青海五省；汉口分行，湖北、湖南、河南、江西四省；成都分行，四川、云南、贵州、西康、西藏五省；广州分行，广东、广西、福建三省。

农民银行，可由中央及各省县或农民团体组织设立。省县农民银行，可由省县政府设立。如由农民团体组织时，则须得中央农业金融委员会之同意，其营业区域，须严行确立。至于管理制度，可视地方情形采用集中制，抑联合制，或地方制。

（3）放款范围及偿还办法。农业银行，可放款于个人，放款于社团亦可；农民银行，为解除农民之困苦，以及提倡合作事业计，所有放款仅能对于合作社行之，至于长期及中期贷款归还，则应取分年摊还法；短期贷款归还，则应取一期或二期归还法。

2. 全国农业金融机关的指导监督机构

为谋全国农业金融机关进行顺利起见，设中央农业金融委员会，以为全国农业金融指导监督最高机关，各省设省农业金融委员会，各县设县农业金融委员会。中央农业金融委员会之职权如下：编订农业金融的重要法规，规划全国农业银行及农民银行的设置事宜，指导及监督全国农业金融之进行事宜，调查及统计全国农业金融状况。

3. 提倡并奖励农村合作事业

农业银行与农民银行，贷款性质虽不同，都应注重提倡及奖励合作事业。农业银行主要放款于土地贷款合作社及农产运销合作社，农民银行则主要贷款于信用合作社、生产合作社、灌溉利用合作社、运销合作社。推行农村合作，固然需要组织农业金融机关，为农村合作社调剂资金，同时应集合民众与政府两方面，以全力推行，提倡奖励，以利于合作社的成长。提倡奖励农业合作事业的方法有：对合作社放款利率应特别减低，对于合作教育应注意普及，对于各种合作事业应努力推行，对于办理卓有成效的合作社应予以奖励。

4. 筹设中央农业银行及农民银行

中央农业银行为国营银行，（1）资本应由国库拨付，增加资本时，可逐渐由人民方面筹集资本；中央农业银行应隶属于农矿、财政两部所组织的中央农业金融委员会。（2）中央农业银行以监理委员会为全行最高机关，其职权为：审定业务方针、审定发行债券数量、规划准备金集中、检查准备金、审核预算决算、稽核全行账目、编订本行各项规则、设立及废止分支行、增加资本、任免重要职员等。（3）中央农业银行的业务：土地担保品的抵押借款、农产品确实票据的买卖贴现、收受存款、办理农村汇兑及承受期票、代理收解各种款项。（4）政府对于中央农业银行，应特许其发行债券，其债券发行需根据土地担保品的抵押价值，按比例发行。

中央农民银行为国营或民营银行。（1）如为国营，其资本应由国库拨付；如为民营，其资本应由国民自筹，可先由政府拨款开办，然后陆续招募民股，将政府所垫资本逐渐清偿，政府所垫资本不计利息。（2）中央农民银行应隶属于农矿、财政两部所组织的中央农业金融委员会。（3）中央农民银行以监理委员会为全行最高机关，其职权为：审定业务方针、审定发行债券数量、规划准备金集中、检查准备金、审核预算决算、稽核全行账目、编订本行各项规则、设立及废止分支行、增加资本、任免重要职员等。（4）中央农民银行业务：农村合作社的抵押或信用借款、对省农民银行放款、收受存款、办理农村汇兑、代理农民收解各种款项。（5）政府应特许中央农民银行发行债券，吸收存款。

此外，还有拟定与农业金融相关的各种法规、调查全国农业经济。

显然，这是一个较为宏大、又较为完备的农业金融制度设计，其能真正实施需要时间、也需要庞大的人力、财力投入，这是国民

政府一时难以做到的。正是顾及到其难度，实施方案的最后说到，
"上列实施之际，宜视国家之人力财力，权其轻重，别其缓急，俾
获一一实现，庶几农业生产、农民生活，均得因金融之调剂，而逐
渐改进"。

　　要建立这一新型的农村金融制度，国民政府遇到的最大难题是
资金问题。这一点，在上述方案通过后不久的 5 月份，实业部关于
《设立中央农业银行并确定资金案说明》的文件里有了清楚的说明：
"关于流通农村金融，曾聘请专家组设农业金融讨论委员会，拟订农
民银行、农业银行及其他有关发展农业金融之法规、计划，只以资
金无着，迄未举办。现值农村经济益臻窘境，救济不容或缓之时，
农业银行之资金应先行竭力筹措，俾其早日成立"，这份文件紧接
着对农业银行的资本及其筹措做了说明，"农业银行资本定为国币
1000 万元，收足总额 1/2 即开始营业。由国家银行、商办银行及信
托公司、保险公司投资 400 万元，一次缴足，其余资本额数由政府
筹足，其来源：国库直接拨付、农赈收回款项、米麦面粉进口税、
发行农业债票"。[①]然而，其所指定的政府筹措资本来源的几项，都
没有确实的保障，设立农业银行，建立新的农业金融制度，第一个
难关就无法逾越！

第四节　农民银行的设立

　　关于农村金融制度的讨论和设计，说明朝野上下对建立怎样的
农村金融制度已经有了一定的认识，但讨论方案后，就没有下文了，
国民政府没有真正进行规划后，再推动农村金融的制度建设，而只
是由地方政府、中央政府先后成立数家相互之间没有关系的农民
银行。

---

　　① 中国第二历史档案馆：《中华民国史档案资料汇编》第五辑第一编，财政经济（七），江
苏古籍出版社，1994 年，第 76-77 页。

一、江苏省农民银行[①]

最先成立的是江苏省农民银行，这也是由地方政府成立的经营最好、成绩最为显著的一家农业银行。

（一）资本、组织与业务

江苏省农民银行的资本，系来自孙传芳在苏时经征未完之特借亩税改征。1927 年 5 月间，江苏省建设厅厅长叶楚伧、财政厅厅长张寿镛会同提议取消亩捐，改收农民银行基金，筹办江苏省农民银行。凡前孙传芳时代已交纳亩税的，改收农民银行基金时不再缴纳，未征收亩捐的县份补征亩捐，以充农民银行基金。此项基金总额，依据江苏省各县田亩计算，应得 1000 万元。但各县或因民穷财尽，尚未带征；或已带征，为孙传芳督苏时提作军用；或因各县政费竭蹶，带征基金被挪作他用。虽有建、财两厅的督促，对基金的征集及清理追差强人意，截至 1931 年 6 月底，已经征收 220 万元，截至 1934 年底，为 360 万元。

1927 年 8 月，江苏省政府聘请薛仙舟为农行筹备主任，后因其病故，10 月改聘马寅初、唐有壬、过探先等为筹备委员，并于同月成立筹备委员会。1928 年 2 月，监理委员会成立，负责审定章程、保管基金和推选总副经理，7 月 16 日，江苏省农民银行正式开业。

江苏省农民银行的组织机构分监理、设计、执行三个方面。其中监理委员会由九人组成，其职务为保管基金、监督业务，除每月终报告营业状况外，每半年结账及全年总结账时，应审查盈亏状况，并陈报省政府。其执行职务，以会议行之。每月至少开常会一次，遇必要时，可召开临时会议，均由主席召集。

该行设有专门的设计部门，专司设计事宜，因该行为我国首家农民银行，一切设施均属创造，无所依循。初名为设计部，后"深感设计事项，经纬万端，绝非行内少数人识力经验之所能胜，而必须网罗

各方面之专门人才，方能集思广益，共策进行"，促进行务、推广营业、指导农事、提倡合作等问题，都需要专家的研究与协助。1932年3月，设计部扩大为设计委员会。

江苏省农民银行总行设于省政府所在地，后改镇江，各地设分行、分支行和营业处，总行总揽全行事务，并指挥、监督各分行。江苏省农民银行自1928年成立，到抗战前夕共设立77所分支行及办事处，其中江南地区有总行1所，分支行17所，淮扬地区4所，徐海地区2所；江南地区办事处29所，淮扬地区17所，徐海地区5所。[①]

江苏省农民银行的主要业务有：（1）放款。该行业务以放款最占重要，放款分为定期信用放款、定期抵押放款、活期抵押放款、分期信用放款及贴现款等种类，又可分为青苗放款、储押放款、运销放款。（2）存款，分定期、活期、储蓄与分期储蓄、养老教育等种类。（3）汇兑，以国内为限，分信汇、票汇、电汇、押汇等种类。（4）信托，以接受农民委托为限。其信托业务有代理农产品包装运销，代理农产品储藏保险，代购农具、肥料、种子，代理房地产买卖及抵质，代理碾压农产物，出租新式农具，代理收付款项，代理保管贵重物品，代理管理财产等。（5）接受地方政府委托，代理收解各种款项。在诸多业务中，以放款、办理农产运销、办理农业仓库影响最著，是对农业银行如何开展业务的有益探索。

（二）放款

该行成立之初，章程规定，放款以贷予农民所组织的合作社为原则，又鉴于合作事业尚在萌芽，合作社组织不健全，又规定在各地合作事业未充分发达前，可直接放款于农民，但此种放款总额应由监理委员会议决。在上述的规定放款以外，该行增设特种放款，特种放款包括省府各厅、农场、试验场以及农具制造所等各种借款，其目的或为贷种，或为改良农具，或为改良种子。

1. 信用合作社放款办法

该行制定了一套向合作社放款的办法，首先是对合作社的要求，

---

① 徐畅：《抗战前江苏省农民银行述论》，《中国农史》2003年第3期。

凡农村合作社，其成立在 6 个月以上，组织健全，份子纯正，并经所在地市县政府登记的，方得向该行申请借款。

对合作社放款程序：（1）先由合作社，填具借款申请书、社员职员名单、社务业务进行状况表、借款用途表、保证人抵押品调查表，连同该社章程及登记证等，送至该行审核。如非初次借款，除社章及登记证不必检送外，其余各种书表，仍须照填；（2）该行接到申请书后，派员调查，如认为可以准放时，由该行填给放款核准书，另附借据等寄交申请借款合作社填写，该社将借据等填就后，即送交该行审查，如无讹误，即予贷放款项；（3）合作社将借款支配于各社员后，须在一星期内，据实填具支配用途报告书，以便复核贷款情形。

借款合作社对该行的责任及保证：合作社向该行所借款项，该社全体社员，负连带偿还责任；合作社须觅得殷实商铺或人士，为承还保证人，承还保证人与借户负同等责任。

利率及期限：合作社借款利率，至高不得过月息一分；借款期限，至长不得过一年，在借款未清偿以前，不得申请续借。

借款用途及偿还或延期：（1）该行对于合作社借款，以用于农业生产为限，故其一切账目，该行有随时审查之权；（2）借款合作社，每期结账后，应填制营业报告书，送该行审核；（3）合作社如变更借款用途，或违反该行章程，经该行调查属实时，该行可提前追还借款一部分或全部分，并自借款日起，照原定利率加息五厘计算，以示惩儆；（4）借款到期，务须本利清偿，倘有拖欠，而未得该行同意转期者，在延期内，该行得将本利一并按照原定利率，加息五厘计算，但延期不得过一个月；（5）借款合作社预计到期不能还款时，应在一个月以前，提出正当理由，请求转期，经该行核准后，方可照办，但利息须结清，不得一并转期；（6）若于未到期前，偿还借款的一部分或全部分，该行按照实欠日数，计算利息。

抵押物品的办理：（1）凡合作社以不动产抵借款项时，其数目不得愈该行估定该项抵押品价额的五成，动产不得愈七成；（2）凡交至该行的抵押物品，须属借户自有，并未向他处抵押；（3）抵押品如应过户者，应即过户，其费用由借款人负担；（4）该行收到抵押物品时，即填发存据，交借户收执，俟款项还清后，该行凭存据将抵押物品交还借户。

合作社借款书表，分下列九种：合作社借款申请书、合作社组织经过调查表、合作社社务进行状况调查表、合作社业务进行状况调查表、合作社职员调查表、合作社社员调查表、合作社借款用途调查表、合作社保证人调查表、合作社社员抵押品调查表。

2．放款分类

（1）依性质分类

该行放款种类，依其性质可分为青苗、储押、运销三种，此三种放款连贯进行，分别向农民发放自生产时起至收获销售后止所需借款。

青苗放款，行于春夏，用于购买肥料、种子、农具、牲畜、机油等。农民申请借款时，须将耕种亩数、作物种类及借款用途等，详开清单，由该行核准后，以发放实物为原则，以免款移他用之弊，并指定以收获物为承还保证，放款金额，约为估计收获物估值的五成。

储押放款，该行放款于合作社，大都以田契为抵押，但到期不能还款时，该行对于抵押品难于处分。同时借款者大都为佃农，若必以田契为抵押，仍苦告贷无门。1930 年秋，该行通函各分行办理仓库，经营农产储押放款。此项放款系办理于秋收之后，使农民不必急于出售收获物，可待价而沽，免除贱卖贵买之痛苦。此种放款又以农民自出农产为限，由该行于各县交通便利地点，设立农业仓库办理。每户押量至多不得过 30 石，以免地主或商人利用，并代为保险。押物有米、谷、豆、麦、杂粮、丝茧、棉花、豆饼等 10 余种。

运销放款，凡合作社或农民以收获的农产，用合作运销方法运至他埠出售，在未售出以前，如需用款项，可将运输中的农产，向该行押借款项，俟农产出售后，即由该行扣算借款本息，再将余款发还运销借款人。放款金额约运销农产市价的七成。

此外，针对手工业、畜牧业等还有原料放款、畜本放款、蚕本放款等。其中，原料放款大都贷放于经营副业之合作社，原料贷放以后，再由合作社加工制造，如该行于上海购买棉纱贷放于织布合作社。畜本放款用于购买牲畜及饲料之用，如该行对清江、丹阳、金坛等地养猪合作社，贷放小猪以供饲养。猪仔长大后，并代为运销外地，以求善价。蚕本放款，分春夏二次，凡农民饲育春蚕秋蚕者，均可向该行申请借款。借款用于购买蚕种及桑叶，其购买蚕种者，均由该行发放改良种，并请蚕业指导所，分赴放款各社指导养育方法。此种放款，以无锡、吴江、苏州等处为最多。

3. 依担保分类

信用放款，合作社申请此种放款者，只须凭合作社的信用另觅妥保即可贷放。此种放款对于佃农极为便利，因佃农既无田契，又无其他贵重之物可资抵质。

田单契押款，田单、田契为田地所有权凭证，合作社向该行申请青苗借款者，大都以田单田契为抵押，因农民除田单田契外，别无长物，但此种抵押契据，不仅契据复杂，处理困难，且难于普及贫农。

动产押款，以农产、丝茧、绸布、农具、衣饰为限。农产、丝茧、绸布质款，该各处仓库历年有办，而农具、衣饰质款，向来典当承做者多，但自 1931 年以来，各地典当难以维持，先后闭歇者甚多，农民更是告贷无门，该行于是在各地仓库添办农具、衣饰放款。该行还开办有耕牛押款，这是为了避免农民为维生计，于秋收后变卖耕牛，春耕之际又高价买回，一出一入间农民遭受巨大损失。凡农民以耕牛向该行抵借款项者，年龄以三岁至八岁为限，由该行于牛角上烙印为证，耕牛仍由农民向该行租养，并由该行代为保险。借款金额，每头至多不得过 25 元。

（三）倡导产销合作社

江苏省农民银行确定以合作社为放款对象，故对于合作运动的倡导辅助甚为积极。该行为帮助农民组织合作社，选派专员分赴各地，会同当地县政府、合作指导员、农业推广所、自治机关、社教机关等，努力倡导，致力于宣传组织、训练社员种种社务的工作。江苏省自 1928 年推行合作事业以来，数年间，合作社在数量上已有长足进展，至 1935 年底，全省各县除东海、仪征两县没有合作社外，全省共计有 4204 社，社员 135779 人，已缴社股金额近 84 万元，其合作社的数量仅次于河北，[①]其中，江苏省农民银行功不可没。

在各种合作社中，江苏省农民银行从最初的着重于信用合作社，而转向特别侧重于策动农民组织产销合作社，这是基于一种观点，各地农村金融枯竭、经济破产，唯一的原因是由于各地农产品停滞乡间，不能直接运销至通都大邑。各地农产品，如能得便利运销，则农村金融，立可周转流通。该行帮助建立的产销合作社，规模较大的有常熟、阴沙、嘉定、如皋、盐城的棉花产销合作社，宿迁的金针菜产销合作社等。在帮助农民建立产销合作社的过程中，该行发现，运销非一两个合作社力量所能办到，要达到更进一步的运销，必须在通都大邑设立一个具有行商效能，又不具行商性质的集中运销机关，以代理各合作社经营运销。有鉴于此，江苏省农民银行决定设立农产运销处。

1934 年 5 月，江苏省农民银行正式在上海设立农产运销处，以侯厚培为办事处主任，又于无锡、徐州、清江、盐城、如皋等地设立运销分处。农产运销处代办棉花、小麦、猪仔、丝绸、金针菜、水果等特产销售，代各合作社购买肥料、农业机具等农用品及其他主要日常用品，还向农民供给市场消息。在运销过程中，合作社或农民可以预先抵借资金；途中危险，农行代投保运输险；出售时又有专员负责，处处从对农民有利的条件上着想，以期解决整个农产品运销问题。

农产运销处成立初期，农民多持怀疑态度，不了解农产运销处可以代为解决农产运销问题，甚且以为变相的牟利机关。待日后接洽多了，农民逐渐了解了农运处的宗旨，且该处为便利农民起见，凡合作社社员来沪委托运销及购买者，可在农运处内住宿，且供膳食，还可派员在车站及轮埠迎接，给农民运销农产以极大的方便，农民也从中得到了实惠。

（四）办理农业仓库

全国各省办理农业仓库，以江苏省为最早，也最为发达。1929 年春，江苏省农民银行即开始经营农业仓库。开办伊始，该行即妥拟办法，如规定储押的农产品，以农民自出者为限，以免商人囤积居奇者

---

① 秦孝仪主编：《抗战前国家建设史料——合作运动（一）》，第 39、81 页。

乘机利用；每人储押金额至多不得超过 200 元，以示救济中小农；预定各种产品的回赎时期，使仓库金融不致呆滞；在储押产品上，注意各县特产，如无锡蚕茧、苏常稻谷、铜山杂粮等。所收产品，须本年收获，且干燥洁净，不染杂质者。

在仓库的设立上，该行以农产丰富交通便利之处，先行试办。同时，江苏省政府也较为重视仓库的建设，谕令各县组织县农业仓库管理委员会，于各地添设仓库，委托该行办理储押事业；省政府并于江南北各县，分期建筑省仓库 10 所。

该行初办仓库时，仅注重储押业务，嗣为适合农村需要，发挥仓库本能起见，斟酌各地情形，陆续兼营保管、加工、包装、运销等业务，并于仓库内附设乡镇代理处，办理乡镇汇兑、信托等一切银行业务，但业务中心仍在储押。

农业仓库开办初，业务至为简单，范围极为狭小；当农民逐渐对农业仓库有了认识，并从中受益时，江苏省农行的仓库业务也日有进展。到 1933 年上期止，该行自办及委办的仓库，已有 17 县 97 处，仓房 2434 间，储押数量近 30 万石，农产价值约 150 万元，到下期止，时隔仅六月，仓库突然急增至 36 县 184 所，5021 间，又 30 廒，储押数量增至米麦豆等 467850.96 石，棉花杂粮等 3444836.63 斤，土布 96486 匹，豆饼等 168225 斤，农具 51025 件，黄狼皮、耕牛等 2897 只，生丝、金、银 37320.46 两等。12 月底，储押数值 2262327.49 元，如以七折折合农产价值，当在 330 万元以上。

该行所经营的农业仓库，其储押物品最多者为米稻。1932 年办理仓库 180 余所中，除清江浦及徐州丰县各地仓库外，无一不有米稻之储押。江南各仓库中，米稻占十之八九。次于米稻者为棉花，江南、江北各县仓库多有储押棉花者，如嘉定、太仓、安丰等仓库。再次为小麦数量亦多。他如黄豆、干茧、荞麦、豆饼、菜籽、芝麻、玉米、高粱、烟叶、生丝、布匹、农具、金银、首饰等。

在该行各仓库中，除普通业务外，其兼营加工、运销较有规模者，有无锡东亭、东台安丰仓库；储押物品以农具为主要者，有清江渔沟仓库；专以生丝为储押物品者，有吴江震泽生丝储押所；专以布匹、丝绸为储压物品者，有江阴布匹储押处、丹阳丝绸储押所。

二、浙江省、县农民银行

（一）浙江省农民银行的停止筹办与中国农工银行杭州分行的成立

1928 年 5 月，浙江省农业生产讨论会建议设立农民银行，六七月间，由建设厅订定浙江省农民银行条例、浙江省农民银行筹备处组织大纲，先后提经省府会议通过。规定省农行由省政府主办，资本定为 200 万元，县农行由县府主办，资本定为 20 万元，均以收足 1/4 以上，先行开始营业。省农行资本经省府委员会议决，以本省烟酒二成附税作抵，发行债券 50 万元，先行开办，余就本省军事特捐项下提拨 1/4 以拨足 66.6 万元为限，乃于 1928 年 8 月成立筹备处，负责筹设该省农业金融机构。1929 年 10 月，复经省府委员会议决，提拨省行资本 50 万元充作中国农工银行股份，请其在杭州设立分行，又以 38 万元存入该分行作为办理农民放款之用，托由该分行经理贷放，于是省农行停止筹备。[①]

据浙江省政府与该行所订《农民放款互约》与《农民放款细则》。中国农工银行杭州分行农民放款，以贷予本省农民所组织并经建设厅认可的农村信用合作社为限。农村信用合作社借款时，须填具借款申请书，暨财产目录等，到浙江分行，经建设厅审查后，再由该分行依据审查结果，酌量办理借款事宜。但经该分行认为不必送厅审查者，得径自办理。此项放款利率，不得超过月息一分。此项农村合作社放款，均须事先征得建设厅同意；直至 1931 年以后，为求放款便利起见，始将放款手续交由中国农工银行统筹办理，但数在万元以上者，仍须先征建设厅同意。[②]

该行所营放款种类，多为蚕丝抵押放款；1930 年，增办各种合作放款。在放款机构方面，规定在金华、温州两区各设农民放款办事处

---

① 秦孝仪主编：《抗战前国家建设史料——合作运动（一）》，第 90-91 页。

② 林和成：《中国农业金融》，第 279-280 页。

一所，以纠正过去放款偏于浙西一带之现象；同时为增进其与各县农民银行联系，复采行透支借款办法，促进放款之合作；在放款用途方面，规定凡农民所需肥料、种子、秧苗、农具、机械、工资、蚕桑、生产原料及运销资金，均可申请借款。截至1933年底，放款70万元以上，借款合作社达380余家，放款区域，包括20余县。

（二）县农民银行及农民借贷所

关于各县农行的筹设，经浙江省建设厅会同财政厅于1929年、1931年订定浙江省县农民银行在田赋正税项下带征股本办法暨股本保管委员会章程，呈准省政府公布施行。后又会订浙江省县农民银行借贷所规程，凡资本不易筹足省颁农民银行条例所规定之数额，可先成立农民借贷所。各县农民银行成立最早者有衢县、海宁、绍兴等县，借贷所成立最早者有崇德、德清、吴兴、海盐、嵊县等县。[1]县农民银行与县农民借贷所之设立，大多以资金之多寡为定，前者普遍在5万元至10万元之间，后者则多在1万元左右。自1931年至1934年，该省先后设立各县农民银行及农民借贷所达47所，资金数额共89.772万元。其资金来源大率来自各县田赋附加税款。[2]截至1936年6月底止，浙江省县地方农民银行、县农民银行及县农民借贷所家数与资金数额，如下表所示：

表3-1　浙江省农民银行情况表

单位：元

机关名称	机关数目	资金数数额
县联合地方农民银行	3	141389.14
县农民银行	9	617173.14
县农民借贷所	25	250563.41
县农民借贷所筹备处	5	12301.30
县农民放款处	3	31000.00
合计	45	1052427.76

资料来源：姚公振：《中国农业金融史》，中国文化服务社，1947年，第197-198页。

---

[1] 秦孝仪主编：《抗战前国家建设史料——合作运动（一）》，第90-91页。
[2] 姚公振：《中国农业金融史》，第197页。

　　各县农民银行及农民借贷所放款对象，以农村合作社为主，必要时也直接放款于农民，例如，余姚县农民银行于放款规则规定，在合作社未普遍前，暂行兼办特种农民放款；寿昌农民借贷所尤多直接放款于农民。

　　放款用途，以海宁县农民银行为例：（1）耕作垦荒事业；（2）水利造林事业；（3）购办种子原料及各项农业原料；（4）购办或修理农民所用器械及牲畜；（5）购办牲畜，修造牧场；（6）购办蚕桑渔业种子及各种器具；其他关于农业上应兴作改良等项。

　　放款利率，该省未定标准，颇有上下，例如各合作社对社员放款，有月息一分二厘者，亦有月息一分四厘或一分五厘者。放款期限一般情形，抵押放款长于保证放款，保证放款长于信用放款，但放款期限之规定，亦不一致。以抵押放款为例，有定为三年者，如嘉兴农民银行；有定为二年者，如海宁农民银行；诸暨农民借贷所放款期限尤短，为时仅半年。保证放款与信用放款偿还期限之规定，则更参差不齐。[1]

　　浙江各县农民银行介绍如下：

　　海宁县农民银行：发起于1928年2月，由海宁县长徐兆荪草拟筹设农民银行计划，提交县建设委员会讨论，经决议办法四项：筹募农行基金12万元；筹募方法自1928年起，于地方抵补金项下各带征银五角，以二年为限；带征办法呈奉核准后，即成立海宁县农民银行筹备处及基金保管委员会；为谋农行早日成立，可先发行县公债5万元。上项办法经核准后，农民银行基金即于当年6月3日起带征，并成立基金保管委员会。1930年间，基金征存已达6万元，即由县政府于1930年9月正式成立海宁县农民银行监理委员会，推吴敔为主席委员，即席选举顾达一、张同庆为正副经理，着手筹备，于1931年2月1日正式开幕。基金此时已收足10万元，除经营银行业务外，又先后分设堆栈三处，经营农产物储藏及小额押款。截至1933年止，该行资金计10.8万余元，公积金近1万元。[2]

---

① 姚公振：《中国农业金融史》，第198-199页。

② 林和成：《中国农业金融》，第290-291页。

嘉兴县地方农民银行：嘉兴县建设委员会于1928年呈由浙江省政府核准，即于1928年起至1933年止，在田赋正税抵补金项下，每石带征银三角，作为农民银行股本。1929年10月开始筹备，1932年7月1日正式成立。计实收资金10.605万元，由县政府委任吴和叔为经理，并由各法团公推陈希渊等为监理委员会委员，以监督农民银行之业务。1934年8月，经理吴和叔因案撤职，由监理委员会推派陈志巩暂代经理职务。同年10月27日，由浙江省建设厅正式委派陈瑞萱为嘉兴县农民银行整理委员兼经理之职。[①]

余姚县农民银行：成立于1932年10月。浙江省政府通令各县筹设农民银行后，该县县长苗启平即提经第一届行政会议通过，并呈准省政府，自1930年起，在田赋项下附征农行股本每两四角，连征四年，实收股本10万元。经理初由监理会直接选举，第一任为杨天绶，1934年杨君因事去职，监理会依据修正农行职员任用法选举三人，呈由省财建两厅圈委童泉如继任。监理委员会之组织，由县政府、地方法团及公选区代表为委员，并以县长为主席委员。其业务初仅存款、放款两种，放款除合作社外，复兼营特种放款，贷与个别农民。[②]

衢县地方农民银行：1928年，衢县县长丘远雄召集商会会长项槐、县款产会常务委员陈牧发起聘请地方士绅富有经验及金融界闻望卓著者，组织衢县地方农民银行筹备会。资本额定国币20万元，收足6.207万元，于1929年5月30正式成立开业。[③]

崇德县农民银行：崇德县建设委员会于1929年3月间选任筹备委员，成立崇德县农民银行筹备委员会，并成立基金保管委员会，呈准浙江省财政建设两厅，于田赋项下带征1929、1930年份农行基金二年。至1929年11月1日，由筹备委员中推选姚乃鬯为试行放款处主任，开始办理放款事宜。所需资本，于征得基金项下提出八千元拨充。其时农民组织合作社者，殊为踊跃，乃由县政府呈准财建两厅，正式成立农民借贷所，委任姚乃鬯为主任，同时将筹备委员会、基金保管委

---

① 林和成：《中国农业金融》，第293-294页。

② 林和成：《中国农业金融》，第294-295页。

③ 林和成：《中国农业金融》，第296页。

员会及实行放款处撤消。至农行资本额定 20 万元，所征基金难足 1/4，再由县呈准带征 1931 年份农行股本一年，以期正式成立农民银行，又组织股本保管委员会，负保管股本之责。1932 年 12 月间，成立监理委员会，同时，监理会提出农行经理候选人，呈请财建两厅圈定程世禄、田庆霓为正副经理。农行即于 1933 年 4 月 1 日正式开业，实收资本为 6 万余元，内部组织分营业、会计、总务、调查四课。①

绍兴县农民银行：额定资本 20 万元，先由县府在地方税备荒捐项下拨 5 万元为该行资本，于 1934 年 3 月 24 日正式开幕，为县府直辖机关。并令组监理委员会，处理该行行政事务，监理会设主席一员，由现任县长兼任，委员 11 人，由县长就地方人士中聘任。开业后，因资本有限，历史未久，业务无甚进展，既未举办仓库业务，而所定农业透支、农产押款又以手续关系，难与农民接近，虽有透支之户，为数亦有限。②

金武永地方农民银行：浙江省财政建设两厅因金华、武议、永康等三县农民借贷所资金均属短绌，业务未见发展，将三县农民借贷所合并为金武永地方农民银行，由财建两厅订定合并办法，并委俞克孝为筹备员，会同金、武、永等三县县长，负责筹备，1934 年 3 月，在金华设立金武永地方农民银行筹备处。凡关于该三县县农民银行股本保管委员会，及农民借贷所之资金、生财、器具等，一概移交该行接管，共收到股本银 5.5 万元，依照《浙江省农民银行条例》所定地方农民银行资金 20 万元收足 1/4 即可开业，乃拟订各项章则，呈省核准施行，复由财建两厅委俞克孝任经理，于 5 月 10 日开幕。凡放款、存款、储蓄、汇兑、信托、代理收付、农业仓库等业务，无不经营。至该行监理委员会，系由金、武、永三县县长，合作事业指导员，县农会代表，地方人民代表各一人，及金区技术专员组织而成。③

义东浦地方农民银行：系由义乌、东阳、浦江三县农民借贷所暨农行股本保管委员会合并而成。该行未成立前，义、东、浦三县原已

---

① 林和成：《中国农业金融》，第 299-300 页。
② 林和成：《中国农业金融》，第 304-305 页。
③ 林和成：《中国农业金融》，第 305-306 页。

分别设立农民借贷所，办理合作社放款。1934 年春，浙江省建设财政两厅因鉴于义、东、浦三县借贷所办理未善，且资本不足，难期发展，乃于 5 月间委任俞汝定为义东浦地方农民银行筹备员，先后将义东浦三县农民借贷所，暨农行股本保管委员会接收，于 6 月 25 日筹备事竣，即改委俞汝定为义东浦地方农民银行经理，于 6 月 26 日开幕，开始营业，其时已收资本为 5.5 万元，未收资本为 14.5 万元。前义、东、浦三县农民借贷所所办业务，仅合作社放款一种，三县借贷所合并为义东浦农行后，增办各种存款业务，增办特种生产放款、特种农民放款、小工商放款、代理收解等业务，并于义乌、东阳创设农业仓库，办理农产物押款业务。[①]

永瑞地方农民银行：系永嘉、瑞安二县集合股本而设。初，二县均拟单独设立，在田赋项下带征股本，但因二县带征股本有限，一时难以单独设立。浙江省财政建设二厅令改变办法，先行联合组织，额定资本总额为 20 万元，收足 1/4，即五万元，先行开办。自 1934 年春间，开始筹备，又以带征股本尚未调换股票，故未能产生股东会，乃先由二县党政机关暨民众代表组织监理委员会，推选加倍经理人选，呈由浙省财建二厅圈任。该行经营放款以农村合作社为原则，兼营农业仓库业务。[②]

平阳县农民银行：股本总额 20 万元，系由平阳县政府征足股本 4.2 万余元设立，创立于 1934 年 7 月，专营存款、放款、储蓄、信托、仓库、汇兑等业务。[③]

三、中国农民银行

中国农民银行是由原豫鄂皖三省"剿匪"司令部下设立的豫鄂皖赣四省农民银行改组而来。本着"剿"共"三分军事，七分政治"之策，1932 年 10 月，蒋介石以豫鄂皖三省"剿匪"司令部的名义发布

---

① 林和成：《中国农业金融》，第 307 页。
② 林和成：《中国农业金融》，第 308 页。
③ 林和成：《中国农业金融》，第 309 页。

训令，决定创办豫鄂皖赣四省农民银行，在四省农民银行尚未开办之前，先由"剿总"设立农村金融救济处，负责监督农村金融救济事务，其运用资金，系豫鄂皖三省剿匪司令部所拨 100 万元。11 月，农村金融救济处在汉口成立，郭外峰为处长。农村金融救济处的职责为，农村合作预备社的指导及监督、各县农村金融救济分处的指挥及监督、救济农村款项的分配及收支审核。[①]

1933 年 1 月 27 日，蒋介石任命郭外峰为豫鄂皖赣四省农民银行筹备处主任委员，成立筹备处，拟订《豫鄂皖赣四省农民银行条例》，并予以公布。3 月 10 日，蒋介石以豫鄂皖三省"剿匪"司令部的名义，训令豫鄂皖赣四省政府，"豫鄂皖赣四省收复各匪区，农民生计，艰苦万状，亟需设法救济，以资苏息。本部为供给农民资金，兴复农村经济，并促进农业生产之改良进步起见，特许设立豫鄂皖赣四省农民银行"，[②]并函国民政府行政院备案。豫鄂皖赣四省农民银行资本总额定为国币 1000 万元，其集资方法，初拟由国库投资 300 万元，豫、鄂、皖、赣四省省库各投资 50 万元，另招商股 500 万元。收足资本 250 万元，合原定资本额 1/4，依条例即可开业，乃于 1933 年 4 月 1 日在汉口正式开业，郭外峰任总经理。[③]四省农民银行成立后，农村金融救济处继续存在，直到 1935 年 3 月才被裁撤，所有账册都解交四省农民银行，绝大多数人员都转为四省农民银行行员。

四省农民银行的业务有经营存放款、发行兑换券、指导农村合作、推进仓库制度、辅助典业、办理储运事业、调查四省农村经济等。开办初，在河南开封、郑州、潢川，湖北沙市、宜昌，安徽安庆、六安及江西南昌、九江、临川设立分支行处；在汉口硚口、江西南昌设立农业仓库，并与各地政府协办农仓。红军长征后，蒋介石派军围追堵截，军事活动范围扩大，军费开支增加，在征战途中增设四省农民银行机构，1935 年初，四省农民银行的营业范围已扩展到陕、甘、闽、浙、湘等 12 个省。蒋介石便以原有四省农民银行之名称，已与事实不

---

① 李厚芬：《豫鄂皖三省农村金融救济概况》，《银行周报》18 卷 2 期，1934 年 1 月 23 日。
② 中国人民银行金融研究所：《中国农民银行》，中国财政经济出版社，1980 年，第 25 页。
③ 秦孝仪主编：《抗战前国家建设史料——合作运动（一）》，第 527 页。

相符，乃于 6 月 4 日，呈准国民政府核准，改称为中国农民银行。至其条例、章程，董事、监察以及内部办事人员，一如旧章。

中国农民银行经国民政府之特许，依照《中国农民银行条例》，依照股份有限公司组织设立，其设立宗旨为供给农民资金，复兴农村经济，促进农业生产之改良进步。资本总额定为国币 1000 万元，分为 10 万股，每股 100 元，一次缴足。除由财政部及行营各认 25000 股（250万元）及各省市政府分别认股外，余由人民承购。各省市政府所认股额，均不得少于 2500 股。该条例明订中国农民银行为官商合办之股份有限公司。实际情形是，该行股本由财政部拨 250 万元，由军事委员长行营拨 250 万元，又由各省陆续缴 200 余万元，共计收足股本 720万余元，没有商民认股，即为纯粹之官设农业银行。[①]

依据《中国农民银行条例》规定，其营业范围为放款于农民组织的合作社及合作社联合社，放款于农业发展事业，放款于水利备荒事业，经营农业仓库及放款于农产、农具改良事业，动产、不动产的抵押放款及保证信用放款，票据承受或贴现，收受各项存款及储蓄存款，代理收解各种款项，办理汇兑及同业短期往来，买卖有价证券，其他农民银行应有业务。

该行为供给农民资金，复兴农村经济，其所办业务重要者有：

（一）放款。四省农民银行开办之初，即与"剿匪"总司令部农村金融救济处联合办理收复"匪"区各农村合作预备社的紧急放款。此类放款，《剿匪区内各省农村金融救济放款规则》规定，以贷放于经核准设立的农村合作社预备社为限，放款利率方面，放款于预备社者，最高以月息 8 厘为限；放款于预备社社员者，由社员大会决定，但最高以月息一分二厘为限。放款用于购买种子、肥料、耕牛、农具及食粮的，本息应于收获后或一年内还清；用于修理房屋及农业用具的，本息可分一年至二年还清。放款额方面，预备社社员每人借款总额不得超过 30 元。[②]

---

① 林和成：《中国农业金融》，第 524 页。
② 姚公振：《中国农业金融史》，第 215-217 页。

改组为中国农民银行后，《中国农民银行条例》对放款有详细的规定。首先，其农业放款以供下列各项之用途为限：（1）购买耕牛、种子、肥料、畜种及各种农业原料；（2）购买或修理农业应用器械；（3）农业品之保管、运输及制造；（4）修造农业应用房屋及场所；（5）其他与农民经济或农业改良，有密切关系之事项。农业放款总数不得少于放款总额60%，并须于每届年终结算时，于资产负债表上以适当科目表现之；不动产抵押放款总额不得超过实收资本及公积金之总数。放款期限最长不过五年。该行除普通直接放款外，复为农民抵押贷款所，订立典业放款，以及兼购谷借款，改良农场贷款之类。

该行还兴办农民土地抵押放款。在此之前，各银行还没有举办土地抵押放款的，1936年，中国农民银行决定先在江西省南昌县境内试办农民土地抵押放款，其受押土地，以现正耕种的自有田亩，经省土地局实行丈测登记，发给新式管业证者为限。放款标准，以省土地局估价 1/4，放宽手续，以由合作社转贷予社员为原则，每社员最多不得超过30元。放款用途，限于改良农业、水利备荒、修造农业用房屋仓库、农事试验及其他促进农业生产的必要事项。[①]

（二）农村合作指导。中国农民银行成立后，对推进农村合作比较积极，随着分支行处开设的增多，其推进合作的范围也扩大。其推进合作分为宣传组织、调查承认、业务社务指导、合作组织系统化的促进四项，依次进行。其推进合作大致可分下列三种情形：

1. 直接指导组织合作社，即由中国农民银行派员直接指导组织成立合作社，成立后，视其情况，予以资金上的援助。中国农民银行直接指导组织的合作社，待各省主管合作行政机关成立后，由各省接收办理。到1936年12月底，先后移交者有湖北796社，社员25507人；湖南72社，社员1589人；四川71社，社员2136人；贵州28社，社员666人，在这些省份基本停止再行组社，由中国农民银行直接指导组织尚未移交的合作社，尚有浙江、江苏、甘肃、陕西、山西五省的682社。

---

① 《中国农民银行第七、八次营业报告》，《银行周报》，21卷22期，1937年6月8日。

2. 间接指导组织合作社，即由各省合作行政机关指导组织成立的合作社，及接收中国农民银行的各合作社，中国农民银行仍负间接指导责任，随时遴派农村工作人员，前往调查，缮表报告后，由行汇集调查事项，附具意见，分别函达各合作行政机关，供其指导之参考。同时视其情况，贷其款项，促进其社务与业务的发展。截至 1936 年 12 月底止，经中国农民银行调查承认之社，共达 8334 社，社员 431712 人，分布于湖北、湖南、福建、河南、安徽、四川、江西、贵州等省。

3. 因救济灾荒指导组织合作预备社。最初是 1932 年，该行与农村金融救济处联合办理潢川等 15 县农村合作预备社之放款，设立社数 1000 余，社员 8 万余人。又在武昌、汉口、汉阳、黄陂以及陕西等地，先后成立合作社数百所，又特另设训练合作班，以及宣传合作的组织等。此类合作预备社，是中国农民银行特选择国民党军队围剿红军后灾情严重县份，遴派农村工作人员，前往指导农民，组织合作预备社，贷以紧急救济放款。随后再考核成绩，改组为正式合作社。此类合作预备社，随国民政府围剿红军而趋于不断扩大，截至 1936 年 12 月底，分布区域，除甘肃一省预社组织及贷放工作，因时局的原因，在停顿中外，其已着手组社贷放者，计有 7 省 66 县，分别是湖北省 20 县、四川省 10 县、安徽省 11 县、河南省 6 县、陕西省 10 县、湖南省 1 县、贵州省 8 县。[①]

（三）辅助典当业，扩张农民动产抵押。民国以来，尤其是 20 世纪 30 年代初以来，各省典当业经营衰颓，农民深受高利贷之苦。而通过组织合作社救济农业金融，一时难以奏效，典当利率较其他高利贷为低，若能辅助典当业因势利导，仍不失为补救农村金融之道。江苏省江宁自治实验县曾有农民抵押借贷所的设立，浙江省龙游地方银行的衣服、器皿抵借办法，均有相当成绩，这些都与典当类似。中国农民银行于 1935 年曾于江西南昌、湖北黄陂、蔡甸，湖南长沙，河南新乡，浙江塘栖，江苏仪征等处，设立农民抵押贷款所，还与九江惠农典、沙市裕农典订约放款。1936 年除上列各处，视其他各处需要之缓

---

① 《中国农民银行第七、八次营业报告》，《银行周报》，21 卷 22 期，1937 年 6 月 8 日。

急，筹备增设农贷所，截至 12 月底，已成立者，计有湖北宜昌、老河口，江西上饶、南城，安徽芜湖、六安，浙江东阳，陕西潼关，甘肃天水，湖南常德，四川泸县、资中、宜宾等 13 处。[①]

（四）农业仓库。1929 年，江苏省农民银行试办农仓，开兴办新式农仓之先河。中国农民银行筹办农仓较晚，始于 1935 年，这年该行在汉口硚口、江西以及湖北、安徽、河南等处，自办仓库，开始存货承押；又与湖北省政府筹定办法，由该行间接放款，紧急救贷各"剿匪区"，由省政府督促设仓储谷，以备办理农产物押款。1936 年继续推进农仓经营，一面与各省政府洽商合办农仓，由该行贷以基金，供其建筑之用；一面准备大量资金，以为开办储押之需。这年已与浙江省政府农仓管理委员会、安徽省政府农仓管理处，先后订约合作办理。[②]但是，中国农民银行推进农仓进展不大，1934 年，仓库放款仅 7.4 万元，不及农业放款的 1.77%，而不及总资产千分之一，而同期的江苏省农民银行办理仓库有 97 处之多，中国农民银行较江苏省农民银行资本雄厚，这一反差更明显。与此相联系，中国农民银行对于合作运销也并不重视。[③]

四、农民银行与农村金融制度

除上述的农民银行外，还有广西省农民银行、湘西农村银行、江津县农工银行等。广西省农民银行成立于 1937 年 1 月，1940 年归并于广西银行；湘西农村银行是湘西凤凰、沅陵、保靖、乾城、辰溪、麻阳、永绥、古文、泸溪、永顺、龙山等县联合集资设立，资本 60 万元，成立于 1932 年 9 月；江津县农工银行于 1932 年 12 月即开始筹备，资本总额定为 10 万元，直到 1935 年收足资本正式营业。[④]

如果说华洋义赈会帮助农民组织合作社，向合作社贷款，开启了

---

① 《中国农民银行第七、八次营业报告》，《银行周报》，21 卷 22 期，1937 年 6 月 8 日。
② 《中国农民银行第七、八次营业报告》，《银行周报》，21 卷 22 期，1937 年 6 月 8 日。
③ 林和成：《中国农业金融》，第 527-528 页。
④ 姚公振：《中国农业金融史》，第 239-245 页。

中国现代农村金融制度的大门，那么，国民政府上台后，多家农民银行的成立，专门农村金融机构的出现，标志着新的农村金融制度在中国的正式出现，江苏省农民银行首先确立以合作社为主要放款对象的原则，其他农民银行也基本确立了这一原则。步江苏省农民银行的后尘，上海商业储蓄银行等商业银行向农村放款时，也同样以合作社为放款对象，为了扩大放款，它们都积极指导农民组织合作社。农民银行与商业银行向合作社的放款，形成了农村金融制度的基本构架，即银行向合作社放款。以合作社为基础构筑农村金融制度，这与世界各国的农村金融制度是基本一致的。各家农民银行还对建设农村金融制度进行了诸多探索，除了向合作社放款外，江苏省农民银行发展产销合作社、农业仓库等，中国农民银行成立农民抵押贷款所、与典当的合作等，将现代金融组织与传统的金融方式结合起来，进一步丰富农村金融制度的内容。

然而，比较德、法、美、日等国政府和中国国民政府在农村金融制度初创时的举措，两者的差距显而易见，各国政府从制度设计、政府投资和低利资金的提供、机构的设立等方面都给农村金融制度的形成提供了强有力的支撑，国民政府则没能如此，没有制度设计已如前述，其他方面的政府支持力度也很弱：

首先，政府投资的微小。因有对欧美国家农村金融发展的了解，20 世纪 30 年代的商资归农热潮中，对建立怎样的农村金融制度以救济农村，基本上有了一个共识，那就是国家的投资和资金支持。一般来说，政府的这一作用主要体现在，直接投资设立专门的金融机构，特别是中央金融机构；由国家财政向农村金融部门提供低利资金；政府授予特权发行农业债券。且不说国民政府根本没有向农村金融部门提供低利资金，对农民银行的投资也非常有限，在全国所设立的有限数量的农民银行，资本规模都不大，甚至非常弱小，最大的两家农民银行中国农民银行、江苏省农民银行，1935 年时共计已缴资本不足1000 万元。各家农民银行资本的筹集都非常艰难，浙江省因资本筹集的困难而停止筹备省农民银行，提取省行资本 50 万元充作中国农工银行股份，在省会杭州设立分行，又以 38 万元作为农民放款基金拨予该行，而各县成立的农民银行、农民借贷所也是步履艰难，其资本大多依靠田赋附加等方式筹集，附加的不易使各县农民银行、借贷所所能筹到的资本数寥寥，到 1936 年底，浙江省地方农民银行、县农民银行及县农民借贷所共 45 家，资本额共计 105 万余元。其他各省更是基本没有成立农民银行。资本筹集的不易，实际使国民政府的中央和地方政府的财政陷入极度的困境。欧美各国作为农村金融筹资的主要渠道发行债券，在中国基本行不通，这除了中国金融市场的不健全、不发达外，容量有限的证券市场充斥着政府的公债是一个重要原因。

其次，分支行处设立的不均衡。从理论上讲，农业银行分支行的设立，与一般银行不同，其在全国的分布应相对比较均衡，具体说，应在中央农业银行之下，各区或各省设立区分行或省分行，其下再设立县分支行处，区分行或省分行放款给各县农业银行，转放于内地农村信用合作社及仓库，而普及于全国农民。中央农行应避免与其他普通银行竞争放款区域。但是从几家农民银行的分支行处设立的实际情形看，其分布很不均衡，这有两个原因，一是政府投资的不均衡，真正投资设立农民银行的只有少数省份；二是已设立的农民银行设立分支行处偏重于经济发达及交通便利之区。江苏省农民银行的分支行处 1933 年以前，几乎全部集中于江南地区，此后江北地区才渐次设立，1935 年后有大幅增加。这或许与该行资本有限，难以在全省 61 县遍设分支行有关。关于分支行处的设立，该行决定，各县报解基金在六成以上者，即设立分行；未满六成以上，而邻近数县合解有 10 万元以上者，亦可筹设分行；其解款虽微，不能合上列两项标准，而农村经济又不能不亟待扶助者，该行亦于可能范围内，酌设放款机关。因江南经济发达，基金征集较易，江北则反之，因此到 1934 年，分支行集中江南，江北较稀，1935 年以后，注重在江北选择适当地点，设立分行，才使行处数量有所增加。中国农民银行存在着同样的情形，"其分支行普设于苏、浙、豫、皖、湘、鄂富庶之省，以致其于农贷之放款，不得不与上海商业储蓄银行农业部、中国银行农业部、中华农业放款团、江苏省农民银行等，为农贷竞争之放款"。①放款的形式，经营的地点，多与普通银行办理农贷之处雷同，没有形成均衡分布，不能满足全国农民金融之需要。

再次，相互之间缺少联络，不构成有机系统。德、法、美等国农村金融机构由不同层级构成，且形成有机系统，而国民政府所成立的各农民银行基本上是各自为政，缺少联络，如浙江省各县农民银行、农民借贷所与中国农工银行杭州分行，在业务组织上，并无互相统属关系，所营农村金融业务，亦缺乏共同原则与整个计划。各行本来资金薄弱，信用不孚，加之多各自为政，业务发展更为困难。浙江省曾订定《省县农业金融机关调剂资金暂行规程》，规定各处遇资金不足周转时，即可依据是项规程订立互相透支合同，向资金过剩之农民银行，请求透支，以资互相调剂，②但它只是停留于书面上，并没有切实实行。

中国农民银行名义上是一家农业银行，但只能算是一家涉及农村金融的国家银行，谈不上是专门的国家农业银行，更不是一家中央农业银行，这从其设立、发展过程及业务经营可以看出。曾有建议将中国农民银行改组为中央农业银行，"中国农民银行具有中央农业银行之资格，而离中央农业银行应有之组织，应办之业务，应负之职责尚远。而其根本应该改善之问题，不在其资金之缺少，而在其制度之树立、组织之完成、营业之方针以及专门人才之应用也"。③但是，中国农民银行既是一家农业银行，也是蒋介石直接控制下的一家特殊银行，一家垫支军政开支的国家银行的多重角色和职能，④使对其改组成为不可能，无法使之成为有系统组织的全国农民银行的枢纽。

最后，业务经营的缺陷。作为专门的农村金融机构，农民银行

---

① 林和成：《中国农业金融》，第 523 页。
② 秦孝仪主编：《抗战前国家建设史料——合作运动（一）》，第 90-91 页。
③ 林和成：《中国农业金融》，第 530 页。
④ 邹晓昇：《试论中国农民银行角色和职能的演变》，《中国经济史研究》2006 年第 4 期。

的业务应以农村放款为中心，但是，中国农民银行的业务，有发行钞票、买卖公债及生金银、存收款项、放款储押等，与普通银行的业务相伯仲，其中与农业相关的业务如农业放款、农业仓库的经营、农业债券的发行都不充分，农业银行之特征并不显著。1934 年，中国农民银行的农村放款 417 万余元，仅及总资产的 3%，仅占全国农村放款金额的 11%。而同年中国银行的农业放款为 2516 万元，上海商业储蓄银行农业部的农业放款达 536 万余元，江苏省农民银行的放款 300 余万元。①在其有限的农村放款中，基本上是短期放款，长期及中期放款未举办。与农业放款的微薄相反，多重角色和职能，使中国农民银行的资金运用中非农业所占比例甚高，投资有价证券数额逐年增加，1934 年仅占资产总额的 2.6%，1935 年增加 3 倍至 7.4%，而从该行损益表收益部看，有价证券收益占总收益的 22%，计 59.8 万余元，可见其投资于公债数目之巨。②据有关资料，从 1933 年 4 月到 1937 年 1 月，根据蒋介石的手谕，先后拨付各种款项达 1 亿余元，占该行货币发行总额的 68% 以上，仅垫支军费一项就有 6400 万元。③

从中国农村金融发展史的角度看，国民政府最初的十年是中国新式农村金融制度的初创时期，作为新式农村金融制度建立的后发国家，政府应发挥突出的作用，但国民政府没有做到这一点。首先，从所设立的农民银行看，这些银行尽管都标榜以农为业，但从其业务经营、资金运用、分支行处设置等看，与一般商业银行无异。农民银行具备商业银行的特征，是政府没有发挥其应有作用的突出表现，也成为民国时期农村金融的一个重要特点。其次，农民银行商业性的特征，其背后的原因在于政府投资的不足。同时，因投资的不足，农民银行没有足够的实力以统制整个农村金融市场，只能是放任商业银行参与农村放款，使农村金融更表现出被商业金融控制

① 林和成：《中国农业金融》，第 526 页。
② 林和成：《中国农业金融》，第 527 页。
③ 中国人民银行金融研究所：《中国农民银行》，第 4 页。

的状况。商业金融控制农村金融市场，成为中国农村金融出现诸多弊端的制度源泉。最后，以国民政府主导推动下的合作运动的发展，忽视了合作的基本精神，更注重合作社数量的增加，合作社组织结构体系不健全、不合理，从一开始就是问题多多，使本来就缺少有机系统的农村金融制度建立在脆弱的基础上。由于政府作用的不力，中国新式农村金融制度在初创时期就充满了诸多变数，对以后农村金融制度的演变产生了不利影响。

第四章

商业银行农村放款与合作金库的设立

在政府缺少制度设计，又没有足够投资以设立农民银行的情况下，面对都市资金壅塞、农村资金枯竭，一些商业银行为寻求资金出路，将资金引向农村，向农村放款，商业银行成为 20 世纪 30 年代前期向农村放款的主要金融机构。以商业银行为主，包括农民银行在内的众多金融机构向农村放款，形成了银行直接向合作社放款的农村金融制度模式，参与向合作社放款的金融机构的众多造就了这一模式纷乱复杂的特点，与德、法、美等国多层级的系统农村金融制度形成鲜明对比。商业银行农村放款的种种弊端，引致了全国上下一片建立合作金融系统的呼声，农本局、合作金库正式被赋予这样的使命应运而生，由此开始出现了另一种农村金融制度模式：合作金库向合作社放款。

第一节　商业银行的农村放款

商业银行农村放款的动机，时论众说纷纭，有说是银行家们爱国的社会责任心的驱动，也有认为是商业银行为了宣泄过剩资金，而商业银行在农村的实际作为，实是说明银行家们无论有多么高度的社会责任心，也无法改变商业银行的本来属性，因此，商业银行农村放款确能起一时舒缓农村金融枯竭之急，但终究不是合适的构建农村金融制度的主体。

一、搭成放款、各自放款和共同放款

商业银行放款农村，自上海商业储蓄银行于 1931 年先后与金陵大学、华洋义赈会协力办理农村放款为开端，其后相继而起者，有中国银行、金城银行、交通银行等。最初的放款是各银行参与华洋义赈会的搭成放款，获有成效后则转向各自直接向合作社放款，1934 年众多银行则联合起来组成银团，实行联合放款。商业银行的农村放款一时形成热潮，这一热潮一直持续到全面抗日战争的爆发。需要指出的是，此处所指商业银行，狭义上仅指那些民营的商业银行，广义上则包括这一时期所有经营农村放款的银行性金融机构，因为中国银行、交通银行尽管是国家银行，但在业务经营上与商业银行无异；而中国农民银行、江苏省农民银行这些专门的农业银行也表现出很大的商业性。

上海商业储蓄银行正式向农村放款始自 1931 年，而有系统的经营则自 1933 年成立农业合作贷款部始。1931 年，上海商业储蓄银行在南与金陵大学、在北与华洋义赈会合作，与华洋义赈会订有合同，由上海商业储蓄银行贷款于义赈会，再由后者转贷农民合作社，额度 2 万元，后增至 5 万元。1932 年，除继续与金陵大学、华洋义赈会合作外，零星与其他机关或个人合作，或作仓库储押、或作合作贷款、或作肥料贷款，总额约 20 万元。

1933 年，因业务扩大，开始自己独自经营，1 月于总行设立农业合作贷款部，专司其事。2 月中旬，成立农业贷款委员会，凡农业合作贷款部的重大事件，悉取决于该会。6 月 15 日起，在南京、郑州、长沙三分行设立农业合作贷款分部，以便利指导调查及放款。其业务有五：即运销合作、信用合作、农业仓库、农民抵押贷款所、与华洋义赈会合办的农业贷款等，服务区域分布于江、浙、皖、湘、陕五省，是年贷款总额 102 万余元。

1934 年，改农业合作贷款部为农业部，并于贷款区域的各行处（南京、蚌埠、济南、西安、长沙、广州）设立农业科，分别办理各该区农业贷款事宜，服务区域除原有的江、浙、皖、湘、陕五省外，增加鲁、豫、晋、鄂四省，贷款数额亦增至 440 余万元。

1935 年，该行投资范围分布于 10 省 2 市（新增粤省及京沪二市），共 72 县，贷款数额 608 万余元。至 1936 年度，该行贷款金额呈陆续减少之势，大概是因数年来向农村放款的机关日见增加，是年度该行总额为 480 余万元，区域分布于粤、苏、浙、皖、陕、鲁、津、冀等8 省。截至西安事变前，该行仍努力于农贷事业，事变后，除对已放出之农贷陆续收回外，无形中已停止各项贷款。[1]

中国银行的农村放款始于 1932 年，这年以 2 万元参与华洋义赈会搭成放款，另与江苏省农民银行合作，在常熟、苏州、无锡、常州等产米区，试办农民米谷押款；浙江方面在长兴、湖州等处也有米谷押款。系统经营则始自 1933 年，为专事研究指导全行农业贷款事宜，这年在总处成立了农业放款委员会。此后几年间，中国银行的农村放款业务年有进展，截至 1936 年底，农业放款未收回总额，共计 8000 余万元，放款区域 10 省 117 县，内 94 处合作社联合会，3200 合作社，20.5 万家农民；1937 年，该行农贷约 1880 万元。其农村放款业务包括农产品抵押放款、农民小额放款、合作社放款，其中（1）农产品抵押放款，1933 年利用各地 80 余处仓库，办理农产品抵押贷款总计 1950万元，其押品有棉花、茧子、米谷、杂粮、烟叶、茶叶等，以棉花为大宗，计 800 余万元；1934 年中行自建和租用的仓库增至 509 处，押款 7600 余万元，其中粮食押款 1724 万元，棉、丝等押款 5900 余万元。（2）农民小额押款，1933 年下期，在各地农产品集散中心，设立农产品仓库 15 处，推广农民小额贷款，计实放 62 万余元、1.46 万户，平均每户押款 42.5 元；1934 年增至 112 万元、9000 余户，平均每户 110

---

[1] 关于上海商业银行的农村放款情形，参见王文钧：《商业银行在农村中之动态》，《银行周报》19 卷 48 期，1935 年 12 月 10 日；言穆渊：《我国银行经放农贷之数量（1931—1937）》，《经济学报》第 2 期，1941 年。

元。（3）合作社放款，就合作社办有成效者，予以金融接济，主要是邹平乡村改进会、定县平教会及华洋义赈会。到 1934 年底，其合作社贷款 197 万元，到期陆续收回 133 万元。与中行发生借贷关系的合作社共 944 个、社员 5 万余人，分布于 6 省 40 县。1936 年，对合作社贷款增达 808 万元，扩至 10 余省 117 县，关系 94 个合作社联合会、3200 个合作社、20.5 万农户。①

金城银行作农村放款，始自 1933 年与华洋义赈会之合作，以 2 万元为额度参与义赈会的搭成放款。1934 年，该行联合南开大学及定县平民教育促进会，合组华北农产研究改进社，旨在研究农业改良，促进农产运销，分研究及实施两部，研究部又分设农业经济调查、农民训练及农产改良三组；实施部则分金融及运销两组。因棉花在河北农业上占重要地位，先就棉花着手，同时，为调节棉农金融，分别在定县、赵县、蠡县、晋县、无极、南宫、束鹿等县举办生产放款，设立仓库办理押借、指导组织生产运销等合作社。因这年对协助棉业生产获有成效，1935 年有清华、金陵、齐鲁三大学加入，协同进行。1935 年 8 月，该社并入河北省棉产改进会，预定计划于 5 年内，增加河北省棉田面积 1000 万亩，细绒皮花 400 万担，以图自给并能大量输出。其第一年（1936 年）低利贷款约 100 余万元，贷出优良棉种约 1.5 万担，各区棉农请求贷款者达 2.8 万余户，推广棉田 41 万余亩，计产皮棉 20 万担，并指导组织合作社 700 余所，社员达 1.7 万余人。②

交通银行的农村放款始自 1934 年春，该行与金城、上海、四省农民、浙江兴业四行联合，与棉业统制会所属陕西棉产改进所订立合同，办理棉业改进，由银行放款与农民所组织的棉业合作社。1935 年，该行曾组织一农业贷款处，专办农业投资事务。交行自办农贷始自 1934 年冬，先从陕西着手进行，交行与陕西省农业合作事务局商订合约，

① 王文钧：《商业银行在农村中之动态》，《银行周报》19 卷 48 期，1935 年 12 月 10 日；言穆渊：《我国银行经放农贷之数量（1931－1937）》，《经济学报》第 2 期，1941 年；卜明主编：《中国银行行史（1912－1949）》，中国金融出版社，1995 年版，第 278-279 页。
② 《近数年我国金融界对农村之贷款》，《中央银行月报》5 卷 6 期，1936 年 6 月；言穆渊：《我国银行经放农贷之数量（1931－1937）》，《经济学报》第 2 期，1941 年。

于 1935 年 2 月间，将该局在大荔、朝邑、咸阳、兴平、武功等五县放给农村互助社之劝农贷款，共约 8 万元，划归交行承放，是为交行自办农村放款之先河。这年秋天，农业合作事务局将五县指定为交行贷放区域，以贷予该局指导农民所组织的信用合作社为限，这年的贷款额为 35 万余元。在其他各省的自办农村放款始于 1936 年春，4 月间，该行为促进茶叶复兴，拟定办法办理祁门茶叶产销短期合作贷款，贷放总额 50 万元，规定利息月息 8 厘，期限为 3 至 6 个月。这年又与中国农民银行应浙江建设厅之请，举办浙江省青苗放款，数额为 30 万元，月息一分，秋收时归还。此项贷款手续，由该行之各分行贷于合作社，再由合作社转贷与农民。是年 7 月 1 日起，该行因鉴于储蓄银行法规定至少以储蓄存款的 1/5，办理农业放款，将农贷事业划归储蓄部，并拟筹设农业贷款专部，以扩大贷款。①

参与农村放款的商业银行除上述几家之外，还有大陆银行、中南银行、浙江兴业银行、国华银行、新华信托储蓄银行等，参与的银行众多，事前没有系统计划，事后更无紧密联络，互相竞争，在所难免，其结果是各行农村放款不能收地域分工合作之效。为免除银行间彼此竞争，加强联络，交通、金城、上海、浙江兴业、四省农民等五银行，于 1934 年 6 月份起，联合委托陕西棉产改进所，在陕豫晋境内，组织棉花产销合作社，办理农贷。订定每行以利用贷款 20 万元，生产贷款 5 万元，运销贷款 20 万元，为最高额，合计每行 27 万元，五行共 135 万元。这一年内，五行直接贷款之合作社计 16 所，贷款总计 89 万余元。

五行因 1934 年度联合贷款初有成效，遂发起组织中华农业合作贷款银团，该银团于 1935 年 2 月 9 日成立。该银团拟定简章 19 条，阐明其设立之目的，以服务农村社会、提倡农业合作、复兴农村经济为宗旨；规定参加银行在不抵触该银团章程的原则下，仍保有自由单独

① 《近数年我国金融界对农村之贷款》，《中央银行月报》5 卷 6 期，1936 年 6 月；言穆渊：《我国银行经放农贷之数量（1931－1937）》，《经济学报》第 2 期，1941 年；交通银行总行、中国第二历史档案馆编：《交通银行史料》第一卷（1907－1949），中国金融出版社，1995 年，第 458-463 页。

放款的权利。银团成立后不久，复有中南、大陆、国华、新华、四行储蓄会等五行加入，先后共计 10 行。该团总办事处设于上海交通银行总行，各区分办事处如下：华北区设于金城银行北平分行，河南区设于交通银行郑州分行，陕西区设于上海银行西安分行，山东区设于交通银行济南分行，湖北区设于中国农民银行汉口分行，浙江及江苏利用上海总处，不设分处。

至于各参加银行的资金分配，则按单位数目分担，计每单位 10 万元，1935－1937 年，银团各行担任之单位如下次：

表 4-1　各银行承担中华农业合作贷款银团资金成数

行别	1935	1936	1937
交通银行	5	5	5
金城银行	5	5	5
上海银行	5	4	4
中国农民银行	4	因奉令办理 5000 万之农贷故退出	
浙江兴业银行	3	3	3
四行储蓄会	2	2	2
中南银行	2	2	2
大陆银行	2	2	2
新华银行	1	1	1
国华银行	1	1	1
中国实业银行	—	—	1（1937 年加入）
合计	30	25	26

资料来源：言穆渊：《我国银行经放农贷之数量（1931－1937）》，《经济学报》第 2 期，1941 年。

1935 年度，该团计划农业贷款以棉花产销合作社为限，对于各合作社应否贷款以及贷款数额、期限、利率等，均由该银团理事协商决定。贷款种类有生产贷款、运销贷款（分运销流动资金及押汇两种）、利用贷款三种贷款，除押汇外，其实际贷出数额以 300 万元为最高限度。贷款区域范围，以陕西、河南、河北、山东、浙江等五省为限。是年，各区放贷余额 81.46 万余元，直接贷放的合作社 35 所。

1936 年度，经理事会议决，该团农业贷款总额为国币 250 万元，其中定河北、陕西棉花生产贷款额度各 25 万元，安徽仓库押款额度 100 万元，后又增山西生产运销贷款 40 万元，先在 250 万元总数内拨付，必要时召开理事会议，增加 1936 年度农贷总额。1936 年，因中国农民银行承担土地金融业务而退出，银团减为 9 行，贷款区域则增安徽一省。综计一年各区共放款余额 70.29 万余元，直接贷放之合作社增至 330 所、农仓 7 所。

1937 年度，经全体理事议定贷款数额为 260 万元。贷款区域分配为：陕西生产贷款 55 万元，运销贷款 55 万元；河北生产贷款 70 万元，运销贷款 80 万元，利用贷款 16 万元；安徽农仓贷款 100 万元。[①]

20 世纪 30 年代前期，从事农村放款的银行除商业银行、农民银行外，还有安徽地方银行、河北省银行、浙江地方银行、广东省银行、福建省银行等 10 余家地方银行，以及少量社会团体、合作行政机关等非金融机构。其中关于从事农村放款的银行，据不完全统计，包括 39 家农民银行、150 所农民贷款所、25 家兼业银行（其中包括国家银行、地方银行和商业储蓄银行）。[②]另一个统计的数量更多，"全国性质之农业金融机关，有中国农民银行、农本局、中国银行、交通银行、中央信托局、邮政储金汇业局、合作事业管理局、华洋义赈会及各商业银行等，以省为范围之农业金融机关有各省农民银行、各地方银行、各省合作金库等，以县为单位之农业金融机关，有各县农民银行、各县农民借贷所、各县农民放款处、各县联合地方农民银行、各县合作金库等。截至二十六年七月止，全国性农业金融机关达 160 余家，以省为范围之农业金融机关 30 余家，县农业金融机关达 900 余家"。[③]这些以商业银行为主，包括农民银行、地方银行在内的众多银行成为向农村放款的主体，它们放款的共同之处是以合作社为主要对象，其

---

① 言穆渊：《我国银行经放农贷之数量（1931－1937）》，《经济学报》第 2 期，1941 年。

② 言穆渊：《我国银行经放农贷之数量（1931－1937）》，《经济学报》第 2 期，1941 年。

③ 林和成：《民元来我国之农业金融》，《银行周报》，31 卷 9、10 期，1947 年 3 月 10 日。

次是农业推广机构、农民个人等，对农民个人的放款多以农业仓库放款、农业抵押贷款行之。这实际上形成了 20 世纪 30 年代前期中国农村金融制度的主要模式，即银行直接向合作社放款。这一模式由两个层级构成，一级是银行，一级是合作社。银行不限于专门的农民银行，且数量众多，它们"上下固不能成为行政系统，相互之间亦无分工合作之联系，故抗战以前农业金融机构甚为错综复杂"，[1]农业金融机构的错综复杂使农村金融制度显得纷乱复杂，这是中国农村金融制度的一大显著特点，与德、法、美等国系统、多层级的农村金融制度形成鲜明的对比，在这些国家，合作社之上的金融机构多是专门针对合作社提供金融服务的，它们由两到三个层级构成，且自成系统。

银行向农村放款的总额，前人有过估计，各种估计悬殊很大。言穆渊估计，1931－1937 年间，所有银行总共放出农村贷款 4.87 亿元，其中，1931 年贷出 365 万余元，1932 年为 818 万余元，1933 年 3035万余元，1934 年 1.26 亿余元，1935 年 8901 万余元，1936 年近 1.51亿元，1937 年贷出 7864 万余元。[2]慕杰则认为仅 1936 年就达到了 1.98亿元。[3]天野元之助估计，20 世纪 30 年代前期，各银行对农村放款总数达 3.55 亿元，其中 1933 年为 612 万元，1934 年 1878 万余元，1935年 1.01 亿元，1936 年 2.29 亿余元。[4]吴承禧的估计较低，他仅有对1933、1934 两个年度的估计，分别为 612 万余元、1878 万余元。[5]现代学者的估计同样出入较大，白越平、于永认为，二三十年代，至 1937年各机构对农村放款总数近 2.41 亿元，其中 1931 年以前为 948 万元，1932 年 662 万元，1933 年 665 万元，1934 年 2160 万元，1935 年 4717万元，1936 年 9700 万元，1937 年 5213 万元。[6]徐畅认为，二三十年代银行农村商业放款应该在 3.5 亿元以上，加上合作社和农仓放款，

---

① 林和成：《民元来我国之农业金融》，《银行周报》，31 卷 9、10 期，1947 年 3 月 10 日。

② 言穆渊：《我国银行经放农贷之数量（1931－1937）》，《经济学报》第 2 期，1941 年。

③ 慕杰：《新币制策动之银行投资农村》，《统计月报》31 号，1937 年 5 月。

④ 天野元之助：《中国农业经济论》，东京改造社，昭和十七（1942）年，第 355 页。

⑤ 吴承禧：《中国银行的农业金融》，《社会科学杂志》6 卷 3 期，1935 年 9 月。

⑥ 白越平、于永：《20 世纪 30 年代农村金融救济"量"的考察》，《内蒙古师范大学学报》2002 年第 1 期。

从银行流入农村的资金至少应在 5 亿元以上。[1]各种估计相差悬殊，造成的原因主要有：第一，因有关各银行的农村放款材料很分散，搜集不易，致各估计者能搜罗的材料范围有差异，包括的银行数量有多少，吴承禧的估计较低，这与他所搜罗的银行较少有关；第二，因为资料的不全，有些银行的相关资料缺失，不同的估计者根据各自的逻辑、方法进行估计时会有出入；第三，不同估计者对农村放款所包括的范围有不同看法。吴承禧认为，一些商业银行的农产品抵押放款数量很大，其对象多为商人，农民并没有直接得到资金融通的便利与利益，不应归并在农村放款之内，[2]而言穆渊则认为，此项贷款多为农仓储押贷款，其在农产品价格之平衡，农民资金之融通上，无论直接、间接，均有莫大裨益。他认为中国银行 1933 年度 1950 万元、1934 年度 7600 万元、1936 年 3550 万元的农产品抵押放款都应包括在农村放款的范围内。[3]但是，不管是哪种估计，都反映了这一时期，银行对农村放款的数量很有限。

二、放款的方式和种类

因面临比商业放款更大的风险，商业银行向农村放款，更关注资金运用的安全性。商业银行的放款方式有信用放款和抵押放款之分，无论哪一种放款，商业银行都构筑了多重保障。

首先，放款区域和对象的选择。在地域上，选择农业经营条件较优或交通便利经济发达之处，放款对象表面上看限于合作社，但参加合作社的以殷实之户为主，贫苦的农民多被排除在外，因此，实际的放款对象以殷实的农户为主。

其次，银行向某一地区放款时，先要同当地政府如各省省政府或建设厅接洽，与之订立合同，由其担保，融通一定金额，如中国银行对山东省之棉花合作社放款百万，上海银行对其蚕丝烟叶合作社放款

---

[1] 徐畅：《二十世纪二三十年代华中地区农村金融研究》，齐鲁书社，2005 年，第 284 页。
[2] 吴承禧：《中国银行的农业金融》，《社会科学杂志》6 卷 3 期，1935 年 9 月。
[3] 言穆渊：《我国银行经放农贷之数量（1931－1937）》，《经济学报》第 2 期，1941 年。

40 万，又如上海、中国两行拟对广东之甘蔗栽培放款 170 万，皆属于此。①这种情况非常普遍，不仅抗战前如此，抗战期间，各国家银行在大后方推进农贷时，依然是先与地方政府签订合同，由其担保。金融机构与地方政府签订担保合同，可以说是新的农村金融制度还没有完全确立时，一种双赢的选择，在政府方面，急需以银行资金，实行农村救济，而在银行则利其有担保，可以较为放心地向农村投放资金。

最后，银行要求借款者提供的保证或抵押。《合作社法》规定，合作社全体社员对借款须负连带责任，另外还须承还保证人，这是普通的惯例。而各银行还另订有贷款章程，对保证或抵押的规定更详细、更严格。如中华贷款银团贷款暂行章程对承还保证人规定更具体：规定合作社务须依时报告银团，银团以随时派员调查；存款限于银团，公积金非得银团许可，不得随便动用；在未清偿银团借款之前，不得与第三者发生任何债务关系。对各项放款的规定，如青苗放款，既有合作社的连带责任及第一、第二承还保证人的保证，又有以未生产的农产品为放款保障的规定；运销透支放款，仅及各社所付七成货价及加工费用的四成，而其担保连副产物亦在其内，同时，出售货物须得银团的同意且即在当地出售，其货款亦须由银团代收；运销押汇，虽皆照普通押汇手续的规定，其实押款分数次支付，即先有透支，后有押汇，有时尚须抵还青苗放款，且所押之款，只能转入透支账上，以为继续办理运销之用。凡此种种，银团目的无非在放款安全。②

放款种类的选择也透着对安全性的考虑。农业经济从生产、运销到消费，处处需要资金，农民所需要的贷款大致可分为生产贷款、储押贷款和运销贷款，各银行则根据具体的经营环境和策略，对贷款的种类划分略有不同，如上海商业储蓄银行分为信用放款、运销放款及仓库储押三种，中国银行分为合作放款、农产抵押及小额放款三种，江苏省农民银行有青苗放款、储押放款、运销放款，中国农民银行有信用合作放款、储押放款、棉花产销贷款、耕牛种子贷款，中国农工

---

① 王益滔：《论商业银行之农村放款》，《农学月刊》2 卷 2 期，1936 年 5 月。
② 王益滔：《论商业银行之农村放款》，《农学月刊》2 卷 2 期，1936 年 5 月。

银行有信用放款、抵押放款、透支（与各县农行往来），而中华贷款银团，则有生产贷款、利用贷款、运销贷款之别。[①]各银行贷款种类的实际情形，下面略举数例：

上海商业储蓄银行对合作社及农民贷款，除仓库押款外，皆以用途分类。其中，直接用于农业生产者为生产贷款，其对合作社及耕牛会之贷款皆属此类；利用贷款系用于购置生产上加工之设备；运销贷款用于加工业务者约占15%，用于预付货价者约85%，悉与生产事业有直接关系；购买贷款则属于消费者居多，仓库押款及信用贷款的具体用途不明确，但其中应有相当部分用于生产。其贷款种类、对象及用途如下表：

表4-2　商业银行农村放款种类表

生产贷款	产销合作社、信用合作社、耕牛会	种苗、肥料、人工饲料、副业原料
利用贷款	产销合作社、信用合作社	购置加工设备
运销贷款	产销合作社、信用合作社	生产加工业务预付货价
合作仓库贷款	信用合作社或产销合作社，押户以社员为主	合作社办理仓库业务
特约仓库贷款	教育或农业机关，押户限于农民	农业仓库储押业务
农产押款	农民或合作社	直接以产品向本行押款
购买贷款	信用合作社	食米日用品等
信用贷款	信用合作社	不限一种用途。[②]

中华合作贷款银团的放款均由该银团理事协商决定。贷款种类有三：一是生产贷款。专供种子肥料人工之用，每亩以3元为最高限度，贷款时期至长一年。二是运销贷款。分运销流动资金及押汇两种，运销流动资金，自运销业务开始贷给，至运销业务终结时收回。押汇则照普通押汇手续办理，每期贷款以当地棉花市价9折为最高限度，但

---

① 王益滔：《论商业银行之农村放款》，《农学月刊》2卷2期，1936年5月。
② 《上海商业储蓄银行农业贷款报告》（1935年1月至6月），第5页。

运销贷款贷出时，应将生产贷款收回。三是利用贷款。专供棉花打包等机器及修建租借房屋等之用，总额以 30 万元为限，贷款期间至长 5 年，应收回本息 1/5。[①]

由上观之，各银行农村放款种类的分类标准各不相同，于是，各行放款种类的数量有多有少，而有的放款名称互异，实属同类，如所谓信用放款、生产放款与青苗放款基本是同一种放款，它们的一个共同特点是还款期限较长，有别于运销放款；中国银行的合作放款，若就其用途看，恐含有生产及运销两种放款在内，至于其农产抵押及小额放款，或即系他行的仓库储押。[②]

在信用、储押、运销等各种放款中，以运销占最多数，其中缘由，大概因为储押原为非合作社员之便利而设，所储限于少量，储押额自然不大；若系合作社储押，既有运销放款，自少有储押必要，另从银行而言，青苗放款虽有种种保证抵押，但终觉不妥，而运销则有农产为押，大可多放。[③]这种情形，上海商业储蓄银行表现得非常典型，1935 年上半年，该行在各地的农村放款，江苏的 208 万余元贷款中，仓库贷款约占 1/2；陕西省 146 万元贷款，其中除一小部分外，悉为棉花产销合作贷款；其他皖、浙、粤、鲁、湘、鄂、豫、晋诸省，大都以产销合作贷款为主。[④]农村放款种类的选择，再次表明商业银行着重于农村放款安全性的考虑。

三、商业银行农村放款的制度分析

20 世纪 30 年代，商业银行的农村放款形成热潮，它所引起的争论同样引人关注。商资是否应流入农村，反对者有之，赞成者亦有之。反对者首先强调的是农业金融与工商业金融的差异，农业金融具有资金周转迟缓、富季节性、需要低利、金额零碎等特点，与商业银行追

---

① 言穆渊：《我国银行经放农贷之数量（1931－1937）》，《经济学报》第 2 期，1941 年。

② 王益滔：《论商业银行之农村放款》，《农学月刊》2 卷 2 期，1936 年 5 月。

③ 同②。

④ 《上海商业储蓄银行农业贷款报告》（1935 年 1 月至 6 月），第 1 页。

求的安全性、流动性和盈利性的经营原则不合，故须另设机关，专门经营。而现实的商资流入农村后，各商业银行步调不一，各自为政，致弊端丛生，更是反对者的现实支撑。

赞成者则主要是着眼于农村金融偏枯的现实，认为在农业金融机关不普及、资力贫乏的现状下，商业银行应该出动。当然赞成者也强调应设专部专款经营，各银行间应通力合作，应不求谋利，但求保本，政府于商业银行投资农村应予以鼓励，并加以监督限制。[1]

应该说，反对者和赞成者各有其道理，似乎都无法说服对方，但各持己见实无助于问题的解决，明确问题讨论的最终目标或许有助于将讨论向前推进一步。我们先从商业银行农村放款的实绩说起。

20 世纪 30 年代前期，商业银行农村放款，客观上在农村金融枯竭的现状下，使农村能够从中得到一点实惠，农村金融因此而有所松动。前人对此论述不少，在此不再赘述。另一方面，商业银行农村放款的不甚理想，被诟病者甚多，主要的指责有：

（一）放款数额小

首先，从总量说，各银行的实际农村放款总额，要比吴承禧的估计数量大，又比言穆渊的估计小。假如按言的估计的一半算 1936 年的农村放款数额，总数也就在七八千万元，这个数额对于陷入金融枯竭的农村来说，只能是杯水车薪。

而从各地农民借得的款额看，一般的情形是，每个农民能够得到的借款数额在 20 元左右。下表是各省合作社社员借款数额的具体情形：

表 4-3　各地合作社社员借款额表

省　别	数额	借款社员数	占总数的百分比
河北省	10～20	772	33.46
	20～30	589	25.52
安徽省	10～20	2088	57.93
	10 元以下	802	22.25

---

[1] 王文钧：《商业银行在农村中之动态》，《银行周报》19 卷 48 期，1935 年 12 月 10 日。

续表

省　别	数额	借款社员数	占总数的百分比
江西省	15～20	1524	47.49
	10～15	1157	36.05
江苏省	25 元以下	19945	58.80
	25～50	5203	15.34
浙江省	300～400	197（社数）	20.76
	200～300	189	19.92

符致逵：《商业银行对于农村放款问题》，《东方杂志》32 卷 22 号，1935 年 11 月。

从上表可以看到，各省社员借款数，多在 20 元左右，这并不是说农民仅需此数，实乃贷款机关资金有限，对于贷款数额有限定，农民虽欲多借而不能。区区 20 元，用于生产显然不够，常被用以抵补其一年不敷的生活费。银行或合作社借得之款，既然不足以供农民生产或生活之需，一般农民不得不继续求助于高利贷。

（二）期限过短

根据农业的特性，农业贷款有短期、中期、长期三种。短期贷款多用于购买种子、肥料及雇用人工等，期限最短须 6 个月；中期贷款多用于购买农具、工畜及种畜等，期限须为一年至数年，因此类贷款数额较大，且此等物品，农民不能一次用完其效用，可继续利用一年至数年，在短期间无法偿还；长期贷款多用于购买耕地及改良耕地，期限须由十年至数十年，因此类贷款数额更大，其效用之收获更迟缓而久长，非数年间所能清偿。这三种贷款，各有作用，三者必须同时并进，才能有助于发展农业。但各银行的农村放款，普通为一年内的短期贷款。放款期限短，农民所借资金，只可供作短期投资，如购买种子、肥料等，不能作中长期投资之用，而恰是这种中长期投资，有利于农业的长远发展。

（三）手续过繁

关于合作社向外借款的手续过繁问题，在华洋义赈会向合作社放款时就已存在。华洋义赈会贷款于合作社，按照其章程规定，合作社如向该会告贷时，须先由理事会将社员借款请求书审查认为可以借款后，再以合作社名义填就该会特制之借款愿书，寄交该会审查。该会审查认可后，再缮发借款合同二份，寄交合作社签字盖章，寄回该会。该会审查无误，然后即将所借之款汇出。故该会对于合作社放款需经过数次函件来往及数度审查，始行拨款，因之合作社向该会借款，自借款愿书发出后，必须经过相当时日，方能领到该会之借款。1930、1931 两年，各合作社请求借款与该会拨款间相差之日数，一月至二月者约占 50%，其在二个月以上者占 24%。此种手续之费时，结果将影响借款之时效，甚为显明。各银行向农村合作社放款后，在借款手续上，延续了华洋义赈会的做法，手续非常繁琐，这对于知识水平低下的农民来说，是他们获得借款的一个障碍。

（四）放款区域和对象具有选择性

各银行的农村放款，多从安全性及赢利方面考虑，对较富之农村，各银行皆趋之若鹜，而较贫之农村，则裹足不前。如中华农业合作贷款银团的放款范围，主要集中在冀、豫、陕三省的棉花运销，1934 年所组织的 16 个运销合作社，陕西占 10 个，1935 年度，其放款集中于陕西棉花运销，尤其侧重于洛惠渠及渭南一带，此地乃陕西宜于植棉之区。1935 年度，其在河北的放款区域，属西河棉区，以邯郸为中心而及于永年、磁县、成安等三县，此四县内所组织的棉运合作社，其分布皆在交通便利之处，如邯郸至大名之汽车公路两旁、平汉路附近、邯郸至临漳县之旧大道附近等。金城银行放款的七县中，无极、晋县、束鹿、蠡县、定县等五县皆在西河棉区域内，西河棉在天津有特别销路，具有西河水运、平汉陆运之便。又上海商业储蓄银行所组织的 7 个运销合作社，如陕西永乐区，因得泾惠渠灌溉之便，棉产最宜，湖南津市纯系植棉区域，棉田达 12 万亩，更有汉口纱厂的销路，其他如江苏东苔、江浦，浙江余姚等处，无一不是棉花产销优良之地。该行所组织的信用合作社，总数 98 社之中，大半皆在京沪路、沪杭路沿线，尤以南京附近为多，这恰是中国最称富庶之区。①

---

① 王益滔：《论商业银行之农村放款》，《农学月刊》2 卷 2 期，1936 年 5 月。

银行的农村放款，多以农民的经济地位及抵押品为标准，佃贫农经济地位低，又无物可供抵押，银行放款，自然不能惠及此等农民，而正是此等农民需要资金最为迫切。实际上，银行为放款安全及其他利益计，其放款多为有产者如中农、富农、地主等获得，而各地所组织的合作社多受富农地痞之把持，更使一般的佃农、贫农无法得到银行贷款的实惠。

且看中国银行 1934 年度农村放款，如表 4-4：

表 4-4　中国银行 1934 年农村放款情形

放款项目	放款总额	押户或合作社之总数	每户或每社之平均借款数
农产抵押放款	76000000	16000 户	4750
合作社放款	1970000	944 社	2086
小额押款	1125000	9000 户	125

资料来源：王益滔：《论商业银行之农村放款》，《农学月刊》2 卷 2 期，1936 年 5 月。

上表第一项，显然是商业放款，农户绝不可能抵押农产物至如此高额。第二、第三两项，当系农业放款，但合作社每社平均放款 2086 元，一合作社放款如此之巨，社员当不是贫农、佃农，而应是富农。与此相较，河北信用合作社，其借款社员每人的借款数额，平均为 22.82 元，江苏省平均 33.32 元，合计平均每社借款，前者仅 440.41 元，后者仅 1022.92 元。而小额押款每户平均 125 元，若所押者全系农户，则非中农以下农家所能做到。[1]

另据对华北农产改进社 1935 年在河北无极、晋县、束鹿、赵县、南宫、威县、蠡县、博野 8 县所组织的 655 个棉运合作社的调查，每社员平均棉田面积为 28.4 亩，上述数县每农户的平均耕地面积仅 20.4 亩，据相关调查，河北省农户的耕地面积大概以 10 亩至 30 亩者为最多，而这些合作社员的棉田面积已近 30 亩，则其所有耕地总面积，必

---

[1] 王益滔：《论商业银行之农村放款》，《农学月刊》2 卷 2 期，1936 年 5 月。

在此数以上。据调查，各社员棉田面积与耕地总亩数之比，永年平均为 41.9%、磁县 64.8%、邯郸 27.2%、成安 28.7%，四县合计为 38.4%，由此可知，合作社员的经济地位，皆在河北省尤其各该数县的普通农家以上，即系比较富庶之农家。[①]

（五）同业竞争放款

各商业银行的投资农村彼此并无统筹，竞争在所难免。各行放款大都集中于已有基础之区域，以致同一区域，有数银行同时放款，竞争更甚。同业竞争的结果，产生诸多弊害：一是养成农民的欺诈心理。各行经营政策不一，合作社请求借款被甲银行拒绝，而又被乙银行所接纳，合作社为能获得借款，必辗转于各银行之间，久之促成农民形成欺诈心理，反过来又对银行的经营产生不利影响。二是造成农民对放款的滥用。同业竞争使各银行对于合作社之组织及承认未免粗滥，贷放款项也只求其量不求其质，这使农民以为借款并非难事，于是往往将借得之款不专用于生产方面，而用于不需要的事项中。浪费之结果，使农民无力清偿债务，贷款机关自然要受呆账之损失。[②]

农村金融的现实需求和商业银行农村放款的诸多问题，成了支持和反对商业银行农村放款的根据。但是无论支持也好、反对也罢，不能仅仅停留于现实需求和问题层面的探讨，需要从更深层次研究，尤其是需要从制度的角度进行分析，关注制度与绩效的关系。制度的功能，从根本上说，就是要使参与者的利益最大化，这就要求制度能够降低交易费用、减少不确定性、抑制机会主义行为。一项制度所要实现的利益最大化，应该是长期的，而不只是眼前的，否则这项制度就没有存在的必要。我们从制度的角度去检讨商业银行的农村放款，也许会使问题更加明晰。

商业银行向农村放款采取的主要方式是商业银行直接向合作社放款，狭义上说，这是商业金融与合作金融的结合，广义上看，这实是合作金融的一种特殊形式。我们在肯定商业银行农村放款一定

---

① 卢广绵：《改进社二十四年度棉运工作》，《大公报》1936 年 3 月 7 日，《经济周刊》。
② 符致逵：《商业银行对于农村放款问题》，《东方杂志》32 卷 22 号，1935 年 11 月。

作用的同时，更应该看到的是，在这样一种制度结构中，银行与合作社双方似乎都没有从中有多少受益，当时社会各界对商业银行农村放款的怀疑和不满正反映了这一点。怀疑其对农村投资的持久性，当都市资金过剩，它们会以部分游资投入农村，但一旦都市恐慌或工商业发展，必然立刻撤回资金。不满因众多商业银行各自为政、相互竞争所造成的农村金融市场纷乱复杂的局面，这样的局面中，供求双方似乎都难以获益。从银行方面看，银行放款的对象是很不健全的合作社，放款没有保障，而放款对象的分散、数额的零细使放款成本很高。从合作社方面看，因银行极注重放款的安全，规定的放款程序刻板而又繁琐，放款的申请书及各种表册众多，这使得以前从未向银行借过款的、知识水平浅薄的农民感觉银行手续苛繁；银行为了保障放款的安全甚至擅用权力干扰合作社的正常运作，使合作社成为银行的附庸；商业银行向农村放款对区域和对象的选择性不利于合作社在农村的发展；银行同业之间激烈竞争，致使一些不良合作社为获得贷款不择手段，从而培植了合作社的欺诈、投机取巧的习气。这些都非常不利于合作社的健全发展，它损害的是合作的基本精神。各国的经验，健全的合作体系是农村金融能够取得好的绩效的基础，而在中国，商业银行让商资流入农村却造成的是合作体系、合作基本精神的损害（当然，对合作精神的损害还在于政府、银行等帮助农民建立合作社时，根本不注重培植农民的合作精神）。于是，商资流入农村，本为解决农村金融枯竭的问题，其结果却造成了对农村金融基础的损害，这却是农村金融制度能否保持长期有效的根本问题。商业银行以盈利为目的，以商资救济农村时，其底线是谋求成本之可保，从商业银行的角度看，这些行为无疑是合理的，但商业银行的本性却会有背于合作的基本精神，对合作金融的发展产生了极大的消极影响，这表明商业金融嵌入合作金融是一把双刃剑，它在推动农村合作金融发展的同时，又极大地伤害了合作金融。当时社会各界对商业银行的不满以及对合作金融发展的担忧自然可以理解。

既存不满和担忧，该如何对待商资流入农村，是排斥还是继续允许流入，如果排斥，农民能从何处获得资金；如果继续允许流入，又如何避免其弊端。这实际上涉及应建立怎样的制度使农民能有效借得资金，国外的成功经验是建立系统的合作金融制度，即在合作组织充分、健全发展的基础上，建立专门的合作金融体系，其中，由合作社及其联合社担负基层的金融功能，在其上建立专与合作社交易的合作金融机构。系统合作金融制度的建立并不排斥商业银行资金，但商业银行不直接对合作社放款，其向农村的资金投放，通过向合作金融系统的中央机构提供融资实现。基于对商业银行的怀疑和不满以及国外的成功经验，建立专门的合作金融机构、形成系统的合作金融制度便成为各界共同的呼声。

那么，依靠什么力量、以什么方式建立？因对商业银行的不满，在建立合作金融机构的各种议论中，排斥商业银行一时间几乎成了压倒性的声音。既排斥了商业银行，而现有的合作组织很不健全、又极端缺乏资金不可依靠，余下的只能寄希望于政府了，确有一些地方政府有所行动。1933 年 4 月，湖南省府会议曾通过"筹设湖南省合作银行"计划，并曾一度着手筹措基金。1935 年 1 月，豫鄂皖赣四省农村合作委员会在赣联合举行第一次讨论会，曾建议行营通令四省筹设合作金库。[①]但是，各地合作金融机构的筹设，受政局及人事变动的影响甚大，并因财政的捉襟见肘、筹款无着而动辄搁浅。看来，仅依靠政府、完全排斥商业银行也难以成事。因政府的捉襟见肘，建立专门的合作金融机构需要依赖商业银行的投资，同时，为免重蹈商业银行对农村直接放款的覆辙，又不能让商业银行直接参与，一种折中的方案是由政府和银行联合投资组织一专门机构，由这一机构作为主要提倡机关，负责专门合作金融机构的设立。农本局正式在这种背景下成立的，它反映了国民政府既想依赖商业金融资本，又企图尽量减少商业银行趋利性对合作金融的不利影响。

---

① 黄肇兴：《中国合作金库发展史之鸟瞰》（上），《新中华》复刊第 1 卷第 10 期，1943 年 10 月。

第二节　农本局的成立及其对合作金库的辅设

农本局是由国民政府实业部组建的,成立于 1936 年 9 月,它以"调整农业产品,流通农业资金,藉谋全国农村经济之发达"为宗旨,被赋予的一个重要使命是,通过辅设合作金库以期形成系统的合作金融制度。但是,国民政府对农本局的定位一开始就存在着缺陷,以后又变幻不定,注定农本局不能完成其使命。

一、农本局的成立

农本局成立于 1936 年 9 月,筹备则始于 4 月,当时由实业部长吴鼎昌在上海银行公会俱乐部召集沪市金融界领袖商谈,由实业部联合国内各银行组织农本局,并提出《农本局办法纲要》七条。5 月初,吴鼎昌邀集金融界领袖作第二次谈话,征求各银行意见,修正办法大纲。各银行经集商后,认为有设立农本局之必要。吴氏乃将正式提案,及《农本局组织规程》19 条,提呈行政院审核,6 月 16 日正式通过,25 日国民政府公布施行。

《农本局组织规程》规定,农本局资金分三种:固定资金 3000万元,由政府分年筹拨;合放资金 3000 万元,由参加银行合缴;流通资金额数,由参加各银行与农本局协定。7 月 28 日,上海银行业同业公会在香港路该会召集中国、交通等 29 家银行会议,首先由主席报告农本局资金规定:(一)固定资金 3000 万元,已由政府自本年度起,至 1940 年度止,于每年度之始,拨付 600 万元;(二)合放资金 3000万元,由各参加银行自本年度起,至 1940 年度止,于每年度之始,合缴 600 万元;(三)流通资金,由各参加银行组织农业贷款银团办理贷款。关于本年度的固定资金,政府已拨出,合放资金 600 万元,由 30家银行依以下两原则认定:(甲)由各银行依照储蓄存款总额提出 1%(各银行储蓄存款总额约 5 亿元,应提 500 万元),(乙)由各农业银行,如中国农民、中国农工、江苏农民、农商等共认 100 万元。至各银行担任基金数，其分配如下：

表 4-5　各银行承担农本局合放资金数　　　单位：万元

银行名称	缴纳金额	银行名称	缴纳金额	银行名称	缴纳金额
四行储蓄会	84.0	浙江兴业银行	18.0	中央信托局	3.0
中国银行	70.1	中南银行	17.5	中国垦业银行	2.6
交通银行	65.1	四明银行	15.0	中国农工银行	2.1
邮政储汇局	54.0	浙江实业银行	12.3	中一信托公司	2.1
金城银行	51.8	新华银行	9.2	中国农民银行	2.0
盐业银行	49.7	中国通商银行	7.0	农商银行	2.0
上海银行	36.6	国华银行	6.5	中华劝工银行	1.3
江苏农民银行	25.0	中国实业银行	5.5	东莱银行	1.0
江苏银行	25.0	国货银行	4.6	中央储蓄会	1.0
大陆银行	22.0	中孚银行	3.5	中汇银行	0.5

资料来源：慕杰：《廿五年银行农业投资之状况》，《上海法学院商专月刊》1卷 1 期，1937 年 1 月。

农本局的最高管理机关为理事会，按照资金来源，由政府及参加合放资金各银行推派理事组织而成。理事共设 23 人，其中 12 人由参加银行共同推举，余由实业部呈请简派，其简派之理事中，以实业、内政、财政、铁道、交通五部部长，全国经济委员会秘书长，实业部农业司司长，中央农业试验所所长，及上海商品检验局局长等为当然理事。设总经理 1 人，协理 2 人，由实业部在理事中遴请简派，总局设南京，各省市县重要地点酌设分局或专员。农本局成立后，第一任总经理为陈振先（1936 年秋至 1937 年春），协理为钱永铭、邹秉文。第二任为何廉（1937 至 1940），第三任为穆藕初。

农本局的内部组织，分设农资、农产、会计三处，研究、稽核、事务三室及秘书三人。其下层机构的设立，酌量交通情形，划全国为五区，逐步设立，先择定一两个区域，推动设立合作金融及农业仓库机构，并于重要地点设专员办事处分别管辖。[①]

依据实业部颁布的《农本局组织规程》，农本局业务分为农产与农资两部分。成立初，农本局在调整农业产品方面以农业仓库为推动中心，在流通农业资金方面以辅设合作金库为中心。

农本局成立后，逐步推进内部组织的建立，并拟订各项详细章程。为筹办一切业务进行，该局拟定了进行计划纲要，经实业部核准。这项计划的主要内容有四个方面：

（一）改进农业生产。农业生产的改进，期于最短期内，达到产量增加、品质改进的目的，在生产、加工制造时期，要予以中期或短期信用贷款，在运销及储藏时期，又要予以中期或短期储押贷款，而购置设备则须予以中期及长期抵押贷款。

（二）提倡建设农村合作金融机关：为调剂全国合作事业资金，实业部特筹备全国合作金库，决定由农本局试办，先着手成立全国县市合作金库，然后再逐步推进，成立省合作金库。其筹办计划大致如下：（1）金库种类，分四种，即中央合作金库，资本总额至少1000万元；省合作金库，资本总额至少100万元；直隶行政院之市合作金库，资本总额至少100万元；县市合作金库，资本总额至少10万元。（2）金库业务，分办理存款、办理借款、办理放款、办理汇兑、代理收付等五种。（3）筹办计划，先以农本局试办代理中央合作金库，然后进行成立全国市县金库、省金库及中央金库，五年内可以全部完成。（4）县市金库，每县一处，不得联合设立，资本规定至少10万元，并鼓励合作社及联合社认股参加，并其代表人得当选为合作金库理监事，以资鼓励。

（三）造成农业仓库网：（1）仓库种类有原产地仓库，具有单纯性质，应设于产品集中地点；转运地点仓库，为原产地与终点市场之过程，应设于较易集中的运输站；终点市场仓库，专以储藏为

---

① 关于农本局成立及组织，参见农本局研究室：《经济部农本局概况》，1942年，第3-4页；言穆渊：《我国银行经放农贷之数量（1931－1937）》，《经济学报》第2期，1941年。

目的。（2）合作办法：大农仓应由农本局经营，当地省市政府可参加投资，但其投资额，不得超过资本总额 40%；小农仓应由各省市县政府经营，其建仓经费，可由该局供给 40%；各省市县政府设立农仓，其所需之储押资金，可由该局酌量供给；基于各省市县政府之请求，该局可派员协助设计，训练农仓管理人员。

（四）促进农产运销：（1）农产运销业务经营方式有：农民合作运销、行政买卖、政府经营。（2）运销业务进行步骤：应注重调查工作，应与国内外运输机关联络，应与工厂及商号联络。农产运销业务，与农业生产及仓库事业，均有相互关系。农本局的重大使命，在使国内运销机关，有充分之联络，并使其经营合理化与系统化，而后可达调整生产之目的。[1]

从这一计划看，农本局应计划进行的业务包括办理农业生产贷款、辅设合作金库、兴办农业仓库以及促进农产运销等，涉及领域众多，农本局所承担的任务非常庞大、非常繁重，正因为此，还在筹备时期，中央银行、中国银行、交通银行就对此提出质疑，认为"流通农业资金，为金融机关之工作；调整农业产品，则为政府对于农业之行政设施。二者宜分工而不宜兼营，宜合作而不宜分驰"。[2]更有认为"农本局如果能做到接济农业资金一点，它的成功已是很大，……农产买卖与农产调剂是如何巨大的任务？试问农本局这有限的资金与能力，如何能兼顾它们？"[3]农本局实际是国民政府与金融界共同组织的联合体，其资金来源、组织结构都不稳固，以这样的机构承担如此重大的任务，注定难以取得成功。

二、合作金库的设立

1935 年 3 月召开的全国合作事业讨论会上，社会各界集中表达了对商业银行农村放款所产生问题的不满，认为国内合作事业之

① 《农本局进行计划纲要》，《四川经济月刊》6 卷 5 期，1936 年 11 月。
② 克襄：《论农本局》，《国际贸易导报》8 卷 6 期，1936 年 6 月。
③ 郑林庄：《论农本局》，《独立评论》第 206 号，1936 年。

"倡导方式及实施办法皆属各自为政，庞杂纷歧，自非厘订划一之方案，实无以促进此种事业之发展"。[1]这次会议共收到的 123 件提案中，有关合作金融的约有 25 件，提出改进合作金融的办法主要有两个。

1. 商业银行农村放款应行注意或改进的办法

针对各银行放款的各自为政、重复偏枯，一些议案提出的解决办法是，由放款银行自行商定联合投资或划分区域，并向当地主管官厅备案。由全国各大银行组织全国和省农业合作贷款团是联合投资之法，"金融界能互免猜忌联合投资固属甚善，倘使不能联合，则划分区域各就其区域内从事投资"。同时，还强调各银行对于农业合作放款要以顾全合作社系统为原则，放款银行除与合作社发生借贷关系外，不得有危害合作社之垄断或投机事业。[2]

如何使各银行实现联合投资或划区放款，比较集中的意见是建议中央颁行银行投资农村合作办法，办法至少应包括：第一，由政府督促各地银行合组农村贷款银团，若各银行分区办理，应先将放区域、标准及细则，商准各该省合作主管机关备案。第二，对于农业合作放款，政府应定法令予以保障，这既包括银行要顾全合作社系统，合作社有损害银行权益时，各省合作主管机关也应以有效方法保障银行投资安全。[3]

2. 建立专门的农村金融机构，确立独立的合作金融系统

促使各银行联合投资或划区放款，是在农村金融枯竭、都市资金归农形成热潮的背景下，既希望各银行对农村投资，又欲对其投资的缺陷作有限改进的权宜之计。为农村金融的长远考虑计，不少议案则认识到眼前农村资金的提供者均非合作金融的正轨，"我国合作社周转资金之来源，最初不过仅由提倡合作事业之社会团体予以

---

① 全国合作事业讨论会办事处：《全国合作事业讨论会汇编》，（台北）文海出版社有限公司，1987 年版，第 1 页。

② 全国合作事业讨论会办事处：《全国合作事业讨论会汇编》，第 8、12、70-72、146、226-232 页。

③ 全国合作事业讨论会办事处：《全国合作事业讨论会汇编》，第 146、228、231 页。

协助，嗣后乃由政府提拨一部分公款贷放，近来则一般普通银行亦竞相大规模投资。在此农业金融枯竭时期，我国合作运动所以得有此迅速之发展者，此三个资源之力居多。惟是此三个资源均非合作社本身之金融机关，社会团体之资力有限，国家亦不能为长期无条件的协助，至于普通银行，本为以营利为目的之工商业者之金融机关，其为农业投资已经不合于经济的原则，今更对于中小农所组成之合作社零星放款，除非别有非经济的作用，绝不能持久，在现在都市资金闲散，工商业资金有余裕之时，普通银行提出一部分游资以合作社为尾闾，固属不成问题，但一旦都市金融恐慌或工商业发展，则此等流入农村之资金必立刻撤回都市，绝无挽留之术。届时农村间突有大量资金集中都市，则必更加重农村破产之程度，而合作社亦必受莫大打击或竟至崩溃”，[①]因此，提出要特别树立专门的合作金融机关，各议案所定这种机关的名称各异，有中国农民合作银行、中央农业合作金库及各省农业合作金库、中国合作银行、中央农民银行等。

农村复兴委员会代表王志莘则向会议提交了“合作金融系统案”，不仅要求建立专门的合作金融机构，更强调确立合作金融系统。这个议案涉及合作金融系统的组织方式、基本原则和组织结构。首先，在合作金融系统的组织方法上，认为“若由下而上，因国土之广袤，民智之浅薄，欲凭借相互信用组织以观厥成，则百年河清，殊有缓不济急之憾；反之，由上而下，则中央之资金有限，民间之需要无穷，既感绠短汲深，复苦鞭长莫及。是以主张分为两起，中央及省则由上而下，县以下为由下而上，用求两全之道”。

其次，合作金融系统应遵循以下原则：用合作金融机关吸收零星资金以促进农民资金自给；用整个合作金融制度调节各孤立无援之农村金融；运用合作金融力量以获得改良生产、便利运销的目的；合作金融的出资，县以下以合作社股金为主体，省以上则以政府出

[①] 全国合作事业讨论会办事处：《全国合作事业讨论会汇编》，第169页。

资或补助为主体；合作金融应作专属往来，使借款者信用状态可以明确无讹，贷款者的资源亦可源源不绝。

最后，合作金融系统的组织结构宜截分两段。中央合作银行与省行有从属关系，省行资金概由中行拨付，此即由上而下；县以下则完全为由下而上的相互组织，农民出资组织信用合作社，更出资而成县行，省行与县行间仅有往来关系，但省行有权监督县行的业务及会计，以求放款安全。合作金融系统与其他机关的关系大致如下：（甲）中央合作银行专与平行的中央合作行政机关相联络。（乙）省行对于县行、各合作社省联合会、省农仓、各地方公共团体、农业上共同利益之集团作专属往来。（丙）县行对于各合作社联合会、联合农仓、地方公共团体、农业上共同利益之集团作专属往来，上述各机关可向县行投资。王志莘认为，省县之间如是划分之后，既与合作金融原理相吻合，又与国家补助的要求相适应，政府方面更可收奖励补助监督之效能。[1]

这次会议后，国民政府在默许商业银行继续以现有方式向农村放款的同时，开始了尝试建立专门的合作金融机构，即以提倡机关辅设合作金库的方式建立合作金融制度。"金库"一词源自日本，日本的合作金融组织中，产业合作社方面有所谓金库的设置。农本局对所要设立的专门合作金融机构定名为"合作金库"，而不用"合作银行"，一种说法，是为了规避《银行法》。1931 年 3 月，国民政府颁布的《银行法》，规定的银行最低资本额，股份有限公司、两合公司组织的为 50 万元；无限公司组织的为 20 万元。[2]而该机构的资本将由合作社逐渐认股，不能定额过高，这必然不符合《银行法》对资本最低限额的规定。同时，军事委员会行营通令四省筹设的合作金库与此类似。[3]

关于合作金库的组织方式，1936 年 12 月，实业部颁布的《合作金库规程》明确提出，合作金库分为中央、省、县三级，"准用合作

---

① 全国合作事业讨论会办事处：《全国合作事业讨论会汇编》，第 160-165 页。
② 中国第二历史档案馆等编：《中华民国金融法规选编》，档案出版社，1989 年，第 573 页。
③ 黄贻孙：《我国合作金库发展之概况》，《经济通讯》第 25 期，1940 年 5 月 8 日。

社法合作社联合社之规定组织之"，这是原则规定合作金库应由合作社联合投资自下而上地组成。但合作社资金极端缺乏，不能自动组成合作金库，《规程》又规定在试办期间可采取另一方式，即以各级政府、农本局及其他不以营利为目的之法团等提倡机关酌认提倡股的方式辅设合作金库。[①]所谓辅设合作金库，包括认购提倡股和辅导建立合作金库两方面。认购提倡股的投资机构，《规程》的规定已如上述，将来合作组织发展起来后，逐渐认购股份，提倡股就可以退出；至于辅导工作，即对合作金库提供合作金融业务和技术指导、对组织合作社提供业务和社务指导则不以此为限。但实际上，投资机关往往即为辅导机关，因投资机关要保障其投资安全，自不愿放弃对合作金库的辅导权，而要求得辅导工作的顺利进行，也有必要依赖投资权力。以提倡机关辅设合作金库是国民政府尝试建立系统合作金融制度的主要方式。

在农本局辅设合作金库之前，豫、鄂、皖、赣等省已着手筹组合作金库。1935 年 4 月，军事委员会委员长行营颁布《剿匪区内各省合作金库组织通则》，并通令鄂、豫、皖、赣各省据此积极筹设。行营通令后，豫、鄂、皖、赣四省均着手筹设，但因限于财力及人事变动影响，进展迟缓。这年冬天行营重申前令，并扩大其范围于四省之外，于是四川、福建均着手筹设省合作金库。1936 年 11 月，四川省合作金库首先成立，额定资本 1000 万元，由省政府担任半数，余下由合作社及合作社联合社分认，并先由省政府拨款 140 万元开始营业。1937 年 4 月，江西省合作金库创立，额定资本 500 万元，由省政府与各级合作组织分认半数，先由省政府拨提倡股 100 万元开始营业。四川、江西两省推动合作金库，均采用自上而下途径，即先组织省库，再按地区（江西）或按县（四川）设置分库。[②]

农本局于 1937 年开始辅设合作金库，与四川、江西等省政府及后来参与进来的各行局相比，农本局辅设合作金库有两个特点，一

---

① 黄肇兴：《中国合作金库发展史之鸟瞰》（上），《新中华》复刊第 1 卷第 10 期，1943 年 10 月。

② 同上。

是与四川、江西两省以省库为重点不同，农本局将重点放在县合作金库。二是农本局在各省辅设金库均与当地政府、银行合作，合作方式有：（1）共同投资，四川省各库提倡股由省合作金库及农本局分认；贵州、湖北两省各库提倡股由省政府及农本局分认，局方九成、省方一成。（2）与合作指导机关分工合作，分负合作事业及金库业务指导之责。（3）请地方行政长官及有关人员为提倡股股权代表，参加县合作金库监理事会的组织。[①]由于地方政府、不以盈利为目的的法团所认提倡股甚少，提倡机关实际上形成了以农本局为主，以地方政府、不以盈利为目的的法团为辅的格局，这一格局一直持续到1939年中国农民银行等行局也成为提倡机关后才发生变化。

1937年是农本局辅导工作的实验期，因为"新制初行，无例可援，慎之于始，期有必效，乃先就各省适宜环境，试办一二县，以为试验"。[②]
最初成立的是山东寿光、济宁二县，河北定县（与中华平民教育促进会联合辅设）、安徽芜湖、宣城及南京市等县市库亦相继成立。[③]

抗战前，农本局等对合作金库的辅设刚刚开始，所成立者数量不多，但它所代表的是与银行向合作社放款不同的另一种农村金融制度，即在合作社联合的基础上，建立各级合作金库，以期形成系统的合作金融制度。于是，在全面抗战爆发前夕，农村金融制度有了两种模式，即银行直接向合作社放款、合作金库向合作社放款，两者是什么关系，未来应向什么方向发展，国民政府没有任何说明。抗战爆发后，两者并行发展，当合作金库在各地不断增加时，银行直接向合作社放款在农村市场上仍有强大的势力，这意味着整个农村金融制度不是逐渐走向有序，而是更加复杂化。这是后话。

---

① 农本局研究室：《经济部农本局概况》，1942年，第11页
② 农本局研究室：《中华民国二十七年农本局业务报告》，1939年，第13页。
③ 黄肇兴：《中国合作金库发展史之鸟瞰》（上），《新中华》复刊第1卷第10期，1943年10月。

第三节　信用合作、产销合作和农业仓库

合作社、农业仓库是整个农村金融制度的基层组织，无论构筑其上的是商业银行、农民银行，还是合作金库，它们的制度与组织体系健全与否是整个农村金融制度能否发挥有效作用的关键。

一、合作社数量的大量增加

下表列出了从 1918 到 1949 年全国合作社历年所有的合作社数。

表 4-6　民国时期全国历年合作社社数

年份	合作社数	年份	合作社数	年份	合作社数	年份	合作社数
1918	1	1926	337	1934	14644	1942	160393
1919	2	1927	584	1935	26224	1943	166826
1920	3	1928	722	1936	37318	1944	171681
1921	5	1929	1602	1937	46983	1945	172053
1922	9	1930	2463	1938	64565	1946	160222
1923	91	1931	3618	1939	91426	1947	167387
1924	25	1932	3979	1940	133542	1948	169015
1925	116	1933	3087	1941	155647	1949	170181

数据来源：侯哲荞：《十年来之吾国合作运动》，《中农月刊》4 卷 4 期，1943 年 4 月；陈岩松：《中华合作事业发展史》，第 237 页。

根据上表，北洋时期和国民政府最初几年，合作社数量增长比较缓慢，1931 年以后，直到 1941 年，递年都有较快增长，1941 年竟达 15 万余个，1941 年后仍有增加，只是速度减缓，到 1945 年达到 17 万余个。其中，1934 至 1936 年、1938 至 1941 年形成了合作社数量增加的两个高潮。合作社的空间分布范围也迅速扩大，最初只存在于河

北、江苏等少数省份，1937 年分布于 17 省，1947 年则扩展到 23 省市。

　　国民政府时期，合作社数量的大量增加，是包括政府在内的众多机构共同努力的结果，其中，银行发挥了重要作用。为推进向农村放款，江苏省农民银行、上海商业储蓄银行、金城银行、中国银行、中国农民银行等都利用各自的分支行处，向农民宣传合作，指导农民组织合作社，它们一度成为推广合作的主力，直到各省农村合作委员会成立后，各银行才将指导事宜移交给各省合作委员会，而集中于放款事宜。银行不仅仅指导农民组社，向合作社的放款对农民参加合作社有着更大的吸引力，成为支撑农民愿意组织合作社的经济基础。

　　国民政府（包括国民党及国民政府中央、地方各级机构）则是推动合作社快速发展的主导力量，它一反北洋政府对合作社的禁绝态度，给予其合法地位，重视对合作的宣传、倡导，利用行政力量推动合作。其中国民党重在对合作运动的宣传、倡导，中央、地方各级政府则是合作运动的主要直接推动者。最初，全任各地方政府各自策划办理，1935 年实业部设立合作司以后，中央政府对合作的推动作用明显增强，注重立法、加强合作行政，以利推动合作。各级政府的推动措施主要有：设置合作行政机构，指导农民组织合作社；举办合作培训，培养合作指导人员以及合作社职员和社员；颁订各种合作规章和法规，使合作运动的推进有了基本的规范和法律依据；召开全国合作会议，总结合作事业发展的成绩和问题，集思广益，探讨合作事业的未来发展。

　　合作社数量的增加、空间分布范围的扩大，构筑了农村金融的基础。这些由政府机关、银行、社会团体推动组织之合作社类型多样，又以信用合作、产销合作为主，可探讨不同类型的合作社与金融机关的结合方式，而缺少真正的合作精神，使农村金融的基础脆弱。

二、信用合作、产销合作

　　国民政府时期，农村合作社的种类繁多，诸如信用、生产、消费、运销、利用、购买等，除上述的单营合作社外，还有兼营合作社。历年各种合作社的数量及所占比例如表4-7。

表4-7　抗战前合作社类型变化

		信用	运销	购买	利用	生产	兼营	其他
1931	数量	1379	13	—	9	85	—	35
	%	87.5	0.82	—	0.57	5.46	—	2.22
1932	数量	3237	57	57	149	271	—	1
	%	81.11	1.43	1.43	3.75	6.82	—	0.2
1933	数量	4119	110	251	123	455	243	34
	%	77.2	2.1	4.7	2.3	8.5	4.6	0.6
1934	数量	9841	1059	547	466	1260	1365	111
	%	67.2	7.2	3.7	3.2	8.6	9.3	0.8
1935	数量	15429	2293	788	1069	2321	4374	—
	%	58.8	8.7	2.8	4.1	8.9	16.7	—

资料来源：秦孝仪主编：《抗战前国家建设史料——合作运动（二）》，第224-225页。

　　从上表可以看到，各种合作社中，信用合作社占比最高，最高近90%，最低几达60%。关于这一点，应该如何看待呢？有认为这是合作社的畸形发展，特别是国民政府的最高统帅蒋介石也如此说："合作事业，有一种通病，即信用合作社的畸形发展。信用合作社的业务，为贷放资金……社员入社，亦以取得贷款为企图，不暇顾及合作的真义"。①这种认识有失偏颇。合作社为外来之物，对于知识水平低下且向来散漫的中国农民来说，组织合作社的路径应由简单而复杂。而在各种合作社中，信用合作社的组织、业务都相对简单，农民容易接受，况且当时农村最为突出的问题是金融的偏枯，因此，信用合作社占绝大多数应是正常现象。至于信用合作社屡被诟病的合作社变成了"合借社"，并不是因为信用社数量太多，而是组织信用合作社的方

---

① 秦孝仪：《抗战前国家建设史料——合作运动（一）》，第214页。

式上存在缺陷。而且从世界各国来看，农村合作社中以信用合作社占
比最多是一个普遍的现象。

　　各种合作社中，另一值得关注的是运销合作社（或叫产销合作社）。
运销合作社在最初几年所占比例并不大，1934 年以后则大量增加。这
与各银行特别注重运销放款有关，如江苏省农民银行、上海商业储蓄
银行、金城银行、中国银行及中华农业合作贷款银团等。因注重于运
销贷款，而引导农民组织运销合作社。这是银行业在农村放款经营中，
对寻找一种既保证银行经营有利安全，又能使农民从中获益的贷款品
种的有益探索。

　　合作社倍受非议的另一问题是其自有资金太少。合作社的资金可
分为社外资金和自有资金，社外资金主要来自银行的借款，自有资金
主要包括股金、公积金和存款等。股金，根据 1934 年 3 月国民政府颁
布的《合作社法》规定，社股金额每股至少国币 2 元，至多国币 20
元，社员认购入股，每人至少一股，至多不得超过股金总额的 30%。
公积金来自于合作社赢利的滚存。《合作社法》规定，合作社盈余，除
弥补累积损失及付息外，应提总额的 20% 以上为公积金，公积金主要
是用于补偿无法回收的债权和其他特别债务以及向社外借款时作为抵
押。合作社主要吸收社员存款，也吸收非社员的存款。

　　但是合作社的自有资金都很少，合作社大多是惨淡经营，盈余很
少，甚至亏损，公积金自然少得可怜；因农民自身的穷困，加之不愿
意把他们的大部分积蓄存入合作社，社员存款也很少。实际上自有资
金主要是股金，一般情形，社员入股所缴股金多为一股，每股 2 元，
因此合作社的股金总额也极为有限。如 1935 年 6 月，豫、鄂、皖、赣
四省农村合作社，每社平均拥有股金，最高仅为 165 元，最低为 81.03
元，一般多在 110 元左右，人均股额最高不足 3.50 元，最低仅为 2.43
元。经济富庶的江浙两省合作社股金数额稍高，但也很有限。1928－
1936 年间，江苏省合作社平均股金额最高为 1936 年的 263.2 元，最
低为 1929 年的 144.4 元，人均股金数最高为 8.6 元，最低为 4.2 元；
浙江省合作社社均股金数最高是 1935 年的 194.5 元，最低为 1928 年

的 59.5 元，人均股金数最高不过 6 元，最低只有 3.6 元。[①]确实，农民的穷困，自有资金的极其有限，是合作社经营必须面对的一大困难。但是，这不是造成合作社经营状况不好的必然因素。在很多国家，由于农民经济的穷困，合作社的自有资金不多，但并没有成为合作社成功经营的障碍，只要合作社组织健全、运行机制正常、信用良好，可以凭借自己有序的经营，有效获得社外借款，并取得良好的业绩。因此，合作社经营的正常与否，不一定在于自有资金的多少，关键在于其是否具有健全的组织体系及正常的运行机制。

根据《合作社法》，合作社设有全体社员大会、理事会、监事会，其中理事会是合作社的执行机构，监事会由社员大会授权，负责监督理事工作，二者共同构成合作社的核心机构，社员大会由理事会召集，是合作社的最高权力机关。合作社设理事、监事，至少各二人，由社员大会就社员中选任。另外，合作社因业务必要，可设事务员，由理事会任免。一般情形下，合作社成立时，合作社的治理结构都能够建立起来。如江苏吴县 13 个信用合作社均设有理事与监事 3～5 人。根据府巷村信用合作社的资料，理事与监事可以连选连任；吴江松陵镇信用合作社在创立时，便由社员大会选出理事 11 人，候补理事 5 人，负责合作社的日常事务，并同时选出监事 5 人，候补监事 2 人，负责监督合作社的事务。[②]然而，其实际的运作却是另一种情况。

前章述及，华洋义赈会在帮助农民建立合作社时，非常注重培植农民的合作基本精神，即让农民能真正实现自助、互助，因此，帮助农民组织合作社更注重合作社的实质，而不是形式，华洋义赈会帮助农民建立起来的合作社大多质量很高。然而，国民政府时期，无论是政府还是银行在推动合作时，往往更注重的是合作社数量的增加，而忽视了合作社的质量保证。合作社能在很短时间内大量组织起来，如中华贷款银团在陕西组织 10 处合作社，共有棉田 12 万亩，每社平均1.2 万亩，上海银行在湖南津市组织的合作社，一社即有棉田 12 万亩，

① 赵泉民：《政府·合作社·乡村社会》，上海社会科学院出版社，2007 年，第 236 页。
② 昝金生：《20 世纪二三十年代江南农村信用合作社述论》，《中国农史》2003 年第 3 期。

华北农产改进社于数月之间，组织运销合作 406 社，在这几处，居然能在短期之内，组织如此多数、如此广大区域之合作社，虽然业务限于运销，终未免令人疑为放款而突击设立的，其在多大程度上能符合合作社的基本要求很难说。[①]如此情形，不是少数现象，以如此方式组织起来的合作社不是健全的，弊端丛生。

首先，规章制度有名无实。很多合作社在组织时，发起人东拉西扯，凑足法定人数，在短时间内草草组成一社，社章、表册等既未备全，设置亦未固定。出现这种情况，一则是嫌组织手续过于麻烦而难于遵照办理，二得归咎于合作指导者的指导不力。这种草率从事组成的合作社，无论在组织与社务及业务方面，均难臻健全。另外，有的合作社尽管有了健全的规章制度，但过于深繁，社员不易了解，以致有名无实，合作效能不能充分发挥。

其次，社员入社动机不纯。合作社被认为是慈善机构，信用合作社为借钱机关，运销合作社为收货之行庄。常常是信用合作社组织成立后，如果社员借不到钱或者不能即刻借得，社员对合作社即失去信仰，不愿缴股金，中途即退出合作社。若以合作社为借款机关，或牟利团体，加入合作社，常因盼望多得好处，至有一人入两社或一户有两人入社的情形。还有社员入社并非自愿，因亲友情面难却被拉入，他们并不明白合作的意义，也谈不上信仰，他们往往是乡村中的有资望者，只要有人欲发起筹备合作社，将他们拉入，可挟其名以相号召，他们入社后，开会常不出席，股金不缴，社内事务始终不闻不问，徒具虚名而已。

再次，合作社职员人才缺乏。合作社中有理事、监事及经理雇员等各种职员，负责进行社务及业务。这些职位都需要有相当才能，如理事须有领导办事能力，监事须有监督查账能力，经理职员均须能具备经营业务的才干。然而农村合作社中，往往缺乏此种人才。首先，关于领袖人才，农村中除了地方豪绅之外，要找到真有才干而留于农村的农民领袖，极为困难，因此，合作社往往因领袖人才不得其人，

---

① 王益滔：《论商业银行之农村放款》，《农学月刊》2 卷 2 期，1936 年 5 月。

理事办事颟顸，毫无计划，颠倒紊乱，无可适从，遇事不擅应付等缺陷，相继发生；再就经营人才而言，合作社业务经营人才，须具有商业常识及写算等各项能力，然此项人才，在农村中很少，若向他处聘请，又受合作社能力的限制，合作社经理人才，每感缺乏。[1]

最后，合作社的经营权限，常受外界干预，最典型的是合作社放款权限。银行对合作社放款，往往向社索取社员借款细数单，此种办法不独无益，反而有害。若向一社员问其借款来自何处，则必答曰借自银行。由此看来，社员对合作社之观念与关系如此薄弱，社务安望其进步。照理，社员信用如何，经济情形如何，应为理事所熟悉，不是银行所应知道的，但银行越俎代庖，"无怪理事不负责任，社员不知其对社之关系"。[2]

三、农业仓库

我国自古以来的常平仓、义仓、社仓等仓储制度，即所谓积谷仓，其功用主要是调节粮食供求，平衡粮价，防备饥荒，放贷功能则是次要的。

近代农业仓库兴起于西方，它远远超出了积谷仓的功能，其业务范围包括储藏、保管、储押、加工、包装、运销等。农业仓库与积谷仓有相同之处，但侧重点不同，积谷仓意在调节价格、防备饥荒，农业仓库的重点在经营农产品的储押与运销。储藏、保管可调节市场供求，减少农产品受季节性限制的损失，提高农产品本身价值；保管、加工、包装等可提高农产品的品质、扩大销路，从而提高农产品价值；通过将零星产品大量集中，由农仓代为保管、储押、加工、运销，可免除商人的垄断剥削，减少零卖的无谓损失，并可获得善价，并减低农民的运销负担，进而增加其收益；农仓以所储藏农产物为抵押发行仓库证券，农民凭此向仓库或金融机构融通资金，使农业资金得以流

---

① 郑厚博：《中国合作社实况之检讨》，《实业部月刊》1 卷 7 期，1936 年 7 月。

② 甘布尔：《对于中国合作事业之批评及希望》，《中国农村》战时版第 11、12、13 期合刊，1939 年 5 月。

通并调剂,从而实现农产品资金化。在农仓的诸多功能中,农产品的储藏、保管是基础,加工、包装、运销等业务则通过提高农产品品质,降低运销成本,提高农产品价值,增加其流动性,而便利了农产品的储押,而农产品储押实现了农产品的资金化,使农民获得农业生产上的有利资金。因此可以说,储押是整个农业仓库制度的中心,而农业仓库则是整个农村金融制度中不可缺少的一环。

民国时期,最早举办新式农业仓库的是江苏省农民银行。1929年春,江苏省农民银行在吴江县盛泽镇设立农业仓库,办理丝绸储押,是为中国第一个新式农业仓库。此后,在政府和银行的推动下,农业仓库在各地逐步建立和发展起来。

政府的推动作用首在法令的编制和推进计划的制定。1932年,实业部农业金融讨论会草拟了《农仓法草案》呈送行政院,并为行政院讨论通过。1935年5月又对《农仓法草案》进行修改,制定了《农业仓库法》及其施行细则。各地方政府针对各地实际情形制定了具体的法规、办法和计划。1933年,江苏省政府颁布《农业仓库规程》及《食粮调节办法》,由财政厅、建设厅负责督促检查,要求各县成立县农业仓库管理委员会。1934年6月,财政厅重订《食粮调节办法》及《仓库规程》。7月,由省政府通过《农业仓库经营承认暂行办法》,以谋积极推广。浙江省政府制定的1934年度《各县施政纲要》中,规定各县农业金融机关,应办理农业仓库至少一所,以平衡农产价格。湖北省1934年1、2、3月《农政计划》第一条,即为应当开办农仓。安徽省则拟定《各县农村合作社得兼营食粮储押办法大纲》,规定合作社应设置仓库,兼营储押。

次则是建立或督促建立农业仓库。1933年,实业部中央农业推广委员会与南京所属农业救济协会合作组成中央模范农业仓库管理委员会,接管南京所属救济协会办理的秦淮河区专仓、分仓140所,成立中央模范农业仓库。到年底,共设立专仓、分仓301处。[①]中央模范农业仓库以储押稻米为主,由南京所属农业救济协会及上海商业储蓄

---

① 实业部劳动年鉴委员会:《民国二十二年中国劳动年鉴》,1933年,第166-167页。

银行供给资金。各省政府则设立了农仓管理机构，督促农仓的建立。如江苏，1933 年省府组织农村金融救济委员会，确立各县发展农仓，由财政厅、建设厅两厅负责督促，并令各县设立县仓库管理委员会。1934 年，成立省农业仓库管理委员会，作为全省管理农仓的最高机关。[①] 又如安徽，1936 年设立农仓管理处，与中国农民银行等合作办理农仓，到抗战前，已设立省农仓 10 余所、市农仓 70 余所、县农仓 100 余所。[②]

金融机构则是推动农业仓库建立的主要力量，江苏省农民银行、上海商业储蓄银行、中国银行、中国农民银行、农本局等先后直接、间接兴办了不少农业仓库。

1929 年，江苏省农民银行设立盛泽镇农业仓库后，还在无锡东亭、后宅租赁民舍，分设仓库，办理米粮储押。1930 年，除扩充无锡、吴江仓库外，又在武进、松江、常熟、青浦、昆山等处创设仓库。此后，每年均有新仓库的创设，仓库数量越来越多，分布区域也越来越广。1933 年以后，农仓的扩展速度更快。1932 年共有仓库 38 所，分布于 10 县；1933 年增加到 94 所，分布于 17 县，仓库押款 128 万余元；1934 年则扩充到 184 所，储押米、棉、麦等 467890 石，价值共达 400 余万元；1935 年为 211 所，其中省仓 10 所、县仓 65 所、该行自办 56 所、合办 58 所、合作社办 22 所，分布于 40 余县，储押额为 600 余万元；1936 年，农仓数达 317 所，分布于江苏省的 54 县，押户达 58 万户，储押总额 1700 余万元。[③]

上海商业储蓄银行投资农仓始自 1933 年，其投资主要分布于江苏、浙江、安徽三省，其投资途径有三：自办农仓、合作社农仓之投资、公共团体农仓之投资。其中，自办农仓设在江苏江阴、宜兴、武进、靖江、吴县等县，除直接办理农产押款外，并贷款与附近之特约

---

① 参见江苏省政府秘书处：《三年来江苏省政述要》，1936 年，第 60 页；（日）天野元之助：《支那农业经济论》，日本东京改造社，昭和 17 年（1942），第 364—365 页。

② （日）天野元之助：《支那农业经济论》，第 366 页。

③ 中国第二历史档案馆：《中华民国史档案资料汇编》，第五辑第一编，"财政经济"（七），江苏古籍出版社，1994 年，第 363 页；江苏省农民银行：《江苏省农民银行业务报告》，其中二十三年度、二十五年度分别见《银行周报》19 卷 17 期（1935 年 5 月 7 日）、21 卷 21 期（1937 年 6 月 2 日），二十四年度为单行本。

农仓和合作农仓，指导其办理储押业务，同时亦略承做对合作社的存放款；公共团体农仓或叫特约农仓，由地方政府或教育及农事等机关主办，或由地方人士与该行订约主办；合作仓库，为合作社兼营，大都限于社员储押，其中一部分因附近地方无仓库设备，为适应中小农民需要，兼办非社员押款。到 1935 年 6 月，上海商业储蓄银行在江苏、浙江、安徽 3 省共建有农仓 50 处，分布三省 11 个县份，其中江苏 6 县 32 处、浙江 2 县 9 处、安徽 3 县 9 处。该行从事农仓投资，开商业银行投资农仓事业之先河。[①]

中国银行举办农仓业务始于 1932 年，分两种情况：一是利用自有仓库和租赁仓库，办理大额农产品押款，每户押款平均四五千元，此种仓库 1933 年有 80 余处，1934 年增至 509 处；二是农民小额押款，每户平均几十元左右，利息低廉，不过 1 分，此种仓库业务集中在浙江、河北等省。1932－1936 年，中国银行农民小额抵押贷款至少 283.5 万元。[②]

中国农民银行于开办之初即注意农仓事业，其经营方式曾拟定自办农仓、合作社农仓、与政府合办农仓三种。1933 年 11 月，已订立附设农业仓库章程，时赣省有谷贱伤农之象，乃先令南昌行设仓试办，又与安徽建设厅合办枞阳农仓，此后陆续举办者有汉口、湖口、郑州各仓，营业相当发达。此后改变方针，以贷款合作社农仓为原则，不再自设农仓，已设农仓也先后办理结束，农行对合作社农仓放款，截至 1940 年底，放款之累计金额达 500 万元，结余额达 140 万余元。[③]

上海、中国等银行策动投资农仓后，苦乏妥善投资途径的上海金融界，纷起效尤。交通、新华诸行也各计划投资。上海金融界为求相互保障起见，还有联合投资之举，如交通、中国、上海、浙江兴业、金城等行联合投资陕西省农仓，又有中国、上海两行合组的湖南农仓贷款银团等。[④]

---

① 徐畅：《二十世纪二三十年代华中地区农村金融研究》，第 332-333 页。
② 徐畅：《二十世纪二三十年代华中地区农村金融研究》，第 333 页。
③ 叶德盛：《吾国金融界投资农仓事业之回顾与前瞻》，《中农月刊》7 卷 3 期，1946 年 3 月。
④ 叶德盛：《吾国金融界投资农仓事业之回顾与前瞻》，《中农月刊》7 卷 3 期，1946 年 3 月。

1936 年，农本局成立后，有计划地从事农仓网与合作金库网之设立。农本局建设农仓网之目的，在调剂农业金融，调解农产供需，发展农产贸易，即利用农仓以调整农产收获后的农业经济关系。该局将全国农仓分为四级，分头筹办：

甲级农仓（设于终点市场）：以调节省内及省际农产供需，平衡农产价格，为主要任务，并集中对外输出，以应国际市场需要。

乙级农仓（设于转运市场）：以便利农产集中及转运，以及调剂农业金融为主要任务。

丙级农仓（设于生产中心区）：以办理农产储押，辅助农产运销为目的。

丁级农仓（设于生产地区市镇）：以专办农产储押，扶植农家经济为目的。

农本局农仓分自营和协助地方政府筹设两种。截至 1937 年 10 月底，自营农仓 31 处，计甲级农仓有南京、上海、广州、汉口、天津、芜湖、南昌、长沙、重庆、济南、潼关、蚌埠、柳州等 13 处；乙级农仓有正阳关、亳县（以上受蚌埠仓库管辖），巢县、南陵、青弋江、三河、宣城（芜湖仓库管辖），临川、漳州（南昌仓库管辖），常德（长沙仓库管辖），石歧、陈村、江门（广州仓库管辖），万县、泸县、合川（重庆仓库管辖），贵县（柳州仓库管辖），共 17 处；丙级农仓只有宣城仓库管辖的双桥一仓。抗战爆发后，这些自营农仓受战事影响，或一经开业即沦陷战区，或正在进行而被迫停顿。[①]

农业仓库的放款业务，属于动产抵押放款，具体又可细分如下：

（一）储押放款：即以直接受托物为担保，农仓对于寄托物一时代理占有而行之贷款。这种放款实施对象是持有农产物的中小农民，借款后，农民由所有者而变为债务人，农仓则成为直接债权者。农民取得此种借款的动机在调节不同时间的物价。农民往往于收获后，因生活所迫在在需要金钱，不得不出售其收获物，竟致一时市场供给过

---

① 叶德盛：《吾国金融界投资农仓事业之回顾与前瞻》，《中农月刊》7 卷 3 期，1946 年 3 月；农本局研究室：《中华民国二十七年农本局业务报告》，1939 年，第 29-31 页。

剩，物价低落，农民为不致低价贱售，蒙受损失，可以其所有之农产物，交托农仓保管，同时请求资金融通，农仓即以其交付保管之农产品为抵押而予以放款。此种仓库须有保管各种设施，储押手续亦较烦琐，但因担保确实，处分担保品亦较方便，故信用基础巩固。我国各省农业仓库的放款方式，多属此类。

（二）运销放款：即农业仓库之经营运销业务者，对于委托运销之寄托物，予以资金融通之金融。农民于收获之后，其贩卖产品往往因产地商行的控制，不能得到善价，为减去中间商人之剥削，取得应得之价格，唯有直接运销于农产集散市场或消费市场。乡村之农仓于办理运销之时，对于以农产品委托运销的农民，因其物品尚未脱售，而又需用资金时，可以其请托运销的农产品为担保，予以资金融通。此种放款方式，对于委托运销的农民，因得资金融通便利，对于委托运销的农产品，不因市场价格低落而贬价出售，得以自由选择市场，待价而沽；对于放款的农仓，则因有委托运销的农产品为担保，放款安全，且因农产品运销于有利市场，一经脱售，即可收回放款，对于资金运用较为灵便，可谓一举两得。

（三）仓库证券放款：即以农仓所发行之农产证券为抵押而行之资金融通。农仓收受寄托物时，发给寄托农民以仓库的仓单证，农民以此证持向农仓特约金融机关请求押款，在此，交托保管的农民与金融机关发生债务债权关系，农仓则居于保证人的地位。在农仓方面，对交托保管的农民负介绍责任，对金融机关则负保证担保之责。交托保管的农民以其农产品交农仓保管，购买信用，而以农仓所发行证券持向金融机关请求押款，即在利用农仓之信用以取得资金之融通，而将物权移转于放款的金融机关。金融机关即以取得物权保证，而予以贷款，如债权发生动摇时，即以其所持有之农产证券所表示之物权，予以变卖，以偿押款。[1]

1929 年以后，新式农仓事业经政府推动、金融界倡导办理，其价值逐渐为社会所认识，这之中金融界功不可没。然而农仓制度一如合

---

① 劳远瑗：《农业仓库与农村金融》，《农行月刊》4 卷 4 期，1937 年 4 月。

作社制度以至整个农村金融制度一样，因内外诸多因素，同样表现出纷乱复杂的特点，这是内外多种原因造成的。

首先，储押业务意在调整农产品的季节价格，使趋稳定，这对生产者、消费者都有利。但储押业务能够正常进行，在于价格的偏离不到太大，因为价格越走越低，致使所寄托农产不敷抵押，给农仓及金融机构带来风险；价格越走越高，储押业务易为人利用，套取资金，囤积农产，辗转谋利。在中国，因农业本身的脆弱，政府的保护不力，国际市场掌控价格决定权，国内的通货膨胀致使农产品价格常极不稳定。

其次，近代交通尽管已逐渐发展起来，但普及面有限，因此交通工具的缺乏，运输的不便，常使运销业务难以办理，农仓调节农产供销之功能，亦无从表现。

再次，农仓的储藏、保管已经过检验的标准农产为最适宜，但是农产品良莠不齐，而农产品的检验制度又没有建立起来，对于保管、运销来说，又是一大经营的困难。

最后，金融界投资农仓事业，与其说是有目的地发展农村金融，还不如说是解决其过剩资金的出路。在都市资金过剩之时，没有稳妥的投资途径，而农仓可以抵押方式贷款，实为比较稳妥之投资出路，故能风行一时。但一旦时过境迁，都市资金另有高利可图时，金融界即相继收回农仓投资，农仓事业遂如昙花一现。而且金融机关在投资农仓时，因其性质不一，立场各异，办理农仓的目标与方法亦各不相同，所以，在农仓创始之时，其实很难做到循序推进，而是各自为政、相互竞争。农仓事业同样难以形成健全的基础。

纵观世界各国，近代农村金融制度多产生于经济转型过程中农村经济陷入困境，农民遭受高利贷盘剥之时，政府的作用不仅仅在于以国家之力救济农村，更重要的是引导民间金融发展的方向，进而对整个农村金融进行统筹规划。

如前章所述，抗战前，国民政府既没有对农村金融制度的有效设计，也没有以政府之力设立对整个农村金融有足够支撑力的农村金融机构。本章进一步揭示，因政府投资不力，商业银行投资农村形成热潮，形成了以商业银行为主体的农村金融格局。在这一格局中，商业银行凭借其资金的优势形成了对农村金融的实际控制，合作社基本上都依附于商业银行，而缺少独立性。众多投资农村的商业银行，相互之间没有联系，更谈不上形成有机的系统，各自为政，相互竞争，从而使农村金融呈现出纷乱复杂的格局，尽管有银行相互联络组成银团，但没有从根本上改变这一格局。

政府在农村金融领域的弱势，使之无力改变商业银行所形成的农村金融纷乱复杂的格局。尽管国民政府迎合社会各界建立系统的合作金融系统的呼声，联合银行界成立农本局，试图以农本局辅设合作金库来达此目的，但是又对如何调整众多银行的直接向合作社放款没有任何的政策倾向，实际的结果是，商业银行直接向农村放款本已使农村金融格局显得纷乱复杂，新出现的合作金库只能使之更加复杂化，当然，抗战前合作金库才刚刚成立，这种情形还没有表现出来而已。

时人对于这样的农村金融制度有如下的概括："抗战以前，我国农村经济组织落后，农业金融制度，未臻完善，加之该时政府原无一定农业金融方针，设置农业金融机构又缺乏整个统筹计划，是以上层机构重复繁乱，中枢农业金融机关无以统制，下层组织基础未定，全国农业金融网亦不易构成。"[①]这是一个比较准确的概括。

---

① 林和成：《民元来我国之农业金融》，《银行周报》31 卷 9、10 期，1947 年 3 月 10 日。

第五章

国民政府扩大农贷与制度的复杂化

全面抗战爆发后，国民政府以积极的姿态全面推进农村金融，在商业银行退出农村金融领域后，以政府之力直接推动国家行局扩大农贷规模，同时，又以国家行局之力，大力辅设省县合作金库。农村金融的发展在以国统区为中心的全国大部分地区有如火如荼之势，但与之相随的是，农村金融制度趋于复杂化。

第一节　抗战初期国民政府对农村金融的积极推动

日本发动全面侵华战争后，作为中国经济重心的中东部地区几全部沦入敌手。中东部广大区域的沦陷，使中国经济陷入了极大的困境，也使国民政府失去了重要的财政基础，西部地区则成了长期抗战的重要支撑，但西部地区一向经济落后，于是，如何在抗战中推动西部地区的经济发展，成为能否支持长期抗战的关键，为此，亟待发展西部地区的工矿、交通、运输业，而推动西部农业的发展也许更具战略意义。

农业一向是中国的经济基础，从事农业的人口占全国人口的75%，农民所得占全国国民所得的 80%，纯粹农产品的输出常达出口总额的 75% 以上。[①]战时，农村的作用就更突出了，军民衣食及军需原料由农村供应；农产品大量出口可以换取外汇，购买军用品，平衡国际收支，巩固战时金融；为维持战时财政而增收赋税、推销公债、征发物资，也有赖于农村。正因为此，甚至可以说抗战决胜之基础，不在大都市，而在广大农村。1938 年 3 月，中国国民党临时全国代表大会宣言也强调了发展农业的重要性："中国为农业国家，大多数人民皆为农民，故中国之经济基础，在于农村，抗战期间，首宜谋农村经济之维持，更进而加以奖进，以谋其生产力之发展"。[②]

面对频遭天灾人祸、金融枯竭的农村，如何维持和发展农村经济，时人可谓见仁见智，比较集中的一点是，首先须谋健全农村金融，因为金融为农村社会之血液，其活滞对于整个农村经济的盛衰大有关系。然而，农村金融的枯竭比战前更为严重，因为银行、钱庄等金融机关的停闭歇业、放款减少，合会、商店殷户借贷等民间借贷无法活动，而致信用紧缩；农村殷商富户为求家庭安全，大量避居安全地带而致资金逃逸；农产销路停滞，由农产换取现金而致的现金回流农村减少。如此说来，如何向农村投入资金，则成为发展农村经济的重中之重。

全面抗战爆发后，国民政府鉴于发展农村经济对于坚持抗战的重要，急于通过扩大农村放款以促进农业生产，在短短一年时间内，出台了多项扩大农村放款的措施，期望通过扩大农贷区域，增加贷款数额和种类，扩张贷款对象，以增加农村资金，促使农产品资金化，而谋农村金融之活泼。

1937 年 8 月，财政部颁发《中中交农四行内地联合贴放办法》，以谋农工商业资金之流通，贴放范围包括抵押转抵押、贴现及财政部命令对于铁道、交通、农贷、工贷等项的放款。贴放的押品，除工业品、矿产品及中央政府发行的债券外，列有农产品一项，计包括米、麦、杂粮、面粉、棉花、植物油、花生、芝麻、大豆、丝、茧、茶、盐、糖、药材、蚕种、木、纸、烟叶、猪鬃、牛羊皮等 22 种，以上农

[①] 吴文晖：《抗战建国中的农业金融政策》，《时事月报》23 卷 4 期，1940 年 10 月。

[②] 荣孟源主编：《中国国民党历次代表大会及中央全会资料》下册，光明日报出版社，1985 年版，第 470 页。

产品均可用作抵押而请求放款，如此，既能便利农产品的仓储与运销，也可谋农村资金之流通。

1937 年 9 月，实业部颁行《各省市办理合作贷款要点》5 条，规定合作贷款分为信用放款、储押放款、运输放款、设备放款和工程放款等 5 种。信用放款应照各银行现行的信用放款办法，继续扩张办理；储押放款，其押放额以物值的 80% 为准，押品可由合作社封存代管，以减少仓放设备及管理费用；运输放款，应充分放贷以便周转；设备放款包括动力供给、排水、灌溉、耕植、加工制造等机器设备，以设备为抵押，放款额以押品值 80% 为准，分期还款；工程放款由合作社建议申请，再由县政府呈请建设厅核准，然后贷款。此办法的目的，在扩大放款范围，提高放款成数。

1937 年 10 月，军事委员会公布《战时合作贷款调整办法》4 条：（1）凡金融机关在战前所规定办理合作贷款之区域，仍应继续负责办理，原定农贷合约仍应继续进行，并照历年放款数额，不得减少，或察酌情形，量予增加；（2）如所办放款，因兵灾蒙受损失，应由财政部及省政府妥订分别担保办法；（3）各种食粮生产储押放款，应由各主管机关拟具计划呈请农产调整委员会核定办理；（4）由有关部会召集合作机关及办理农贷机关，讨论彻底整理合作农贷之统一切实办法。此办法除强调办理农贷要继续维持进行，甚至要酌予增加外，首次提出要对农贷机关、农贷办法进行调整。

1938 年 4 月，财政部为适应抗战时期调剂内地金融，扶助工商各业增加生产的需要，颁定《改善地方金融机构办法纲要》10 条，其中有关农业金融者如下：（1）凡向国家银行领用一元券及辅币券的地方金融机构，除旧有业务外，应增加新业务，其有关农业金融者，计农业仓库经营、农产品储押、肥料种子耕牛农具贷款、农田水利事业贷款、农产票据承受或贴现、完成合法手续并有继续收益土地房屋的抵押贷款；（2）领用一元券及辅币券之准备，有关农业者，有完成合法手续并有继续收益的土地房产、农产品及附有提单仓单及保险单的农业票据（期限不逾 180 日）；（3）凡地方金融机关关于农产的各种放款，可与中国农民银行及农本局合作，其单独放款受押之农业抵押品，亦可商向当地中国农民银行或农本局转抵押。此纲要对农业金融之意义，在通过国家行局对地方金融机构的支持，引导资金流向农村；通过开拓地方金融机构的业务，促使农产品资金化。

1938 年 8 月，行政院根据国民党临时全国代表大会决议"贷款农民以裕农民生活，应由中央继续扩大贷款范围"一案，通过《扩大农村贷款范围办法》，其要点如下：（1）凡依照《改善地方金融机构办法纲要》，领用一元券及辅币券之金融机构及依法成立之合作金库，对增加农业各种放款，应尽量利用各种合作社。但在抗战期间，凡经放款机关承认之农民组织，亦可为贷款对象。（2）中国、交通、农民三银行及农本局、其他金融机关，原在各区办理农贷，应比照历年贷出金额，在各该区内扩充放款数额，并由各该行局将拨付农贷部分资金及其对合作社或农民组织贷款之收付情形，按月分别列表呈送财政经济两部查考。（3）各省合作事业，应由各该省合作主管机关积极推进，务期逐渐普遍发展。（4）同一区域内，如有一个以上之机关办理农贷时，应互相协商调整，避免重复偏枯。此办法主要用意，仍在强调扩大农贷，为此要求农贷机关放宽农贷对象、扩大农贷数量，要求省合作主管机关推进合作组织，并再次提出要调整农贷机构。①

出台多项措施，积极扩大农贷，是国民政府在全面抗战爆发、整个局势转入战争状态下所采取的诸多紧急措施的一个重要组成部分。为因应紧急局势，国民政府一方面颁布《非常时期安定金融办法》，发动与组织沿海沿江厂矿内迁；另一方面，着手部署调剂后方金融，配合政府的经济政策，扶助农工矿商各项生产。在农村金融方面，国民政府多个部门相继出台推动农贷扩大的文件，表明国民政府对此问题的重视。这几个文件侧重点不同，所提出的措施也有差异，但一个共同的目标就是扩大农贷的区域和规模。扩大农贷不仅仅是这几个文件的意图，而且是 1942 年以前国民政府在农村金融问题上的倾向性政策，它的直接效果是各金融机关特别是国家行局极力扩大农村放款，使农贷规模不断扩大。尽管 1937 年因七七事变（卢沟桥事变）银行农村放款一度陷于停顿，该年农村放款结余额仅为 2700 余万元，自 1938年始逐年增加，该年增至 6200 万元，1939 年至 1941 年间达到高潮，

---

① 章少力：《我国农贷事业之过去与现在》，《经济汇报》8 卷 6 期，1943 年 9 月。

三年分别为 1.13 亿元、2.1 亿元、4.6 亿万元，[①]直到 1942 年因紧缩信贷，农贷才逐渐收缩。

同时，还应看到这几个农贷文件的另一面。它们都出台于仓促之间，而且政出多门，这固然是转入战时状态的必然现象，但同时也是国民政府战前对农村金融缺乏统筹和计划的延续，一些具有关键意义的政策被提出，却难以施行，只能是空头支票。如《战时合作贷款调整办法》提出由有关部会召集合作机关及办理农贷机关，讨论彻底整理合作农贷之统一切实办法；《扩大农村贷款范围办法》又提出同区域内，如有两个以上之机关办理农贷时，应互相协商调整，避免重复偏枯。这些问题直到 1939 年才被国民政府真正重视。

第二节　农贷的扩大与农业金融处的成立

抗战爆发后，商业银行几乎完全退出了农村金融市场，国家行局则成了农贷的主力，省县银行等地方金融机构也做出了一定的贡献，因此，1938－1941 年间，国民政府扩大农贷的政策主要是通过国家行局的农贷行为实现的。农贷规模扩大的过程中，战前已经存在的各自为政、相互竞争的纷乱复杂局面仍延续，并趋于激化，为解决农村金融市场上的纷乱复杂问题，国民政府在四联总处下成立农业金融处，调整农村金融政策、整合农村金融机构，但这种在承认既定农贷格局下的调整，其作用是有限的。

一、西南西北金融网的建设

要扩大农贷规模，首先必须要推进西南、西北大后方金融机构的铺设。战前各银行设置分支行处，侧重于濒海沿江、工商交通事业发达的华北、华中与东南各省，西南西北除少数重要都市设有银行分支

---

① 厉德寅：《三年来之农业金融及今后改进之途径》，《经济汇报》2 卷 1、2 期，1940 年 7月；孔雪雄：《三年来之中国农贷事业》，《天行杂志》新 1 卷第 3 期，1943 年 3 月。

机构外，其他地区机构设置很少。抗战以后，为支持长久抗战，内地农、工、矿、商、交通等业亟待开发，为发展后方经济，财政部于1938年8月拟定《筹设西南西北及邻近战区金融网二年计划》，其主要内容有，凡后方与政治、交通及货物集散有关的城镇乡市，若无四行分支行处，责成四联总处至少指定一行前往设立机构；地点偏僻者，若短期内四行不能顾及，责成各该省省银行，务必前往设立分支行处，以一地至少有一行为原则；在各乡市城镇筹设分支行处过程中，以合作金库及邮政储金汇业局，辅助该地金融周转及汇兑流通。1939年9月，国民政府公布《战时健全中央金融机构办法》，规定扩充西南西北金融网，以活动地方金融。10月，四联总处改组成立后，更积极推进金融网之扩展，1940年3月间，《增订第二、第三期西南西北金融网计划》，其所确定的金融网筹设的原则主要有，四行在西南西北设立分支机关宜力求普遍，但须避免重复；凡与军事交通及发展农工商业有关、人口众多之地，四行至少需筹设一行；凡地位极重要、各业蓬勃发展、人口剧增之地，可并设三行至四行。根据四联总处规定的筹设步骤，四行在西南西北筹设分支行处分为3期，依次进行，预计应在1938、1939年内设立，限于1939年底完成者为第1期；应在1940年内设立，限于1940年底完成的为第2期；应在1941年内设立，限于1941年底完成者为第3期。3期中四行应行筹设行处，第1期共179处，第2期初拟定50处，后核定为11处，第3期初拟35处，后核定为4处。三期共194处。[①]

除扩展四行的分支行处外，四联总处还注重各省地方银行的利用，并普设四行简易储蓄处。1939年3月，财政部召开第二次地方金融会议，会议有关议案提出各省银行或地方银行应视其需要及环境，力谋本身组织的健全、分支行处的推广、资本的充实，以能担负发展经济的重任。会后，各省地方银行根据大会决议及中央政府的指示，努力完成各省金融网。四联总处还于1940年9月5日，由第45次理事会议通过《四行普设简易储蓄处办法》，规定凡较小市县乡镇、

[①] 郭荣生：《战时西南西北金融网建设》，《财政学报》1卷3期，1943年3月。

路矿、工厂或学校集中区域、大宗特产生产区域、集散地，由各行分别认定地点，普设简易储蓄处（下列有关数据统计中，简易储蓄处未列入）。①

经由数年筹设西南西北金融网的推进，抗战以后，西南西北 10 省 1 市的金融机构的分支行处数量大为增加。战前各银行总分支行处的总数为 285 所，战后到 1943 年增设 912 所，共计实存 1138 所（见表 5-1）。

表 5-1　西南西北各省市战前战后各银行总分支行处数目比较

	战前数	战后增设数	现有总数	备考
四川（重庆除外）	96	329	414	战前 96 所，战后裁减为 85 所
重庆	28	100	119	
西康	3	36	39	
贵州	4	45	49	
云南	18	102	118	战前 18 所，战后裁减为 16 所
广西	44	95	124	战前 44 所，战后裁减为 40 所
陕西	51	100	140	战前 51 所，战后裁减为 40 所
甘肃	17	63	80	
宁夏	5	11	15	战前 5 所，战后裁减为 4 所
青海		3	3	
新疆	9	28	37	
总计	285	912	1138	战前 285 所，战后裁减为 226 所

资料来源：郭荣生：《战时西南西北金融网建设》，《财政学报》1 卷 3 期，1943 年 3 月。表中所列包括中、中、交、农四行，省地方银行及商业银行等的总分支行处，邮政储金汇业局及简易储蓄所未列入。各省统计截止日期：四川 1942 年 12 月底，重庆 1943 年 1 月底，康、黔、滇、桂、陕、甘、宁、青、新等省为 1942 年 11 月底。

---

① 郭荣生：《战时西南西北金融网建设》，《财政学报》1 卷 3 期，1943 年 3 月。

至于中、中、交、农四行在西南西北各省市设置分支行处情形，战前共 64 所，战后增设 289 所，增设数为战前总数的 4.5 倍，到 1942 年底，四行在西南西北总分支行处总数为 340 所，约为战前的 5.5 倍（见表 5-2）。

表 5-2　抗战以来中、中、交、农四行在西南西北设立行处表

年度	中央银行	中国银行	交通银行	中国农民银行	总计
1937	1	1	—	1	3
1938	3	7	6	4	20
1939	23	31	16	12	82
1940	14	14	15	7	50
1941	11	20	6	12	49
1942	2	33	14	36	85
总计	54	106	57	72	289

资料来源：郭荣生：《战时西南西北金融网建设》，《财政学报》1 卷 3 期，1943 年 3 月。

至于抗战后历年各银行在西南西北设立行处的情形，在总共设置的 912 所中，1937 年为 15 所，1938 年为 100 所，1939 年 211 所，1940 年 154 所，1941 年 189 所，1942 年 181 所，1943 年 11 所。[1]各年数字以 1939 年为最多，这年四联总处订立《筹设西南西北及邻近战区金融网二年计划》，以 1939 年底为完成期，又以 1939 年春季财政部召开第二次地方金融会议，推广省地方银行分支行处为重要决议案之一。四联总处改组成立后，拟订《增订第二第三两期西南西北金融网计划》，以 1940 年底为第二期，1941 年底为第三期，各银行仍能积极设立分支行处，所以这两年设行数字与 1939 年相比，所差不多。1942 年的增设数字也不少，主要是因为川、陕两省开设县银行数颇多，同时中

---

① 郭荣生：《战时西南西北金融网建设》，《财政学报》1 卷 3 期，1943 年 3 月。

国与中国农民银行两行特别注意在重要都市之外的县乡机构之推设，该年两行所设分理处、办事分处及寄庄甚多。

由四联总处等中央机构推动的西南西北金融网的建设，其成效是显著的，它对推动大后方的经济发展起到了应有的作用，农贷规模的扩大即受惠于此。

二、农贷规模的扩大

抗战爆发后，"农贷事业经政府之督促，环境之需要，及金融机关自身之觉悟，发展极为迅速"，[①]1937 年至 1941 年间，农贷数额递年增加，农贷区域也在不断扩大，其中 1940－1941 年间更形成农贷的高潮。从表 5-3 可以看到，抗战期间，每年的名义农贷余额都较上年增加，扣除通货膨胀因素，到 1941 年，每年的实际结余额仍是增长的，其中 1939 年增长稍慢，1940 和 1941 年则都有较大幅度的增长，是为抗战时期农贷扩展的最高峰。1942 年起，农贷呈萎缩之势，每年实际的农贷结余额都较上年减少。另值得注意的是，1937－1941 年，农贷实际结余额逐年增加的同时，每社实际的平均贷款数和社员实际的平均贷款数却在逐年减少。

表 5-3　抗战期间历年农贷结余额　　　　　　　单位：元

年度	农贷余额	指数	每社平均贷款数	指数	每社平均贷款数	指数	农民所付物价指数
1937 年底	39529000	100	841	100	18	100	100
1938 年底	73551000	186	1139	135	24	133	125
1939 年底	110563000	280	1209	144	25	139	187

① 厉德寅：《三年来之农业金融及今后改进之途径》，《经济汇报》2 卷 1、2 期合刊，1940年 7 月。

年度	农贷余额	指数	每社平均贷款数	指数	每社平均贷款数	指数	农民所付物价指数
1940 年底	211408000	535	1583	188	29	161	340
1941 年底	465306000	1177	2928	355	50	278	934
1942 年底	682805000	1727	4257	506	67	372	2773
1943 年底	1527474000	3864	4810	572	58	322	11231
1944 年底	2714534000	6867	6919	823	75	417	31960

资料来源：1937－1942 年农贷余额及指数出自吴文晖：《中国战后农业金融问题》(《经济建设季刊》2 卷 3 期，1944 年 1 月)；1943－1944 年农贷余额出自《金融汇报》第 16 期 (1946 年 7 月 24 日)；1937－1945 年农民所付物价指数出自《中华年鉴》(下)，第 1289 页。转引自黄立人：《论抗战时期国统区的农贷》，《近代史研究》1997 年第 6 期。原表 1943－1944 年的农贷余额根据《金融汇报》的数字修正。

表 5-4　抗战期间农贷概况表　　　　单位：元

年度	农贷结余额	合作贷款结余额	合作贷款占比
1937 年底	34715000	27055948	78%
1938 年底	66866000	61948345	93%
1939 年底	112966000	112611898	98%
1940 年底	211408000	155578662	74%
1941 年底	465306000	249878770	54%
1942 年底	682805000	387694457	57%
1943 年底	1527474000	802376044	50%
1944 年底	2714534000	1187853797	44%

资料来源：《金融汇报》第 16 期，1946 年 7 月 24 日。

下面逐年分析 1937—1941 年农贷的扩展情形。在分析之前，需要说明的是，分析所依据的资料前后不完全一致，1937—1939 年主要依据的是历年合作放款数据，不仅有每年累计额和结余额，还有详细的各放款机关的数据；1940—1941 年则主要依据每年的农贷数据，而不只是合作放款数据，且主要统计的是国家行局的农贷，其他放款机关则没有包括在内。这种不一致，主要是局限于现有能搜集得到的数据。而从本书的分析看，这种资料的不一致，对问题的分析影响不大，因为直到抗战初期，各类机构的农村放款主要是通过合作社放款，即属于合作放款，1940 年以后，国民政府通过四联总处调整农贷时，对一些不通过合作社放款的种类有意倾斜，即对向农场、农业改进机关、农业学校、政府等放款的非合作农贷所占比例增加，合作农贷所占比例在减少，于是，农贷和合作农贷区别扩大（见表 5-4），对农贷的分析则依据的是全部农贷的资料，而不仅仅指合作农贷。其次，因战乱的限制，获得完整的统计资料不易，不同来源的统计数字会有出入，如中央农业试验所对 1937 年贷款的调查，恐未能将沦陷区内的放款全部列入，仅从中国农民银行的放款而言，该所的调查为 11491635 元，但该行的营业报告，单合作放款一项已达 14605059.47 元。[①]一些机构的农贷数字会被有意无意漏掉，尤其是 1940 年以后，因农贷十九集中在国家行局统筹办理，其他省地方银行及商业银行虽偶有举办的，其数目甚微，从全国而言，已不占重要地位，且资料不全，因此，统计时就不再将这些包括在内，而主要就国家行局进行分析。

1937 年战事开始后，国民政府西迁，社会秩序一时颇为紊乱，各地农村贷款几全遭停顿，各农贷机关减少甚多。年底各机关的农村合作贷款结余额，仅有 2700 余万元，较 1935 年度减少 1200 余万元。从该年各机关的合作放款数字看，首推中国农民银行，占总额的 53.98%，次为中国银行，占 11.64%，当年农本局的地位并不重要，仅占 2.48%，

---

① 厉德寅：《三年来之农业金融及今后改进之途径》，《经济汇报》2 卷 1、2 期合刊，1940 年 7 月。

余下各地方机关占 31.93%（见表 5-5）。①

表 5-5　1937 年底各农贷机关农村合作放款统计表　　　单位：元

贷款机关	放款数额	百分数
中国农民银行	14605059.47	53.98
中国银行	3149420.00	11.64
江西合作金库	1344177.00	4.97
实业部合作事业处	1252036.00	4.63
广东省银行	1117751.00	4.13
福建省银行	994440.00	3.68
农本局	671836.24	2.48
其他	3920328.76	14.49
总计	27055948.47	100.00

资料来源：《我国战时农贷统计表》第一表，《经济汇报》2 卷 1、2 期合刊，1940 年 7 月。

　　1938 年，社会秩序稍趋安定，政府大肆充实农村金融，扩大农贷，增设农贷机构，该年农贷机构除中央各行局及各省地方银行外，增设省、县合作金库多所，同时还有些省份责成各省建设厅组织类似农贷机构。故本年农贷一反上年之沉寂而呈蓬勃气象。本年的放款结余数增至 6100 余万元，较上年增加近 3500 万元，约为上年度的 1.3 倍。各农贷机关中，仍以中国农民银行居首，贷款结余额近 3000 万元，占总额 47.50%，该行贷款绝对数超过上年一倍有余，而相对数量则较上年减少，因中国农民银行之外的其他农贷机关扩大农贷较中国农民银行更快。其次是中国银行，绝对数与相对数均有增加，占 19.02%。本年度农本局的贷款呈突进状态，放款额为 432 万余元，较上年度增加 5.5 倍，占 6.97%。省地方银行及农民银行中，以福建省银行居首，占 2.51%，广东省银行略次之，占 2.42%。省合作金库有报告数字者，仅有江西、四川两省，以江西省合作金库居首，占总数 6.91%，四川省

---

　　① 厉德寅：《三年来之农业金融及今后改进之途径》，《经济汇报》2 卷 1、2 期合刊，1940 年 7 月。

合作金库次之，占 5.99%。至于合作机关及其他农贷机关，其放款额没有超过总额 1%的。总体而言，1938 年度的贷款，就累计数或结余数而言，以农本局、中农、中国、交通中央四行局居首，其结余数为 7400 余万元，占总额 75.97%，可见抗战开始后农贷资金的供给，大部分来自农本局及中国、中农、交通三行。次为各省合作金库，占总数 12.90%，其地位在各省地方银行及农民银行之上，但各省合作金库的贷放资金，其中一部分由农本局或中农行认购提倡股或由局、行给予透支而来，省农民银行有时亦然，故实际上全国农贷资金来自各行局的，约占总数 90%左右（见表 5-6）。①

表 5-6 1938 年底各农贷机关合作放款统计表　　单位：元

贷款机关	贷出累计数	收回累计数	放款结转数	结余数所占百分数
农本局	—		4322236.17	6.97
中国农民银行	58205637.84	28754291.94	29451345.90	47.50
中国银行	15084593.00	3290055.00	11794538.00	19.02
交通银行	2546314.19	1024173.10	1522144.00	2.45
湖南省银行	114207.60	—	114207.60	0.18
陕西省银行	253116.00	36166.00	217050.00	0.85
广东省银行	1784896.67	282571.57	1502335.10	2.42
福建省银行	3242079.66	1685603.72	1553478.94	2.51
广西农民银行	3752054.21	2440559.76	1311494.45	2.12
江西裕民银行	1542397.88	830083.54	712114.34	1.15
富滇新银行	132617.10	37389.20	95227.90	0.15
河南农工银行	197210.00	17210.00	180000.00	0.20
四川省合作金库	5794240.16	2077780.98	3716459.18	6.00
江西省合作金库	10324368.95	6042586.84	4280782.11	6.91
贵州省政府	452475.10	324852.91	127622.19	0.21
湖南省建设厅	228714.00	102529.00	126184.80	0.20

---

① 厉德寅：《三年来之农业金融及今后改进之途径》，《经济汇报》2 卷 1、2 期合刊，1940 年 7 月。

贷款机关	贷出累计数	收回累计数	放款结转数	结余数所占百分数
湖北省建设厅合作处	478221.15	——	478221.15	0.77
安徽省建设厅	8000.00	——	8000.00	0.01
陕西省合作委员会	1613692.04	1226099.61	387592.43	0.68
河南省农村合作委员会	6498.00	4853.00	1645.00	——
江西省农矿工商调整委员会	202956.36	107264.55	95691.81	0.15
总计	105964289.91	48288177.01	61998345.07	100.00

资料来源:《我国战时农贷统计表》第二表,《经济汇报》2 卷 1、2 期合刊,1940 年 7 月。

1939 年抗战进入第二阶段,国民政府为发展后方经济以支持长期抗战起见,对于农贷事业更为注意,农贷机构也因此逐渐增多。本年放款结余数为 11261 万余元,较上年度增加 5061 万余元,为上年度的 181.64%。就各贷款机关而言,仍以中农行居首,结余数为 4778 万余元,占总数 42.52%,绝对数虽较上年增加 1833 万余元,对全国放款总数反减少 5%。其次为中国银行,结余数只较前增加 300 余万,所占百分比由 19.02% 跌至 13.30%。农本局仍占第三位,结余数为 1292 万余元,较上年度增加两倍,占总数的 11.48%,较上年度约增加 65%,本年度绝对数、相对数都有增加,但增加速度较上年度大为减退。第四为四川省合作金库,占总数的 7.61%,第五为江苏省农民银行,占总数的 5.72%。省银行及地方银行的放款没有超过总数的 1.5% 的。在非金融机关中,以经济部合作事业管理局居首,结余数为 176 万余元,占总数的 1.57%。本年度交通银行合作放款结余数由 152 万余元减为 116 万余元,占总数百分比由 2.46% 减至 1.04%。总体而言,本年度仍以农本局及中农、中国、交通三行最重要。四行局放款结余额为 7685 万余元,较上年度增加 2976 万余元,大都系中农行及农本局增加,所占百分数为 68.25%，较上年度减少 7.7%，大部分系中国、中农二行的相对放款贷额减少所致。各省合作金库仍主要来自中央各行局（见表 5-7、表 5-8）。[①]

表 5-7　1939 年底各农贷机关合作放款数额表

贷款机关	贷出累计数	收回累计数	放款结转数	结余数所占百分数
农本局	—	—	12927803.52	11.48
中国农民银行	106044304.83	58256391.59	47787913.24	42.44
中国银行	22725979.00	7749776.00	14976200.00	13.30
交通银行	1676582.88	510179.79	1166403.09	1.04
湖南省银行	263945.85	103442.00	160503.85	0.14
陕西省银行	772206.80	282053.00	490153.80	0.43
广东省银行	2324627.92	713509.27	1621118.65	1.44
福建省银行	5271994.40	3880876.64	1391477.76	1.24
四川省银行	—	—	400000.00	0.36
甘肃省银行	—	—	628523.95	0.56
广西农民银行	3166065.00	181816.00	2984249.00	2.65
江苏农民银行	—	—	6440236.14	5.72
江西裕民银行	1868448.69	968234.99	900214.00	0.80
富滇新银行	—	—	592742.80	0.53
河南农工银行	197210.00	167210.00	300000.00	0.03
四川省合作金库	13924655.14	5356539.27	8568115.87	7.61
江西省合作金库	16018476.24	11161696.59	4856779.65	4.31
浙江省合作金库	—	—	2425660.63	2.15
经济部合作管理局	—	—	1768292.35	1.57
贵州省政府	467640.10	339810.70	127826.40	0.11

　　[①] 厉德寅：《三年来之农业金融及今后改进之途径》，《经济汇报》2 卷 1、2 期合刊，1940 年 7 月。

贷款机关	贷出累计数	收回累计数	放款结转数	结余数所占百分数
湖南省建设厅	558764.00	291526.00	267235.00	0.24
湖北省建设厅合作处	512517.72	201624.92	310892.80	0.28
安徽省建设厅	8000.00	5845.00	2155.00	—
陕西省合作事业管理处	1809591.77	1487534.12	322057.65	0.28
河南省建设厅合作事业管理处	552501.99	5987.00	546514.00	0.48
云南省合作事业委员会	—	—	610441.00	0.54
华洋义赈会四川分会	—	—	8385.00	—
贵州农业生产贷款委员会	300000.00	—	300000.00	0.27
总计	178478511.64	91663698.88	112611898.15	100.00

资料来源：《我国战期农贷统计表》第四表，《经济汇报》2卷1、2期合刊，1940年7月。

表5-8　1939年各类农贷机关放款情形

农贷机关类别	贷出累计数	收回累计数	放款结余额	结余数所占百分比
农本局、中国农民银行、中国银行、交通银行	130446066.71	66516350.38	76858319.45	68.26
各省地方银行及农民银行	13874498.96	6296781.90	15639219.95	13.90
各省合作金库	29944131.38	16518235.86	15850566.15	14.07
各省办理合作事业机关及其他	4209014.59	2332330.74	4263402.20	3.77
总计	178473511.64	91663698.88	112611898.15	100.00

资料来源：《我国战期农贷统计表》第三表，《经济汇报》2卷1、2期合刊，1940年7月。

1940 年,国民政府为扩充农贷,加强了对农贷的调整,特于四联总处下设立农业金融处,专司督促各农贷机关放款工作,为此颁发《农贷办法纲要》,草拟各种农贷合约蓝本,与各省订立农贷合约。该年放款额初拟订 4 万万元,后以数额固定有时反足以阻碍业务的发展,便于《农贷办法纲要》中规定该年度的农贷数额,由四联总处视各地事实需要,随时决定。1940 年底,五行局贷款结余额为 21000 万元,较 1939 年底约增加 1 倍。本年度各行局放款余额以中农行居首,占全体 45.8%,次为中国银行,占全体 24.3%,在其后相继为农本局与交通银行,中信局于本年 2 月开始办理农贷,该局将业务委托中国农民银行、农本局及四川省合作金库代办,其农贷在五行局中居末位。就各行局 1940 年度贷款余额与 1939 年相较,农行仍居首位,而所占百分比则由 57.37%减至 45.8%,较上年减少近 12 个百分点;中国银行所占百分比则由 14.92%增为 24.3%,增加近 10 个百分点,显示该年度中国银行对于农贷业务较以往重视;农本局所占百分比约减去 3 个百分点,大概为该局下半年来农贷资金不足所致。1940 年度各行局的农贷区域,分布极广,共达 21 省(见表 5-9)。[①]

表 5-9　1940 年度中央五行局农贷结余额　　　　单位:千元

货款机关	数额	所占百分比(%)
中国农民银行	96741	45.8
中国银行	51350	24.3
交通银行	14483	6.8
农本局	37858	17.9
中央信托局	10976	5.2
合计	211408	100.0

资料来源:《统计资料》,《中农月刊》3 卷 2 期,1942 年 2 月。

1941 年,国民政府对农贷仍采积极姿态。为求农贷迅速扩大及区域更为普遍,农业金融处着力于推进普设农贷机构,改进农贷办法,

---

[①] 厉德寅:《我国农业金融制度之展望》,《经济汇报》3 卷 9 期,1941 年 5 月。

继续与各省签订农贷合约，联系各有关机关。本年度国家各行局农贷
机构的一个重大调整是农本局退出农贷领域，其业务移交给其他各行
局。本年度全国 11 家银行的农贷全年贷出总额为 5.59 亿余元，年底
结余总额为 5.16 亿余元，其中，各国家行局贷出总额近 4.99 亿元，
年终结余额为 4.65 亿余元。就贷出总额言，中国农民银行以 2.59 亿
元居于首位，占全体的 46.3%，中国银行居其次，为 1.95 亿余元，占
34.9%，交通银行以 2800 余万元，占 5.1%，居第三位，其后为广东省
银行，中央信托局的贷款与浙江地方银行差不多。就贷款结余额言，
大致与以上差不多，中国农民银行占全体的 42.6%，居第一位，中国
银行占全体的 35.2%，居第二位，再次为交通银行与中央信托局。与
上年相比，中国农民银行所占百分比略有下降，而中国银行则再次大
幅度上升。以中央金融机关与地方金融机关比较，则全年贷出额，中
央四行局占 89.1%，各省地方银行占 10.9%；年终结余额中央四行局
占 90%，各省地方银行占 10%。[1]农贷区域遍及 18 省，948 县，借款
合作社 10 万余社，发生借贷关系的农民约 600 万人。[2]

表 5-10 1941 年度中中交农四行局农贷统计　　　　单位：千元

贷款机关	全年贷出额		年底结余额	
	数额	%	数额	%
中央信托局	15896	2.8	26856	5.2
中国银行	195153	34.9	181830	35.2
交通银行	28252	5.1	36210	7.7
中国农民银行	259260	46.3	220380	42.6
合计	498561	89.1	465306	90.0

资料来源：章景瑞：《农贷的现在和将来》，《经济建设季刊》创刊号，1942
年 7 月。表中四行局合计所占百分比是为它们占全部农贷的百分比，该年全部农
贷总额为 559465000 元，年底结余额为 516906000 元。

---

[1] 章景瑞：《农贷的现在和将来》，《经济建设季刊》创刊号，1942 年 7 月。
[2] 章少力：《我国农贷事业之过去与现在》，《经济汇报》8 卷 6 期，1943 年 9 月。

三、农业金融处的成立

如前章所述，抗战前，国民政府组织过农业金融制度设计的讨论，但对农业金融的推行却缺乏统筹计划，任由各金融机构各自为政、相互竞争，以致存在着重复偏枯、业务经营纷乱繁杂等弊病。国民政府还没有来得及对之进行调整，日本全面侵华战争爆发。抗战爆发后，商业银行农村放款完全停顿，省、县地方金融机构办理农贷为数甚微，国民政府为促进大后方农业的发展以支持抗战，主要通过政府控制的国家行局扩大农贷，于是，除中国农民银行及刚成立的农本局极力扩大农贷外，抗战前已经经营农贷的中国银行、交通银行也继续这一业务，中国银行的业务规模还有大幅度的增加，就连以前不经营农贷业务的中央信托局也于1940年加入这一行列。但是，紧急形势下的国民政府过分关注农贷规模的扩大，催促所有经营农贷业务的金融机构继续这一业务，仍然忽略农村金融的制度改进，因此，一如战前，对农村金融仍无通盘筹划与一贯政策，尽管有《战时合作贷款调整办法》和《扩大农村贷款范围办法》等文件提出要整理、统一农贷，不同机构的农贷应互相协商调整，但实际上，这些文件在扩大农贷的潮流中并没有引起关注，于是，少了商业银行后，几家国家行局办理农贷所形成的局面与战前相比，并没有什么不同，仍然是机构复杂，各机构各自为政、相互竞争。各行局的恣意竞争，彼此发生摩擦，终因农本局与中国农民银行在西康的冲突发生，使国民政府下决心对农贷进行调整。

西康事件发生于1939年，这年9月，西康省合作金库筹备处与农本局指派的重庆办事处分头在雅安地区的雅安、天全、荥经、汉源、芦山县筹设合作金库，除雅安县外，其余4个县都设有两个县合作金库，竞争激烈。次年4月，四联总处集中各方面意见，决定天全、荥经、汉源3县合作金库由农本局辅设，雅安、芦山两县则由中国农民银行辅设（时西康省合作金库筹备处已奉令撤销）。[1]

西康事件使各国家行局在农贷市场上的竞争白热化，也使多年来一直困扰着农村金融有效推进的纷乱复杂问题再次引起国民政府的关注，进而决定对农村金融进行调整。1939 年年底，经行政院召集有关机关会商，拟由四联总处添设农业金融处，以便随时督促联络。四联总处遂于第 13 次理事会决议添设农业金融处，赋予其职责是"集中设计，督促联络"，即调整各行局的农贷业务、草拟农贷规章、审核农贷合约等。

四联总处的前身是 1937 年 7 月中、中、交、农四行在上海合组的联合贴放委员会。抗战爆发后，为了安定金融、稳定经济，国民政府急需有一个具有权威性的战时金融中枢机构来处置战时特殊紧急金融事宜。为此，财政部于 1937 年 7 月授权中、中、交、农四行在上海合组联合贴放委员会，联合办理战时贴现和放款事宜。"八一三"事变后，财政部急令中、中、交、农四行在上海成立四行联合办事处，简称"四联总处"，由宋子文主持工作，四行高级人员一体参加，由宋指派中国银行副总稽核霍亚民兼任四联总处主任秘书，负责日常工作。自 1937 年 11 月一直到 1939 年 9 月，孔祥熙以中央银行理事会主席兼总裁的名义担任四联总处主席，主持一切工作。但因宋子文与中、交两行不愿配合，四联总处只是一个联系工作、协调行动的松散联盟式的办事机构，其主要任务是集中国家银行资力，配合和支持国民政府各项财政经济政策的实施。武行、广州沦陷后，局势变得更加复杂，如何统制整个金融经济以支持长期的抗战，朝野上下一致认为，必须有一个权威性机构来执掌全国金融中枢。1939 年 9 月，国民政府公布《战时健全中央金融机构办法纲要》，改组并成立中中交农四银行联合办事总处，负责办理战时金融政策的有关业务。《办法纲要》规定四联总处理事会设主席一人，常务理事三人。由国民政府特派之主席总揽一切事务。根据上述法令，由

---

[1] 中国农业银行四川省分行农村金融志编委会：《四川农村金融志》，四川大学出版社，1992 年，第 290 页。

兼任农行理事长的军委会委员长蒋介石出任主席，总揽一切事务。孔祥熙、宋子文、钱永铭为常务理事，协助主席执行一切事务。翁文灏、张嘉璈、徐堪、陈行、周佩箴、叶琢堂、贝祖诒等为理事。这样，四联总处集军事委员会委员长、行政院长、财政部长、经济部长和四行一局的首脑于一堂，其地位和权威确实达到至高无上的地步。《办法纲要》还规定四联总处负责办理政府战时金融政策有关各特种业务。四联总处下设有战时经济、金融两委员会，下设贴放处、发行处、汇兑处、平市处、特种投资处、特种储蓄处、物资处、收兑金银处八大处。这样，改组后的四联总处理事会成了名副其实的战时金融和经济的最高权力和决策中枢。①

在战时金融经济最高权力和决策机构四联总处里添设农业金融处，表明国民政府要加强对农村金融的调节和控制，期望通过农业金融处这个统筹各行局农贷事宜的办事机构，负起"调整全国农贷进行之步伐，使全国农贷渐趋于制度化"的使命。②这是国民政府首次设置统筹农村金融的机构，意味着农村金融有可能由纷乱复杂的混乱状态而趋于有序化、制度化。时人对之有很高的评价，视之为"开我国农贷之新纪元"。③

农业金融处原还设有农业金融设计委员会、农贷审核委员会。农业金融设计委员会的组成除农业金融处处长为当然委员外，由四行及农本局各派代表一人，另聘专家一人至三人，负统筹督促联络之责。1940年3月间，四联总处理事会主席蒋介石手令扩大原有农业金融设计委员会之组织，除四联总处总处秘书长副秘书长、农业金融处长及四行各派代表一人为当然委员外，另聘陈委员果夫等14人为委员，其职掌主要有改进农业金融制度、筹划及改进农贷办法，调查农村经济、考核农贷工作等。原有设计委员会则改为农贷审核委员会，负草拟农

① 董长芝：《论国民政府抗战时期的金融体制》，《抗日战争研究》1997年第4期。
② 厉德寅：《三年来之农业金融及今后改进之途径》，《经济汇报》2卷1、2期合刊，1940年7月。
③ 章景瑞：《农贷的现在和将来》，《经济建设季刊》创刊号，1942年7月。

贷规章、审核农贷合约之责。[①]

此外，在各省县（市）设立省县（市）农业金融促进委员会，由各国家金融机构在各地的农贷机构会同各地党政机关及其他有关团体、个人组织而成，经四联总处核准后，作为四联总处指导下的地方农贷设计、审核和办事机构。

四、农贷办法的调整

农业金融处成立后，在四联总处主持下，在短短几个月之内出台了一系列文件，提出了调整农贷的方针、准则及具体的办法，这些文件都要经四联总处理事会通过，而成为推进农贷调整、使之趋于制度化的政策依据。这些文件大致可分为三类：第一类是关于农贷的纲领性文件，如农贷办法纲要、农贷方针等。1940 年 2 月 20 日，四联总处第 20 次理事会首先通过《二十九年度中央信托局中国交通农民三行及农本局农贷办法纲要》，此后每年都要由四联总处通过《农贷办法纲要》，在农贷统归中国农民银行之后依然如此。1942 年开始，除《农贷办法纲要》外，还出台农贷方针。每年的《农贷办法纲要》和《农贷方针》都有些变化，这既表现了在农贷制度上所作的制度改进，也反映了随着局势的变化，农贷策略的改变。第二类是四联总处制定的各种农贷准则，主要是对各类放款的额度、期限、对象、贷款保障及利率等的分别规定，以作为各农贷机构实际办理农贷时的准则。1940 年的《农贷办法纲要》规定的农贷种类有农业生产、农产供销、农村副业、农产储押、农业推广、运输工具、农田水利、佃农购置耕地等 8 种，相应的准则有 8 种。以后，随着农贷种类的调整，农贷准则也随之有调整。第三类是关于各种农贷手续以及农贷合约蓝本，如 1940 年 6 月四联总处颁布《二十九年度中央五行局办理农贷手续临时办法》，对合作社及农业改进机构申请借款的手续，申请书表填具的方法，

---

① 厉德寅：《三年来之农业金融及今后改进之途径》，《经济汇报》2 卷 1、2 期合刊，1940 年 7 月。

承贷行局的调查及审核贷放时的手续，利息的计算及借款人展期归还等，均有详细规定。10 月四联总处又颁布《中央五行局办理各种联合农贷实施办法》，对战区、边区及不宜分区办理的农贷，由五行局联合办理等办法，进行了严格的规定，并将负责办理的区域，划分清楚，以避免重复偏枯之弊。

四联总处订立的《二十九年度中央信托局、中国、交通、农民三银行及农本局农贷办法纲要》[①]，是国民政府着手调整农贷的标志性文件，它既规定了农贷调整的方向，也涉及调整的具体方式，基本奠定了农贷调整的基本格局。它的主要内容有：

第一，农贷对象的调整。在此之前，我国农贷主要以合作社为对象，但合作社难以在短时间内普遍发展，为力求农贷规模的扩大，而扩大贷款对象。《办法纲要》规定农贷对象分为三类：一是农民团体，除合作社、互助社外，凡是借款协会、农会以及供销代营等组织，均可为贷款之对象；二是农民个人，凡佃农与自耕农均可直接请求贷款，不必经过任何中间机构；三是农业改进机关，凡以改进农业为目的之机关团体、学校均可向农贷机关直接申请贷款。如此，农贷对象扩大到合作社设置外的团体与个人，应该说使更多的团体与个人有了获得贷款的机会，这种规定，既可以说是合作社未普遍敷设时的应急之举，在某种程度上也可说是农贷办法的进步，它不仅仅局限于合作社，将更多的团体如借款协会、农业改进机关等纳入农贷的视野，当然，有些机关是否适合作为农贷对象值得讨论，如农会，时人就有不少对此的非议。

第二，农贷办理方式。《农贷办法纲要》规定了农贷办理的两种方式：联合办理及分区办理，各有各的适用范围，如农田水利、农业推广事业，要涉及数县甚至数省的，又如战区、边区农贷，非一行一局的力量所能或所愿单独承办的，则由各行局联合办理。后方各省农产丰富或交通便利之区，则由四联总处按各行局在当地经办情形，划定

①　《二十九年度中央信托局、中国、交通、农民三银行及农本局农贷办法纲要》，《中央银行月报》9 卷 3 号，1940 年 3 月。

区域，分任办理。关于联合办理区域的农贷工作，由各行局推定代表行局办理，放款数额由各行局按下列比例分担：中信局15、中国25、交通15、农民35、农本局10。关于分区办理的农贷工作，各行局依照四联总处所定后方各省农贷区域表（在一省之内，各行局分配有一定县数），在其分配区域内，推进贷款。关于各省的农贷区域表，兹以四川、西康为例①，以示其情形：

四川：
中央信托局：

| 巴县 | 江北 | 长寿 | 丰都 | 涪陵 | 石柱 | 彭水 | 黔江 | 酉阳 |
| 秀山 | 綦江 | 南川 | 安岳 | 乐至 | 三台 | 重庆市 | 共16县市 | |

中国银行：

| 巫山 | 奉节 | 云阳 | 开县 | 万县 | 铜梁 | 潼南 | 大足 | 永川 |
| 内江 | 荣昌 | 隆昌 | 资中 | 资阳 | 简阳 | 巫溪 | 共16县 | |

交通银行：

泸县	纳谿	富顺	南溪	宜宾	荣县	乐山	峨嵋	犍为
江安	合江	庆符	长宁	珙县	古蔺	古宋	兴文	叙永
自贡市	共19县市							

中国农民银行：

广元	昭化	剑阁	巴中	达县	仪陇	阆中	梓潼	江油
北川	彰明	安县	绵阳	南部	蓬安	西充	南充	营山
渠县	岳池	广安	邻水	大竹	垫江	新繁	彭县	郫县
温江	成都	双流	新津	彭山	仁寿	威远	井研	眉山
青神	丹棱	夹江	汶川	崇宁	灌县	崇庆	大邑	邛崃
蒲江	洪雅	茂县	名山	平武	松潘	理番	懋功	华阳
成都市	苍溪	武胜	绵竹	新都	蓬溪	盐亭	遂宁	射洪
什邡	罗江	江津	合川	璧山	中江	金堂	德阳	广汉

---

① 《中中交农四行联合办事总处三十年度农贷报告》，四联总处渝分处：《关于1942年度农贷问题》，重庆市档案馆档案，案卷号0292-1-207。

万源　宣汉　开江　梁山　通江　南江　忠县　城口　共80县市

四行局联合办理由农民银行代表：

靖化　峨边　马边　雷波　屏山　高县　筠连　共7县

西康：

农本局：

天全　荣经　汉源　康定　泸定　计5县

中国农民银行：

雅安　芦山　越嵩　冕宁　西昌　计5县

　　贷款区域经指定后，如有其他行局已在该区办理农贷时，则采取下列方式之一，推由四联总处核定：（1）指定行局接收办理，并尽量维持原有机构；（2）由指定行局与原放款行局联合办理，其分担成分由行局商定；（3）由指定行局委托原放款行局继续办理，其业务及账目由委托行局审核。

　　《农贷办法纲要》规定联合办理、分区办理的办法，其目的在，既集中力量，分头并举，以求农贷的普遍；又避免各行局在同一区域内业务之重复。此种办法并非最为理想，但在农贷由复杂趋于调整的过程中，不失为一种权宜之策。

　　第三，农贷种类的增加。《农贷办法纲要》列有8类农贷，除过去已举办的生产、供销、储押及农田水利等贷款外，增添了农村运输工具、佃农购置耕地、农村副业及农业推广等贷款，其意在扩大贷款范围，其中有些则是以前所没有的，如佃农购置耕地贷款，被国民政府赋予以实现孙中山"耕者有其田"政策之意义。

　　第四，贷款数额的提高及手续的改善。鉴于过去贷款数额的不足及办理手续的繁琐，《农贷办法纲要》第八条规定"贷款之数额应予提高，以适合当地农民之生产需要"，"贷款手续力求简捷适应农时"。

　　第五，与地方党政机关的联系。《农贷办法纲要》规定，在农民团体尚未健全普及的区域，行局认为必要时，可协助地方政府辅导农民组设互助社等团体；各地有关农产指导工作，行局均应积极参加；行局应联络地方党政机关协同调查、宣传、倡导。

第六，农贷业务的设计与监督。最为根本的，《农贷办法纲要》规定各行局办理农贷均应该在四联总处的主导下，依照农贷办法纲要进行，要接受四联总处的监督，各行局与地方政府签订农贷合约，应由四联总处核定，办理之进度随时由四联总处考核。

《农贷办法纲要》使长期以来纷乱复杂的农贷走向规范统一的依据，它的基本精神是在四联总处的主导下，各行局加强分工合作，力求扩大贷款种类，提高贷款数额，统一贷款手续。其实质是农贷由过去的各金融机关各自为政、相互竞争而转向由四联总处加强对其控制，至于其在制度改进上的意义则仍属有限。

在制定《农贷办法纲要》之外，四联总处还颁发了《农贷准则》《农贷手续办法》及《农贷合约蓝本》，这是鉴于以往各机关办理农贷，均各有其贷款办法，而各省合作主管机关，亦各有规章，纷乱复杂，殊不一致，期望以此统一农贷办法，使各行局共同遵守。具体说，统一农贷的办法有：

第一，四联总处各种农贷准则。该准则就农业生产、农业供销、农村副业、农产储押、农业推广、农村运输工具、农田水利及佃农购置耕地等八种贷款，用途、贷款成数、期限、对象、保障方式及利率等，均有明确规定，以为各行局办理农贷的标准。

第二，办理农贷手续暂行办法，又分为办理合作农贷手续暂行办法、办理农贷改进机关借款手续暂行办法，及办理农贷个人借款手续暂行办法三种。其中，办理合作农贷手续暂行办法对申请借款的手续，申请书表的填具，承贷行局的调查及审核，贷放时的手续，还款的预先通知，利息的计算，及因不可抗力而引起的展期偿还等，均有明确规定。此办法系以依法登记的合作社或联合社为贷款对象，其他农民团体借款时，也可适用本办法，故本办法实为办理农贷手续最重要的规章。

关于办理农事改进机关贷款的手续，大体与合作社相同，只是农事改进属专门技术，故其申请期间及审核期间，较对合作社者为长，且因放款数额较大，而机关本身又不如合作社社员间负有保证责任，故另需要担保品或承还保证人，以谋贷款之安全，本办法所称的农事改进机关范围比较广泛，凡依法设立的中央、省农业改进及推广等机构，各地实验场所及各级农业学校社团等，均包括在内。

关于农民个人借款手续办法，也大体与对合作社者相同，不同的是，农民既系个人借款，必须有承还保证人始可，有时须附有担保品，借款利率仍以当地合作社对于社员贷款利率为准，贫农可以酌减，但不得少于月息九厘。本办法所谓农民个人，指佃农及自耕农，且须受下列限制：（1）家主地位，（2）未加入合作社或其他团体者，（3）借款者须于一年内或债务清偿时，加入附近之合作社或农民团体，否则翌年或以后不得申请借款。这是鉴于合作组织及农民团体尚未普遍设立，为使无团体组织之农民，也有获得借款之机会起见，特订有本办法。

第三，各种农贷合约蓝本：为统一同种性质农贷合约内容，以避免因立约人不同而有差异，四联总处厘订了各种合约草约，计有：（1）普通区农贷合约草约。此系五行局与各省所订包括各省放款的总合约，适用后方及非战区，内容大体根据农贷纲要，约内订有各行局分区办理及联合办理二种，但十九为分区办理。（2）战区农贷合约草约。战区情形特殊，非任何一行局所愿单独承办，故悉为联合办理；贷款对象选择较严，仅限于农民团体一项；放款种类也只以农业生产、农业供销、农村副业、农村运输工具等四项为限。必须由订约的行政机关负保证偿还之责。战区合约所以有此等不同规定，目的在保障放款安全。（3）边区农贷合约草约。边区是一种特殊区域，大概介于普通区与战区之间，贷放目的亦含有政治意义，全部系联合办理，贷款对象及贷款种类，以农贷纲要中规定为准。贷款订约的行政机关负保证偿还之责。（4）农业推广贷款合同蓝本。本约所指之农业推广，以生产或采购种子肥料、农具、运输工具副业工具、病虫害防治药剂等事业为限，贷款数额最高不得超过实际预算总额的八成，其余二成自行筹措，且推广经费不得列入预算，并需由省政府负承还保证之责。本约条件颇为严厉。（5）农田水利贷款甲种合同草案、乙种合同草案。农田水利贷款用途，包括筑坝、开渠、汲水灌溉、建蓄水库排除农田积水等工程，甲种合同系由各行局与省政府合组农田水利贷款委员会经办，其下设立工程处，办理各项工程之设施，贷款总额由省政府与五行局按二八成分担，农贷会设总工程师及会计课长各一人，由各行局派员充任，省政府对于各行局之贷款，负保证偿还之责，但各项工程倘因设计不合理或施工不慎，致不能利用时，其贷款损失由双方平均负担，甲种合约之精神，系双方共同办理，故损失也共同负担。至于乙种合约，双方并不设立农贷会，仅由省政府设立工程处经办，贷款总额由双方分担成数不定，随时磋商。乙种合约系由省政府独负实际办理之责，各行局贷款仅为一种借放性质，故倘因设计不周或施工不慎致不能利用时，其贷款损失应全部由省府负担。上述各种草约蓝本，各行局与各省有关机关订贷款时，即以之为根据，然后参酌当地实际情形，酌予修改，于统一中得兼顾个别特殊情形。

四联总处自订立农贷办法纲要、农贷准则及各种合约蓝本后，即由各分支处邀集各行局与省府代表商订合约，1940 至 1941 年间，各行局陆续与各省签订合约，既有普通区贷款合约，也有边区贷款合约、战区合约，此实显农业金融处设立后，所负各行局农贷业务督促联络之责。[1]

1941 年，农本局奉令停办农贷业务，将其移交给其他行局，这是农贷机构的重大调整。本年的《农贷办法纲要》，其主旨仍是推进农贷规模的扩大，同时，为使农贷更加切合事实与环境，较上一年度做了改进，即不再笼统强调农贷的扩大，而是根据不同区域的不同情形，提出各行局办理农贷的侧重点，在后方注意食粮生产增加，以及垦殖、水利、农村及手工业等事业；在前方注重食粮生产自给，并协助有关机关办理农产品产销事宜；在收复之沦陷区域，注重农业生产的复兴。本年度因新出现了新县制各级合作社，为配合新县制合作社的推行，四联总处颁发了《推进新县制各级合作社农贷暂行办法》，以使旧有合作社与新县制合作社交替之时，办理农贷不致脱节。[2]

---

[1] 厉德寅：《我国农业金融制度之展望》，《经济汇报》3 卷 9 期，1941 年 5 月。
[2] 章少力：《我国农贷事业之过去与现在》，《经济汇报》8 卷 6 期，1943 年 9 月。

第三节 合作金库的迅猛发展

抗日战争爆发后，国民政府通过推动国家行局经营农贷业务，以扩大农贷规模的同时，又通过国家行局等提倡机关推进合作金库的辅设。根据 1936 年 12 月实业部颁布的《合作金库规程》，担任辅设合作金库的提倡机关限于各级政府、农本局及其他不以营利为目的之法团等，其中以农本局为最主要提倡机关。1938 年，鉴于农本局的局限，经济部修改《合作金库规程》，将原本排斥在提倡机关之外的"农民银行、地方银行及办理农贷各银行"加入其中。1939 年起，提倡机关增多，1939 年中国农民银行加入，1940 年中国银行、交通银行、中央信托局等行局也相继加入。提倡机关的增多，尤其是相对于农本局来说资金相对充裕的各国家行局的加入，推动了合作金库的大量设立，从而在 1938－1941 年间形成了合作金库的发展高潮。

一、农本局辅设合作金库

1938 年起，农本局将辅设合作金库作为中心工作。在该局制订的辅设工作两年业务计划中，规定以川、康、桂、黔、滇、陕等省为发展业务的中心区域，以甘、豫、湘、鄂、赣、粤等省为外围区域，推广开始，多集中于中心区域，外围区域略加兼及。1938 年，农本局对辅设合作金库制定了地域分布上的两个原则，一是沿交通路线，二是集体式配置。其基本理由是："盖合作金库业务之管理与指导，以及各金库间资金之调拨，应采合理方式，方便管理。沿交通路线，则可呼应灵捷。但后方各省满足此要求殊难，故辅以集体式之配置，俾可相互扶助，共收指臂之功。"这一年农本局增设 59 库，分布于川、黔、桂、湘、鄂五省，其中四川 22 库，分布于沿涪江流域、沿长江流域、沿川陕公路、沿川湘公路；贵州 16 库，分布于沿川黔、滇黔、湘黔、湘桂四公路；广西 17 库，分布于桂省东南及东北各公路及湘桂铁路沿线；湖南 11 库，其分布区域集中于湘西；湖北 2 库，在鄂西与川省交界处的 17 县内，作集体式之配置。①

1939 年的辅设工作力求充实已设各库，如实行辅导员制度、沟通各库汇兑、试办实物贷款及试设分理处等，同时扩大设库区域，一改上年沿交通沿线和集体配置的原则，"一面深入后方偏僻闭塞区域，一面挺进临近战争区域，如桂之西北、川之东北西南、黔西南以及康滇内地，皆为穷乡僻壤之区，本年度均有新库成立，同时接近战区如鄂之宜都、宜昌、枝江、松滋，湘之岳阳，亦派员分别筹设新库或恢复旧库"。②是年，除增设四川 8 库、贵州 13 库、广西 8 库、湖南 1 库、湖北 10 库共 40 库外，另在陕西、西康二省开拓新库 12 库。截至年底，新设数达 52 库，连前合计增至 128 库，在筹设中者尚有 40 余库。③

1940 年，四联总处为扩大农贷，制定《二十九年度中央信托局、中国、交通、农民三银行及农本局农贷办法纲要》，这对农本局辅设合作金库影响甚大。《纲要》规定各行局分担农贷比例和贷款区域，其比例为中国银行 25%，交通银行 15%，农民银行 35%，中央信托局 15%，农本局 10%，农本局所担任的，必要时可由其他行局垫付。划区贷款的结果，使农本局辅设合作金库的区域十去其九，而其所受指定区域，又多属接近战区及向未前去推动之地。受此影响，农本局未再筹设新库，仅对上年已筹备各库辅导使其成立，对已成立各库使其质量更趋健全。④本年增设新库计 47 库，其中四川 13 库、贵州 10 库、广西 7 库、湖南 1 库、湖北 1 库、陕西 6 库、云南 6 库、浙江 3 库，连前共 175 库，但其中湖南沅陵、东安、泸溪，西康西昌、芦山、越嶲、冕宁等 7 库移交中国农民银行接办，实际辅导 168 库。⑤1941 年 1 月，农本局奉令将所辅设的合作金库全部移交给中国农民银行、中国银行、交通银行、中央信托局等行局。

---

① 农本局研究室：《中华民国二十七年农本局业务报告》，1939 年，第 16 页。
② 农本局研究室：《中华民国二十八年农本局业务报告》，1940 年，第 41 页。
③ 黄肇兴：《中国合作金库发展史之鸟瞰》（下），《新中华》复刊第 1 卷第 11 期，1943 年 11 月。
④ 农本局研究室：《中华民国二十九年农本局业务报告》，1941 年，第 11 页。
⑤ 黄肇兴：《中国合作金库发展史之鸟瞰》（下），《新中华》复刊第 1 卷第 11 期，1943 年 11 月。

毫无疑问，在结束辅设合作金库前，农本局是最主要的辅设机构。1937 年到 1939 年，每年实存的合作金库有一半是农本局辅设的，1940 年因中国农民银行等的参与，所占比例有所减少，但仍超过四成[①]。从农本局所辅设合作金库的资本来源看，1937 至 1940 年底，农本局所认提倡股总额达 1618 万余元，占总股本的 88.6%，[②]合作社所认股本微乎其微，而由省政府、省合作金库及其他机构所认者也非常有限。

表 5-11　各辅导机关辅设合作金库统计表

年份 辅导机关	1937 年以前	1937	1938	1939	1940
省合作金库	—	4	67	81	111
省政府或省合作行政机关	—	3	5	11	21
农本局	—	17	76	128	168
中国农民银行	—	—	—	29	82
中国银行	—	—	—	—	14
其　他	2	3	3	1	1
合　计	2	27	151	250	397

说明：表中数字为每年实存的县合作金库数，包括非直隶行政院之市库在内，也包括省合作金库于县市所设分库或办事处。

资料来源：黄肇兴：《中国合作金库发展史之鸟瞰》（下），《新中华》复刊第 1 卷第 11 期，1943 年 11 月。

表 5-12　农本局辅设的合作金库资本来源　　　单位：元

省份	合作社认购	农本局认购	省金库认购	省政府认购	其他机关认购
四　川	26740	3407200	816150	—	49310
贵　州	28910	3485000	—	387090	—
广　西	18140	3184930	—	—	1000
湖　南	10740	1247290	—	—	41070

---

① 黄肇兴：《中国合作金库发展史之鸟瞰》（下），《新中华》复刊第 1 卷第 11 期，1943 年 11 月。

② 顾尧章：《中国之合作金库》，《金融知识》2 卷 3 期，1943 年 5 月。

省份	合作社认购	农本局认购	省金库认购	省政府认购	其他机关认购
湖　北	12890	1164350	—	118760	
陕　西	5810	894140	—		50
云　南	1500	299300	—	59850	239400
西　康	5400	728790	—	—	—
浙　江	1120	238890	—	59550	
共　计	112050	14515420	816150	625250	351330

资料来源：农本局研究室：民国二十七、八、九年《农本局业务报告》。

　　农本局不只是提倡机关之一，它是被国民政府赋予了辅设合作金库使命的。1936 年 4 月，实业部长吴鼎昌就提出拟设立的农本局将成为统一农业金融的机构。[1]如何以农本局统一农业金融，实业部研究的结果是，由农本局试办代理中央合作金库，由该局辅设全国各县合作金库，再进而推广省库，待各省库普遍成立后，即正式成立中央合作金库。[2]这意味着，为去除农村金融纷乱复杂的弊端，在合作事业未能普遍健全发展，不能自发建立合作金融组织时，国民政府寄希望于通过农本局的提倡，循着自下而上的路径建立整个合作金融制度。然而，事业未竣，农本局却被终止了使命，这究竟是为什么？

　　问题首先在于农本局不只是被赋予了辅设合作金库的使命。农本局筹组时，吴鼎昌提出《农本局办法大纲》（《农本局组织规程》即以此为基础修改而成），征求金融界的意见。《大纲》提出要把农本局发展成为"全国性的农业金融与农产供销业务的促进机关"。[3]对此，金融界提出了质疑，中央银行、中国银行、交通银行联名提出这是两种性质不同的工作，不宜兼营，"流通农业资金，为金融机关之工作；调整农业产品，则为政府对于农业之行政设施。二者宜分工而不宜兼营，宜合作而不宜分驰"；[4]更有认为"农本局如果能做到接济农业资

---

① 郑林庄：《论农本局》，《独立评论》第 206 号，1936 年 6 月 21 日。
② 《农本局筹办合作金库》，《银行周报》21 卷 7 期，1937 年 2 月 23 日。
③ 农本局研究室：《经济部农本局概况》，1942 年，第 4 页
④ 《银行界对农本局组织意见》，《银行周报》20 卷 20 期，1936 年 5 月 26 日。

金一点，它的成功已是很大，对于国家的贡献已算不小。……农产买卖与农产调剂是如何巨大的任务？试问农本局这有限的资金与能力，如何能兼顾它们？"①这些质疑一语中的，指出了实业部的制度设计对农本局的定位不清。初始的定位不清，为后来农本局经营内容和范围的不断调整埋下了伏笔，而这些调整终致成为农本局的一大拖累。

农本局的业务有调整农业产品、流通农业资金两大部分。流通农业资金的业务比较固定，主要是辅设合作金库，对农田水利、垦殖、一般农业生产及农产加工提供贷款。为节省开支，在开展这些业务时，农本局尽量与当地政府、技术及金融等方面合作。以此种方式开展业务，是农本局经营的一大特色，通过联络有关各方有利于顺利推进业务，但是不利于农本局自身机构的充实，为农本局被改组埋下了伏笔。

调整农业产品的业务却随着战时局势的变化而一再调整。成立之初，农本局以建设农仓为中心，并自营粮食购销、代购军粮民食。抗战爆发后，农本局承担了越来越多的农产分配任务。1938年，国民政府改组政府部门时，将农产调整委员会并入农本局，改为农业调整处，为了调整战时农产购销，农业调整处日趋偏重于自办购销，农本局的任务被大大增加。农产调整委员会的并入成为农本局业务增加的一个转折点，时任农本局总经理的何廉甚至认为这是一个大错误。②1939年底，面对日益高涨的通货膨胀，经济部成立平价购销处，负责办理粮食、棉布、煤炭、日用品等四类物资的平价供应工作。经济部本应设置专门机构对此类业务加以统制，却将粮食、棉布的平价供应委于农本局。此时农本局承担的不只是一般意义上的农产购销和调整，而是要控制、分配粮食和花纱布等重要物资，控制物价的重任，尤其是被迫承担粮食管制的任务，农本局根本无力承担，"在战争和通货膨胀的条件下，食物控制是一项十分复杂和困难的事"，让"一无资金，二无人手，三无政治权力"的农本局接手如此棘手的问题，根本难以应付，农本局的经营遇到极大困难，其与相关机构和人员的冲突和矛盾

---

① 郑林庄：《论农本局》，《独立评论》第206号，1936年6月21日。
② 何廉：《何廉回忆录》，中国文史出版社，1988年，第171页。

也愈趋激烈。①农本局不堪其累，最终陷入困境，这不仅极大地限制了农本局在金融业务上的进展，也成为国民政府改组农本局的重要原因。

与业务的定位不清相关，农本局的机构设置也存在问题，主要有二：（一）地方机构不充实。农本局成立时，主要只是设置中央机构，内部分设农资、农产、会计三处，研究、稽核、事务三室及秘书三人，农产调整委员会并入后，原有农产、农资两处改为业务、农业两处。基层机构，农本局一开始采取逐步推进的策略，将国民政府实际控制区域划分五区，先择定一二区域，促进这些区域建立合作金融及农业仓库组织，并拟于重要地点设分局或专员办事处，②但计划在各地设立的分局并没有实现，只是随着业务规模的扩大，1938、1939年先后在鄂、湘、黔、川、陕、桂六省设立专员办事处，③于是，在农本局的中央机构与基层的合作金库、农业仓库之间只有数量有限的专员办事处，地方机构并不充实。农本局的策略是，为"避免本局之多设机构以节省人力"，强调业务开展要与当地政府、金融、技术各方面合作。为节省成本，农本局的考虑有其合理的一面，但是一味地强调节省成本，而不加区别地将其业务特别是农业贷款、辅设合作金库等核心业务委托其他机构代办，势必造成农本局在农村金融业务上被边缘化。

（二）随着农产分配任务的不断加重，专门购销机构的设立及扩张。农业调整处为办理农产购销业务，将前农产调整委员会的棉业办事处，改为福生庄，设总庄于重庆，并在湘、鄂、浙、陕、豫、川、桂、滇各省及上海、香港、海防等处，设立分支庄办事处，以及收花处，专负办理花纱布及其他农产品的购销事务。④相比较而言，农本局在农产分配上的机构要比农村金融上充实得多。农本局被改组时，终止了农村金融业务，只留下花纱布的购销，从机构的设置上已可看到端倪。

农本局还存在严重的资金困境。按规定，农本局由国民政府和各

---

① 农本局研究室：《经济部农本局概况》，第 15-18，20-21 页；何廉：《何廉回忆录》，第 166-195 页。

② 农本局研究室：《经济部农本局概况》，第 4 页。

③ 农本局研究室：《经济部农本局概况》，第 9 页。

④ 农本局研究室：《经济部农本局概况》，第 9-10 页。

银行共同出资组成，其资金分为固定资金、合放资金、流通资金，其中固定资金为 3000 万元，由政府自 1936 年起分五年筹拨；合放资金 3000 万元，由各参加银行分五年缴清；流动资金数额，由该局与各银行协定。[1]但除政府每年的 600 万元勉强能够拨付外，各银行的合放资金，除拨付第一期外，其后未继续拨付。[2]1938、1939 年，因有农产调整委员会并入时 3000 万元资金的归并，以及中国农民银行合作收购川、黔、陕三省农产品与四行棉花押款，可以周转、购销、农贷两方面的资金应用，尚不成巨大困难。1940 年，政府的固定资金已经拨足，农产品押款也难于应用，首先感觉困难的是农贷资金无法周转，此时，四联总处正主导各行局扩大农贷业务，农本局所分得的份额很少，正是农本局资金不足的反映。

农本局尽管在辅设合作金库上表现积极，但毕竟资金有限，而使合作金库推进的进展缓慢，难符国民政府扩大农贷的期望，这直接导致国民政府一步步缩减农本局在农村金融方面的业务。首先是 1938 年经济部修改《合作金库规程》，将原被排斥在辅设合作金库之外的各银行添加到提倡机关列；其次是，减少农本局承担的农贷比例。1940 年，四联总处制定《农贷办法纲要》，规定了各行局分担农贷款项之比例与各行局之贷款区域，其比例为中国银行 25%，交通银行 15%，农民银行 35%，中央信托局 15%，农本局 10%，农本局所担任的，必要时可由其他行局垫付。四联总处对各行局贷款比例如此划分，农本局所占比例之低，实是对农本局资金匮乏现实的承认。划区贷款的结果，使农本局辅设合作金库的区域十去其九，而其所受指定贷款区域，又多属接近战区及向未前去推动之地。尽管农本局对已成为其他行局贷区的已设各库可继续辅导，但非农本局贷区或非农本局参加合办的区域，如果无他行委托，则基本不能前往筹设新库。最终于 1941 年 1 月，行政院令，农本局原办农贷业务移交农民银行接办，所有各种联合农贷，原定由农本局应摊成数，改由农民银行担任，被赋予重任的农本局，竟悲剧性地结束了其所承担的使命。

①姚公振：《中国农业金融史》，第 228-230 页。
②农本局研究室：《经济部农本局概况》，第 18 页。

二、中国农民银行辅设合作金库

中国农民银行辅设合作金库开始于1939年，但早在抗战前，就以提供转抵押透支的形式开始了对合作金库的扶助，转抵押透支是各合作金库以合作社出具的借据作为抵押，向农行借款，之所以要采取这种方式，是因为考虑到各省县合作金库初成立，基础未稳，待将来合作金库组织趋向完备、基础稳固时，农行方能对金库订立透支契约。最早获得中国农民银行抵押透支的当是四川省合作金库，1936年11月，四川省合作金库成立时，额定资本1000万元，但四川省政府资金短缺，其所认缴的股金，除所拨川北通江等十县救济贷款20万元、现金40万元外，还有以四川建设公债预约券250万元向中国农民银行抵押透支的100万元，共计160万元。[①]1938年，四川省合作金库自有股本及提存公积金等共仅225万余元，不足以应付放款需要，其所赖以周转的，是这年8月以后该库获得中国农民银行协定办理各县库转抵押透支的援助，据此，该库得以各县库借款之凭证转向中农行抵借。[②]

1937年，江西省合作金库成立时，额定资本500万元，但实收仅110万元，大部分资金仍赖银行借款，[③]其中主要是来自中国农民银行，1938年7月，其与中国农民银行订定了转抵押协约，总额定为300万元，规定农行无论直接间接贷出之各种贷款，除即将成立金库之县外，均转归省金库承受，随后南昌县金库成立，亦与农行订定转抵押协约。[④]此外，江西省合作金库还从交通银行、江西裕民银行获得贷款。[⑤]1938年，湖北省与中农行订定"促进湖北各县合作金库暂行办法"，拟定转抵押契约准则。贵州省政府以农村合作委员会资力短绌，并顾虑将

---

① 四川省合作金库：《民国二十六年度四川合作金融年鉴》，第289页。
② 黄肇兴：《中国合作金库发展史鸟瞰》（下），《新中华》复刊第1卷第11期，1943年11月。
③ 同②。
④ 林崍：《七年来中国农民银行之农贷》，《中农月刊》1卷1期，1940年1月。
⑤ 江西省合作金库研究室：《江西省合作金库概况》，1939年，第101-103页；徐世润：《江西省之合作事业与农业金融》，《中农月刊》1卷2期，1940年2月。

来合作金库流动资金不敷周转，特与农行洽商借款 50 万元，充作提倡股本。[①]

1939 年，中国农民银行正式开始在大后方各省自行推设合作金库。农行本年内筹设的县合作金库甚多，最终成立者共有 29 库，其中贵州 13 库、广西 7 库、湖南 7 库、湖北 1 库、陕西 1 库，农行除对辅设之合作金库认购提倡股外，还规定凡放款超过 10 万元股本的，可以合作社向该库借款之凭证转向该行抵押，这是中国农民银行辅设合作金库与农本局的一个不同之处，农本局因绌于资金，认购提倡股之外，难再向合作金库提供资金融通。另一不同之处，农本局将辅设的重点放在县合作金库，而中国农民银行既大规模辅设县合作金库，也投资辅设省合作金库。这年，农行认购浙江省合作金库提倡股本 50 万元，对四川省合作金库也认购提倡股，并参与省库所设的各地县库辅导。四川省合作金库本年 7 月扩充资本至实收 1000 万元，由省政府与中国农民银行以三七比例认足。四川省库本年内增设江油等 6 县库，并改组达、灌二县分库为县库，连此前所设共有 46 县库及重庆汇兑处一处，其中永川、绵阳等 36 县库系与中国农民银行共同参加认购提倡股。江西省合作金库的周转资金，除一部分专款外，仍大部分有赖于银行投资，到本年 10 月，中国农民银行透支额累积达 500 余元，江西裕民银行的透支额度增加到 50 万元，另外，合委会还与该行订立农仓储押，亦以 50 万元为度，此项经合委会悉数拨交省库经管核放。交通银行亦均续有透支。[②]

1940 年，四联总处颁行《农贷办法纲要》，各行局中，中国农民银行获得最多的农贷分担成数，对其推动辅设合作金库也最为有利。中国农民银行继续给予各省库金融上之协助，四川省合作金库自上年增加股金以来，本年业务益为扩大，截至年底该库辅设之 67 库中，由中农行参加认购提倡股者有 51 库。江西省合作金库本年内提倡股经中

---

① 林崧：《七年来中国农民银行之农贷》，《中农月刊》1 卷 1 期，1940 年 1 月；徐世润：《江西省之合作事业与农业金融》，《中农月刊》1 卷 2 期，1940 年 2 月。

② 黄肇兴：《中国合作金库发展史鸟瞰》（下），《新中华》复刊第 1 卷第 11 期，1943 年 11 月。

国农民银行参加认购250万元后,实力为之一振,各省政府、经济部及各合作社所认之股金等共达470余万元,再加以原有专款、存款及借入款等实际运用之资金,为数颇巨。福建省合作金库发动于1936年,终以基金无着未能成立,至1939年拟从闽侯、龙溪、莆田、晋江等四县筹设县库,又因战事影响而罢。1939年5月,经合作主管当局与有关各方积极筹设,省库乃告成立,额定股金100万元,除合作社认购外,不足之数由省府认购提倡股20万元,余由中农行及省银行分担。[①]至此,中国农民银行辅设之省库达到4库。该行本年增设县库53库,其中贵州16库、广西12库、湖南16库、湖北1库、陕西7库、甘肃20库、云南2库、西康5库、福建2库并筹备重庆市库,连之前共82库,[②]若加上参与辅设的四川省71县库,则达150余库。

1941年,中国农民银行又辅设成立重庆市合作金库及县库63库(内有从农本局接收者),这年底,该行所辅设的合作金库共有省库4个,市库1个,县库213个。农本局结束辅设合作金库使命后,中国农民银行则成为最主要的提倡机关。

三、其他机构辅设合作金库

辅设合作金库的国家行局,除农本局、中国农民银行外,还有中国银行、交通银行、中央信托局。

中国银行辅设合作金库始于1940年,该行认为合作金融系统之机构不利于银行,其对辅设县库组织的兴趣极低,因此在中国银行贷放区域内,多自设办事处负责办理农贷工作,而交通、中农、中信局暨各省合作金库贷放区域,大半设有县市合作金库。[③]这年辅设成立的县库约14库,分布于川、黔、甘、滇、豫等省,此外,接办原由四川省合库辅设的永川、潼南等7库,原由浙江省合库辅设的江山、常

---

① 黄肇兴:《中国合作金库发展史鸟瞰》(下),《新中华》复刊第1卷第11期,1943年11月。

② 同上。

③ 秦柳方:《论当前农贷》,《经济论衡》2卷2期,1944年2月。

山等 10 库，由农本局移交该行的四川巫山、巫溪 2 库，广西平南、蒙山 2 库，湖北巴东、秭归 2 库及陕西洋县 1 库，中国农民银行曾转让贵州榕江，甘肃酒泉、张掖等库。到 1942 年 7 月该行移交合库时，总计直接辅设与接办者 32 库。

1940 年，五行局划分贷款区域后，交通银行的贷款区域遍及川、黔等 19 省，其所辅设与接办之合库，年有增加。到 1941 年 1 月底，有四川纳谿、犍为、宜宾等 16 县库，贵州咸宁、赤水等 7 县库，广西全县、兴安等 8 库，湖南临醴、沣县 2 县库，甘肃静宁、泾川 2 县库，到 1942 年 8 月移交时，四川省剩 8 库，贵州、广西各增 1 库，其他省依旧，合计 29 库。

中央信托局办理农贷开始于 1940 年，该局没有直接辅设合作金库，但因实行贷款分区，接收了其他机构辅设的合库。到移交时，该局接办的合库共计 32 库。

除上述国家行局外，江西、四川、河南、陕西、云南等省省政府、合作行政机关及各县政府，及四川、江西、浙江、广西等省的合作金库在辖区范围内也参与了辅设工作，1939 年以后，浙江、湖北、福建、广西等省地方银行也先后参加提倡辅导。[①]

在提倡机关的辅导推动下，自 1936 年第一个省库的创立，到 1944 年的 8 年间，合作金库的发展很快，1937 年只有省库 2 库，县库 22 库（包括停业各库），到 1944 年，省市库增加到 8 库，县库更增加到 466 库，若包括不明设置县份的 10 库及停业的 19 县库，共达 495 库，尤其是 1939、1940 年间增加可谓迅猛，1941 年增加数量也不在少数，但明显增速趋缓。在分布区域上，由冀、鲁、皖、苏等省进而遍及西南、西北及东南各地，到 1944 年，已遍布全国 14 个省，其中主要集中在西南各省，在抗战的岁月中，合作金库的发展有此成绩实属不易。历年合作金库发展情形由表 5-13 可知。需要说明的是，下表关于合作金库的数字不是精确的，因为：（1）战区的变动，（2）合作金库多不遵守法规登记并编送报告，（3）提倡辅导机关时有将合作金库停办或

---

① 顾尧章：《中国之合作金库》，《金融知识》2 卷 3 期，1943 年 5 月。

由辅导行代办的,(4)各辅导行局对合作金库的辅导工作没有正式报告送合作行政机关备考。①

表 5-13 合作金库历年发展情况表

	1936	1937	1938	1939	1940	1941	1942	1943	1944
县库	—	13	125	200	356	413	454	465	466
省库	1	2	2	3	5	6	7	8	8

说明:表中数字为历年实存数,不包括不明设置县份及停业的县库。

资料来源:丁宗智:《八年来之合作金融》,《金融知识》4 卷 1、2 期合刊,1945 年 7 月。

第四节 制度的复杂化

抗战前,农村金融制度的纷乱复杂已经引起广泛关注,其农村金融机构的错综复杂,主要表现在银行向合作社放款这一制度模式,至于合作金库,抗战前设立的只有 6 个,它对农村金融制度的影响还未可知。

抗战爆发后,国民政府极力扩大农贷规模以支撑农村经济的发展。因商业银行退出农村金融市场,国民政府能倚重的只有中国银行、中国农民银行、交通银行、农本局等国家行局,而且倚重国家行局还能解决扩大农贷所面临的机构和资金的两大难题。首先,大后方经济落后,抗战前已经设立的各类银行分支行处数量少,分布稀疏不普遍,扩大农贷先要广设银行的分支机构,而商业银行既不可能也不会迅速广设分支机构,它要考虑营利性。国家行局则不同,尽管也有盈利性的考虑,但它更须执行政府的指令,因此,当国民政府要求扩充西南西北金融网时,国家行局便积极推进西南西北金融网的建设,从 1938

---

① 丁宗智:《八年来之合作金融》,《金融知识》4 卷 1、2 期合刊,1945 年 7 月。

至 1941 年，历经 4 年，基本上使国家行局的分支机构遍布西南西北地区。

其次是农贷资金来源问题。一般来说，农贷资金应主要是利用社会储蓄，利用的方法有三：商业银行储蓄的转化、农业债券的发行、农家储蓄的吸收。抗战爆发后，这些来源都极其有限。1935 年 11 月法币制度改革以前，农贷资金大部分来自储蓄，商业银行的贷款基本来自各种存款。币制改革以后，各商业银行则逐渐紧缩农贷，战事发生后，商业银行的农贷几乎全部停止，这意味着商业银行的储蓄已不再是农贷资金的主要来源了。农业债券的发行则几乎不可能。战前的债券市场极不健全，以政府发行的公债为主，发行数量庞大，乃至政府难以按期偿还，而不得不一再整理公债，致使债券市场信誉低下，债券的发行靠高利加折扣吸引，需要低利长期的农业债券根本没有市场，因此，战前没有农业债券的发行，抗战中在战争与通货膨胀的环境下更难以发行，各国这一获得农贷资金的最主要渠道在中国几乎没有市场。至于农民的储蓄，因农民本身的穷困，非常微小，不足以成为农贷资金的重要来源。因此，抗战爆发后，递年增加的农贷资金显然只能是来自各国家行局，但国家行局的资金固然有一部分来自社会储蓄，其大部分来自新货币的发行。

在战时紧急情况下，国家行局主导农村金融市场是因应了时势的需要，但与战前一样，为了扩大农贷，只注重于农贷本身，而没有顾及农村金融的制度建设，使得农村金融制度变得比战前更为复杂，不仅国家行局的直接向合作社放款表现得纷乱复杂，通过合作金库向合作社的放款也是如此。

先看国家行局直接向合作社放款。各行局推行农贷，执行的是国家的农贷政策，但他们的实际经营行为仍然与商业银行无异，各自为政、相互竞争、以追求利润为重，而没有顾及农贷的特殊性。国家行局取代商业银行后，农村金融市场的纷乱复杂状况一如战前。为改变农村金融市场的纷乱复杂状况，国民政府成立农业金融处以协调、调整各农贷机构。但正如时人所指出，这只是一个权宜之计，因为它是承认既定农村金融格局前提下的调整，而不是一个彻底的改进。

抗战爆发后，在国家行局等提倡机关辅设下，合作金库发展迅猛，于是，在国家行局直接向合作社放款这一模式之外，出现了另一模式，即通过合作金库向合作社放款。形成这一模式的初衷，是要建立系统的农村金融制度，然而其实际的运作同样陷入纷乱复杂的状态。

首先，从治理结构看，合作金库被提倡机关实际控制，而无法实现自身的独立。合作金库本应是合作社联合投资而成，但在合作金融初创时期，合作社投资只占微小份额，主要是由提倡机关辅设而成，于是，合作金库如何进行权力分配是非常关键的问题，因为它既要考虑合作金融的长远发展问题，让合作社能真正参与其中，为将来合作金库发展成真正的合作金融组织奠定基础，又要顾及投资提倡机关的权益，要在这两者之间达成权力的均衡。从文本上看，《合作金库规程》应是本着这一目的，它规定各级合作金库由社员选派代表出席代表大会，其选派名额，按所缴股额比例分配，但合作社或合作社联合社至少须有代表一人；理、监事由代表大会就代表中选任，但由政府、农本局及各法团提倡组织时，至少须有理事、监事各一人为信用合作社或各种合作社联合社代表。[①]这确定了合作金库权力分配按股权分配的原则，同时也提出了保障合作社能参与合作金库的经营管理的最低限度。然而，实际运行中，合作金库的控制权则完全操诸提倡机关之手，因来自提倡机关的理、监事系"就本行高级职员及主管农贷之分支行经副理、各股正副主任、办事处主任、主管员中指定之，必要时并得酌以各该县县长、各该库经理及地方热心合作人士"中选择，他们占了理、监事的大多数，"合作社之理、监事纵欲对议案提出意见，终以人数过少，在通过每一议案时，仍为人数占绝对多数者所左右"。[②]不仅理、监事大多来自提倡机关，金库经理、出纳、会计等也均由提倡机关聘请或委派，而后交理事会任用，其薪金亦大都由提倡机关决定，金库之理监事几等于虚设。提倡机关通过对合作金库的人事安排控制了合作金库，另一方面，派往金库的理、监事和职员又不能很

---

① 《合作金库规程》，《中国合作》2卷10-12期合刊，1942年6月。
② 顾尧章：《当前我国合作金库事务问题之检讨》，《经济汇报》6卷10期，1942年11月。

好地履行职责。且不说提倡机关所派的理监事是否对合作金库具备足够的知识和信仰，一些客观存在的问题就限制了他们作用的发挥，以占合作金库理监事大部分的银行职员来说，他们各人有其本身职务，又往往有一人担任数库理监事，这使得他们很难为合作金库谋划改进之策，况且一些行库相距甚远，以致他们甚少出席合作金库的理监事会，谈何能对合作金库负责。有以县长任理监事者，尽管近在咫尺，但因公务繁忙，县库开会时，县长常派秘书代表，其对合作金库只不过是空挂其名。

其次，合作金库在提倡机关间的频繁移交不利于合作金库经营的稳定。合作金库在提倡机关之间的频繁移交，开始于农本局结束辅设合作金库。据统计，1940 年在移交接收中的合作金库有 13 库，1941 年突增至 259 库，占全国库数的 2/3 以上，至 1942 年则有二行一局的移交库数 93 库。[①]由于移交接收，致合作金库的辅设工作多陷于停顿，同时使已辅设的合作金库工作人员难以安定，业务计划难以实施，其间因移交接收，双方人事关系常发生摩擦，贻误业务展开，资金供给时断时续，对农贷业务损失巨大，如 1941 年初的移交，虽明令限期办理完成，然拖延至年余，内部往来账目尚未能结清，在此期间，大部分业务皆奉令停顿，本来这年是扩大农贷的年度，合作金库反突现金融紧缩的迹象。

最后，众多提倡机关使合作金库以不同的方式产生于不同的系统。有的是由国家行局所辅设，如川、康、湘、桂、黔、鄂等省的合作金库；有的是由合作行政机关先倡设省合作金库，再由省库去组设县合作金库的，如浙、赣、闽等省的合作金库；有的是由合作行政机关先倡设县合作金库，然后再和金融机关协同组设省合作金库，如陕、豫两省的合作金库；有的由省政府协同金融机关先组设省合作金库，然后再分设县合作金库，如四川省的合作金库。提倡机关五花八门，就国家五行局来说，它们各自的性质不一，参与辅导的时期不同，辅导态度也有差异，辅导内容及方式自有分别，形成各库不同的作风，如

---

① 陈颖光、李锡勋：《合作金融》，第 22 页。

股本数额参差、会计制度存在差异、人员薪级待遇不同、经营方式不一等，更有甚者，不同系统所辅设的合作金库各自为政，不通往来，甚且互相对立。再者，抗战期间，后方金融事业发展迅速，偏僻内地，国家银行、地方银行及商业银行等，均随合库的普设而成立。于是，不仅合作金库之间不统一、不协调，合作金库与其他各种金融机构之间也有冲突，分工不明确，业务难于开展，形成竞争形势，对合作金库的存、汇及代理等业务发展造成诸多障碍。[①]合作金库间关系的纷乱复杂，不能形成有机联系，与建立系统的合作金融制度的初衷背道而驰。

合作金库并没有沿着体现合作基本精神的方向发展，受提倡机关的控制，又相互间没有形成有机联系，甚而成为行局竞争的工具。合作金库的出现只是在行局直接向合作社放款模式外，另出现一个行局—合作金库—合作社的模式，由于合作金库的不独立，这实际是前种模式的变种。

至于合作金库发展起来后，合作金库与国家行局的放贷之间到底是什么关系，国民政府一直没有说明，两者实际上是同步发展，这更加使人对国民政府为什么要以提倡机关辅设合作金库感到疑惑。合作金库的出现并没有使整个农村金融制度趋于有序化，只能使国家行局竞争农贷所出现的纷乱复杂格局更加复杂。正因如此，有谓"我国只有农贷，尚无农业金融制度"。

---

① 徐国屏：《合作金库机构调整后实务之改进》，《中农月刊》，4 卷 2 期，1943 年 2 月。

第六章

紧缩农贷、机构调整与制度变化

　　1942 年，国民政府的农贷政策从扩张转向紧缩。在紧缩农贷的同时，为尽可能发挥有限农贷资金的作用，国民政府着手对农贷的某些方面进行调整。在农贷的种类和方式上，向农田水利贷款和农业推广贷款倾斜，推广实物贷款。在机构调整上，结束农本局的农村金融业务后，又将中国银行、交通银行、中央信托局等国家行局的农村金融业务归并于中国农民银行，中国农民银行又奉令成立土地金融处，办理土地金融业务。同时，国民政府着手筹备成立中央合作金库，但直到抗战结束，并没有成立。中国农民银行自然成为唯一的一家全国性农村金融机构。业务的调整和扩张、机构的简化，这是抗战后期农村金融制度的重要变化，似乎是对抗战前期农村金融制度趋于复杂化的反动，但是，这些调整并不是根本性的，依然没能改变长期以来农村金融纷乱复杂的格局。

第一节 农贷紧缩和国家行局农贷的调整

在通货膨胀愈演愈烈的大背景下，四联总处采取了紧缩信用的政策。在农村金融市场上，农贷方针由扩大而转向紧缩。农贷规模缩小的同时，四联总处对农贷机构和农贷种类进行了调整。

一、农贷政策由扩大转向紧缩

1942 年，国民政府的农贷政策由扩张而转向紧缩，是基于通货膨胀问题越来越严重。抗战时期，由于对外交通的断绝，物资极端匮乏，供给与需求严重脱节，通货膨胀一天比一天恶化。1937 年至 1939 年，通货膨胀尚属温和，物价上涨缓慢。1939 年 12 月，法币的发行指数为 3.04（以 1937 年 6 月为 1），上海物价指数为 3.08，重庆物价指数为 1.77，物价上涨缓慢，上涨指数低于法币发行指数。1940 至 1941 年，温和的通货膨胀转入恶性通货膨胀，1941 年末，法币发行指数达到 10.71，而同期上海物价指数是 15.98，重庆已是 28.48，物价上涨倍数大大超过法币增发倍数。1943 年至 1945 年，已是典型的恶性通货膨胀，1943、1944 年、1945 年 8 月，法币发行指数分别为 53.46、134.36、394.84，同期重庆的物价指数高达 200.33、548.60、1795。

面对恶性通货膨胀的发展，如何减缓恶性通货膨胀和控制飞涨的物价已成为国民政府为维系国统区经济不致崩溃而不得不考虑的最紧迫问题。国民政府采取的政策措施之一就是紧缩信用，紧缩农贷是紧缩信用的一个组成部分，它是基于这样的认识：农贷会增加农村的通货，扩展农贷会推动通货膨胀和物价上涨，农贷甚至转化为经营高利贷和兼并土地的资本而加剧投机。

是否应该紧缩农贷，社会各界有激烈的争论。主张紧缩农贷的，其理由主要有：（1）抗战发生，农产品价格均趋上涨，农民多已富有，不必继续贷款，助长物价高涨；（2）我国现实经济问题，远较军事、政治等问题为大，而经济问题之症结，在通货膨胀，若继续扩大农贷，不啻扩大通货膨胀；（3）太平洋战争爆发，券料来源缺乏，若继续扩大农贷，券料将感供不应求。①还有强调，农贷资金有相当部分并未用于农业生产，反而变成了经营高利贷和兼并土地的资本，造成投机领域游资泛滥，"农村信用随着膨胀，若不紧缩贷款，不但助长农村信用的更加膨胀，还会刺激物价的更加上涨"。②

但是更多的是反对紧缩的声音，其基本观点是，"无论在理论上或事实上研讨，农贷不是促成通货与信用膨胀的主因，紧缩农贷，对于国家社会得不偿失，因为农民需要农贷，比前格外迫切，而且为把握现阶段的抗战局面，在经济上保证胜利的到来并就整个国家经济政策上，为促进生产稳定物价起见，农贷不但不应紧缩，相反的应当合理的积极扩展"。③那种认为物价上涨后农民已经富有，不必继续贷款的观点是错误的，实际上，"富裕者只限少数的地主和中上农家，他们一方面负担其轻，一方面且享不劳而获的巨利。……大部分农民其需要农贷的接济和扶助，只有更迫望，更殷切"。④主张紧缩农贷，或谓物价高涨多由于农贷扩大所致，是"倒果为因"和"因噎废食"。⑤

争论归争论，国民政府农贷政策的变化已是事实。如前章所述，抗战爆发后直到 1941 年，国民政府采取推进农贷扩大的政策。1940年四联总处通过的《农贷办法纲要》，其主旨之一即为扩大农贷。1941年度《农贷办法纲要》不再笼统强调扩大农贷，而注重不同区域有所侧重，强调在后方应注重食粮生产的增加及垦殖、水利、农村手工业等事业，在前方应注重食粮生产的自给，并协助有关机关办理农产品运销事宜，在已收复沦陷区域应注重农业生产的复兴。

1942 年起，扩大农贷的政策改为紧缩，四联总处的《农贷方针》和《农贷办法纲要》一变而为以紧缩为主题。1942 年的《农贷方针》第一部分"总方针"很明确地贯穿着紧缩的意图：（1）各行局办理农

---

① 彭深泽：《农贷可以紧缩吗？》，《中国农村》战时版 8 卷 7 期，1942 年。
② 廖伟青：《农贷问题鸟瞰》，《中国农民月刊》1 卷 6 期，1942 年 7 月。
③ 张履鸾：《紧缩声中农贷应取之途径》，《中农月刊》3 卷 3 期，1942 年 3 月。
④ 乔启明：《当前农贷问题之检讨》，《农业推广通讯》3 卷 12 期。
⑤ 汪荫元：《当前农贷的出路》，《中农月刊》3 卷 3 期，1942 年 3 月。

贷，应依照"紧缩放款"与"直接增加农业生产"的原则为最合理运用，并与农业行政、农业技术等机关密切配合进行；（2）原办各种农贷，按其种类、性质、区域，分别轻重缓急，将其贷款数额重行调整；（3）卅年度以前各行局已辅设的县合作金库，应积极鼓励其增加合作社股金，并逐渐减少其透支转贷数额；其未设合作金库县份，本年度一律暂不辅设。各行局对其所辅设的合作金库，已订定透支契约，尚未支用足额者，应紧缩核实支付。

综合该年《农贷方针》《农贷办法纲要》及《农贷准则》，紧缩农贷措施还体现在：（1）农贷种类由原来8类并减为农业生产、农田水利、农业推广、农产运销、农村副业等5类，原有农村消费、农村公用两种贷款取消，农村运输工具贷款并入运销贷款项内，贫农购赎耕地贷款，改由中国农民银行土地金融处就指定区域试办。（2）除水利贷款外，贷款标准，概以六成为最高额度。（3）贷款用途以直接有关当前军民需要，一年内确能增加生产为主。（4）战区边区贷款、农田水利贷款视情形重新调整，其中，各省战区边区农贷已经签约尚未拨放的重行核定，尚未签约的暂缓办理；农田水利贷款，尚未开工的各处工程以暂缓贷款为原则，已开工的各处工程，重新核定其继续贷款数额；小型工程以利用农闲民力，由各县自动举办为主。（5）各项贷款，就已经贷出之款额收回转放，暂不扩充贷额。[①]

1943年度的农贷政策，其主旨仍是收缩农贷，收缩的同时，农贷的重点则有所变化。《卅二年度农贷方针》规定1943年农贷以直接增加生产为目的，农贷应注意农田水利及农业推广贷款，以增加粮食生产及战时所需各种特产为中心业务。突出强调农贷以增加粮食生产为中心，或许与1940年以后国统区发生粮食危机，亟待增加粮食产量的情况相适应；对农田水利贷款的青睐，则是因为兴修农田水利对农业增产关系极大，并已见实效。对于已辅设的各级合作金库，强调应积极增加社员股金，逐渐收回提倡股，同样暗含着收缩农贷的意图。该

① 《中中交农四行局三十一年度办理农贷方针》《中中交农四行局农贷办法纲要》《中中交农四行局各种农贷准则》，《中国合作》2卷6、7期，1942年。

年度的农贷方针，是以农田水利及农业推广为中心业务，故本年度《农贷办法纲要》，对此两种贷款的实施特规定如下：农田水利贷款，对于旧工程的修治，新工程的建设，应同样注重，并以鼓励农民利用农闲，就地取材，自动举办为主。尤注重平地开塘，山谷筑坝，并利用合作组织，推进兼营养鱼水力利用等事业；农业推广贷款，特别注重优良种子、种畜、肥料、农具、病虫害药剂及家畜防疫血清的推广，并试办实物贷款。关于贷款种类仍如上年，规定为农业生产贷款、农田水利贷款、农业推广贷款、农村副业贷款、农产运销贷款等五种。贷款对象为下列四种：（1）合作组织，凡依法登记之各级合作社属之；（2）其他农民团体，凡依法登记之农会、水利协会及合法组织，经政府登记之农民团体等组织属之；（3）农业改进机关，凡以改进农业为目的之机关学校及水利机关等属之；（4）其他，凡依法登记之农场、林场、牧场既具有研究推广性质而有成效之农业组织等属之。

　　1943 年度的《农贷准则》，与 1942 年准则大致相似，修订之处有二：（1）1942 年度农贷准则，规定农田水利贷款，以全部工程或设备费用的八成为限，农业推广贷款以预算总额的六成为限，农村副业贷款，以时价八成为最高额。1943 年度将农田水利贷款额度提高至九成，农业推广与农村副业贷款之贷款额皆提高至八成。此外，农业生产与农产运销两种贷款，仍以六成为最高额。（2）关于贷款利率。1942 年规定各行局对合作社或其他农民团体贷款为月息九厘，1943 年度酌予提高二厘至三厘，如直接对合作社各项放款，定为月息一分二厘，并照案增收合作执导事业补助费一厘，共收月息一分三厘。对合作金库放款收月息九厘。对其他农民团体农业改进机关及农田水利等贷款，一律月息一分二厘。战区收复地区贷款定为月息一分。合作金库转贷合作社，定为月息一分二厘，并照案增加合作指导事业补助费一厘，共收月息一分三厘。合作社转贷利率，以月息一分五厘为原则，如经社员大会通过，得增加一厘。[①]

---

① 郭荣生：《我国近年来之农贷》，《经济汇报》10 卷 9 期，1944 年 11 月。

二、农贷萎缩与农贷种类和方式的调整

在国民政府紧缩农贷政策下，尽管农贷绝对数量仍续有增加，但因货币贬值，农贷实际上越来越紧缩。从 1942 年开始，农贷总额逐年趋减，扣除物价上涨因素，1942、1943、1944、1945 年各年的农贷实际数分别相当于 1937 年的 62%、18%、9%、5%，相当于 1941 年的 49%、14%、7%、4%。紧缩农贷还可从国家行局的农贷余额占其信贷总量的比例看到，1941 年这一比例达到最高峰，此后递年趋减，到 1945 年只有 3%。

表 6-1　国家银行农贷余额及占信贷总额比例　　单位：亿元

年份	农贷余额	信贷总余额	农贷占总贷款的比例（%）
1937	0.35	22.55	1.5
1938	0.67	26.14	2.6
1939	1.14	37.06	3.0
1940	2.11	41.14	5.1
1941	4.65	55.89	8.3
1942	6.85	114.02	6.0
1943	16.78	227.58	7.4
1944	27.15	404.23	6.7
1945	51.26	1724.69	3.0

资料来源：张公权：《中国通货膨胀史》（1937－1949），文史资料出版社，1986 年，第 116 页。

农贷规模的缩小，不等于国民政府完全放弃农贷，紧缩农贷的同时，四联总处还对农贷的种类和方式进行了调整，企图使有限的农贷能得到合理的利用。其调整一是农贷向农田水利贷款和农业推广贷款倾斜；二是改变农贷方式，推广实物贷款。

四联总处 1942 年的农贷方针，只是强调各行局办理农贷，应依照"紧缩放款"与"直接增加农业生产"二原则为最合理运用，还没有

突出农业推广和农田水利贷款。1943 年的农贷方针，则规定 1943 年
农贷以直接增加生产为目的，农贷应注意农田水利及农业推广贷款，
以增加粮食生产及战时所需各种特产为中心业务。此后各年的农贷方
针都突出两种贷款，因此在各类贷款中，这两类贷款所占比重逐年增
加（如表 6-2），尤其是大型农田水利贷款更为突出，之所以如此，农
业推广和农田水利贷款的贷款对象分别是农业推广机关和地方政府，
贷款相对有保障；再者，这两类贷款实施后也易于见成效。

表 6-2　1942－1944 年农贷按贷款用途分类统计　　　单位：千元

种　　类		1942		1943		1944	
		余额	百分比	余额	百分比	余额	百分比
农业放款	生产	341726	50.1	588210	38.5	740692	27.3
	运销	72461	10.6	117916	7.7	346013	12.8
	大型水利	167928	24.6	531305	34.8	1095181	40.3
	小型水利	1995	0.3	35892	2.4	74982	2.8
	推广	7952	1.2	28638	1.9	127677	4.7
	副业	4424	0.7	37178	2.4	97490	3.6
	收复区	15170	2.2	61437	4.0	30370	1.0
	战区	16529	2.4	33080	2.2	61545	2.3
	边区	4567	0.7	7587	0.5	7158	0.3
	小计	632752	92.8	1441243	94.4	2581108	95.1
农业投资	提倡股	49200	7.2	52935	3.4	50912	1.9
	农业企业	85	—	33296	2.2	70380	2.6
	其他	—	—	—	—	12134	0.4
	小计	49285	7.2	86231	5.6	133426	4.9
总　　计		682037	100.0	1527474	100.0	2714534	100.0

资料来源：中国人民银行金融研究所：《中国农民银行史》，中国财政经济出
版社，1980 年，第 149 页。

1942 年，四联总处的《农贷方针》提出，"参酌各地情形，实行举办实物贷放"。实际上，实物贷款并不是什么新的事物，抗战前中国农民银行就曾经举办过，其目的在于纠正农民借款后将借款挪作他用之弊。但是，仅靠金融机构是无法举办实物贷款的，需要相关的生产、运销机构的配合，真正做好有相当难度，因此中国农民银行举办不久，也就不了了之。

1942 年，四联总处重提实物贷放，除了纠正农民借款后将借款挪作他用之弊外，再就是为了应对通货膨胀。这年，中国农民银行即已着手筹备，开始试办。广西省合作金库，也曾于这年利用各县仓储积谷的 1/2，试办实物贷放。1943 年，中国农民银行在江西主办的战区农贷，对战区各县所需耕牛、种子、肥料、农具等，均尽量采用实物贷放；恩施农民银行制定了实物贷放计划，规定实物贷放种类为种子、农具、肥料、畜牧、纺织、燃料及防治病虫害药剂等，收还实物，仍以种子、棉花、土布等为主，不能归还原借物品的，承借人可与农行洽商折还办法。[①]

实物贷放的可能效果，首先还在于因有实物可以稽核，容易防止挪作他用；其次，可能会增高农贷数额，因为实物贷放如耕畜、农具贷款，耕牛、农具的单位价值较高，即使贷款只是八成甚至六七成，也在无形中提高了贷款额，而一般的现金贷款数额都较少。但实物贷放要涉及诸多问题，在实际操作中面临着不少困难：第一，并不是所有的都可以做实物贷放。种子、肥料、农具、耕畜、食粮，可以贷放实物，而还债、购置耕地、雇工等则全部需要现款项；第二，有些实物贷放到期不能以同类实物偿还。种子、粮食可以谷物偿还，而贷放农具、耕畜，则难以农具、耕畜偿还，因为农民要么生产，如农具，要么生产要花费很长时间，如耕畜。不能以同类实物偿还，而折算为其他实物，或以现金偿还时，这其中有涉及折算标准问题，折算时或者标准有失公允，或者因价格波动而可能让农民利益受损。第三，要真正做好实物贷放，贷款机关需要能控制大量实物，如果耕牛需要临

---

① 秦柳方：《论当前农贷》，《经济论衡》2 卷 2 期，1944 年 2 月。

时购买，新式农具待设厂制造，即有实物可以控制，亦未必完全合用。这些难题解决都不太容易，因此，尽管四联总处极力提倡，各行局也尽力尝试，但实际成效有限。

三、国家行局农贷的调整

1941 年，国民政府结束农本局农村金融业务，1942 年，又实施四行业务专业化，农贷业务归并于中国农民银行，这两次对国家行局农贷业务的重大调整，使中国农民银行成为唯一的全国性农村金融机构，农村金融机构由繁杂而趋于简化，但从制度建设的角度看，其改进的意义很有限。

农本局是为尝试建立系统的合作金融制度而设，当其无法承担这一重任时，国民政府果断结束了其使命，这固然可以看作是国民政府对存在问题的农村金融机构所作的调整，但更应看到其农村金融政策存在的问题。一方面，国民政府对农本局没有准确定位，使其存在重大缺陷，而无法履行使命；另一方面，国民政府也没给农本局履行使命以足够的支撑。农本局结束辅设合作金库后，如何处置合作金库成为一个棘手的问题。

1942 年 5 月，四联总处根据蒋介石关于划分国家行局业务的命令，召开临时理事会，通过了《中、中、交、农四行业务划分及考核办法》，对国家行局进行专业化改组，其划分如下：

中央银行：集中法币发行；统筹国家外汇收付；代理国库；集中各银行存款准备金；汇解军政款项；统一调剂金融市场，即票据交换、票据重贴现等。

中国银行：受中央银行之委托，经理政府国外款项的收付，发展与扶助国际贸易，并办理有关事业之贷款和投资；受中央银行委托，经办进出口外汇及侨汇业务；办理国内工商业汇款；办理储蓄信托业务等。

交通银行：办理工矿交通及生产事业之贷款投资；办理国内工商业汇款；公司债务及公司股票之经募或承受；办理仓库及运输业务；

办理储蓄及信托业务等。

中国农民银行：办理农业生产贷款与投资；办理土地金融业务；办理合作事业贷款；办理农业仓库、信托及农业保险；办理储蓄存款业务。①

四行专业划分后，有关"农贷方针及重要农业贷款与投资，应由四联总处理事会核定，交由农民银行承做。中交两行及中信局现有之农贷业务，应逐渐收缩，移归农民银行接收办理"。②7月，四联总处第135次理事会决议通过《各行局农贷业务交接原则》，规定各行局农贷业务于1942年8月31日统一交接，自9月1日起，所有农贷业务概由中农行负责办理；中、交两行农贷业务、办理农贷人员及专办农贷机构暨案卷账册由中农行一并接收，中交两行应先于7月底以前造具表册，送中农行以凭洽办交接手续（农贷数字即暂以本年6月底送四联总处分类统计为根据）。③

四行专业化之前，各种银行都参与农贷的格局，既因农村经济破产亟待救济，但又没有哪一家银行能承担如此重任，仓促间国家银行、地方银行、商业银行都参与其中，也与国民政府的金融体系不健全有关。国民政府执掌政权后，对各国家银行的职责和业务有过划分。1928年10、11月对中国银行、交通银行进行改组，将中国银行定位为国际汇兑银行、交通银行定为发展全国实业的银行。但是，此后的发展，各银行尽管名义上各有侧重，但实际的业务经营差别不大，商业放款、农贷、公债买卖都是其经营的对象。没有严格的分工，自然成为各银行参与农贷的金融体制基础。

抗战时期，参照战时金融实况，也照顾各行历史，对其业务做合理分工，各负其责，各展其长，减少互相掣肘，国民政府的垄断金融体制进一步得到完善，同时，农村金融机构也趋于简化，尽管少了多家银行参与农贷，有利于扩大农贷规模的一面，但也减少了多机构带

---

① 重庆市档案馆、重庆市人民银行金融研究所合编：《四联总处史料》（上），档案出版社，1993年，第562页。

② 重庆市档案馆、重庆市人民银行金融研究所合编：《四联总处史料》（上），第563页。

③ 《各行局农贷业务交接原则》，《金融周刊》4卷3期，1943年。

来相互竞争、互相摩擦等不利于农贷发展的一面，从长远看，有利于农村金融的制度建设，提高其配置效率，这应是农村金融制度上的一个进步。

但是，仍有许多问题亟待解决。首先，中国农民银行已经成为唯一的全国性农村金融机构，但其分支机构的设置、经营原则显示其不像一家专业的农业银行，更像一家商业银行，更多考虑的是盈利，没有考虑其作为国家专门农村金融机构的职责，没有顾及农村金融的特殊性；其次，省县合作金库的设立已形成了相当声势，在社会各界的呼吁下，中央合作金库开始着手筹备，而四行专业化后，大部分合作金库都隶属于中国农民银行，这使得正在筹备的中央合作金库与中国农民银行是什么样的关系，仍是一个未解的问题。看来，农村金融领域里各机构的关系仍没有理顺，农村金融体系的纷乱复杂问题并没有解决。

中国农民银行成为农贷的专业银行后，农贷资金来源发生了一些变化。农贷专业化之前，各行局的农贷资金除了少部分来自储蓄外，主要来自新货币的发行。银行专业化后，货币发行集中于中央银行，中国农民银行很难再通过这条渠道获得农贷资金。其农贷资金来源有二：一是中央银行的透支和转抵押；二是各商业储蓄行庄的应放农贷资金。1943年，财政部订定《中国农民银行收受办理储蓄各行庄应放农贷资金办法》12条，1943年4月经四联总处第170次理事会议报告施行。该办法规定："凡办理储蓄业务之省地方银行、商业银行及银号钱庄，应将依照储蓄银行法第七条第七、八两款规定之普通储蓄存款20%，于3、6、9、12各月底解交农民银行，代为投放于农业贷款"；各行庄所缴"农贷资金，由农行暂给月息一分二厘之利息，每年六月及十二月各结息一次"。[1]但是，各行庄的储蓄存款数量有限，且不愿意执行政府的指令，因此，各储蓄行庄的应放农贷资金真正投放于农业贷款者甚少，农贷资金的主要来源只能是中央银行的透支和转抵

---

① 重庆市档案馆、重庆市人民银行金融研究所合编：《四联总处史料》（下），档案出版社，1993年，第466-468页。

押，而中央银行的资金又主要来自货币发行。

第二节　合作金库的停滞及中央合作金库的筹备

1942 年以后，省县合作金库由发展而转向停滞，经营亏损越来越严重，在中国农民银行控制下的合作金库实际已变成了其分支机构。几乎与此同时，国家行局经营农贷所造成的农村金融市场的纷乱复杂状况广受非议，要求建立系统合作金融制度的呼声再起，为与这一呼声相呼应，国民政府着手筹备建立中央合作金库。

一、合作金库的停滞

各省市、县市合作金库的发展，以 1942 年为分水岭，此前，合作金库每年增加不少，此后则增加数量有限，且现存的合作金库多经营不景气，亏损严重。

省市金库截至抗战胜利止，已成立 8 库，即四川、江西、浙江、福建、广西、云南、甘肃和重庆市。四川省合作金库成立于 1936 年 11 月，江西省合作金库于 1937 年 4 月成立，浙江省合作金库成立于 1939 年 11 月，该库于 1938 年春即设筹备处经营业务，福建省合作金库成立于 1940 年 5 月，广西省合作金库于 1940 年 5 月成立筹备处并先行开始营业，同年 11 月正式成立，重庆市合作金库成立于 1941 年 1 月，云南省合作金库成立于 1942 年 1 月，甘肃省合作金库成立于 1943 年 11 月。此外，河南及陕西曾分别于 1942 年及 1943 年成立省合作金库筹备处，后因闻中央合作金库即将成立，均未积极进行；南京市合作金库原由前农本局辅导设立，因战事关系，停止业务。省市合作金库除甘肃外，均成立于 1942 年之前。各省市合作金库因力量薄弱，大多营业不振，甚至名存实亡。

县市合作金库，据已有资料统计，1937 年共有 13 库，1938 年 125 库，1939 年 220 库，1940 年 356 库，1941 年 413 库，1942 年 454 库，

1943 年 465 库，1944 年 466 库，此外尚有不明设置县份及停业者 29 库，共计 495 库，分布于川、康、黔、滇、桂、鄂、湘、赣、浙、闽、豫、陕、甘等 10 余省（见表 6-3）。县市合作金库 90% 以上设于 1942 年以前，1943 年以后，不仅新库设立不多，即原有者亦多因入不敷出，呈萎靡不振状态。①

1942 年以后，合作金库转向停滞、萎缩，其原因在于：第一，1942 年，国民政府的农贷政策由扩大而紧缩，合作金库骤然失掉银行的支持，资金来源断绝；第二，各合作金库因物价高涨，开支浩大，入不敷出，银行所辅导的合作金库，十九亏折，不愿继续辅设；第三，中央合作金库正在筹备之中，但又迟迟不能实现，各银行采取观望政策。②

表 6-3　合作金库数统计表（1944 年）

省市	浙江	江西	湖北	湖南	四川	西康	河南	陕西	甘肃	福建	广西	贵州	云南	合计
县库	39	9	12	27	121	10	54	20	19	5	65	54	37	472
省库	1	1	—	—	2	—	—	—	1	1	1	—	1	8

说明：四川省包括四川省合作金库和重庆市合作金库。表中合计数字与表 5-13 有出入，原表统计历年数字和省区数字时，计算有差错。

资料来源：丁宗智：《八年来之合作金融》，《金融知识》4 卷 1、2 期合刊，1945 年 7 月。

在合作金库转向停滞的同时，因四行业务专业化，合作金库大多被置于中国农民银行的控制之下，其中，各国家行局所辅设的合作金库自然都归中国农民银行接收，同时，中国农民银行又从川、浙、赣各省库接收了若干县库辅导权，具体说，由农本局移转的 82 库，由中

---

① 丁宗智：《八年来之合作金融》，《金融知识》4 卷 1、2 期合刊，1945 年 7 月。
② 同上。

央信托局移转的 32 库，由中国银行移转的 32 库，由交通银行移转的 29 库，由四川省库移转的 71 库，由浙江省库移转的 15 库，由江西省库移转的 1 库，合计 334 库，加上 4 省库 1 市库，共计 339 库，到 1943 年，全国共有合作金库 465 库，其中归中国农民银行的就占 2/3 以上。[①]其他各库，已有 110 库为合作社自营或近于自营，其中河南 54 库，云南 30 库，广西 22 库，陕西 2 库，浙江 2 库。[②]

　　各国家行局等提倡机关辅设合作金库时，合作金库实际为提倡机关所控制，这是基于合作金库的股本结构以提倡股本为主，合作社股占比极小。从表 6-4 看，县市合作金库平均每库股本近 20 万元，合作社所认股本与提倡股本之比约为 1:1，但如果将云南省数字除外，则合作社认购的仅为 42.8 万余元，提倡股本为 3253 万余元，约为 1:76，以百分比算，合作社所认股本仅占股本总额的 11.7%。各省具体情形，四川省合作社认购的占股本总额不足 1/10；西康平均每库合作社认购约 2 万元，约占股本总额 2/10；广西各县合作金库合作社所认购一般在 1/10 左右；福建各库股本在 10 万元上下，合作社认购在 5 千~7 千元之间，所占比例更低；浙江合作金库股本在 10 万~20 万元之间，合作社认购自 100 元至 4 万元不等，多在 5000~10000 元之间，平均占股本 1/10 左右。云南、河南省的情况较为特殊，云南省 37 县库中，由省合作金库辅导者 30 库，1944 年底股本共计 3785 万余元，其中省合库提倡股 513 万余元，占股本总额 13.4%，合作社认购近 3272 万元，占股本总额的 86.6%。河南省 54 县合作金库股本均为 10 万元左右，但实际缴足的只有洛阳、新郑、密县 3 库，其余已缴股金自 2 万~5 万元不等，平均每库已收股本不足 4 万元，但河南各县库均没有银行提倡股，其股本除有合作社认购外，余由县政府、地方团体及热心合作人士认购。[③]

---

① 陈颖光、李锡勋：《合作金融》，正中书局，1947 年，第 21-22 页。
② 丁宗智：《八年来之合作金融》，《金融知识》4 卷 1、2 期合刊，1945 年 7 月。
③ 同②。

表6-4　全国县市合作金库股本统计表

省　别	填报库数	已收股金总额			平均每库已收股金数		
		共计	合作社股	提倡股	总平均	合作社股	提倡股
四　川	97	16700090	1325686	15374404	172166	13667	158499
西　康	9	976857	189177	787680	108539	21019	87520
贵　州	54	5474814	586376	4888440	101386	10859	90527
云　南	37	39101831	33768461	5333370	1056806	912661	114145
广　西	65	6695446	858376	5887070	103007	13206	89801
湖　北	10	1043440	172320	870120	104344	17232	87112
湖　南	27	2818373	—	—	104384	—	—
浙　江	37	4038818	586982	3451836	109157	15864	93293
福　建	5	463224	213524	249700	92645	42705	49940
河　南	52	2067268	—	—	39755	—	—
甘　肃	17	1419920	347880	1072040	83525	20464	63061
总　计	410	80800037	38048782	37865660	197073	114951	114096

注：（一）合作社股本平均数提倡股本平均数均系以331库除。

（二）除云南省为1944年底之数字，河南省为1942年底数字，余均为1943年上半年结算数字。

资料来源：根据社会部合作事业管理局县市合作金库调查资料编制。引自丁宗智：《八年来之合作金融》，《金融知识》4卷1、2期合刊，1945年7月。

大部分合作金库归并中国农民银行后，中国农民银行对合作金库的控制更强。中国农民银行可以资金的投入左右着合作金库的权力分配、业务经营乃至其存废。1939年7月，四川省合作金库扩充股本，实收1000万元，由省政府担任300万元，中国农民银行担任700万元，但1942年省政府收回300万元提倡股本，四川省合作金库转由农行独办。1941年后，四川省合作金库对县市合库的提倡股本全部让渡农行，各县市合库业务，也改由农行分支行处直接指挥，而省合库除办理成都等数县业务外，别无业务可言。①江西省合作金库1943年底计实收股本584万余元，内省政府150万元，社会部37万元，中国农民银行

---

① 丁宗智：《八年来之合作金融》，《金融知识》4卷1、2期合刊，1945年7月。

205 万余元，下级合作金库 10 万余元，合作社联合社 181 万余元。该库本为江西省合作金融活动之枢纽，中国农民银行、交通银行及江西省农民银行之合作贷款，均须透过该库或县市合作金库放出，但自 1943 年后，该库与中农行订约，划分各自业务范围，凡各级合作社信用生产贷款及联合社以下之供给、运销、消费贷款，概由中农行直接贷放，凡属县级以上联合性质之供给、运销、消费贷款，则由省合作金库贷放。[①]河南省以银行农贷人员未取得省合库经理之位置，竟使筹设就绪的省合库停设，并对县合库停止供给资金；福建省因中国农民银行与省银行均认购提倡股，对于辅导权难于划分，竟使已经成立的省合库徒有虚名，未有存放款业务。[②]

　　1942 年 5 月起至 1943 年，中国农民银行一次次对合作金库进行调整，其借口是合作金库陷入越来越严重的亏损状态。中国农民银行对合作金库进行调整的原则是合并机构，紧缩开支，具体说：凡行（处）库在同一处的实行合并，并由行处代办合库业务；凡放款业务发达，其他收入有限、难敷开支，以后亦无法开源者，切实紧缩，每库工作人员以二三人为限；凡当地合作事业尚未发达，业务难以展开，营业亏损严重的，则并入邻近业务较为发达的合库代办。根据这一原则，各合作金库被分为委办、代办、行处合并及维持原状等四种。[③]凡委办、代办及行处合并之库，统称委托库，委托库停止办理存、汇及代理收付业务；不专设工作人员，其经理、会计及外勤人员由兼办行处另派人员兼任，原有工作人员由总管理处另行调派；其原有放款由兼办库随时代收，归还行方透支，所有该区域内应放新款，均由行方委托兼办库代放。[④]由于亏损的合作金库的不断增加，被调整为委托库的合作金库越来越多。1942 年 7 月，以合库业务由农行分支行或办事处代办的，已达 50 库，1943 年增为 74 库；委托邻县合库或农行行处

① 丁宗智：《八年来之合作金融》，《金融知识》4 卷 1、2 期合刊，1945 年 7 月。
② 陈颖光、李锡勋：《合作金融》，正中书局，1947 年，第 24-25 页。
③ 徐国屏：《合作金库机构调整后实务之改进》，《中农月刊》4 卷 2 期，1943 年 2 月。
④ 中国农民银行档案：《调整及改进本行辅导合作金库亏损办法》，《修订各省县合作金库机构调整实施细则》，一般合库调整事项，中国第二历史档案馆藏，全宗号 399（5）-2329。

兼办的，1942 年 7 月有 45 库，1943 年达 46 库。1944 年初，委托库达 292 库，独立库仅剩 40 余库。[①]因中国农民银行对合作金库的调整，使得合作金库变得更像中国农民银行的分支机构，而中国农民银行每年度的业务报告将其辅导控制下的合作金库作为其分支机构进行统计也正说明了这一点，[②]这也使得合作金库越来越远离形成完整系统的目标、远离合作的性质。

二、全国合作会议

1941 年 4 月 3—9 日，社会部召集的全国合作会议在重庆召开。与会者有国民政府党政各部会代表、20 省市政府代表、各省合作主管人员、四行农贷主管人员、社会团体代表及专家等 134 人。社会部召集这次会议是为谋求合作事业的发展，探讨合作面临的诸多问题。合作事业在我国发展的痼疾是优于量而劣于质，很难发挥有效作用。多年来合作事业的发展存在的问题主要有：一是合作行政机构的分歧，二是合作金融制度的错综复杂，三是合作组织与其他组织未能有效配合，四是合作人才的缺乏。[③]会议收到议案 186 件，这些议案涉及的内容相当广泛，举凡"合作行政机关之调整，合作金融系统之建立，合作人事制度之厘订，合作事业经费之增加，以及合作组织之发展，合作业务之扩大，合作教育与训练之普遍作行，战时合作工作之加强，均有精详之讨论与扼要之决议"。[④]会议分四组进行审查，各组审查的议案范围分别是合作行政指导及经费、合作金融合作业务、合作教育及合作事业与其他事业配合、战区合作事业，大会还设立两个特种审查委员会，分别审查社会部交议的"确定合作事业推进方针，拟定整个计划，积极施行以建立社会经济基础"一案，社会部交议"创设

---

① 陈颖光、李锡勋：《合作金融》，正中书局，1947 年，第 24 页。

② 《一年来之中国农民银行》，《中农月刊》5-9 卷每卷第 4 期，1944-1948 年。

③ 《主席谷部长报告词》，《合作事业月刊》（全国合作会议专号），3 卷 5-9 期合刊，1941 年 9 月。

④ 《全国合作会议总决议案》，《合作事业月刊》（全国合作会议专号），3 卷 5-9 期合刊，1941 年 9 月。

中央及省县（市）合作金库以建立合作金融系统案"及合并有关合作金库各议案共 25 件。

关于建立合作金融系统案，由大会设立特种审查委员会审查，足见其所引起的关注。会议收到的 25 件合作金融系统及合作金库制度的提案，以社会部提交的《创设中央及省（市）县（市）合作金库，以建立合作金融系统案》最为详尽，大会以此案为基础，融合其他各案意见，合并成为一案，即用社会部交议案之标题为标题，并予以修改或补充。

该议案是针对农村金融纷乱复杂的格局而提。到 1941 年全国合作会议召开时，建立合作金融系统成为一个聚焦点，这正如社会部长谷正纲在全国合作会议开幕式上所说，"合作金融系统的建立，已经成为一个普遍的要求与期望"。[1]

从这次会议与会者所提交的议案看，要求建立合作金融系统，既是基于学理的认识，也是因对现状不满而提出的诉求。商业银行农村放款的实践，使人们深深认识到，"普通金融机关办理合作事业非其专责，自难免有隔膜之虞"，[2]它们立足于商业银行的营利性目标，始终以本身业务利益为前提，对合作社的贷款在贷放数额、时间、手续与贷放方式上不适应合作社的需要，因此，"合作金融尤赖有自立的系统的合作金融机构，始能运转自如"。[3]

抗战爆发后，各国家行局的农贷规模呈显著的扩大之势，"但各银行之性质、政策及人才终难一致，一切贷款之手续、时期及方针以及资金之调拨仍难彻底统筹。[4]为协调各行局的农贷，1940 年四联总处颁布《农贷办法纲要》，决定各行局实行分区贷放的办法，但各行局"仍

---

[1] 谷正纲：《开幕式报告词》，《合作事业月刊》（全国合作会议专号），3 卷 5-9 期合刊，1941 年 9 月。

[2] 西康省合作事业管理处：《完成全国合作金融系统案》，《合作事业月刊》（全国合作会议专号），3 卷 5-9 期合刊，1941 年 9 月

[3] 四川省合作事业管理处：《请将五中全会决议之提前成立中央合作金库一案早付实施案》，《合作事业月刊》（全国合作会议专号），3 卷 5-9 期合刊，1941 年 9 月。

[4] 甘肃省合作委员会：《提前完成各级合作金库以巩固合作金融基础案》，《合作事业月刊》（全国合作会议专号），3 卷 5-9 期合刊，1941 年 9 月。

坚持其银行资本之立场，忽视农贷与合作事业之配合关系，以致各省农贷非但未能扩大，且益显紧缩之象"，①分区贷放并不能解决问题。

不仅各行局的农贷一如战前商业银行的各自为政，就是各行局等提倡机关所辅设的合作金库"以辅设机关之不同，办法难免纷歧，业务上既乏联系，资金又盈绌不均，甚至在一省之中，省库对于各县库之措施亦未能趋于一致"。②各省合作金库实际多为各辅设局直接控制，是变相的银行分支行，举办农贷业务的各银行各自为政，独具系统，使得各省即使已成立省合作金库，也不透过省合作金库统一贷放，致在一省中举办农贷机构达四五所之多，甲与乙方式不同，乙与丙主见又异。③为解决这些问题，"各地省县合作金库亟应普遍设立，彼此真切联系，以发生横的力量；而中央合作金库更应从速筹设，以为全国合作金库之最高领导机关，而确定合作贷款准绳，统一贷款办法，俾发挥农贷之真正效果"。④

该议案规定了合作金融系统的组织原则、组织结构、资本及其与相关机构的关系等。第一，在组织原则上，合作金融系统分中央合作金库、省市合作金库、县市合作金库三级；各级合作金库应与各级合作行政相配合，受各级合作主管机关之指挥监督，以便利合作事业之发展；省及直隶行政院之市合作金库应受中央合作金库之指导监督，县市合作金库应受省合作金库之指导监督。

第二，在资本及组织结构上，中央合作金库股本至少为 5000 万元，以由省与直隶行政院之市合作金库及全国性合作社联合社与合作团体认购为原则，必要时由国库拨付半数以上，余由中中交农等银行认购，作为提倡股。省合作金库股本至少为 100 万元，以由县合作金库及以

① 冯紫岗：《调整农贷与合作金融上之设施以配合合作事业发展使与国家合作政策相适应案》，《合作事业月刊》（全国合作会议专号），3 卷 5-9 期合刊，1941 年 9 月。

② 浙江省合作金库：《请从速成立中央合作金库案》，《合作事业月刊》（全国合作会议专号），3 卷 5-9 期合刊，1941 年 9 月。

③ 浙江省建设厅合作事业管理处：《为请中央规定各省农贷必须透过合作金库以扶植合作金融制度案》，《合作事业月刊》（全国合作会议专号），3 卷 5-9 期合刊，1941 年 9 月。

④ 陕西省合作事业管理处：《请中央统筹设置全国合作金库网以建立合作金融体系而充实合作事业资金案》，《合作事业月刊》（全国合作会议专号），3 卷 5-9 期合刊，1941 年 9 月。

省为范围的合作社联合社与合作团体认购为原则，但初成立时，可由中央合作金库认股半数以上，余由省政府及各金融机关认购，作为提倡股。直隶行政院之市合作金库股本至少 100 万元，县市合作金库股本至少 10 万元，由各该管区域内的合作社及合作社联合社认购，但初成立时，直隶行政院之市合作金库股本可由中央合作金库，县市合作金库可由中央或省合作金库认股半数以上，余由县市政府有关金融机关及热心合作事业之社会人士认购，作为提倡股。这些都强调在各级合作金库初成立时，各级政府及各国家行局认购提倡股的重要性。

第三，在资金运用上，规定中央合作金库可发行债券，其数额不得超过股金总额之五倍，并利用证券方法通融资金；中央合作金库可向国家银行及其他金融机关透支低利资金。省合作金库资金不足运用时，得向中央合作金库及银行透支低利资金；县市合作金库资金不敷周转时，得向省合作金库及当地银行透支低利资金。

第四，关于各级合作金库的贷款对象，规定中央合作金库放款于省及直隶行政院之市合作金库暨全国性之合作社联合社，在省合作金库未成立时，直接放款于该省县市合作金库暨合作社联合社，在合作社及合作社联合社未普遍发展时，可对不以营利为目的之其他合作代营机关办理各种放款。其他各级合作金库贷款对象以此类推。所有合作贷款必须透过中央合作金库系统的见解，也见于其他议案。[1]

第五，关于提倡机关与合作金库的关系，规定认购提倡股之银行等如对省县合作金库有何意见，应由其代表人提议于省合作金库理监事会议决定，不得直接干涉。

第六，在实施程序上，修正《合作金库规程》；由中央合作主管机关会同有关省（市）合作金库筹备委员会克期成立中央合作金库；省合作金库由中央合作主管机关成立或改组。[2]

---

① 陈希诚：《限期完成各级合作金库案》；冯紫岗、文群、王世颖、伍玉璋、于永滋、许昌龄、丁鹏翥、罗虔英：《拟请改善合作贷款办法案》，《合作事业月刊》（全国合作会议专号），3卷 5-9 期合刊，1941 年 9 月。

② 社会部：《创设中央及省县（市）合作金库以建立合作金融系统案》，《合作事业月刊》（全国合作会议专号），3 卷 5-9 期合刊，1941 年 9 月。

这次合作会议与 1935 年的全国合作事业讨论会相较,前次会议特别强调如何改进和协调商业银行的农村放款行为,而关于建立专门合作金融机构的议案多数非常粗略,提出建立合作金融系统的仅王志莘的议案,这一议案已经有了成熟的思想,但有种鹤立鸡群之感。这次会议上,建立合作金融系统已经成了普遍的呼声,与此相关,强调合作金库的独立性,不主张一般银行从事农贷,其贷款要通过合作金融系统,同时,认购提倡股的机关不得干涉合作金库的业务经营。但两次会议的讨论都存在缺陷,在考虑合作金融的系统性时,没有顾及整个农村金融系统,前次会议没有提出如何处理商业银行的农村放款与建立合作金融系统的关系,后次会议尽管提出了处置办法,但如何处理合作金融系统与中国农民银行的关系仍然没有涉及。

三、中央合作金库的筹备

提出要设立中央合作金库,开端于 1939 年 1 月国民党五届五中全会通过的洪陆东等 11 人提出的"加紧推进合作事业案",提案第二项提出"提前成立中央合作金库,将农本局、中国农民银行及农产调整处之业务重行调整"。该案交由行政院转饬经济部,经济部复饬农本局办理。农本局则以暂缓筹设答复,其理由是合作金库之组织应由下而上,由县市合作金库联合组织省合作金库,再由省市合作金库联合组织中央合作金库。在省县市合作金库未普遍成立前不应也无法先成立中央合作金库。但抗战爆发以来,合作事业正在快速进展中,而合作放款则因各行划区办理,反而显得支离破碎,显然不能适应合作事业的需要,这就引得许多人呼吁改变合作放款现状,从速设立中央合作金库,江西省甚至有中央合作金库期成会之组织,而合作事业管理局局长寿勉成先生则于各报纸、杂志不断发表论文批判合作金融之现况,大声疾呼,非从速设立中央合作金库不可。[1]

这是在设立中央合作金库,建立合作金融系统上的两种不同的观

---

① 丁宗智:《中央合作金库之筹备经过》,《经济汇报》9 卷 12 期,1944 年 6 月。

点，他们都是基于现行农村金融制度的不合理而有建立合作金融系统的呼声，主张它的基本功能是调剂全国合作事业资金，与一般金融界相联络。但是前者更强调合作金库的合作社联合社性质，主张在合作社普遍发展的基础上自然而然的建成，后者则认为合作金库是政府发展合作事业的金融机关，中央合作金库的创设，为的是配合国家合作政策，协助合作事业的发展。中央合作金库的出资单位，以中央政府为主体，其次为国家银行，再其次为合作社及联合社。省县合作金库不是中央合作金库的构成单位。[①]在不同观点的争论中，显然后一种观点占上风，这或许是因为合作事业在我国发展的严重不足，以前一方式在中国建立合作金融系统其难度之大可想而知；而国民政府亟需利用合作金融制度推行其政策，由政府主导更容易得到国民政府的呼应。1941年3月全国合作会议上关于建立合作金融系统案的提出正是这一反应。

合作金库的发展难以维持，除农贷紧缩外，另一被认为是重要原因的是"合作金库立法精神及其内容未能迎合社会经济发展趋势及适应合作事业的要求"。[②]《合作金库规程》于1936年12月18日由实业部颁发，1938年2月23日由经济部修正。寿勉成认为它存在着四大缺点：第一，《规程》规定合作金库为合作社联合社的一种，其发展程序是必先有合作社，然后才有各级合作金库的依次建立，"迂回迟缓，莫此为甚"；第二，法规实施两相矛盾，《规程》注重合作金库的自有、自营、自享，但事实上皆由银行认购提倡股辅导设立；第三，业务单调，资金短绌，《规程》规定合作金库办理存款、借款、放款、汇兑及代理收付各种业务，但实际除放款外，其他业务经营的极少；《规程》规定省市合作金库资本至少100万元以上，县市合作金库至少10万元，但以此区区之数而要调剂全省市或县市合作事业资金，戛乎其难；第四，各省市及各县市合作金库间均属独立经营，不相关联，难期健全。[③]

---

① 刘荫仁：《创设中央合作金库问题时论析评》，《中国合作》2卷10-12期合刊，1942年6月。

② 寿勉成：《我国合作金库之沿革与将来》，《银行周报》31卷1期，1947年。

③ 同②。

既然《合作金库规程》不能促成合作金库的健全发展，彻底修订合作金库规程，另行建立合作金库制度变成合作界一致的要求。因此，全国合作会议上关于建立合作金融系统案的实施步骤，第一条就是修正《合作金库规程》。全国合作会议结束后，社会部合作事业管理局据此着手修正实业部颁布的《合作金库规程》，社会部拟具修正草案于1941年8月5日呈送行政院，行政院召集社会部、财政部、经济部及农林部开会审查，社会部又依照审查意见重加修正。

1941年12月15日，国民党五届九中全会通过陈果夫等14人提"切实改善合作金融，发展合作事业，以奠定抗战建国之社会经济基础案"，并交常会详细研究办理。中央党务委员会审查认为，合作金库制度确有从速建立之必要，本案交国民政府责成社会部、财政部及四联总处对于统筹合作金融之专设机关，即开始筹备工作。后经第199次中央常会决议通过，经由国防最高委员会转饬行政院办理。行政院于1942年5月4日训令社会部、财政部、四联总处会拟办法呈候核定，关于修正《合作金库规程》一案即与并案办理。中央合作金库遂进入正式筹备阶段。

筹备之初，由社会部、财政部、四联总处开会商讨，共同拟具《中央合作金库（或中央合作银行）筹备委员会组织章程草案》，于1942年7月5日呈请行政院核定，经院会第575次会议决议修正通过。接着，由社会部、财政部、四联总处会同聘请筹备委员15人，他们是谷正纲、陈果夫、潘公展、赵棣华、顾翊群、戴铭礼、刘攻芸、徐柏园、徐继庄、周象贤、楼桐荪、王世颖、黄友节、李俊龙、寿勉成，于四联总处下成立中央合作金库筹备委员会，由社会部部长谷正纲兼任主任委员，以6个月为筹备期间。该会首要工作，即为草拟《合作金库条例》，此时，普遍的观点认为合作金库系统应分为中央合作金库与县市合作金库二级，在筹设合作金库之先，应先订定规定整个合作金库制度之合作金库条例，然后再根据条例之规定，以筹备中央合作金库。社会部根据九中全会决议案内容起草《合作金库条例草案》，并先提交全国社会行政会议，征求各省市合作行政主管人员及各专家意见。中央合作金库筹备委员会于11月7日借财政部开第一次筹备会议，即就该草案详加讨论，会中虽有少数委员对中央合作金库应否成立表示怀疑，结果仍修正通过，复提经四联总处理事会议决议修正通过，于1943年5月28日由社会部会同财政部、四联总处呈送行政院，提院会第619次会议修正通过，转报国防最高委员会，国防最高委员会即交财政、经济、法制三专门委员会审查，就原草案内容拟定原则六项：（1）中央合作金库资本定为6000万元，县市合作金库资本定为10万元以上。（2）合作金库制资本除由国库、国家银行或省银行、县市银行担任者外，余由合作社分任。（3）合作金库之业务以合作组织为对象。（4）合作金库之组织分为二级：甲，中央合作金库及省（市）分金库，乙，县（市）合作金库。（5）合作金库理监事除由主管机关指派外，余由各认股单位选举之。（6）合作金库以社会部及财政部为主管机关。陈奉国防最高委员会核定，送国民政府秘书处转陈国民政府令交立法院审议，继经8月28日第244次立法院院会决议通过，于9月18日由国民政府明令公布施行。社会部再遵照条例第22条规定起草条例施行细则草案，提经中央合作金库筹备委员会第3次会议决议修正通过，会同财政部于1944年2月5日呈行政院核定，行政院于3月2日以院令公布施行。此后，社会部、财政部又会同拟具中央合作金库各省市分金库设计委员会组织规程草案，呈奉院令核准，制定中央合作金库章程及县市合作金库章程准则，社会部又根据合作金库条例制定中央合作金库及县市合作金库各认股单位理监事选举办法两种，以及县市合作金库设计委员会组织规程准则。至此，中央合作金库筹备于法制方面告一段落。[①]但此后中央合作金库迟迟没有成立，正式成立要到两年之后了。

第三节 土地金融的兴起和试办

从各国情况看，长期、短期农村金融基本上是同步发展的，长期

---

① 丁宗智：《中央合作金库之筹备经过》，《经济汇报》9卷12期，1944年6月。

金融的兴起要早于短期金融。民国时期，中国农村金融的发展则与此不同，基本上以短期金融为主，长期金融的兴起大大晚于短期金融，其在整个农村金融中所占份量微不足道。

一、国民政府土地金融政策的制定

1908 年，清政府度支部颁布《殖业银行条例》，1914、1915 年，北洋政府先后颁布《劝业银行条例》和《农工银行条例》，这几个银行条例都是关于土地金融业务的规定。[①]但是，这些银行条例只是模仿法国、日本相关银行条例的条款，条例的制定者并不真正明了土地金融的含义。实际上，这些银行都没有真正举办过土地金融业务，这可算是中国建立长期信用制度和土地金融业务的先声。

1936 年 2 月，国民政府财政部令中国农民银行，至少应以 5000 万元经营土地及农村放款，这是国民政府首次明确提出关于土地金融的政策。[②]在此之前，还没有金融机构举办过土地抵押放款，中国农民银行奉命之后，决定先只在江西省南昌县辖境内由南昌分行试办农民土地抵押放款。其受押土地，以现正耕种自有之田亩，经省土地局实行丈测登记，发给新式营业证为限；放款标准，依据土地局估价四分之一；放款手续，以由合作社转贷于社员为原则，每社员最多不得超过 30 元；放款用途，限于农业改良、水利备荒、修造农业应用房屋仓库、农事试验及其他促进农业生产之必要事项；贷款期限最长不得超过 3 年，贷款利率 1 年以内者月息 8 厘，2 年以内者 9 厘，3 年以内者 1 分，合作社转贷于社员，其利率 1 年以内者，不得超过 1 分 2 厘，3 年以内者不得超过 1 分 3 厘。[③]显然，贷款数额过少、期限过短，再加上其他一些客观原因，中国农民银行南昌分行的试办并没有取得什

① 中国第二历史档案馆、中国人民银行江苏省分行、江苏省金融志编委会：《中华民国金融法规汇编》，档案出版社，1989 年，第 150、177、215 页。

② 此前，国民党的中央全会和全国代表大会屡有涉及土地金融的决议案，参见何莉萍《南京国民政府土地政策和土地立法之评析》，《法史学刊》2006 年卷，社会科学文献出版社，2007 年 7 月。

③ 姚公振：《十年来之中国农民银行》，《经济汇报》6 卷 12 期，1942 年 12 月。

么效果。

在中国农民银行南昌分行试办土地抵押放款之前，已有许多学者开展土地金融的学术探讨，比较著名的学者有萧铮、黄通、吴文晖、王世颖等，他们翻译并出版著作、发表文章介绍美国、德国、法国、日本的土地金融制度及其发展概况，探究中国的土地金融与土地政策问题。

现代土地金融制度最早可追溯到 18 世纪后期的德国土地信用合作社，19 世纪后期至 20 世纪二三十年代，是欧、美、日本各国的土地金融制度广泛建立和发展的重要时期。有关论著介绍各国土地金融的目标及其实绩、土地金融机构的演变、资金的筹集及土地放款的偿还方法，比较关注爱尔兰、丹麦办理土地金融以扶植自耕农为主要目标。爱尔兰创设自耕农始于 1869 年，止于 1913 年，佃农总数中约 75%已变为自耕农，佃耕地总面积中约 61%已变为自耕农；20 世纪 30 年代，丹麦的佃农仅占全国农民的 8%。[1]实际上，土地金融所包含的内容较为复杂，其目的或所负使命也是多重的，大致有三：一是运用土地以扩张或稳定通货，实行货币政策上的土地金融；二是使不动产资金化，实行土地政策上的土地金融；三是促进土地利用及调整土地分配，实行农业政策上的土地金融。[2]不同国家在土地政策的目标选择上，会根据社会经济发展状况及其他主客观条件的不同，而有所侧重。

中国举办土地金融要达到什么目的，有以下几种观点：第一，完成农业金融制度的系统。有学者在研究世界各国的农业金融制度后，认为各国都很注重农业金融系统的完整，都分别设立了合作金融制度、动产金融制度、不动产金融制度等，因为"单靠某一种金融制度是不够的，如合作金融是以人格作担保而借款的，数目既有限，时期亦很短，故只能供短期经营费之用，若款项稍大，如采取对人信用，很容易发生危险，假使利用土地抵押信用，那对于没有田地的佃农，或小农，是没有什么功用的，所以还得以农业动产为担保，而发生一种动

---

① 黄通：《扶植自耕农与土地金融》，《地政月刊》5 卷 2、3 期合刊，1937 年 3 月。

② 姚公振：《十年来之中国农民银行》，《经济汇报》6 卷 12 期，1942 年 12 月。

产金融，来补这种缺陷。至于不动产金融，也有它的特别的意义，自耕农如需购田地，改良土壤及整理农地等却非得借数目巨大，时间长久，和利息较低的资本不可。"[1]第二，认为"农地金融的使命，就是推行民生主义之农地政策，一方面使'地尽其利'，一方面使'耕者有其田'，地尽其利则国家财富增加，可期民富国强，耕者有其田则佃农与地主之对立消灭，公正和平的农村社会生活可得实现。"[2]第三，认为"在现阶段的中国，如果能够正确实施土地金融政策，除了足以达成土地制度的改革和促进土地的利用之外，还可以活泼工业建设所需的资金。"[3]其中，强调最多的当是土地金融在改善土地分配和土地利用上的作用，这一观点既反映了19世纪后期以来各国土地金融发展的趋势，也与中国国民党和国民政府所标榜的是一致的。

20世纪40年代初，因抗战爆发而被搁置的土地金融问题再次被提及，并逐步付诸实施。1940年3月，四联总处公布的《中央信托局、中国、交通、中国农民三银行及农本局农贷办法纲要》，农贷种类中有了"佃农购赎耕地贷款"一项。4月间，蒋介石以筹设土地金融机关的重要，手令财政部："土地银行实为平均地权过程中重要业务，应从速着手设计筹备，或即以农民银行为基础，兼办土地银行之业务，但其资金及规章，应另加规定"。9月，国民党中央委员萧铮等12人向国民党五届七中全会提出设立中国土地银行的议案，该议案经大会议决通过，送国民政府，限于半年内成立土地银行。嗣后，国民政府又将该议案发送有关方面及各界专家征询意见，四联总处将各方意见归纳为5个主要问题，举行小组座谈，逐项商讨，其中就增设土地银行问题，提出我国农民知识浅薄，农贷手续，还是越简单越好，而不主张长、中、短期农贷机关的分立。四联总处将意见上呈蒋介石，蒋介石11月26日批示："所有土地银行业务，与其另行新设，不如照中正

---

① 徐曰琨：《我国新式农村土地抵押贷款问题之商讨》，《中央时事周报》5卷30期，1936年8月8日。

② 吴文晖：《建立农地金融制度之管见》，《新经济半月刊》3卷12期，1940年6月。

③ 朱剑农：《论土地金融在新中国的建设中应负的使命》，《四川经济季刊》2卷3期，1945年2月。

本年四月初手令责成农民银行暂行兼办，积极筹备进行，藉符七中全会之决议。"这样，原议的设立中国土地银行方案被搁置，而由中国农民银行兼办土地金融业务。1941 年 4 月，该行土地金融处成立，9月 5 日，国民政府正式公布施行《中国农民银行兼办土地金融业务条例》，规定该行于总管理处内设置"土地金融处"专管其事，并确定"办理土地金融业务以协助政府实施平均地权政策为宗旨；土地金融业务其基金定为一千万元。于资本总额内就财政部认定之股本一次拨足"。[①]至此，土地金融机构确定了其法定地位，国民政府的土地金融政策也基本上得以确立。

关于土地金融业务，《中国农民银行兼办土地金融业务条例》列有照价收买土地放款、土地征收放款、土地重划放款、土地改良放款、扶植自耕农放款 5 种；1943 年，又增加了乡镇造产和地籍整理放款，一共 7 种。其中照价收买土地放款以地政机关或其他政府机关为放款对象，旨在配合政府推行土地税政策，防止业主低报地价或希图逃税；土地征收放款以政府机关、地方自治机关、人民或人民团体为放款对象，旨在协助政府依法征收私有土地，兴办各种公共事业；土地重划放款以政府机关或人民团体为放款对象，旨在整理畸零不整之土地，使其能合理利用而增加生产；土地改良放款以政府机关、人民团体和农人为放款对象，主要用于开发荒地、兴办长期性质之农田水利，旨在促进土地利用，防止地力损耗，提高土地生产力，以期地尽其利；扶植自耕农放款以政府机关、农民团体、农人为放款对象，主要用于政府为直接创设自耕农征购土地，及农民购置或回赎土地自耕；乡镇造产放款以地方政府为放款对象，旨在协助乡镇，举办各种与土地有关的生产事业，以谋乡镇收入的增加；地籍整理放款以地政机关为放款对象，旨在协助政府整理地籍，举办地价税。[②]

上述土地金融业务的设计，有两大特点：一是吸收国外办理土地金融业务的经验，其中最典型的是扶植自耕农放款，这种放款分为甲、

---

① 姚公振：《十年来之中国农民银行》，《经济汇报》6 卷 12 期，1942 年 12 月。

② 中国第二历史档案馆：《中华民国史档案资料汇编》第五辑第二编，《财政经济（三）》，江苏古籍出版社，1991 年，第 581-590，617-619 页。

乙两种，甲种是由政府指定扶植自耕农示范区，实施区段征收，然后由农民领购，而把债务移转到农民身上，由领地的农民分年摊还给银行；乙种是由农民自己组织合作社，向地主购买或回赎土地自耕，由银行贷款协助。二是体现了"办理土地金融业务以协助政府实施平均地权政策为宗旨"。这些业务的设计直接的依据是孙中山平均地权的思想。孙中山的平均地权，最初主张实行土地国有，后来演变为核定地价、涨价归公，为了防止地主低报地价，又提出政府于必要时依报价收买土地，到晚年又重申耕者有其田的主张。[①]而照价收买土地、扶植自耕农放款，实际上就是直接依据孙中山平均地权的主张而设的；地籍整理放款的目的在协助政府整理地籍，举办地价税，是为了配合实现平均地权。同时，这一设计也有明显的缺点，最突出的是土地金融业务所列项目过多，土地金融的界限变得模糊，严格意义上说，地籍整理放款、乡镇造产放款都不属于土地金融的范畴。土地金融的举办比其他金融难度要大，而业务过于庞杂，必然增加其实施的难度。

二、土地金融业务的试办

中国农民银行土地金融处（以下简称土地金融处），作为专门的且唯一的土地金融机构，附设于该行总管理处，内部组织分六课，分别掌管地籍调查、地价评估以及照价收买土地、扶植自耕农放款、土地重划、土地改良放款、土地债券发行等事项。鉴于土地金融的特殊性，《中国农民银行兼办土地金融业务条例》第五条规定，土地金融业务之会计完全独立。中国农民银行各地分支行处也相应设有分支机构，一般在分行成立土地金融股，试办土地金融区域的办事处则设有土地金融人员。另外，为审议土地金融业务事宜，设有土地金融审议委员会，共委员 15 人，除该行总协理、土地金融处处长及财政部钱币司司长、内政部地政司司长、农林部垦务总局局长为当然委员外，并向党政及学术界聘请有关地政及金融之长官与专家为委员。

---

① 沈渭滨：《"平均地权"本义的由来与演变》，《安徽史学》2007 年第 5 期。

中国农民银行土地金融处自 1941 年成立起，就开始办理土地金融业务，但并没有在全国全面展开，直到国民政府政权的终结，还是处于试办阶段，在曾办理业务的十五六个省，每个省只抽取一些县市的局部地区试办。

由于事属初创，困难重重，土地金融处将第一年（1941 年）的工作重点放在接洽、联系、宣传方面。这年决定的办理区域，只有四川、西康、湖南、广西四省，业务方针着重于扶植自耕农放款及土地改良放款。土地金融处与各省接洽、反复磋商，在四川的北碚、巴县，广西的全县、郁林、桂林，先后经各该省政府指定为试办扶植自耕农放款的区域，其中巴县采取乙种扶植自耕农方式，其余各地都采取甲种方式。这种由政府扶植自耕农的工作，从选择地点起，以至测量面积，议定地价，都由土地金融处协同办理。[①]这一年，土地金融处主要是在做放款前的准备工作，并没有进行实际的放款。接下来的几年中，土地金融处依然如此：寄希望于各级政府的支持和帮助，同时要继续做放款前的准备工作。

1942 至 1943 年，土地金融处逐渐扩大了办理土地金融业务的区域，1942 年增加了甘肃、陕西、江西、福建、湖北、广东等省，1943年又增加了贵州、浙江、河南、宁夏等省。这除了因为土地金融处自身要扩大其业务外，还有各省当局逐步明了土地金融业务后，主动要求土地金融处去办理。[②]1945 年抗战胜利以后又增加了江苏、安徽等省。

关于土地金融处的业务规模，从实际数额看，土地贷款量在不断增加，并且增加很快，但是扣除恶性通货膨胀因素，每年实际的增加数量有限，甚至还有减少。再看每年土地贷款的核定数额与实放数额（见表 6-5），1945 年以前，实放数额远小于核定数额，直接原因在于

---

① 北碚扶植自耕农示范区的前期准备工作便是在中国农民银行重庆分行土地金融股参与下，由该股与北碚管理局合作完成的。参见中国农民银行档案：《重庆、柳州、赣州等各分行及广西合库关于土地金融业务情况进行趋势报告》，中国第二历史档案馆藏，案卷号 399（4）-5043；《重庆、恩施、柳州等各行处关于土地金融业务情形及进行趋势》，中国第二历史档案馆藏，案卷号 399（4）-5044。

② 洪瑞坚：《土地金融业务的检讨》，《中农月刊》5 卷 11 期，1944 年 11 月。

"借款人往往中途变更实施计划，及农行核放严格，致有时未能将全部核定额完全放出"[①]；1946 年起，实放额又远远超过核定数额，主要是因为通货膨胀所致，年初的核定数额因为通货膨胀而变得不敷应用，而不是实际的放款额真正有大量增加。而比较中国农民银行的土地放款与农业放款、放款总额，土地贷款则显得微不足道。土地放款占总放款的最高份额不到 6%（见表 6-6），土地金融业务在中国农民银行业务中无足轻重，更不用说在整个国家行局放款业务中的地位了。

表 6-5　中国农民银行土地贷款统计（1）　　　单位：亿元

	1942	1943	1944	1945	1946	1947
核定数额	0.025	1.97	3.6	7.4	40	360
实放数额	0.025	0.64	1.69	3.17	78.52	576.56

资料来源：钟崇敏：《发行土地债券推进土地金融业务问题》，《中农月刊》9 卷 6 期，1948 年 6 月；李叔明：《一年来之中国农民银行》，《中农月刊》8 卷 4 期、9 卷 4 期，1947 年 4 月、1948 年 4 月。

注：1942 年的核定数额亦为实放额；实放数额中均为实放余额。

表 6-6　中国农民银行各种放款余额比较　　　单位：亿元

		1942	1943	1944	1945	1946	1947
放款总额		10.31	22.02	38.34	95.49	1353.43	12093.61
农业放款	数　额	6.50	15.12	27.12	50.90	902.79	8800.22
	占放款总额百分比	63.1%	68.7%	70.7%	53.3%	66.7%	72.8%
土地放款	数　额	0.025	0.64	1.69	3.17	78.52	576.56
	占放款总额百分比	0.2%	2.9%	4.4%	3.3%	5.8%	4.8%

资料来源：中国人民银行金融研究所：《中国农民银行史》，中国财政经济出版社，1980 年版，第 370-371 页。

---

① 钟崇敏：《发行土地债券推进土地金融业务问题》，《中农月刊》9 卷 6 期，1948 年 6 月。

土地金融处的业务办理，有两点值得注意：一是注意到各种放款之间的配合。1942 年的工作计划规定，农地重划与扶植自耕农及土地改良业务配合进行；土地改良放款，会同农贷处办理，并分扶植自耕农、土地重划等业务配合推行。[①]甘肃湟惠渠流域扶植自耕农示范区放款，就是将扶植自耕农甲种放款和土地改良放款结合起来。二是每年的经营方针都是以扶植自耕农和土地改良放款为中心，这实际是对土地金融业务过于庞杂的一个矫正。这两项放款占每年土地贷款总量的绝大部分（如表 6-7），其中尤以土地改良放款更为突出，除 1942 年在全部土地放款中所占比重稍低外，其他年份都超过 50%，1946 年更占 86.9%。这样的安排，目的性很明确，企图借此提高土地的生产力，增加农产品尤其是粮食作物的产量，以缓解战时的农业危机。而扶植自耕农放款尽管更能体现实现"耕者有其田"的目的，但无奈资金有限，且推行阻力不小，所放数额有限。至于其他几种放款，放款数额更为有限。下面简要介绍各种放款的具体情况：[②]

表 6-7　中国农民银行土地贷款统计（2）　　　单位：百万元

年份 类别	1942	1943	1944	1945	1946	1947
土地改良	0.90	36.71	97.57	195.00	6826.67	40600.00
扶植自耕农	0.49	12.18	43.59	88.35	916.00	11600.00
地籍整理	—	19.30	13.21	9.41	75.00	3700.00
土地征收	—	5.25	5.55	11.26	7.65	1600.00
乡镇造产	—	1.60	4.66	5.09	19.09	200.00
土地重划	1.14	2.34	0.78	3.65	3.32	100.00

① 姚公振：《十年来之中国农民银行》，《经济汇报》6 卷 12 期，1942 年 12 月。

② 有关各项贷款的具体情形，其资料来源：中国农民银行档案：《重庆、恩施、柳州等各行处关于土地金融业务情形及进行趋势》，中国第二历史档案馆藏，案卷号 399（4）-5044；洪瑞坚：《土地金融业务的检讨》，《中农月刊》5 卷 11 期，1944 年 11 月；李叔明：《一年来之中国农民银行》，《中农月刊》5 卷 4 期、6 卷 4 期、7 卷 4 期、8 卷 4 期、9 卷 4 期，1944 年 4 月、1945 年 4 月、1946 年 4 月、1947 年 4 月、1948 年 4 月；四联总处秘书处：《三十七年上半年农贷报告》，1948 年 7 月，第 74 页。

年份 类别	1942	1943	1944	1945	1946	1947
照价收买土地	—	4.00	4.17	4.00	4.00	—
合　计	2.53	64.01	169.44	316.75	7851.74	57700.00

资料来源：李叔明：《一年来之中国农民银行》，《中农月刊》8卷4期、9卷4期，1947年4月、1948年4月。

注：各种贷款均为年末贷放余额。

土地改良放款，可分为农地和市地改良放款两种。其中，农地改良主要用于垦殖、水土保持、碱土改良、兴办农田水利，但农田水利放款被划归农贷处，农地改良主要指前几种。几年来，土地金融处协助川、陕、甘、康、宁等10余省农民及农林垦务机关与农民团体举办此类事业多项，如陕西的宝鸡、虢川、渭河等地军垦，广西柳城的荣誉军人垦殖，江西万安、吉水等县的垦殖事业，甘肃的田面铺砂及碱土改良等。其中，甘肃的田面铺砂较有影响，铺砂放款就是供给铺砂的费用。田面铺砂是气候干燥的西北土地利用的特殊形态。为保持土地水分，在荒废的地面上，铺上一层五六寸以至一尺多厚的鹅蛋石子和砂土的混合物。铺砂以后，可以保存土壤水分，吸收热力，储藏日光的温度，制止碱性的上升，这块田地便可以种植农作物。这一业务，自1941年起，从甘肃皋兰而扩展到临洮、洮沙、修泰、永登、榆中等县，到1947年，共计改良农地11.9万余亩，对于甘省粮食增产，发生了较大的影响。据称，到1946年底止，以上各项农地改良放款，共改良土地25.45万余亩。从1943年，起在广东韶关等地试办市地改良，抗战胜利以后，鉴于城市破坏严重，为协助市民修建房屋，在更多的城市举办市地改良放款，1946年达到50余城市，市地改良放款所占份额在土地改良放款中大量增加，在1948年上半年的2320.37亿元的土地改良贷款中，农地改良贷款为727.7亿元，而市地改良贷款则达1592.58亿元，是农地改良的2倍。

扶植自耕农放款各省只是择地试办，到 1945 年，业务区域已遍布川、桂等 15 省，范围达到 79 县、4 市、1 局，此后选择的地区续有增加。其中甲种扶植自耕农放款，成果最显著的有北碚及甘肃湟惠渠流域扶植自耕农示范区、福建龙岩扶植自耕农试验县等 3 处。四川重庆北碚自耕农示范区，在卢作孚的支持之下，选定的第一个示范区是朝阳镇第十九保全部土地，自 1942 年初就开始筹备，共有土地 1428 亩，选定农户 80 户，贷款 199 万元。1943 年完成后，又向其他乡镇选定示范区域。甘肃湟惠渠流域示范区是政府在修筑湟惠渠前实施区段征收，划为单位农场，待修好放水后，发给农民领耕，借使土地利用与分配问题同时解决。福建龙岩扶植自耕农试验县，一度被红军占据，红军退出后，因地权遭受破坏，纠纷迭出。福建省政府便决定指定龙岩为扶植自耕农试验区域，使业主可以取得土地的代价，佃农变成自耕农，所需资金除有余力的农民自己付还一部分地价外，其余由中国农民银行土地金融处贷借。龙岩县的扶植自耕农放款在一定程度上解决了地权纠纷。

至于乙种放款则为协助贫农购赎土地，或依法呈准征收土地自耕与解除耕地高利负债之用。如何购赎耕地，土地金融处与合作事业管理局、各地方政府商议组织土地信用合作社或乡镇合作社的土地信用部，土地金融处以合作社为贷款对象。但组织信用合作社进展缓慢，贷款以对农户为主。1946 年在川、桂、湘、鄂、赣、甘等 13 省 75 县市贷出此项放款，农民购赎或解除高利负债之土地 6.4 万余亩，扶植自耕农户 13350 户。

土地重划放款。土地金融处在四川巴县、北碚、成都，广西桂林、来宾，湖北恩施等地核放了市地重划放款，在广东连山、阳山，江西赣县等地核贷了农地重划放款。后期，市地重划放款所占比重增大。

照价收买放款。土地金融处曾与湖北、湖南、宁夏、甘肃、四川彭县政府洽定贷款。由于推行土地税的地区有限，以及国民政府在地价申报上的严格限制，此项贷款为数很少。

土地征收放款的主要项目有重庆市开辟太平巷，福建永安开辟新市区，湖南衡阳举办工业区，湖南零陵耕牛繁殖场征购民地，陕西农业改进所征购场地，自贡市增辟住宅区，四川合作事业管理处建筑合作新村征地、南泉示范农场征地等，市地征收多于农地征收。

地籍整理侧重于市地，抗战胜利后兼及农地。地籍整理放款洽贷者有甘肃、湖北省政府，浙江、江西、陕西、广东等省地政局，湖南衡阳、四川自贡市政府，江西南康、临川、甘肃永昌、武威、天水，浙江海宁等县政府。

乡镇造产放款，有川、桂、闽、鄂、粤、赣等省政府与中国农民银行洽借款项，经核准贷放的有上述各省的 20 余县。

综上分析得出以下几点：第一，中国农民银行资金有限，但所办土地金融业务项目多，范围广。像地籍整理、乡镇造产等不属于土地金融的业务也被纳入；在地域上，包括市地金融和农地金融，其中，市地金融占了相当大的比例，后期所占比重越来越大。业务范围过广，使有限的资金被分散，加大了办理土地金融业务的难度。第二，按规定，土地金融的放款对象包括政府机关、农民团体及农民个人，实际上是以政府为主。且不说照价收买土地、土地征收、地籍整理、乡镇造产放款等直接或主要是以政府为放款对象，就是土地改良、扶植自耕农放款，因条件限制，农民个人能够得到的贷款有限。这就大大制约了土地金融业务的实际效果。第三，土地金融业务办理的实际效果与其所要达到的土地政策目标相差甚远。由于还处于试办阶段，绝大多数地区并没有开办土地金融业务，就是那些已开办的地区，并没有达到预期的效果。最能体现实现"耕者有其田"目标的扶植自耕农放款，所占比重有限，所扶植的自耕农在整个贫农整体中，只不过是沧海一粟。

三、矛盾与困难

国民政府以举办土地金融为实现土地政策的工具，实际效果则差强人意，实则是因为推行土地金融的诸多主客观条件并不具备，致使土地金融办理过程中出现了许多矛盾与困难。

（一）普遍的怀疑和反对

国民政府实施土地政策，首先遭遇到的是普遍的怀疑和反对，如扶植自耕农放款，遇到的阻力很大，最关键的是地主不肯出卖土地，土地是最重要的财富，何能轻言出售。即使在政府的逼迫下不得不出售，也会千方百计阻挠。他们要么对扶植自耕农做恶意宣传，说"政府一向是需索于民，何来为此之低利好事？现在是以此放款作甜头，将来会将你土地没收了"！不明就里的农民每每畏缩不前，也不敢轻易相信有这样的好事。[①]要么冒充佃农请求贷款，据中国农民银行泸县办事处 1947 年的报告，"列为本年瓦子乡农会介绍卅余人请贷，经查有十之九不合亲自耕作条件或不是农民。非亲自奔走于阡陌之间，不得其真相。既明矣，欲将不合者剔出，更属不易。"[②]各级地方政府官员在某种程度上是推行土地金融业务的阻碍，这不仅是因为他们对新式土地金融业务感到很陌生，更重要的是他们与地方豪强势力有着千丝万缕的联系，势必有所偏向，如扶植自耕农"同各地地主有切身利害关系，他们在社会上都是有权有势的领导者，政府往往是站在他们的一边"。[③]

（二）组织与制度的设计不健全、不完整

土地金融与其他各种金融相比，一个最大的不同是土地金融更需要政府的支持，包括机构的建立、制度的设计以及金融机构与政府相关部门的配合等。应该说，正是国民政府的推动，中国农民银行才得以在 20 世纪 40 年代大规模开展土地金融业务。然而，政府行为的某些不足，却又成了土地金融业务顺利进行的限制性条件。

由于土地金融在资金运作上的特殊性，各国一般是单独设立土地金融机构。在中国，作为当时唯一的土地金融机构，土地金融处存在着诸多不足，最突出的是机构不独立。最初讨论土地金融机构的设置

---

① 中国农民银行档案：《镇江、重庆分支行关于土地金融业务及检讨报告》，中国第二历史档案馆藏，案卷号 399（4）-5009。

② 中国农民银行档案：《镇江、重庆分支行关于土地金融业务及检讨报告》，中国第二历史档案馆藏，案卷号 399（4）-5009。

③ 洪瑞坚：《土地金融业务的检讨》，《中农月刊》5 卷 11 期，1944 年 11 月。

时，设想是设立中国土地银行，以与中国农民银行相区别，但考虑到实际情况，最终决定由中国农民银行兼办土地金融业务，这种考虑顾及到抗战时期的艰难环境，尽可能降低新设土地银行的成本，同时也规定土地金融处会计上的完全独立，但实际上，土地金融处并没有真正独立，因为它不是一个独立的法人单位，资金不敷应用时，无法独立对外借款，只能由农民银行本部透支，这极大地限制了土地金融业务的开展。同时，由中国农民银行兼办的做法直接影响到整个土地金融机构体系的建立，农民银行各分支行处在建立土地金融机构时，基本上都是因陋就简，机构建立、人员配备很不完备，如农民银行柳州分行设有土地金融股，"一切业务计划、对外接洽及股内事务之处理，仍系集中于一人办理。放款区县计有柳城、武宣、象县、中渡等四县，然一无土金机构，其业务推进，反由农讯处兼办或本行办一土金业务辅导员驻县协助办理，且本身工作相当繁重，对于土金业务自无余力兼顾，本行派驻人员又往往一人兼力两县以上，往来奔走，疲于奔命"。[①]

土地金融的制度设置也未尽完善。且不说颇为壮观的 7 项土地金融业务中有不少不是严格意义上的土地金融，有属于土地金融范畴的如农田水利贷款则没有划入。相关的法律也很不健全，如关于扶植自耕农，1936 年开始实施的《土地法》没有明确规定，1936 年 5 月中央政治会议讨论通过的《修正土地法原则草案》虽有规定，但没能通过成为法律。1942 年 6 月，地政署成立后，将扶植自耕农列为中心工作之一，并依据《土地政策战时实施纲要》第八条的规定，拟定《战时扶植自耕农实施办法草案》，但未获行政院通过，只准各省就可能情形，择地试办。中央没有制定明确的法律，各省当然就不积极推行此事。各省扶植自耕农虽逐渐展开，但能得地方政府支持者甚少，像北碚管理局局长那样积极支持者是少数，业务的开展全赖办理土地金融业务人员的不辞艰苦，奔走呼号，以及地政人员支持。[②]

土地金融制度与相关制度不吻合，最突出的是地政与合作制度的

---

① 中国农民银行档案：《西安、衡阳、重庆等分行关于土地金融业务报告概况及撤退后善后办法》，中国第二历史档案馆藏，案卷号 399（4）-5010。
② 黄 通：《一年来之吾国地政》，《中农月刊》5 卷 4 期，1944 年 4 月。

不完备。地政与合作制度，与农村金融关系非常密切，因为"以地政制度完备，则长期土地金融业务，乃可望推行尽利；合作制度完备，始克加强农民金融合作组织力量，提高农民集体信用。"[①]国民政府建立后，为推行土地政策，一直致力于土地行政制度的建设，"但是我国地政虽推行至今，地权之确定与地价之估计，以及地税之定则等，因尚在筹划进行，即土地测量与土地登记亦未办竣，如欲以金融力量协助政府，对报价不实之土地实行照价收买，或协助征收私有土地以为公益之需，或协助重划土地，改良土地，以及扶植自耕农均不可能"。[②]合作制度方面，尽管抗战时期合作行政系统已确立，但未能普遍健全合作社组织，屡被提及的土地信用合作社或乡镇合作社土地信用部的建立始终没能成为现实，使土地金融业务的推行缺乏基础组织。

（三）资金的不足

资金的缺乏则是制约土地金融发展的更为重要的因素。土地金融处举办土地金融，其资金来源主要有 4 个渠道：本身自有的基金、向中国农民银行透支、发行土地债券、向中央银行转抵押。[③]然而，这 4 个渠道都不能保证资金有充裕的来源。

土地金融处成立时，《中国农民银行将办土地金融业务条例》有土地金融基金的规定，土地金融基金即资本金，当时规定为国币 1000 万元。1943 年，中国农民银行添拨土地金融基金 1000 万元，基金共计 2000 万元，存放农民银行本部生息。区区 2000 万的土地金融基金，对于庞大的土地金融业务来说，显然微不足道。

从理论上说，土地金融放款所需之资金，除运用本身基金之外，应以发行土地债券，吸收社会游资为主。1942 年 3 月，国民政府颁布《中国农民银行土地债券法》，并决定发行土地债券 1 亿元，但是在"战时环境，想以发行土地债券，去吸收资金，无异缘木求鱼，完全是不可能的事，一方面因为抗战以来，政府发行的公债，已经感到不容易推销出去，另一方面，币值一再跌落，公债的利息微薄，决不足以引

---

① 姚公振：《我国农业金融之检讨与展望》，《四川经济季刊》2 卷 2 期，1945 年 4 月。

② 同①。

③ 钟崇敏：《发行土地债券推进土地金融业务问题》，《中农月刊》9 卷 6 期，1948 年 6 月。

起人民购买公债的兴趣，自然在证券市场上，更没有土地债券插足的余地"。①因此，这 1 亿元的土地债券，不得不多方设法销售，主要是在借款时搭放，直到 1945 年才销售完毕。1946 年，又继续发行 10 亿元，到 1947 年底，全部销售完毕，并申请增发 500 亿元，但只获准发行以农产物为本位的绥靖区土地债券，稻麦券各 1000 万石，②其发行结果如何，没有看到相关记载。这 11 亿元的土地债券，因急剧的恶性通货膨胀，只是一笔很小的数目，远远满足不了巨额的资金需求。

因此，土地金融的大部分放款资金，只好向农行本部透支。而农民银行的资金来源，除有限的自有资金外，主要是吸收存款，但存款多为短期，尤其是大部分为机关存款，每笔数额很大，活动也大，用之于长期放款，自不适宜。1942 年发行统一于中央银行以前，资金不足时，还可以发行纸币弥补，发行统一以后，这一来源没有了。农民银行本身的营业资金，亦时感拮据，对于土地金融放款资金，当然不能无限制供应。

在前几项资金不足以应付时，土地金融放款不得不向中央银行转抵押。自 1947 年起，土地金融放款可向中央银行按九折转抵押。然而，"我国中央银行，专依发行度日，已为不可掩之事实，以我国土地金融业务需款之巨，即在经济安定期间，恐亦非中央银行所能全部供应"。③

（四）战乱与通货膨胀

更为根本的限制因素是战乱与通货膨胀。"以土地为抵押的长期金融制度须在久安长治的太平时期，货币价值稳定，方能建立"，而国民政府推行土地金融业务恰值 20 世纪 40 年代的战乱时期，也是通货膨胀最为剧烈的时期。④战乱时期，土地产权出现许多非正常变动情况，这极大地限制了佃农购买土地的欲望；同时，因为通货膨胀，出

① 洪瑞坚：《土地金融业务的检讨》，《中农月刊》5 卷 11 期，1944 年 11 月。
② 李叔明：《一年来之中国农民银行》，《中农月刊》9 卷 4 期，1948 年 4 月
③ 钟崇敏：《发行土地债券推进土地金融业务问题》，《中农月刊》9 卷 6 期，1948 年 6 月。
④ 朱剑农：《论土地金融在新中国的建设中应负的使命》，《四川经济季刊》2 卷 3 期，1945 年 2 月。

售土地的地主得到的价值补偿（无论是货币还是债券），会很快缩水，甚至一钱不值，自然也就不愿意出售土地。

因此，中国农民银行办理土地金融业务存在着许多不利因素，可以说基本上不具备条件。就在这样的环境中，国民政府依然命中国农民银行兼办土地金融业务，并将其目标定位为协助政府实施平均地权政策。标榜实施平均地权只不过是国民政府祭起的一个政治宣传口号，实乃将其视为解决严重的土地及农业问题的一根救命稻草而已。当然，我们也应看到，国民党退居台湾后继续沿着这一思路办理土地金融业务、进行土地改革，并取得一定的成效，表明它并不是完全无益的。另一方面，从农村金融制度建设的角度看，土地金融是农村金融体系一个不可或缺的组成部分，中国农民银行办理土地金融业务对构建完整的农业金融体系也做出了有益的探索。

第四节　国民政府对合作社控制的加强

抗战时期，国民政府通过合作行政的完善、合作立法的加强，加强了对合作社的控制，对合作社的推进也更强有力，使得合作社的发展在抗战的前半期迎来了一个发展高潮，但是，政府控制的加强使合作社失去了其基本的精神，农村金融制度更没有了一个健全发展的合作社基础。

一、合作行政的完善

1936 年，国民政府在实业部下成立合作司，掌管全国合作行政。抗战爆发后，中央合作行政机关几经变迁，至 1939 年 5 月合作事业管理局的成立，才渐趋稳定。

1938 年 1 月，实业部改组为经济部，合作司裁撤，由经济部农林司兼办全国合作行政事宜。这年，抗战已进入第二年，东部沦陷区因战事影响，原有合作组织逐渐消失，后方各省合作事业则因各方推动有了迅速发展。以经济部农林司下的一科主办全国正在发展的合作事业，其机构的狭小，人力的不足，自不待言。终以各方的广泛要求以及事实的需要，1939 年 5 月，经济部正式成立合作事业管理局，寿勉成被任命为首任局长，该局分设四科及秘书、会计、统计三室，第一科掌总务事宜，第二科掌合作指导研究设计事宜，第三科掌合作登记事宜，第四科掌合作金融事宜。1940 年，原属中国国民党的社会部，改隶行政院，合作事业管理局于同年 12 月改隶社会部，仍由寿勉成任局长。①

合作事业管理局成立后，为划一各省市合作行政机构起见，1941 年 11 月颁布《省合作事业管理处组织大纲》，规定以合作事业管理处为全省合作行政机关，隶属于建设厅下。省级合作行政大体上渐趋统一，但事实上，紊乱情形仍未完全消除。各省合作事业管理处并未完全成立，成立者有四川、西康、广东、广西、云南、河南、陕西、浙江、绥远等省，其隶属关系，有属于建设厅的，如浙江、广东、四川、甘肃等省，有属于省政府的，如江西、云南、福建、河南等省，有已改为社会处的，如湖北省。②

抗战前，各省县市合作事业的指导监督也极不一致，有由县市政府专设合作指导员的，有由省合作行政机关派员驻县工作的，也有分全省为若干区，区设合作指导所，由所派员分赴辖区各县指导的。大体上每县合作指导员多为一人，或者以两县或三县联合设立指导员一人，轮流赴各县工作，奔波各地，极为辛苦。1940 年，合作事业管理局拟订《县市合作指导室组织规则》，社会部于 1941 年又令合作事业管理局拟订《县合作指导室组织暂行办法》，1942 年 4 月 9 日公布施行，到 1946 年底，县政府设合作指导室的，有江苏、浙江、安徽、江西、湖南、四川、山东、山西、河南、陕西、甘肃、青海、贵州、绥远等 14 省，设合作指导员或指导员办事处的有 11 省，市政府设合作

---

① 陈岩松：《中华合作事业发展史》，第 201-202 页。
② 侯哲莽：《十年来之吾国合作运动》，《中农月刊》4 卷 4 期，1943 年 4 月；张逵：《抗战以来我国合作事业的检讨》，《合作评论》1 卷 1 期，1941 年 1 月。

指导股的有 6 省。县市合作行政系统逐渐建立起来。[①]

我国宪法，早推定合作实业为基本国策之一。大多数资本主义国家，只视合作组织为经营经济事业的型态之一种，犹如合伙组织或公司组织，乃任其自由存在，政府并无政策性的推行之意于其间。日、美之管理合作事业者，为各合作社自组之联合组织，合作行政机关，只对决策立法负责，此与我国合作行政机关事事要管之作风完全不同。

二、合作法制的加强

《合作社法》于 1934 年 3 月经国民政府公布，共分 9 章 76 条。1935 年 8 月，实业部颁发同法之《施行细则》，同年 9 月，实业部以部令公布《合作社法》及其施行细则，同时施行，《合作社法》由此完成。《合作社法》颁布之前，各省所颁合作社暂行条例或规程，有《江苏省合作社暂行条例》（1928 年）、《浙江省合作社规程》（1929 年）、《山东省合作社暂行章程》（1929 年）、《江西省合作社暂行条例》（1930 年）、《河北省合作社暂行条例》（1930 年）、《湖南省合作社暂行条例》（1932 年），实业部于 1931 年 4 月颁布《农村合作社暂行规章》，豫鄂皖三省剿匪总司令部于 1932 年颁布《剿匪区内农村合作社条例》及同条例施行细则。自《合作社法》施行以后，这些法规已失效力。[②]这表明合作社在推行过程中在立法上的统一。此后国民政府对《合作社法》及其施行细则有了多次修正，1939 年 12 月对《合作社法》有第一次修正，1947 年，社会部曾请行政院向立法院提出合作社法修正草案，但因时局变化而撤回。合作社法施行细则，实业部于 1936 年 6 月、12 月，社会部于 1945 年 6 月、1948 年 11 月多次修正。[③]

1939 年 9 月，国民政府为加强推行所谓地方自治，颁布《县各级组织纲要》，1940 年元旦，行政院通令各省普遍施行新县制，并规定以三年为期，各县一律完成。为谋求合作事业配合新县制普及实施，

---

① 陈岩松：《中华合作事业发展史》，第 213-214 页。
② 黄肇兴：《合作社法施行上之困难》，《农村合作》2 卷 1 期，1936 年 8 月。
③ 陈岩松：《中华合作事业发展史》，第 189 页。

行政院于 1940 年 8 月颁布《县各级合作社组织大纲》，大纲共分五章，共 28 条，其基本内容有：

第一，县各级合作社的组织系统由县合作社联合社、乡（镇）合作社、保合作社组成，其推进以乡（镇）为中心，先就每乡（镇），设乡（镇）合作社，逐渐普及各保合作组织，以达到每保一社，每户一社员为原则；

第二，各级合作社业务采兼营制，其名称以所在县、乡（镇）、保之名为之，但为举办某种合作事业，必要时可成立专营合作社或联合社，另定其业务区域，并于名称上载明其经营之业务；

第三，严格限制合作社解散及社员出社。保合作社除非与他社合并、破产，不得解散，社员非合作社解散时，不得出社。[①]

《县各级合作社组织大纲》是国民政府在《合作社法》还继续有效、没有废止的情况下，又出台的一个关于合作社的法律文件，它与《合作社法》有着根本的不同，突出表现在二者对合作社定位的不同上，《合作社法》定义为"依平等原则，在互助组织基础上，以共同经营方法，谋社员经济之利益与生活之改善，而其社员人数及股金总额均可变动之团体"，[②]而《县各级合作社组织大纲》则定位县各级合作社"为发展国民经济之基本机构，应与其他地方自治工作密切配合"。前者仅以改善社员利益为范围，后者负有发展国家经济之职责，是推行国家经济政策的工具，因此没有了平等互助的原则，而多了许多带有强制性的规定，如大纲第 4 条规定"以建到每保一社，每户一社员为原则"，是强调每保必须有一社，每户必须有一社员，人们组社与入社含有强迫性，而其解散与出社又受很严的限制，大纲第 7 条规定保合作社非因与其他合作社合并、破产、命令解散等情况，不得解散。组社入社受强迫，解散出社又受限制，已经完全放弃了合作社自觉自动的原则。

《县各级合作社组织大纲》与《合作社法》相冲突者除上述之外，

---

① 《县各级合作社组织大纲》，《中央银行月报》9 卷 12 期，1940 年。

② 《合作社法》见中国农民银行经济研究处汇编《农村经济金融法规汇编》，1942 年，第 259-274 页。

还表现在组织及业务经营等诸多方面。国民政府于 1939 年 9 月曾公布《县各级组织大纲》，第 60 条规定"各项法令与本纲要抵触之部分，暂行停止适用"，《县各级合作社组织大纲》是依据《县各级组织纲要》[①]第 4 条及第 16 条而来，这就意味着与《县各级合作社组织大纲》相抵触的《合作社法》的相关条文自属暂停适用之列，而《县各级合作社组织大纲》第 26 条又规定"本大纲未规定事项，依合作社法之规定"，则实际上《合作社法》已处于附属补充的地位。尽管《合作社法》由国民政府立法院通过，又没有经过其废止，从法律角度看，其依然具有法律效力，而《县各级合作社组织大纲》则只是国民政府行政院颁布的行政命令，但是战时的行政命令往往有高过正式法律的情形，国民政府实际上是以这种方式确立了其对合作社控制的加强。

孙中山曾提出地方政治的自治制度，他指出在"训政时期，务指导人民从事于革命建设之进行，先以县为自治之单位，于一县之内，努力于除旧布新，以深植人民权力之基本，然后扩而充之，以及于省"。同时又将合作与地方自治联系起来，在其《地方自治开始实行法》里，提出地方自治的实行方法，即"地方自治之范围，当以一县为充分之区域，如不得一县，则联合数村而附有纵横二三十里之田野者，亦可为一试办区域"。试办之事有六，其次序如下：（一）清户口；（二）立机关；（三）定地价；（四）修道路；（五）垦荒地；（六）设学校。总理所谓地方自治团体，不止为一政治组织，并为一经济组织；且规定自治机关之职务，更有：（甲）农业合作；（乙）工业合作；（丙）交易合作；（丁）银行合作；（戊）保险合作。[②]

国民政府上台后，尽管还没有开始推行地方自治，但是对合作控制的意图却很明显，1928 年国民党将合作纳入国民党基层党务工作范畴之内，抗战前，国家百废待兴，国民政府对合作更多是加以利用，以合作救灾、收买人心。抗战时期，国民政府开始推行所谓地方自治，在所谓地方自治的框架内，合作制度被要求要与新县制、保甲制度等

① 《县各级组织纲要》见《地方行政》第 1 期，1941 年 7 月。
② 荣孟源主编：《中国国民党历次代表大会及中央全会资料》（上册），光明日报出版社，1985年，第 660-661 页。

相互配合，这使国民政府加强了对合作社的控制，合作社也成为国民政府加强对基层社会控制的工具之一。但是，在体现国民政府意志之一的《县各级合作社组织大纲》的框架中，已经没有了合作的基本精神。政府过多地干预合作，合作的基本精神被抛弃，结果只能是合作的异化。

三、合作社的发展

合作事业管理局成立后，加强了对合作事业的推动，采取了诸多举措。除前述制定《县各级合作社组织大纲》，拟定《省合作事业管理处组织大纲》及《县合作指导室组织暂行办法》，建立地方合作行政机构的完整体系，协助各省推行合作事业，筹划设立中央合作金库，建立完整合作金融体制，召开全国合作会议，检讨策划全国合作政策及研讨重大合作问题等外，重要举措还有：（1）订颁合作事业三年与五年计划，纳全国合作事业于统一计划下推进建设；（2）1939年在重庆南温泉设立全国合作人员训练所，培育合作人才；（3）设全国合作社物品供销处，供应合作社物资配售，以实际业务，辅导合作社的经营；（4）设置合作工作辅导团，该辅导团成立于1942年，团长由局长兼任，与局合署办公，编制员额与合作局略同，计110余人，规定团长与秘书，均为简任待遇，辅导团总团部分组织办事，总团部下分设4个分团，第一团驻重庆，第二团驻贵州，第三团驻西北——陕西与甘肃，第四团驻东南——包括福建、浙江及光复后之台湾。分团长多由工作驻在地的省合作行政首长兼任，分团副团长及团员，均为专任，由合作事业管理局派任；（5）于各省择定地区举办合作试验区，为推行合作事业之示范。合作局为办理合作实验示范工作，与各省政府商定，选择适当地区，举办合作试验区，各就当地实际情况，拟订适应该地区的实验计划，分期推行，先后曾择定贵州贵定、广东乐昌、湖南安化、甘肃临洮、四川绵阳、安徽休宁、湖北咸宁、西康汉源、陕西凤翔、浙江龙泉、福建建瓯、河南禹县、云南呈贡、广西天保、江西南康等15处，设置合作实验区；（6）制颁设置合作农场办法，以及组织合作工厂办法与农业生产、工业生产、渔业、信用、消费及运销合作事业等推进办法，以利各特种合作事业的推行。

国民政府推动合作的诸多措施，使抗战期间合作社数量有了大量增加，尤其是1939－1941年间更形成了合作社增长的高峰。合作社数量增加的同时，平均每社社员数也有了显著增加，尤其是1940年以后，与国民政府自这年开始推行《县各级合作社组织大纲》有关（见表6-8）。

表6-8　全国合作社社数、社员数

年份	合作社数	合作社社员数	每社平均社员数
1937	46983	1311000	46
1938	65565	3113000	48
1939	91426	4067000	48
1940	133542	7237000	59
1941	155647	9374000	60
1942	160393	10142000	63
1943	166826	13358000	83
1944	171681	15341000	93
1945	172053	17231000	100

资料来源：陈岩松：《中华合作事业发展史》，第237页。

合作社数量增加的同时，合作社的类别和区域分布也有了很大的变化，如表6-9所示。类别变化出现在，1943年，信用合作社的所占比例由82.4%急剧降到48.1%，其他类型的合作社则有了增加，尤其是农业生产、运销、消费、供给等类的合作社增长显著，它直接起源于四联总处所制定的农贷政策在1942、1943年间所发生的变化。

表6-9　全国合作社业务类别概况

年份	总社数	信用	农业生产	工业生产	运销	消费	公用	保险	供给	其他
1937	46983	73.6	5.7		2.5	0.4	0.1	—	0.4	17.3
1938	65565	85.7	11.0	1.7	2.3	0.4	—	—	0.4	—
1939	91426	88.2	6.8	1.7	1.8	0.5	0.4	0.1	0.4	0.1
1940	133542	87.0	7.0	1.5	2.0	1.4	0.3	0.1	0.4	—
1941	155647	84.9	9.1	5.5	1.8	1.7	0.5	0.1	0.6	—
1942	160393	82.4	7.0	4.6	1.8	2.3	0.3	0.1	0.6	—
1943	166826	48.1	14.2	5.6	10.3	10.1	2.6	2.0	8.1	—
1944	171681	41.2	16.8	4.9	10.6	13.0	2.8	1.9	8.7	—
1945	172053	38.0	18.0	6.0	11.0	14.0	2.8	1.9	9.4	—

资料来源：陈岩松：《中华合作事业发展史》，第239页。

在区域分布上，由抗战前主要分布于东部省份到抗战期间主要分布于中西部省份，尤其是西部省份合作社数量的大量增加。抗战前，合作社主要集中于安徽、江苏、河北、浙江等省份。1934年6月，全国有合作社9948个，其中安徽2444个，占总数的19.37%；江苏2220个，占17.98%；河北1460个，占10.11%；浙江1282个，占9.78%；江西961个，占8.01%；山东539个，占7.99%，其他省份都不超过5%。[①]

抗战期间，各省合作社的分布见表6-10。抗战前合作社发展的主要省份都已沦陷，合作社的发展转而以中西部为主，其中四川、西康、甘肃、云南、广西、贵州等这些抗战前合作社非常稀少的省份增加迅速，成为合作社分布的主要省份。

---

① 陈岩松：《中华合作事业发展史》，第226页。

表6-10 抗战期间全国各省市合作社数

年份 省份	1937	1939	1941	1943	1945
浙江	1195	3299	5709	6468	7641
安徽	847	4958	7792	9964	10574
江西	4614	8390	10853	11361	11041
湖北	2717	6607	11926	14340	16522
湖南	3674	7077	17755	17807	18139
四川	2374	16693	23597	24349	23400
西康	—	360	1162	1291	1231
河南	3484	4407	9747	12872	14287
陕西	4009	5278	11542	12306	9345
甘肃	437	4681	6659	6197	5637
福建	2615	4025	5782	7828	10119
广东	750	725	6339	8671	10722
广西	20	4532	19066	13054	13692
云南	129	836	6450	7836	7162
贵州	1487	6694	10427	10990	10187

资料来源：陈岩松：《中华合作事业发展史》，第233-235页。江苏、河北、山东、台湾、辽宁、吉林、热河、察哈尔、宁夏、绥远、青海在抗战期间，没有或者很少有合作社。

　　从世界各国情况看，各国经济发展水平存在差异，社会制度以及文化、风俗习惯也有不同，农村金融的发展路径不尽相同，但有一点至少是相同的，"各国农业金融制度之发展，莫不趋向于制度化之建立，其内容由简单而复杂，由复杂而调整，最后乃成为一完整之体系，此为一种制度长成所必经之过程"。①民国时期，中国农村金融制度的演变由简单而复杂、由复杂而调整的趋势甚是明显，但调整的路径并不清晰。抗战中，农村金融趋于复杂，国民政府着手对各国家行局的农贷进行调整，先是采取分区办理、联合办理的办法，继而使农本局、

---

① 厉德寅：《三年来之农业金融及今后改进之途径》，《经济汇报》2卷1、2期合刊，1940年7月。

中国银行、交通银行、中央信托局退出农贷领域，农村金融归并于中国农民银行一家，同时扩展中国农民银行的业务，以土地金融处办理土地金融业务。这似乎是形成了以中国农民银行统一全国农村金融，并包括长短期金融的农村金融体系，实际上并非如此。首先，中国农民银行分支行处的设立基本上本着商业银行的原则，不合农业银行的要求。其次，中国农民银行的下属机构除其自身的分支行处外，还包括已成立的占全国 2/3 的合作金库，还有 1/3 的合作金库在合作社、地方政府或社会团体的控制下。这些合作金库将何去何从？再次，1942年起，国民政府又在筹备中央合作金库，筹备中的中央合作金库与中国农民银行以及已成立的合作金库是什么关系？因此，农村金融机构的调整，农贷业务归并于中国农民银行，并不意味着农村金融制度的调整趋向于系统的完整性，纷乱复杂的格局仍然持续。

第七章

抗战胜利后农村金融制度的变化

抗战后期，国民政府在紧缩农贷的同时，调整农村金融机构，将大部分农村金融业务归并于中国农民银行，同时，着手筹备中央合作金库。抗战胜利后，国民政府已无暇对农村金融再有大的举措，除中国农民银行沦陷区的复员、成立中央合作金库外，基本是维持抗战后期的格局。国民政府没能有效协调中国农民银行和中央合作金库的关系，表明多年来一直存在的农村金融纷乱复杂的格局仍在延续，系统农村金融制度的形成最终落空。

第一节　农村金融存在的问题及改进之道

国民政府时期，在政府的推动，金融界、社会团体的参与下，农村金融的推进颇有声势，同时面临着许多难题和困惑。如何解决面临的难题与困惑，参与其中或对其关注者，无论是任职于政界，还是置身于金融界、学术界，都针对农村金融的现状，指出其中存在的问题，直陈存在的困惑，并试图提出改进之道。在这20余年中，农村金融实践的推进与对其的议论、批评和建议一直如影相随。当然，不同时期，讨论的内容和重点既有相同之处，也会有不同的侧重。抗战以前，国民政府农矿部、实业部曾先后组织专家讨论农业金融的制度设计，也有学者针对农村金融的现状提出改进方案，如林和成提出要将中国农民银行改组为中央农业银行，但更多的讨论主要是针对农村放款的具体问题。抗战期间及抗战胜利以后，这些问题仍然是各方关注的重要问题之一。这些问题主要有：

贷款数额过低。各金融机构办理农贷时，对每一农户的最高贷款额均有限制，并且这一限制额又往往过低，而农民借款时，先有预定用途，其所需款额与规定的最高限额多不相符。据统计，抗战初期，中、中、交、农四行平均每社员借款额为 19 元，农本局为 15 元，普通最高额为 30 元。[①] 此后，物价高涨，农贷的最高限额并没有及时调整，农民借得如此少的贷款，不能满足其预定的正常用途，而转做不正当的浪费使用。

贷款用途不正当。金融机构的农村放款，要以用于农业生产、农产品运销及农田水利等正当用途为限，但贷款被挪作他用很普遍。除了上述因贷款额度不够而被挪用外，还有在借款时就没有打算用之于正当用途，因此在填写申请书时，所填用途乃随意所写。

贷款期限过短，缺少长期贷款。"短期之贷款，仅能适用于农产品之生产，如遇建筑农舍、购买耕牛、添买农具、建筑堤坝、改良农田时，则所需之资金，似非一般短期贷款所能济事"。[②]

贷款手续过繁。"各地农贷机关办理农贷之手续，颇多过于繁复，在初办农贷期间，一宗借款所需填具报表，闻有多至十数种者，须知我国一般农民，知识水准甚低，其中百分之八十至九十为文盲，对于理解此种报告，极感困难，在吾人认为极简单之手续者，在彼视之，则已觉深不堪矣。故往往须请人代笔，尤费周折，而贷款机关接受报表后，辗转呈递，且多误时，得款亦属无用，因农时已过矣"。[③]

---

① 翟克：《论今日之农贷》，《行健月刊》第 8 期，1941 年。
② 章少力：《我国农贷事业之过去与现在》，《经济汇报》8 卷 6 期，1943 年 9 月。
③ 同①。

贷款对象偏重于有产者。金融机构以及其他机关在指导组织合作社时，加入合作社的往往是有产的自耕农，甚至富农、地主，很少贫雇农，因此，往往是那些不直接生产、从事囤积投机者，冒名组织合作社，大多数合作社为地主豪绅把持，"真正需要贷款的贫苦农民，反大部分被摒弃在门外"，[①]农贷"在名义上虽说是惠及了农民，但是实际则无异是惠及了农村中的土豪劣绅"。[②]

贷款区域不均。各农贷机构办理农贷多从自身利益出发，以资金利息安全为前提，"交通便利农产丰富之区域，则争先进行；较偏僻之区域，则均视为畏途，裹足不前。故各农贷机关之摩擦愈演愈烈"。[③]

这些问题可以归结为二：第一，从事农贷的机构过分关注盈利性，各类银行经营农村放款都表现出商业银行的特性，贷款额度小，贷款对象、区域的选择都是源于此。第二，银行干预甚至控制合作社的经营，如贷款手续过繁，银行对参与合作社者有选择性。银行的干预是基于关注自身的盈亏。至于这些问题背后的深层次问题，有些探讨不多，如关于合作社的经营权利问题，关注者甚少，全国经济委员会英籍顾问甘布尔曾屡次提及合作社的理监事没有实际的权力，并没有多少呼应，导致此种情形深层原因的探讨更少。而商业银行经营农贷，或所有经营农贷的机构都以商业银行的眼光经营农贷，则引起了广泛的关注，使人们思考到底什么样的机构才合适经营农贷，于是，在注意农贷存在的具体问题的同时，更关注在这些具体问题背后制度的缺陷，因此，自1935年直到20世纪40年代末，农村金融制度的不健全、农村金融体系的复杂，成为农村金融领域被广泛关注的最为集中的问题。在讨论中，除了制度、体系问题本身外，还注意到制度的绩效，即如何能增加生产、改良技术，以及农村金融机构如何与技术部门、政府相配合等。

农村金融制度的不健全、农村金融体系的复杂，与政府的作用有

---

① 《确立合作的农贷制度》，《新华日报》1942年6月12日。

② 阮有秋：《论今日我国农贷的任务及其工作精神》，《中国农民月刊》1卷6期，1942年7月。

③ 赵之敏：《论我国今后农贷政策》，《经济汇报》5卷11期，1942年。

很大的关系，时人的共同看法是"我国农贷无整个计划与制度"[①]，这是抓到了问题的关键，所以，在抗战期间，尤其是抗战后期，针对性的有关农村金融改进之道的文献大量出现，它以政府的作用、政府的政策为核心，而涉及关于农村金融体系的一系列问题，主要有：

1．确立农村金融政策、立法

国民政府上台后，农贷首先被视作一种救济事业，抗战期间以及抗战胜利以后，又随时局的变化而先后扩大和紧缩。农贷政策的多变性，使其发挥不了应有的作用，甚至产生了不少消极的影响，是农贷产生诸多问题的重要原因之一。于是，明确的农村金融目标及系统的措施并得到切实执行，而不是不断变动或朝令夕改，成为改进农村金融广为关注的一个热点，要求确定农村金融政策，"既不能把它视为一种消极的救济事业，更不能把它当作普通银行业务来办"，而是有特定的目标。[②]这一特定的目标，首先是从着眼于农业为基础，保持政策的稳定性，而不是随意变动，农贷时而扩大，时而缩小。其次，在具体的目标上，有主要着眼于农业，提出"应以改善农业经营，改良农业技术，并发展农村合作，以提高生产力，促进现代化，为其最紧迫之任务"；[③]有从更大的视野，强调"应该认定农贷为国家经济政策之一环"，[④]或者着眼于中国要实现工业化的角度，从工业化对农业的基本要求上确立农业金融政策。[⑤]

制定完整的农村金融法律是有确定的农村金融政策的重要保障。农村金融推行卓有成效的各国都非常注重法律的制定和实施，而且经过一定时期，参照实施成效，加以修改，如美国 1916 年颁布《联邦农业放款法》，1923 年通过《农业信用法》，1933 年通过《联邦农业金融法》，一次次修正过去制度的缺陷，向完整的农村金融制度迈进一步，农村金融中存在的错杂重复等现象，逐步得到纠正，终而形成全新的

---

① 翟克：《论今日之农贷》，《行健月刊》第 8 期，1941 年。

② 孙耀华：《我国农贷事业之检讨与改进》，《中国农村》战时版 8 卷 7 期，1942 年。

③ 陈颖光：《论我国农业金融之使命及其应有之改进》，《金融知识》1 卷 6 期，1942 年 11 月。

④ 同②。

⑤ 乔启明：《农业金融政策》，《中农月刊》4 卷 10 期，1943 年 10 月。

系统的农村金融制度。但是，中国一直没有有关农村金融的根本法案，"中国农民银行的条例只关系一行，而不能包括全部农业信用，四联总处每年度的农贷办法纲要，系一种临时性质，也不能成为一整个的法案"，1942 年，实现了农贷的专业化，"但仍然需要制定一个农业金融法，把有关的重要事项如机构、如系统、如放款种类以及利率和负债整理等等，全部包括，然后可以走上一个轨道，循序渐进，万不可再如过去之年年变更，影响到事业的推进"。[①]

2. 确定农村金融制度体系

农村金融需要建立专门的制度体系，是基于农业的特性需要长期低利资金，这非一般银行所能担任，世界各国无不形成专门的农村金融系统和制度。1939 年以前，中国的农村金融没有什么制度可言，整个制度显得纷乱复杂，1940 年四联总处设立农业金融处等机构，着手调整农村金融，"但此等机构尚非正常之权力机关，大都由四行选派人员参加组织，因各行之历史、方针、业务、性质及负责人选各不相同，统筹力量已属微弱；加之各地合作金库与农贷机关之相互关系未曾解决，且各省省银行及地方银行亦各办理农贷，致单位复杂，系统凌乱，彼此之间，有利则相争，无利则相推"，[②]此种情形，即使在 1942 年银行专业化以后，也并没有完全解决。因此，从速树立系统制度，成为对农村金融的又一个共同呼声。至于确立何种制度系统，则各方意见颇有分歧，大体上可分为两大类，一类主张长中短期金融分立，各自建立系统；一类主张集中兼营，由一家银行集中经营长中短期金融。

抗战后期，农村金融似有分立经营的趋势。1942 年国家行局专业化后，中国农民银行已成为唯一的全国性农业金融机关，它集中经营各种农业金融；但《合作金库条例》于 1943 年 9 月由国民政府公布，中央合作金库即将成立；而长期农业金融由中国农民银行设立土地金融处经营，中农行土地金融处会计独立，实已具土地银行之雏形。照此发展，分立趋势非常明显，主张分立者正是基于此种趋势，"中央合

---

① 侯哲葊：《论今后我国农业金融制度的改进》，《财政评论》8 卷 4 期，1942 年 10 月。

② 陈颖光：《论我国农业金融之使命及其应有之改进》，《金融知识》1 卷 6 期，1942 年 11 月。

作金库与中央土地银行设立后，中农行自须放弃合作贷款与土地贷款，该行自后除可对农场、林场、牧场、渔场、农会、水利协会及农业改进机关放款外，并可仿美国联邦中期信用银行之例，做各种中短期农业票据贴现，与各级合作金库发生贴现关系。将来上级的专门农业金融机关，既将有三，势须设一农业金融管理局，以资统驭，该局可直隶于行政院"，[①]在农本局停止农贷业务之前，吴文晖曾提议改组农本局，使其"最后成为全国农业金融之最高机关，受农林部与财政部的监督"。[②]

　　主张分营的观点还有不少，在农本局被改组前，有提议以农本局办理短期的合作金融，中国农民银行办理中期农业金融，另设土地银行办理土地金融；也有提议改组农本局为中央合作银行，放款于合作社及合作社联合社，中国农民银行暂时兼营长期及中期放款，将来另设中国农业银行专营中期放款。[③]银行专业化后，不再有农本局改组的讨论，分营论的观点还有，一是主张中短期农业金融上级机关应为中国农民银行，中下层机构以省县合作金库为中心，同时另设中央土地银行办理长期农贷；二是主张由中国农民银行从事土地抵押金融，并放款于水利备荒事业及农业发展事业，由合作金库放款于合作社联合社及农仓。[④]主张分营的，其内容互有差异，但其基本精神则一，即倾向农业金融的长中短期放款，应由三个独立的农业金融机关分别经营，在三个农业金融机关之上应设一农业金融管理局，以对整个农业金融进行统筹、指挥和监督。

　　主张兼营的，认为应由政府设立一个国家农业金融机关，经营一切农贷业务，内分长期金融处、中期金融处及短期金融处等三部，分营长中短期农业信用业务，其基本精神在于农业金融的长中短期放款，由一个农业金融机构统筹办理，分部经营，各部的基金、会计独立。

　　① 吴文晖：《中国战后农业金融问题》，《经济建设季刊》2卷3期，1944年1月；陈颖光：《论我国农业金融之使命及其应有之改进》，《金融知识》1卷6期，1942年11月。
　　② 吴文晖：《抗战建国中的农业金融政策》，《时事月报》23卷4期，1940年10月。
　　③ 厉德寅：《我国农业金融制度之展望》，《经济汇报》3卷9期，1941年5月。
　　④ 陈颖光：《论我国农业金融之使命及其应有之改进》，《金融知识》1卷6期，1942年11月。

认为现代银行业务发展的趋势，在同一特殊部门之内，借会计独立等手段，一银行可以经营多种业务。长中短期农贷业务分营，存在诸多弊端，"放款步骤既难一致，稽核监督尤多不便，纵令担任长中短各期之放款机关，一致贷放，而往返协商，多费时日反足以延误农时，阻碍农事之进行；就农民之借款手续言，农民需向三种农贷机关分别接洽，非独往返费时，且多人事二重麻烦；就对农民放款之根据，举凡农民之性格、嗜好、家庭人口、所有田亩、房屋、不动产等之数量及价值、负债情形、每年之收入及其支出情形，如此始可决定农民之是否需要资金，数量几何，偿还能力如何，在分期分办之情形下，各行格于费用，其调查常略而不详，致失依据；就机关之设立费用言，机关鼎立，费用浩巨，经营成本随之提高，必借利率之方式，转嫁于农民，致增加农民负担；就分期之困难言，所谓长中短之分期，学者聚讼纷纭，莫衷一是，有以用途为准，而各国之实际划分也不一致，如由三机关分别贷放，介于二期中间之放款，或则重复相争，或则相率不放，此种情形在我国尤易发生"。合营制则无此弊端，并有三大优点：一是农业金融行政机关可以免设。分营制下，政府必须设立一专门机关以对农业金融负管理监督之责；兼营制下可以免设，全国只有一个国家金融机关，该机关的理事会原为决定政策及管理业务之组织，若由政府指派有关部会长官及专家等为理事，则理事会长方面秉承政府意旨执行政策，他方面指挥所属推进业务，使行政监督与业务执行溶成一片，可收指臂之效。二是易于获得资金。既将三种农业金融由一行兼管，则此一行可能有三行之资本，其实力运用自较三行分别运用为巨，雄厚之资本，易于博得社会信用，信用既立，则其所发行债券易于销售。三是有补偿作用。分期分办制下，各行因所做业务性质不同，风险程度互异，且投资者常避难趋易，各行资金将有过与不足之弊；若三种农业信用由一行兼办，则可以互相调剂，分营制各行之损益，各自负担，投资人之保障范围较狭，易遭危险，兼营制则各部农贷之损益，可以彼此补偿，危险较小。[1]

---

[1] 厉德寅：《我国农业金融制度之展望》，《经济汇报》3 卷 9 期，1941 年 5 月。

至于兼营制体系之设立，主张政府设立国家农业银行，受财政部的监督，负责统筹办理全国农贷业务，设总行于首都，各省省会设分行，各重要农贷区域的中心设分行的办事处，各县成立合作金库，由国家农业银行负责辅导设立，其下为各种合作社及联合社，此种体系以农行为上中级主干，而以信用合作社及联合社、合作金库为基层组织，形成一种扶助式的农业合作金融制度。[①]

3. 资金的筹措

抗战前，农贷资金大都来源于储蓄存款，抗战爆发后，则主要依靠新货币发行，但农贷资金的最后来源只能是储蓄，抗战后期，农贷的名义数额增长的同时，实际数额却持续下降，正说明了这一点，因为社会储蓄总量在下降。因此，一国国民储蓄的增加，农贷资金来源的范围自可扩大，但农贷资金究竟能充实至何种程度，则要看整个农业金融制度吸收资金能力的大小。如何构建有效的制度，以使资金充分流入农业领域，论者见仁见智，主要观点有：

一是政府投资或低利借款。政府投资充作农业金融上层机关资本，另可拨给低利资金及救济贷款专款，既补农贷资金的不足，也可减轻农民的负担。

二是农业债券的发行。农贷资金需要长期低利，这就决定了各种储蓄存款难以成为农贷资金的主要来源，农业债券的推行则是吸收资金的主要方法，长期农贷资金更须赖土地债券的发行。政府对于农业债券应予免税优待，以使其能与高利债券竞争，投资者则乐于投资；政府应鼓励银行、信托公司及保险公司购买农业债券；储蓄银行的农贷方式，也可购买农业金融机关所发行的债券。

三是严格执行《储蓄银行法》的规定。1934年，国民政府颁布的《储蓄银行法》规定储蓄银行关于农业放款不得少于存款总额的五分之一，应由政府严密监督，甚至强制执行。

四是农村储蓄的吸收。以上方法主要是吸收农村以外的资金，尽管农村普遍贫穷，但并不意味着农村没有剩余资金，甚至有可能藏于

---

① 厉德寅：《我国农业金融制度之展望》，《经济汇报》3卷9期，1941年5月。

农村的资金为数不小。抗战前，农村信用合作社组织未臻健全，几乎没有开展储蓄业务，以致农村私人储蓄未能吸收利用，应奖励合作社发展储蓄业务，以吸收游资用于农业生产。①

4．基层组织合作社的健全

近代农村金融制度的一个普遍现象是农村金融的基础在于合作组织，据 1937 年对 40 多个国家农业金融制度的调查，上层机构各异，但基层机构实际上均是合作组织，或者采取合作原理而组成的团体，其中以信用合作社为对人信用机关尤为普遍。②这是因为农民有了合作组织，凭合作社社员彼此间的熟悉了解，借贷上的连带保证责任，对外才能获得大量资金，获得的资金才能相互监督其运用；同时，通过合作社向农民放款也使放款安全可靠，可有效降低贷款成本。民国时期，中国新式农村金融制度的建立也是以合作组织为基础，自华洋义赈会始，各种机构向农村放款都以合作社为对象，然而，合作社组织的不健全由来已久，社务为少数人所操纵，使农贷的实际效用大打折扣，"为使农贷发挥实效，健全合作组织，实为必要条件"。③

5．与行政、技术等机关的联系

在推进农村金融的实践中，越来越多的人意识到，"农村经济的贫困，绝不是仅仅一个缺乏资金的问题；农业的增产，也绝不是资金有了着落就有办法的。农贷工作，只能说是发展农业生产、促进农产流通和改善农民生活的种种设施之一。推行农贷的成效如何，还要看它和生产技术、农民组织、社会与政治环境等之改进设施如何配合来决定"。④

农贷机关与合作指导、农业技术及农业推广等机关，其目的均在

---

① 吴文晖：《中国战后农业金融问题》，《经济建设季刊》2 卷 3 期，1944 年 1 月；姚公振：《我国农业金融之检讨与展望》，《四川经济季刊》2 卷 2 期，1945 年 4 月；厉德寅：《我国农业金融制度之展望》，《经济汇报》3 卷 9 期，1941 年 5 月；陈颖光：《论我国农业金融之使命及其应有之改进》，《金融知识》1 卷 6 期，1942 年 11 月。

② 厉德寅：《我国农业金融制度之展望》，《经济汇报》3 卷 9 期，1941 年 5 月。

③ 秦柳方：《论当前农贷》，《经济论衡》2 卷 2 期，1944 年 2 月。

④ 叶谦吉：《对于本年度农贷计划的建议》，《甘行月刊》第 2 期，1941 年 4 月。

促进农业生产，提高农产品质，增进农民收益，改善农民生活，它们之间应建立密切联系。因农民的知识水平太低，农业教育又跟不上，在组织合作社及获得农业生产技术上都急需得到指导。但是，合作指导组织，要么没尽指导之力，要么过分注重合作社数量的增加，同时与金融机构间没有密切配合，甚至存在矛盾，不利于农贷的推行。而技术的缺乏会导致同样的结果，"由于农贷之扩展，农民收益因而增加者，固不在少，但因技术落后，而反之损失者，亦复有之。盖由贷款刺激而经营之事业，如无技术之指导协助，每易失败，而反易增加农民之亏损，故今后欲求农业金融之健全发展，必须同时加紧农业生产经营运销等技术之指导"，①战前华北各省棉业的蓬勃发展，提供了这方面的一个很好例证。短短的数年间，棉业的发展"固然一部分由于农业技术机关与农业推广机关的辛勤努力，而金融机关与农业机关的密切联系，使金融力量能诱导农民心悦诚服的接收一切技术上与组织上的指导，并使农民能充分获得生产运销上所需要的资金，其功绩之大，也是不可磨灭的"。②

上述改进之道，是为中国农村金融制度的推进设立了一个理想的目标，一个有机的农村金融体系，以专门的农村金融机构为核心，以合作组织的健全发展为基础，并与行政、技术等机关相配合，它既吸收了国外农村金融制度的成功经验，强调要建立专门的农村金融体系，强调合作组织的充分发展，又注重了中国的国情，中国农民的知识水平落后，建立合作组织，发展农村生产需要农业推广机关的技术帮助，金融与行政、技术的配合能使它们发挥更好的作用。然而，上述的每一改进之道都是针对现实存在的缺陷，以现实的情形看，要真正达到改进的目标，都有着极大的难度，这对深陷战争泥潭的国民政府来说，很难做到。因此，理想的目标大家都很清楚，而现实农村金融制度的演进，则完全是按照另一逻辑推进，这一逻辑在抗战胜利以后仍在延续。

---

① 侯哲莽：《农业金融》，《金融知识》2 卷 2 期，1943 年 3 月。
② 张履鸾：《紧缩声中农贷应取之途径》，《中农月刊》3 卷 3 期，1942 年 3 月。

第二节　抗战胜利后紧缩农贷方针的延续

抗战胜利后，国民政府仍然继续执行推动农贷的政策，企望以金融支持农村经济的复苏和发展，尤其是遭受长期战乱摧残的沦陷区，在此基础上推动战后中国工业化的建设，同时，在内战中也能得到农业的支撑。但是，国民政府主要目标在通过内战消灭异己，军费支出浩大，财政日显捉襟见肘，甚至趋于崩溃，已无暇有足够的精力真正支持农村金融的发展，于是，在标榜推进农贷的同时，实际上是农贷的日益萎缩。

一、紧缩方针的延续：农贷种类和区域的集中

抗战胜利以后，农村金融被标榜要承担"配合政府复员计划，复兴农村，奠定农业建设基础"的重任，但国民政府并没有对"被寄予重任"的农村金融给以足够的支持，去推动农村金融规模的扩大、农村金融制度的改进，而是仍然延续战前的紧缩方针。战前，自 1942 年始，在实际总额没有增加甚至减少的情况下，农贷开始向某些种类如农田水利、农业生产、农产运销等倾斜，已经有了集中的迹象；战后，这种集中的趋势更为显著，随着沦陷区的收复，亟需推进农贷的区域从大后方扩大到全部国土，所需资金数额日益加大，但是日益恶化的通货膨胀，使存款吸收綦难，而政府的财政又捉襟见肘，对农贷的支持非常有限，中央银行的转抵押与透支也仅限于一部分放款，有限的资金难以应付普遍贷放。于是，"农行近年办理农贷及土金多采集中贷放之方式，如特产贷款之集中于各个特产区，农地改良放款之集中于甘肃兰州，农村副业贷款之集中于各项副业繁盛地区"，[①]大致上集中贷放在区域上以收复区、灾区、特产区为重，在种类上，则表现为农贷向某些特产集中。

首先被强调的是收复区、绥靖区的农贷。为适应战后复员需要，

---

① 王清彬：《胜利以来之中国农民银行》，《中央银行月报》新 3 卷 5 期，1948 年 5 月。

加速推进农村复员建设，1945 年 9 月，四联总处理事会通过收复地区紧急救济农贷 40 亿元，并颁布《收复地区紧急救济农贷实施办法》，规定贷款以购买种子、肥料、耕畜、农具及饲料为主，交由中农行配贷，各省贷款期限最长两年。1946 年 8 月，四联总处第 315 次理事会核定东北各省紧急农贷流通券 2.6 亿元，交由中农行按亩发放予收复地区之村街，每亩贷款 50 元，每户最多不得超过 5000 元。1946 年 12 月，核定绥靖区小本贷款。[1]

其次是灾区救济贷款。1947 年 3 月核定淮河泛滥区春耕贷款，5 月核定黄河泛滥区还乡灾民复耕贷款，9 月间核定江苏省水灾救济紧急农贷、晋冀豫鲁四省匪旱灾区救济农贷、广东省水灾区复耕贷款等。上述收复区、战区及灾区贷款资金，除黄泛区贷款外，均由行政院核定，由国库拨付专款贷放，用途为购买农具、种子、耕牛及供应小工商业资金等。这几类贷款，在 1946 年所占该年全部贷款比例达 10% 强，1947 年也达到 7% 强。[2]

最后是对特产的农贷得到显著的加强，四联总处所制定的 1946 年、1947 年的农贷方针明显体现了这一点。1946 年 5 月决定的农贷办理方针强调贷款用途，必须确能直接或间接增加农业生产，增进农民收益，改善农产运销及促进外销者为原则；关于农业贷款要分别指明其重心所在，以便集中力量，协助农业发展。1947 年度的农贷中心工作，特别注重下列三项：一是黄河泛滥区、淮河泛滥区农贷及大型农田水利贷款，二是积极举办棉花及烟叶两项增产贷款，三是加强蚕丝、茶叶、粮食及农产运销贷款。[3]

二、农贷情形的变化

抗战胜利以后，推进农村金融的除中国农民银行外，还有 1946 年正式成立的中央合作金库，其中，中国农民银行的农村金融业务可分为普通农贷和土地金融两种，中央合作金库的业务则主要是合作贷款。

---

[1] 四联总处秘书处：《三十七年度上半年农贷报告》，第 5-7 页。

[2] 四联总处秘书处：《三十七年度上半年农贷报告》，第 12-13 页。

[3] 同①。

中国农民银行的普通农贷，除继续经营农业生产、农田水利、农业推广、农产运销、农村副业等五大类普通农贷并扩大办理农业投资外，还增办特种农产品储运贷款（包括秋季丝茧及茶贷），并经办政府交办的特种农贷，计包括收复区紧急救济农贷、绥靖区小本贷款、淮泛及黄泛区救灾贷款以及联总拨交农业物资如化学肥料、加工机械等之实物贷放。土地金融方面计分扶植自耕农、土地改良、土地征收、地籍整理、乡镇造产、照价收买土地及土地重划七大项，仍以扶植自耕农及土地改良两种放款为业务中心，尤以土地改良放款进展最速。此外，奉政府令配合绥靖区实施国家土地政策，发行以农产物为本位之绥靖区土地债券，办理绥靖区内扶植自耕农放款。中央合作金库的合作贷款则分一般合作贷款和农业合作贷款。

（一）中国农民银行的普通农贷

就中国农民银行的普通农贷看，1945 年底贷款总余额 51 亿余元，1946 年底增至 869 亿余元，1947 年底又增至 8763 亿余元，比 1946 年增加 10 倍强，比 1945 年增加 170 倍强（见表 7-1）。但是，这只是一个名义数字，扣除通货膨胀的因素，实际农贷数额是逐年下降的。尽管战后农业需要资金殷切，但国民政府已经没有足够的经济能力满足农业的资金需要。

表 7-1　历年农贷结余额　　　　　　　　单位：亿元

年份	贷款结余额	年份	贷款结余额
1937	0.20	1943	15.27
1938	0.48	1944	27.15
1939	0.64	1945	51.26
1940	0.97	1946	869.06
1941	2.20	1947	8763.97
1942	6.83		

注：1946 年度另配东北三省流通券 2.95 亿元，1947 年度另配东北五省流通券 15.55 亿元，余额 14.53 亿元，因货币不同，未列入表内。

资料来源：行政院新闻局：《农业贷款》，1947 年 8 月，第 8 页；王清彬：《胜利以来之中国农民银行》，《中央银行月报》新 3 卷 5 期，1948 年 5 月。

至于各项农贷业务，战后与战前相比，也发生了很大的变化。抗战胜利以来三年间，各项贷款余额如表 7-2 所示。

表 7-2　各类贷款进展　　　　　　单位：亿元

类　　别	1945 年底	%	1946 年底	%	1947 年底	%
农业生产贷款	13.73	26.79	104.26	12.00	2177.29	24.84
农田水利贷款	27.91	54.45	82.01	9.44	295.25	4.51
农业推广贷款	2.27	4.44	30.63	2.52	923.09	10.52
农产运销贷款	2.69	7.19	194.63	22.39	1149.83	12.12
农村副业贷款	1.63	3.19	34.10	3.92	228.89	2.73
农业特产品储运贷款	—	—	373.77	43.01	3501.09	39.95
小本贷款	—	—	—	—	141.71	1.62
收复区紧急救济农贷	—	—	45.62	5.25	21.02	0.24
灾区贷款	—	—	—	—	100.96	2.29
农业投资	2.11	3.94	4.01	0.64	14.83	0.17
合　计	51.26	100.00	869.06	100.00	8763.97	100.00

注：1946 年度另配东北三省流通券 2.95 亿元，1947 年度另配东北五省流通券 15.55 亿元，余额 14.53 亿元均未列入表内。

资料来源：王清彬：《胜利以来之中国农民银行》，《中央银行月报》新 3 卷 5 期，1948 年 5 月。

战前各种贷款中，以水利贷款所占百分比为最大，计占 54.45%，其次为生产贷款，计占 26.79%，两项合计共达 81.24%。战后交通恢复，农产品流通陡增，普通农贷中农产运销贷款所占比率骤见庞大，1946 年增至 22.39%，生产与水利所占比例反而相对降低。此外，农行还大量举办特种农产品储运贷款，达 373.77 亿元，在农贷总额中竟占 43.01%，居全部农贷首位。特种农产品储运贷款实际也是农产运销贷款，上两项合计则高达 65.4%。1947 年侧重特种农产储运贷款及生产贷款两项，前者达 3501 亿元，占 39.95%；后者达 2177 亿元，占

24.84%，两者合占农贷总额 64.79%。另农产运销贷款 1149 亿元，占 12.12%，加上特种农产品储运贷款，农产运销贷款实际占比为 52.07%。这表明农行业务方针除仍以推动生产运销等项贷款为重外，特别加强外销农产贷款，以增加特种农产品的对外输出，换取外汇。

关于原有的五类贷款，逐渐向特种产品倾斜。1946 年，农业生产贷款中，各省生产贷款配贷于特产品的总额，约占核定生产贷款额半数以上，其中以棉花、蔗糖、茶叶、烟叶等数种为主。棉花贷款集中贷放于陕、川、湘、皖等重要棉产区域；蔗糖贷款分贷于川、滇、粤、闽、湘、浙等省；茶叶贷款分贷于浙、皖、赣、闽等省；烟叶贷款分贷于豫、黔、川等省。农产运销贷款（分加工运销及仓库储押两种）中，加工运销贷款以各地大宗特产作物为主要对象，本年度选为贷款主要对象之特产，计有棉花、蔗糖、蚕丝、茶叶、桐油、烟叶、纸张等类。[1]1947 年的农贷方针，除仍继续推进普通农贷及兼办政府交办之各项特种贷款外，尤侧重于特种农产品之贷款，对于民生所需及外销之重要农产品，皆以贷款助其增产并便利其运销。根据这一宗旨，中国农民银行拟订了十种农贷计划（包括粮食、棉花、烟草、蚕丝、茶叶、桐油、大豆、蔗糖、渔业等及农仓贷款）呈奉核准，付诸实施。[2]

关于特种农产品贷款，介绍于下。除上述贷款的倾斜外，中国农民银行对特种农产品，如棉花、蚕丝、烟草、茶叶等项，还专就其中若干种出口农产品，另行举办特种农产品贷款，使其在收集、加工、运输过程中，充分获得资金协助，得以顺利集中于口岸，达到畅销及争取外汇之目的。重要者有棉花、蚕丝及美种烟叶三项：

（1）棉花贷款。此项贷款系自 1944 年开始扩大办理，当时乃配合政府花纱管制政策，与花纱布管制局合作办理，由国库拨款一部分配合贷放。1945 及 1946 两年均继续办理，1947 年政府为扩大植棉以谋增进棉产，于农林部下成立棉产改进处，统筹全国棉产改进事宜，农行为配合该处棉花增产计划，这年特扩大贷额，计核定生产贷款

---

[1] 李叔明：《一年来之中国农民银行》，《中农月刊》8 卷 4 期，1947 年 4 月。
[2] 李叔明：《一年来之中国农民银行》，《中农月刊》9 卷 4 期，1948 年 4 月。

1260 亿元。该项贷款系以美棉区域为主，品质优良的中棉区域也酌量贷放。贷款省份有陕、豫、苏、鄂、浙、皖、赣、湘、川、冀、鲁、晋及辽宁等 13 省。除辽宁省另由东北普通农贷额度内贷放流通券 4500 万元外，其余 12 省共计贷放 1150 余亿元，借款社团 3870 单位，贷款棉农 134 万余户，植棉面积 1000 万余亩，皮棉产量估计约有 300 余万担。棉贷中除生产贷款外，尚衔接办理加工运销贷款，1947 年棉花加工及运销两项贷款先后核增至 368 亿余元，其中陕西棉运贷款系由农行与合作金库分区贷放，截至 12 月底，中国农民银行各分支行处贷出加工运销贷款达 265 亿余元，借款社团 144 家单位，参加轧花人数 60431 人，购置轧花机 225 架，引擎 6 部。

（2）蚕丝贷款。抗战胜利以后，蚕丝被国民政府认定为主要外销物资，农业复员建设的重要项目。复员初期，中国农民银行为配合政府奖掖蚕丝事业计划，特于蚕丝业集中的江浙地区派员调查设计，配合有关蚕丝行政技术机关协力推动，自栽桑、制种、养蚕、烘茧、购茧、制丝运销等制销各阶段，通盘兼顾，订定有系统的贷款计划，呈准分别实施，贷款项目计分桑苗、制种、养蚕、共同干茧、干经抵押等项，其中尤以制种、养蚕最重要。关于制种一项，经中国蚕丝公司介绍，1946 年度，由农行贷予各蚕种制造场资金，计江苏 104 个场，浙江 45 个场，共贷资金 94600 万元。1947 年，依照蚕种场设备，评定超、甲、乙、丙、丁五个等级，除丁级种场不予贷款外，其余各级种场当需要资金周转时，均予以贷拨协助，核定总额 65 亿元，截至是年 6 月底，业经全部贷竣，计借款种场 122 所，制种 1653260 张。关于养蚕一项，中国农民银行协同有关机关分别组织蚕农团体，办理春秋期养蚕生产贷款，计 1946 年苏、浙两省春秋两期共计贷放资金 10 亿余元，借款农民团体计 680 家单位，借款农户 74440 户，共育蚕种 264800 余张。1947 年，春季养蚕贷款共核定 65 亿元，截至 6 月下旬，已贷出 52 亿余元，借款社团 816 家单位，借款农户 190412 户，共育蚕种 381206 张。秋季贷款共核定 50 亿元，截至 12 月底，已贷出 45 亿余元，借款社团 639 家单位，借款农户 65951 户，育种 149000 余张。

（3）美种烟叶贷款。农行办理美烟贷款，主要目标在配合农林部烟产改进处增加美种烟叶产量，次在协助推广优良品种，提高烟叶品质。贷款主要用途在协助烟农购办肥料、农具及支付工资等，但大部分多用之于采购肥料。贷款方式分生产贷款、建筑示范烤房贷款、修理烤房贷款、加工贷款、运销贷款等。此项贷款自 1947 年 3 月间开始举办，核定总额共为 280 亿余元，内生产贷款 156 亿余元、加工贷款 124 亿余元。办理省份为豫、皖、川、滇、黔五省，主要烟贷省份则为豫、皖二省，皖省蚌埠、豫省许昌同为集中贷放区域。截至 1947 年 10 月底，贷出总数 277 亿余元，贷放县份计 38 县，贷款社团数 566 家单位，贷款人数计 149000 余人。贷放田亩 425000 余亩，贷款烤烟计有 33000 余担，培修烤房数计有 117 个。至美烟运销贷款，计核定皖省美烟储运贷款 150 亿元，豫省核准由美烟生产加工贷款收回贷款项下转贷运销贷款 210 亿元。

中国农民银行除举办特种农产品贷款外，还有实物贷款、特种农贷：

关于实物贷放，抗战胜利以来，中国农民银行举办的实物贷放，重要的有如下两项：

（1）化学肥料。化学肥料为联合国救济总署运供中国农业救济物资之一，总量原有 30 余万吨，因台湾过去使用化学肥料已有相当历史，联总决定以 20 万吨分配台湾以出售方式售予农民应用，其余 11.5 万吨，分配于我国受战乱各省，其中 7 万吨供实物贷放，4.5 万吨供免费发放。后因肥料总额减少，运抵大陆的数量由 11.5 万吨减为 88771 吨，实物贷放乃减为 5.1 万吨，免费发放减为 3.5 万吨，另 2771 吨留供调剂之用。此项肥料贷放区域包括苏、浙、闽、粤四省，截至 1947 年 12 月底，贷出数量为 33080 吨，折合金额 463 亿余元，承借人数 966000 余人，受益田亩 700 余万亩。

（2）加工机械。农行除贷放联总化学肥料外，还推广联总运华的农产加工机械，此项机械系由农林部委托农行代为经营管理，计有轧花机、打包机各 15 套，面粉机、碾米机、榨油机各 20 部，中型罐头机 2 部，制空罐头机 1 部，罐头复型机 4 套，并按美金原价包括运费让与农行，分七年逐次付还。农行即利用此项机械，经营轧花打包厂，设厂地点计有江苏嘉定、徐州黄口、安徽和县乌江、湖北岳口、樊城及老河口等地。此外，有修制农具制铁工铺100套，由该行与中农机械公司合作贷放，分配于苏、鄂、粤、桂四省。

特种农贷旨在救济灾后农民，使其复耕，主要者有如下四项：

（1）收复区紧急救济农贷。抗战胜利后，为谋恢复战区农业生产，安定农民生活，中国农民银行特请准政府指拨专款，办理急贷。经分先后三期拨到专款50亿元，又流通券2亿6千万元，配贷苏浙等15省及东北收复区。此项贷款于1945年开始举办，于1946年内贷竣。1947年内陆续到期归还，又将收回贷款转放。已贷款县份达500余县。截至1947年6月底，贷出款累积数，包括收回转贷数额在内，共计国币62亿余元，东北流通券3亿4千万余元。

（2）绥靖区小本贷款。各绥靖区县份，经由战乱元气大伤，中国农民银行特举办此项贷款以增生产。该项资金系由行政院分期核拨，计第1期120亿元，配贷于苏、皖、鲁、冀、豫、晋、热、察、绥等9省12个绥靖区109县。截至1947年9月底，业已贷放93亿8千余万元，贷予贫苦农民95000余户。第2期亦为120亿元，配贷县份除增贷上述各省区之县份外，并须配放鄂、陕、甘、宁四省4个绥靖区，暨热、察、绥三省所辖蒙旗。截至1947年底，贷放134县、15蒙旗，共贷出138亿余元，借户12万5千余人。因战局动荡，绥靖区治安不佳，若干地方贷务推进颇受挫折。

（3）淮汛区贷款。1947年，安徽东北各县淮汛区水灾至为严重，经皖省呈准行政院予以救济。关于农贷事宜，由农行主持办理，贷款共计39亿元，经分配于受灾较重之泗县等24县市，其贷款对象为受灾农民所组织之合作社农会等。贷款用途分种子、农具、牲畜等。截至1947年6月底，业经全部贷竣。计贷放农民团体685家单位，借款者72584户。

（4）黄泛区贷款。1938年，黄河花园口决堤，淹没豫、皖、苏三省耕田1400万亩，居民流徙他乡者约500万人。抗战胜利后，经黄河水利委员会办理堵复工程，于1947年3月合龙，中国农民银行奉命办理黄泛区农贷，以便还乡农民得以复耕。贷款区域以河南省中牟等

17 县、安徽省阜阳等 13 县、江苏省涟水等 6 县为限，中经划定中牟等 8 县为中央合库贷区，200 亿中以 50 亿拨该库办理。农行贷区及贷款计河南省 15 县 58 亿，安徽省 10 县 52 亿，江苏省 3 县计 40 亿，共计 28 县贷放 150 亿元。此项贷款，分实物贷放及现金贷放两种，前者系由农行代购种子农具等折价贷予农民。[①]

在农贷的地域分布上，因战时及战后农业重心的转移，贷款的地域分布也有了很大的变化（见表 7-3）。抗战期间，四川、陕西、甘肃、云南、贵州为抗战后方根据地，该区域的农贷所占比例甚大，1945 年达 76.72%，其中四川一省占 31.8%。抗战胜利以后，失地收复，政治重心东移，西部各省农贷所占比例大幅度下降，上述五省由 1945 年的 76.72%下降到 1946 年的 26.94%，四川从 31.8%下降到 9.74%；中东部各省所占比例增加，其中江苏一省在地理上最占优势，1945 年还没有统计数据，到 1946 年增加到 34.4%，居于首位，1947 年，因其他主要产区贷款额增多，江苏省所占比例才下降到 24.48%。"江苏一省贷款特多之原因，系以大宗外销特产品皆集中上海之故。陕西及湖北二省因办理棉贷，浙江省因办理丝茧贷款，甘肃省因办理水利贷款，故数字亦较大"，[②]大量特种农产运销贷款又推动了农贷的区域集中。

表 7-3 各省农贷所占比例变动

年份 省份	1945	1946	1947 年 4 月底止
四川	31.80	9.74	7.60
陕西	21.14	8.79	8.04
甘肃	15.61	5.12	8.16
云南	4.13	2.40	1.14
贵州	4.04	0.81	0.82
广西	3.97	3.48	3.60
湖南	2.84	4.32	3.33

① 王清彬：《胜利以来之中国农民银行》，《中央银行月报》新 3 卷 5 期，1948 年 5 月。

② 中国第二历史档案馆编：《中华民国史档案资料汇编》，第五辑第三编，财政经济（二），江苏古籍出版社，2000 年，第 963 页。

年份\省份	1945	1946	1947 年 4 月底止
江西	2.38	4.40	3.16
湖北	2.15	2.77	6.89
河南	1.99	4.51	4.45
福建	1.97	1.99	1.65
广东	1.58	3.25	6.39
青海	1.42	0.32	0.67
山西	1.21	1.27	0.84
西康	1.13	0.75	0.90
浙江	1.02	6.52	8.00
安徽	1.01	1.49	2.39
绥远	0.74	1.51	2.37
宁夏	0.22	0.32	0.24
江苏	—	34.48	24.48
山东	—	1.82	1.39
河北	—	0.11	3.49

注：抗战胜利后，东北收复各省，曾配贷流通券，因货币单位不同，未列入比较。

资料来源：行政院新闻局：《农业贷款》，1947 年 8 月，第 4-6 页。

（二）中央合作金库的合作贷款

1．一般合作贷款

中央合作金库举办有各种合作贷款。一般合作贷款的资金，除政府所拨合作金融建设专款 350 亿元外，多赖吸收存款。截至 1948 年 6 月底，一般合作贷款，余额为 4202 亿余元，1－6 月份贷出累计为 8882 亿余元。

2．农业合作贷款

1948 年度，国策农贷为 15 万亿元，除以 2 万亿元发展台湾糖业增产外，行库经贷 13 万亿元，中央合作金库由四联总处核定承贷 3 万亿元。其应由中央合作金库负责承贷的，计共 20 省 174 县，因贷区辽阔，交通不便，原有机构不足应付，为推进农贷业务，特在苏、皖、赣、湘、鄂等 10 省承办库处，酌设机动性工作站 30 处。

中央合作金库办理 1948 年度农合贷款，自 4 月下旬开始办理，资金系按拟订的每月配贷总额，先由各省据点库向中央银行洽做透支，分层转拨各经贷库处，待实际贷出后，再以承借各户约据汇向国行办理转抵押，偿还透支。中央合作金库 3 至 5 月预定配贷总数为 17485 亿元，截至 6 月底，根据各该库处表报向国行实际透支 15995 亿余元。农贷因系逐月由中央银行拨款办理，常不能及时拨下，中央合作金库为免因拨款延迟，致失农时，各库处皆停做其他贷放业务，以自有头寸尽量先行垫贷。所办贷款种类有农业生产贷款、小型水利贷款、农村副业及简易农仓贷款等。[①]

（三）土地金融

中国农民银行自 1941 年奉政府令，特准兼办土地金融业务，到 1948 年，农行分支行处已开办土地金融的有 57 家单位，其中分行 17、支行 7、办事处 25、分理处 8。与抗战期间相比，抗战胜利以后，中国农民银行的土地贷款实放数远超核定数（表 6-8），土地放款占中国农民银行总放款比重也有较大提高，但所占比例仍很低（表 6-9），而各类土地贷款中，仍以土地改良、扶植自耕农两项放款为推动中心。

抗战胜利以来，7 项土地金融放款业务大致情形见表 7-4。

表 7-4　抗战胜利以来土地金融各类放款余额　　　单位：亿元

种　　类	1945 年底	%	1946 年底	%	1947 年底	%
土地改良放款	1.95	61.50	68.27	86.94	406.30	70.47
扶助自耕农放款	0.88	27.90	9.16	11.67	115.51	20.02
土地征收放款	0.11	2.60	0.08	0.10	15.73	2.72
地籍整理放款	0.09	3.00	0.85	0.96	26.86	6.29
乡镇造产放款	0.05	1.60	0.19	0.24	1.36	0.24

---

① 中国第二历史档案馆编：《中华民国史档案资料汇编》，第五辑第三编，财政经济（三），江苏古籍出版社，2000 年，第 15-17 页。

种　　类	1945 年底	%	1946 年底	%	1947 年底	%
照价收买土地放款	0.04	1.30	0.04	0.05	—	—
土地重划放款	0.04	1.10	0.03	0.04	0.80	0.14
合　　计	3.17	100.00	79.52	100.00	576.56	100.00

资料来源：王清彬：《胜利以来之中国农民银行》，《中央银行月报》新 3 卷 5 期，1948 年 5 月。

　　从表 7-4 看，抗战胜利以来，土地改良、扶植自耕农两项放款合计所占各项放款总余额百分比，1945 年为 89.4%，1946 年为 98.61%，1947 年为 90.50%。其余五项放款在总数中所占百分比，1945 年为 10.6%，1946 年为 1.39%，1947 年为 9.5%。从各项土地放款总余额的增幅看，1946 年较 1945 年增 25 倍，而 1947 年较 1946 年仅增 7 倍。1946 年度预定放款总额为 40 亿元，后因复员伊始，各方需要殷切，再加币值跌落，通货膨胀，不得不较原定计划酌予扩大，截至年度终了，各项放款余额总计为 78 亿余元；1947 年度原定放款 500 亿，因政府紧缩放款，奉令缩减为 360 亿，截至 12 月底，放款总余额总计 570 亿余元。但因通货膨胀，实际贷款总额是逐年减少的。

　　两项主要的土地金融业务中，一是扶植自耕农放款，分为甲乙两种：甲种旨在协助政府直接创设自耕农户征购土地，分配农民自耕。开办几年来，曾在川、赣、甘、闽、湘、桂等省配合政府选择小区域试办，计共扶植自耕农户 8780 户，共征购耕地 180824 亩，每户约得到 20 至 30 市亩土地。兹将各区情形列表如表 7-5：

表 7-5　各省扶植自耕农实验区情况表

办理地区	亩数	户数
四川北碚扶植自耕农实验区	1428 亩	80 户
湖南衡阳市邹湖镇扶植自耕农示范区	4000 亩	200 户

办理地区	亩数	户数
江西赣县吉埠扶植自耕农示范区	1750 亩	250 户
江西南康县横市坪扶植自耕农示范区	4800 亩	540 户
江西上犹县水南乡扶植自耕农示范区	2240 亩	281 户
江西信丰县游洲扶植自耕农示范区	4500 亩	598 户
甘肃湟惠渠扶植自耕农示范区	41850 亩	1263 户
广西全县扶植自耕农示范区	2906 亩	495 户
广西郁林县大塘乡扶植自耕农示范区	2113 亩	377 户
广西桂平县油麻乡扶植自耕农示范区	2100 亩	110 户
福建龙岩县扶植自耕农示范区已完成三期	114137 亩	4584 户

　　乙种扶农放款系直接贷放给农民或农民团体以便购买赎回土地，或解除土地高利负债。计在川、黔、桂、湘、鄂、苏、浙、皖、闽、赣、甘、陕、粤等 13 省 75 县市内扶植自耕农 47677 户，购买或赎回 699114 市亩。

　　二是土地改良放款，旨在协助政府及农民增进土地利用，防止地利损耗，按其性质可为市地及农地两类。市地部分曾以复员后我国各大都市居住问题极为严重，经协助公务员、教员、市民等 2500 户建造房屋。

　　农地部分采重点推进方式。第一种为甘肃省碱地铺砂放款。该省地居西北干旱区域，雨量少，而气温变化大，土地碱质重，不适耕种，当地农民发明一种改良土壤方法，以黄河干积层之砂石铺敷地面，施行旱农耕作方法，即可保持水分，抵抗碱害，增加土壤湿度，使荒瘠不毛之地，顿成具有灌溉相等之生产力。农行土地金融部在甘肃省中部之皋兰、靖远、临洮、洮沙、永丰、榆中、景泰、永靖、湟惠乡、会宁、兰州等 11 县市，贷款于农民合作组织，从事此种土地改良工作，自 1942 年至 1946 年底止，共改良土地 119676 市亩。其中 60% 种小麦，25% 种棉花，其余则种蔬菜及瓜类，每年增产农产品之价值约值

156 亿元。第二种为垦殖放款,旨在协助农民开垦荒地,计在江西、福建、广西、陕西、湖南、宁夏等省垦辟荒地 60 万市亩,依现实估值,每年增产价值约 60 亿元。

土地金融的受信业务为发行土地债券,已奉政府核准发行的土地债券计有三种:第一种面额计有 100 元、500 元、1000 元、5000 元四种,利息年利六厘,采本息合计均等摊还方法,分 15 年偿清,总额计 1 亿元,1942 年开始发行;第二种与第一种相似,只是面额提高为 5000 元、10000 元、20000 元三种,摊还期限改为七年,总额 10 亿元,1946 年开始发行;第三种票面系以农产物稻麦为本位的绥靖区土地债券,计分小麦、稻谷两类,面额有 1 市石、5 市石、10 市石、50 市石、100 市石五种,利息年息四厘,按农产物计算,采本息合计均等摊还方法,分 15 年偿清,发行总额,计小麦土地债券 1000 万石,稻谷土地债券 1000 万石。[①]

第三节　行、库关系的调整

抗战胜利以后,农村金融的制度建设上没有任何进展,继续延续抗战后期纷乱复杂的格局。中央合作金库的成立目的是建立系统的合作金融制度,但是与中国农民银行的关系没能得到根本解决,使系统的合作金融制度的建立落空,而国民政府的败退大陆,历史也没给国民政府这一机会。

一、中国农民银行机构的调整

1942 年银行专业化后,中国农民银行实际上成为唯一一家经营农村金融的国家金融机构,到 1944 年 12 月底,农行直接的分支行处加上在其控制下的其他机构,总数为 706 个,分布于川、康、黔、滇、

---

① 王清彬:《胜利以来之中国农民银行》,《中央银行月报》新 3 卷 5 期,1948 年 5 月。

粤、桂、浙、皖、赣、闽、鄂、湘、豫、陕、甘、宁、青、绥、晋等19 省份，这些机构的半数集中于川、黔、湘、桂四省。在 706 个机构中，农行的分支行处共 201 个，合作金库 339 库，农贷通讯处 140 处，粮食公仓 15 处，农仓 10 处，农贷办事处 1 处。农行分支机构之外，还有数量不多的省县银行及由地方政府或合作社控制的县合作金库经营农村金融业务，其中到 1942 年，全国共有省银行 23 家、县银行 79 家，[①]总体看，这些省县银行的业务经营中农村金融所占比重不大；1943 年全国共有合作金库 465 库，其中归中国农民银行的占 2/3 以上，[②]其他各库，已有 110 库为合作社自营或近于自营。[③]全国绝大部分经营农村金融的机构都在中国农民银行的控制之下。

抗战胜利，沦陷国土全部光复，农贷业务区域扩大，中国农民银行依据复员计划，对机构分布重新调整。凡收复区的农工商业及交通中心，均尽先增设新机构；因战事关系暂时撤退行处，均复归原处，或移设邻近地点；后方各省原有行处，凡因业务环境变迁，或因行处布设过密，业务可兼并者，均经次第予以改组或撤销。机构调整后的中国农民银行，其分支机构的总数并没有显著增加，1946 年底，机构总数增至 760 个，1947 年底，机构有暂行撤销或合并者，总数减至 744 个。但机构的分布区域扩大，1946 年，除上述 19 省份外，在山东、江苏、吉林、辽宁、安东、辽北、热河、察哈尔等 8 省及香港敷设新机构，各省机构分布较胜利前要平均普遍。[④]

但是，从农村金融制度的角度看，中国农民银行并没有一个清楚的定位，它既有分布各省的重要分支行处，通过它们可以调剂各省农业资金的运用，又在分支行处之外，设有大量的农贷通讯处和在其控制下的合作金库，直接经营农贷业务。即中国农民银行既是农村金融的上层金融机构，又具体经营基层机构的金融业务，这种分支机构的

① 胡铁：《省地方银行之回顾与前瞻》，《金融知识》1 卷 6 期，1942 年 11 月；郭荣生：《县银行之前瞻及现状》，《经济汇报》6 卷 7 期，1942 年 10 月。

② 陈颖光、李锡勋：《合作金融》，正中书局，1947 年，第 21-22 页。

③ 丁宗智：《八年来之合作金融》，《金融知识》4 卷 1、2 期合刊，1945 年 7 月。

④ 王清彬：《胜利以来之中国农民银行》，《中央银行月报》新 3 卷 5 期，1948 年 5 月。

设置原则似乎类似于商业金融，在资金有限的情况下，不利于中国农民银行发挥其作为上层农村金融机构的作用。

二、中央合作金库的成立及合作金库制度的调整

中央合作金库自 1942 年 5 月正式进入筹备，到 1944 年 12 月由政府聘任的中央合作金库的理监事人选确定，筹备基本完成，但此后两年间，中央合作金库迟迟没有成立，主要是资金迟迟不能到位，直到 1946 年 8 月，蒋介石令拨专款 100 亿元，中央合作金库才进入具体筹组阶段，1946 年 11 月，中央合作金库终于正式建立。①

中央合作金库建立后，着手重新建立合作金库系统，以利于建立系统的合作金融制度。按《合作金库条例》的规定，合作金库分中央和县市两级，中央合作金库可在各省市设立分支库或办事处。要最终建立系统的合作金融制度，中央合作金库至少有几个方面的工作要完成，一是中央合作金库分支机构的设立，二是辅导合作组织及县合作金库，三是改组抗战期间设立的合作金库，使其纳入合作金库系统之中。

在分支机构的设置上，为加强配合所谓的"经济戡乱"，中央合作金库把分支机构的设置首先放在"绥靖区"，其目的是所谓"早日复兴绥靖区经济，安定民生，配合总体战之实施"。至于其他地区合作事业较为发达，或特产富饶，堪以合作方式经营，藉能增产物资改进民生者，亦酌设分支机构。到 1947 年底，已设分支库 44 个，其中山东、河南、东北、河北、山西、湖南、湖北、广东、四川、北平、上海等分库 11 所，青岛、徐州、泰县、淮阴、锦州、辽阳、安东、蚌埠、宁波、开封、许昌、无锡、芜湖、张家口、南通、沙市、归绥等支库 17 所，沈城、江都、禹县、宿迁、嘉定、徐家汇、下关、济宁、宝鸡、三原、江宁、吴江、襄城、大同、包头、延安等办事处 16 所。1948 年继续设立分支机构，其设置地点以办理国策农合贷款区域为

---

① 寿勉成：《我国合作金库之沿革与将来》，《银行周报》31 卷 1 期，1947 年。

主。到 6 月又成立了分支机构 16 处，其中福建、甘肃、江西 3 省分库、
贵阳、汕头、梧州 3 支库，温州、南京上新河、嘉兴、绍兴、丹阳、
泸县、屯溪、遂宁、涿县、内江等分理处 10 所，连同上一年总计 60
个，其中辽阳、安东、许昌 3 支库，禹县、延安、襄城 3 分理处，因
战事关系，相继撤退，实存开业之分支机构共 54 个。[①]

　　辅导合作组织和县市合作金库，被列为中央合作金库的中心工作
之一。在辅导合作组织上，设有辅导、设计两处专司其事，1948 年特
别着重于农工业生产、运销及消费合作业务之辅导，根据各业务区域
内之社会经济情形，分派辅导人员推进工作，合作社已甚发达之区，
即就原有合作社加强其组织，充实其业务，健全其财务；合作社不甚
发达或特产富饶之地区，则辅导其组织新社，并注重大规模特产产销
合作社之辅导。1948 年上期共辅导合作社 3928 社。[②]辅导县市合作金
库，先派员调查实际情形，选择一般社会经济情形优越、交通便利、
特产丰饶，且合作组织相当普遍，合作事业相当发达，确有发展可能
及自力经营能力，予以筹设。核准筹设之后，指导拟定章则，审核营
业计划、概算等。至于每库股金总额，以国币 10 亿至 100 亿为度。关
于理监事的核派，须经所在地县政府报由该省合作主管机关及本库该
省分支库加具意见，送由本库核定，并报准社会、财政两部备案后，
方得核准。[③]中央合作金库的分支库数量有限，县市合作金库的辅设
则更步履艰难，为数很少，到 1947 年底，已核准登记的只有吴县、常
熟两县合作金库，经核准筹备者有武进、江阴等 18 县合作金库，经核
准派理监事者，有宜兴、青浦等 21 县合作金库。[④]1948 年上半年，经
核定筹设之县库，计有江苏溧水等、浙江吴兴等、安徽望江等、湖北
随县等、四川南充等、云南曲溪等、湖南大庸等、甘肃天水等 8 省共

---

　　① 中国第二历史档案馆编：《中华民国史档案资料汇编》，第五辑第三编，财政经济（三），
第 5-6 页。

　　② 中国第二历史档案馆编：《中华民国史档案资料汇编》，第五辑第三编，财政经济（三），
第 6 页。

　　③ 中国第二历史档案馆编：《中华民国史档案资料汇编》，第五辑第三编，财政经济（三），
第 11-12 页。

　　④ 郭敏学：《中国农业金融制度之史的检讨》，《农村月刊》2 卷 6 期，1948 年 6 月。

83 县库。[①]

至于原有的 400 多省县合作金库，在中央合作金库成立后，曾提出对其进行改组，但一直到 1949 年也没完成改组，中国农民银行所控制 330 余库的，直到 1949 年仍被视为中国农民银行的准分支机构。从组织结构看，没能形成系统的合作金库体系。

三、行库关系的矛盾与调整

中央合作金库筹备时，关于中央合作金库与中国农民银行的业务划分，经 1943 年 6 月国民党第五届第 231 次中常会决议，中央合作金库以孙中山在《地方自治开始实行法》中所规定的农业合作、工业合作、交易合作、银行合作、保险合作等为主要业务；中国农民银行以孙中山所提示的七种农业改进工作，即农业机械、肥料、种子、除害、制造、运送、防灾等金融为主要业务。[②]这似乎是清楚地划分了两者的业务，中央合作金库以各种合作贷款为主要业务，中国农民银行以各种农业改进工作为主要业务，可收分工合作之效，实则不然。自华洋义赈会以来，农村放款向以合作社为主要贷款对象，抗战时期，经过对农村贷款的调整，1942 年四行专业化后，几乎所有的向合作社放款都归于中国农民银行，这时的合作社约有 16 万个，如此广大的贷款领域，中国农民银行怎会以一纸议决而轻易放弃，因此，两者在业务上不可避免地存在冲突。如何厘清行库关系，各有关机构，如四联总处、中国农民银行、中央合作金库一直在讨论，但直到国民政府终了也没有解决。

国民党中央常会对行库业务的原则划分，在中国农民银行、中央合作金库内，也很清楚"解释时出歧义，界线不免模糊，推行业务不无窒碍"，两机构在第二次行库会议上专就前述的划分进行讨论，并厘定划分的范围与标准，以作为行库双方推行业务的依据。其主要内

---

① 中国第二历史档案馆编：《中华民国史档案资料汇编》，第五辑第三编，财政经济（三），第 11-12 页。

② 寿勉成：《我国合作金库之沿革与将来》，《银行周报》31 卷 1 期，1947 年。

容：行库双方各依据其组织法规所赋予的业务范围订定标准，推进其业务；行方以农业贷款、库方以合作贷款为其主要业务，行方贷款统称农贷，库方农业合作贷款简称合贷；合贷应以合作事业为贷款对象，必须合作事业始有接受合贷之资格，农贷应以农民或农民组织及农业企业为对象；凡透过合作社贷款与农民之农贷，应由行库双方相互配合，以免重复。[①]这个关于范围和标准的划分实际上仍没有将问题厘清，农贷以农民或农民组织为对象与合贷以合作事业为对象，仍然是交叉重叠的。

正因为始终纠缠不清，中美农业技术合作团曾于 1946 年在华作实地考察之后，特建议将中国农民银行与中央合作金库合并为中国农业银行，其内部组织包括三局：（一）土地金融局，以供给购买土地，改良土地，或开垦荒地需用之资金为主要业务；（二）农业产销金融局，主管农民团体，如农会、合作社或其他农民合法组织之农业生产、运销及乡村工业之贷款事宜；（三）中期金融局，主要任务在于筹措农业银行所需之一切资金，此外，并直接贷款下列各项企业：（1）肥料、兽医用品、病虫害药械等及农场应用品之制造；（2）种子、树苗及畜类之繁殖；（3）食品加工厂、仓库以及其他农产运销设备之建筑。[②]这实是一个期望国民政府学习美国农村金融制度，对各种农村金融机构进行彻底整合的方案，如能实施，长期存在的农村金融机构间的纠纷、冲突问题就迎刃而解了，整个农村金融制度也许能得以理顺。但是，这时的国民政府已经无暇顾及了，维持现状是其最佳的选择。关于行库的关系与纠纷，在有关机构间仍要讨论下去。

1948 年，中国农民银行在其业务报告里仍提到行库关系的现状及存在的问题，"本行与中央合作金库为求贷款避免重复起见，暂按地域划分，然于划分办法颇难规定一具体标准。此外，农贷实施办法虽有划一规定，但行库贷款详细手续，贷款对象之取舍，贷额之分配及审核贷款之宽紧、步调，仍恐不免歧异，易起农民误会。至若同一地区

① 北碚管理局档案：《中国农民银行农业贷款、中央合作金库农业合作贷款业务范围与标准》，《北碚管理局有关办理农贷情形有关问题》卷，重庆档案馆藏，案卷号 0081-4-6081。

② 郭敏学：《中国农业金融制度之史的检讨》，《农村月刊》2 卷 6 期，1948 年 6 月。

重复贷款,人力、财力尤属浪费"。[1]至于如何解决,只是提出应请四联总处将行库业务分别订定,"过去农贷计划,仅分农业贷款及土地金融贷款二项。今后为明白规定行库业务范围,似应增列合作贷款一项内容如下:(1)农业贷款部分:包括有关各类内销外销之农业特产及一般重要农业之生产、加工、运销及农田水利、农村副业、农业推广等项贷款,由本行承担。(2)合作贷款部分:包括消费、供销、保险、公用、工业及合作社社员共同经营之农业贷款业务,由中合库承办。(3)土地金融贷款部分:包括农地与市地各种贷款,由本行承担"。[2]这样的划分与前述的行库会议上的划分并没有根本的不同,问题仍然得不到解决。

行库业务划分的纠纷与冲突得不到解决,也就意味着国民政府所推动建立的农村金融制度始终没能解决制度的纷乱复杂问题,金融界、学术界所追求的系统的农村金融制度只能是一个理想了。由于制度的纷乱复杂,农村金融推进中所存在的诸多弊端、问题得不到解决,有些问题在 20 世纪 40 年代末的战乱环境中,反而更加严重。滋引两段中国农民银行 1948 年上期业务报告的两段材料,以见一斑:

> 地方人士暗于中央政策　本年农贷旨在配合政府农业增产政策,采取重点集中贷放,以期发挥增产效能。此项集中贷放原则,曾经四联通过,并由行政院通令各省切实施行。不意行至各省,辄为地方人士所不了解,坚持扩大贷区,普遍平均贷放。若湖南、福建、安徽、江西、甘肃等省,均有此项争执,虽经邀同省府向民意机关多方解释,但几经商讨,影响时效,多方责难纷至,诚令经办人员有不胜应付之苦,甚有少数省份经婉释后,不复坚持前议,然为示好于地方,又暗中通令未大量佩贷额之县份,

---

① 中国第二历史档案馆编:《中华民国史档案资料汇编》,第五辑第三编,财政经济(二),第 1017 页。

② 中国第二历史档案馆编:《中华民国史档案资料汇编》,第五辑第三编,财政经济(二),第 1018-1019 页。

群起要求贷放，使本行执行上感受莫大之困难。[1]

土劣之肆意攻击　物价上涨，经商囤积，利润特优，地方土劣不肖之流，难免不趁机混入农民组织，企图攫取贷款以自肥。但本行监放复查手续严密，贷款直接交与农民，使若辈狡黠者计不得售，于失望之余，虽设法肆意攻击，或登报章，或散传单，非控本行扣款不贷，即诬谓办事人员贪污中饱，诬捏事实，层出不穷。经本行派员彻查后，每发觉传单通告，类多匿告，无人出面，且系虚构事实。此外，地方政府对农民组织指导不严，亦易启歹人觊觎之机。如安徽怀宁县对合作社组织，粗制滥造，在本年四月中旬至五月中旬30日内，登记成立之合作社竟达240余社，其中除极少数健全外，大多为地方土劣把持，本行派往调查之人员，竟被包围要挟。其组织不良未准贷放之各社职员，竟群集城内，每日来行咆哮叫嚣，并登报捏辞攻击。盖办理农贷愈切实，土劣愈无法染指，因而愈感失望，攻击亦愈烈。[2]

----

① 中国第二历史档案馆编：《中华民国史档案资料汇编》，第五辑第三编，财政经济（二），第1016页。

② 中国第二历史档案馆编：《中华民国史档案资料汇编》，第五辑第三编，财政经济（二），第1016-1017页。

结　语

一、农村金融制度的特点

（一）农村金融制度的纷乱复杂

民国时期，中国农村金融制度最显著的特点是，农村金融制度始终没能摆脱纷乱复杂的境地，与欧美各主要国家都相继建立了系统的农村金融制度大相径庭，这些国家制度的系统性表现为，以合作组织的健全发展为基础，在其上是与合作组织建立专属交易关系，专为合作组织提供金融服务的多层级金融机构系统。

国民政府成立后，各省政府筹设农民银行，先后成立的有江苏省农民银行、浙江省45家县农民银行及农民借贷所、豫鄂皖赣四省农民银行等。20世纪30年代初，面对都市资金壅塞、农村资金枯竭，以及"资金归农"的呼声，上海商业储蓄银行、中国银行、金城银行、交通银行等先后成立农业贷款部或农业经济调查部，以其剩余资金作农村放款。这些银行向农村放款都以合作社为主要对象，这种银行直接向合作社放款的方式，是民国时期农村金融制度的主要模式，这一模式以全面抗战的爆发为界，前后有所不同，抗战前放款的银行以商业银行为主，抗战开始后以国家行局为主。

然而，农村金融制度的这一模式在初步形成之时就已呈现出纷乱复杂的特点，其突出的表现是参与向合作社直接放款的银行众多，它们既没有上下的统属关系，相互之间亦无分工合作，基本上是各自为政，放款政策和办法各不相同，这与德、法、美等国农村金融机构形成多层级、政策办法基本统一的有机秩序迥异。因各自为政，放款区域上存在重复偏枯之象，各银行群趋交通便利之区或农业经营条件比较优良之地，偏僻之区少有银行问津；放款对象主要是农村殷实之户，最需款之贫苦之家反得不到贷款；银行之间展开激烈竞争，致使一些不良合作社为获得贷款不择手段，不能从甲银行获得贷款，便利用银行间竞争所产生的漏洞从乙银行获取。此外，银行存在着对合作社的不信任，放款手续繁琐，反过来又阻碍了农民向合作社、银行借款的意愿。

商业银行放款造成农村金融市场的纷乱复杂，引起合作、金融界及学术团体乃至政府有关部门的不满，纷纷要求建立专门的合作金融机构，形成系统的合作金融制度。对于这一诉求，国民政府采取以提倡机关辅导设立合作金库的方式，尝试建立合作金融系统。为此，国民政府联合各银行共同出资在实业部下设立农本局，以作为主要的提倡机关。对合作金库的辅设，农本局的设想是先设立县合作金库，待县合作金库成立有一定数量时，成立省合作金库，再在省合作金库广泛成立的基础上，成立中央合作金库，以期形成系统的合作金融制度，这实际上是在提倡机关辅导下的自下而上的路径。国民政府将农本局设计为最主要的提倡机关，把各银行排斥在提倡机关之外，其目的是为了避免出现众多银行参与造成它们直接向农村放款时所出现的纷乱复杂情形，又可解决国民政府因财政窘境而面临的设立合作金库所需资金的难题。这一设计看似合理，但国民政府在以农本局推行辅设合作金库时，对各银行的直接向合作社放款并没有明确的处置方案。

于是，抗战爆发后，农村合作金融在两种模式下展开。

一是银行直接向合作社放款。因商业银行退出了农村金融领域，中国银行、交通银行、中国农民银行、农本局等国家行局成为提供农贷的主体，但战前已经存在的纷乱复杂的特点仍在延续，国家行局农贷行为的各自为政、相互竞争与纠纷依然存在。国民政府为改变这种状况，加强了对农贷的统筹和规划，1940 年 1 月，在四联总处下成立农业金融处，其目的是"期能对各机关农业金融之业务有所联络与督促，并涉及各项重要事宜"。[1]针对各金融机构办理农贷的规章不一，四联总处颁订各种规章准则，其中最主要的是每年度颁行的《农贷办法纲要》和《农贷方针》，它是对农贷进行调整和规划的最基本文件，明确规定每年度农贷的基本方针、农贷机构、对象、种类、基本办法等。为使各行局分工合作，确立了农贷分区办理和联合办理的办法。凡战区、边区农贷，非一行局之力量所能单独办理的，或农田水利及推广事业关涉数省或数县的，由各行局联合办理；后方各省或交通便利之区，则采用分区办理方式。[2]然而，四联总处对农村金融的调整，是在既定的农村金融机构错综复杂，并对其不做调整的前提下进行的，其局限显而易见，它主要着眼于推广农贷、调整农贷办法，而不是对整个农村合作金融制度作系统规划，正因如此，四联总处只能通过农业金融处的联络与督促，以及采用分区办理和联合办理的办法，来解决农村金融机构的错综复杂所产生的一系列问题，这只是治标不治本之法。此后，国民政府对各国家行局的业务进行几次调整，先是1941年下令农本局停办农贷，将其业务并于中国农民银行，接着于1942年7月，对中、中、交、农四行局进行专业分工，将其他各行局所经营的农贷都统一归并于中国农民银行，这一统一似乎是解决了农村金融存在的纷乱复杂问题，实则不然，农村合作金融制度的这一特点依然存在。

二是经由合作金库向合作社放款。抗战前，农本局等提倡机关对合作金库的辅设刚刚开始，真正大规模的辅设则自1938年始，也在这年，国民政府改变了对提倡机关的限制，将各银行列入提倡机关之列，1939、1940年，中国农民银行等国家行局便相继加入，而本为国民政府设定的辅设合作金库最主要提倡机关的农本局则于1941年初被结束了辅设的使命。提倡机关的增多，推动了合作金库在国统区的普遍建立，到1944年，已建立省合作金库（包括重庆市合作金库）8个，

---

① 姚公振：《中国农业金融史》，中国文化服务社，1947年，第209页。
② 厉德寅：《我国农业金融制度之展望》，《经济汇报》3卷9期，1941年5月。

县合作金库 472 个，[①]同时，也因提倡机关的增多，国民政府力图避免银行直接向合作社放款而出现的纷乱复杂问题，同样出现了，各合作金库互不联络、各自为政。并且，由提倡机关辅设的合作金库都在提倡机关的实际控制之下，所谓的合作金库—合作社则变成了银行—合作金库—合作社，这只不过是银行直接向合作社放款模式的变种。

　　银行直接向合作社放款没能摆脱纷乱复杂的困境，而合作金库也陷入同样的境地，两种模式的并存更凸显了农村合作金融制度的纷乱复杂，这使得建立系统的合作金融制度的呼声更为迫切。同时，经历十多年农村金融的发展变化，人们对农村金融存在的症结及其解决的路径有了更深入的思考。一方面，针对普通银行的农村放款，从最初的要求政府对其加以统筹、规划，到认识到它们非合作金融本身的机关，强调这些银行的农村放款必须透过合作金融系统；另一方面，鉴于合作金库的设立还不够普及，由众多提倡机关辅设合作金库、以自下而上的方式建立系统合作金融制度难以成功，对于建立系统合作金融制度，除要求普遍设立合作金库外，特别强调要提前成立中央合作金库，通过首先设立中央合作金库，再通过中央合作金库以自上而下的方式推动系统合作金融制度的建立。面对这种呼声，国民政府在继续要求各国家行局进行农村放款的同时，开始了对中央合作金库的筹备。1942 年 5 月，社会部、财政部及四联总处着手开始筹备中央合作金库，到 1944 年 12 月由政府聘任的中央合作金库的理监事人选确定，筹备基本完成，1946 年 11 月，中央合作金库正式成立。[②]至此，似乎已经形成了系统的合作金融制度，但是，中央合作金库成立后，实际上是另起炉灶，重新设立各省分支库和县库，直到国民政府的垮台，所辅设的县库数量非常有限，原有的合作金库按预定计划应在改造后纳入中央合作金库系统之中，但大部分一直处于中国农民银行的实际控制之下。再者，中央合作金库筹备时，预料中央合作金库与中国农民银行的贷款业务有重合，对两者做了原则划分，中央合作金库以各

---

① 丁宗智：《八年来之合作金融》，《金融知识》4 卷 1、2 期合刊，1945 年 7 月。
② 寿勉成：《我国合作金库之沿革与将来》，《银行周报》31 卷 1 期，1947 年 1 月 6 日。

种合作贷款为主，中国农民银行以各种农业改进工作为主，[①]但实际上，中央合作金库成立后，行库关系纠缠不清，农村金融制度纷乱复杂的状况并没有因为中央合作金库的成立而改变。

（二）以短期金融为主

农村金融以借贷期限的长短有所谓长期和短期之分，从各国情况看，长短期两种金融多设立两种机关分开经营，当然也有长期金融机关附带经营短期金融，短期金融机关附带经营长期金融的情形，法国、日本便是如此。

从农村金融发展历史看，各国多先设长期金融机关，后设短期金融机关。德国从 1769 年起即着手设立土地抵押信用协会等长期金融机关，至 1869 年以后，才开始设立农村银行等短期金融机关；法国于 1852 年即着手设立巴黎梯地抵押银行等长期金融机关，至 1861 年才开始设立农业动产银行等短期金融机关；意大利于 1866 年即认可 5 家储蓄银行经营农业长期金融业务，至 1883 年才逐渐设立农村合作银行；美国于 1870 年即开始设立农地抵押公司等长期金融机关，至 1913 年《联邦准备法》通过，才开始在联邦准备制度下设有农业短期金融制度；日本于明治二十九年（1896）即通过《劝业银行法》及《农工银行法》，设立农业长期金融机关，至明治三十三年（1900）才通过《产业合作法》，设立农业短期金融机关。各国先设农业长期金融机关，主要是因为各国农业长期金融问题比短期金融问题先发生，而不是应该或者适宜先设立长期金融机关。

各国长期、短期金融基本是并行发展。在机构设置上，长、短期金融各成体系。德国长期金融机关较多，略显复杂，有土地抵押信用协会、土地信用银行、地租银行、土地改良银行、中央农业银行等，中央农业银行对各种土地金融机构有调剂资金之责，居中央机构的地位；短期放款机关以信用合作社为基础，其上有农村银行、普鲁士中央合作银行等。法国长期金融机关主要是法兰西土地信用银行一家，其分支机构遍布全国；短期金融机关以地方农业合作银行、县合作银

---

① 寿勉成：《我国合作金库之沿革与将来》，《银行周报》31 卷 1 期，1947 年 1 月 6 日。

行、中央农业合作银行形成多层级的合作金融系统。美国有联邦土地银行等长期金融机关，有联邦中期信用银行、中央合作银行等中短期金融机关，都各自成系统。在放款规模上，长期金融远超过短期金融，美国农业金融管理局的有关资料反映了这一点（见表结语-1），德、法等国与此类似。相对于农业生产、运销等短期资金需求，土地改良、调整土地分配对农业发展更具根本意义，对资金需求规模更大，因此，长期金融更能满足农业经营的需求，它不仅可替代一部分对短期资金的需求，还可促进土地资金化，有利于农业资源的合理配置。长期、短期金融的并行发展，长期金融规模远超过短期金融，其背后则是强有力的政府和发育充分的金融市场的支持，因为长期金融机关多为政府设立和官营，而其资金来源则主要是通过金融市场发行债券。

表结语-1　美国农业金融管理局各年底未收回贷款总数　单位：百万美元

年　份	农地抵押贷款	运销及购买合作社贷款	短期生产贷款	总　计
1925	1005.68	53.78	27.43	1086.89
1926	1077.82	52.70	40.78	1171.30
1927	1155.64	31.99	45.16	1232.80
1928	1194.82	36.17	46.30	1277.29
1929	1198.51	40.58	56.94	1296.04
1930	1189.60	201.07	73.53	1464.21
1931	1167.90	201.46	135.08	1504.44
1932	1128.56	168.75	196.19	1493.51
1933	1303.45	191.66	295.46	1790.57
1934	2532.62	116.68	313.98	2963.28
1935	2866.65	97.18	359.04	3322.87

资料来源：吴宝华：《美国之农业金融》，第38页。

相比较而言，民国时期中国的农村金融制度，短期金融先于长期金融而设，且短期金融的规模远大于长期金融。清末民初的《殖业银行条例》《劝业银行条例》《农工银行条例》都有长期金融的内容，但都停留在纸面上，没有真正实行。农村金融真正开始于华洋义赈会于20世纪20年代在河北推行农村合作，向合作社放款，国民政府时期，各种银行的向农村放款基本都是以合作社为对象，期限多在一年以内。真正付诸实施的土地抵押放款开始于1935年中国农民银行南昌分行在南昌县境内办理土地抵押放款，成效不大。1941年中国农民银行成立土地金融处，但直到1949年，一直是在试办中。为办理土地金融业务，中国农民银行成立土地金融处，各地分行一般成立土地金融股，试办土地金融区域的办事处则设有土地金融人员。中国农民银行的土地放款规模非常有限，1944年到1947年，土地放款只占其放款总额的4.4%、3.3%、5.8%、4.8%。短期金融先于长期金融，规模上远超过长期金融，不是中国农民对长期金融的需求不迫切，而是许多不利条件限制了长期金融的发展：土地制度的混乱，产权不清晰，不利于土地抵押制度的建立；政府限于财政的困境，无力对土地金融提供强有力的支持，政府有限的支持主要用于眼前更为急迫的生产、生活需要；金融市场的不发达，且政府公债占据了整个证券市场的极大部分，不利于长期低利的农业债券的发行。

（三）过早、过度商业化

合作金融的充分发展，并在农村金融中占有重要地位，是欧美各国农村金融发展的一个显著特点。不仅短期金融完全建立在信用合作社充分健全发展的基础上，长期金融也有以合作组织为基础，如美国联邦土地银行不直接针对个体农民，而是以农地贷款合作社为贷款对象。

合作金融在农村金融中占重要地位，首先在于合作组织的充分健全发展、合作运行机制的正常。在德、法等欧洲各国，合作组织是自发产生的，在这一过程中，逐步建立了从合作社到合作社联合会的健全组织，形成了自助、互助、民主管理的运作机制，较晚产生合作组织的国家如美国，合作组织尽管不完全是自发的，但也建立了健全的组织、形成了正常的合作运行机制。健全的组织、正常的运行机制使合作组织能完全以合作的原则独立经营，不受外来力量干预，这既为合作组织的充分发展提供了保障，也内在地产生了在合作社基础上建立对合作社专属交易的金融机构的需求，而这种金融机构对合作社提供融资，既能避免商业金融进入农村市场的弊端，也因合作社本身的特性能降低融资的风险和成本。于是，随着合作金融的发展，自然就排斥了商业金融在农村金融领域的市场。

其次，合作金融的上层机构趋于官营为合作金融的发展提供了保障。欧美各国的农村金融机构，创设之初并没有一定方针，多为私营，并采取地方分权办法，未设立中央集权机关，因此出现了各地金融机构各自为政、缺乏联络的弊端。为解决农村金融机构因私立及分权所带来的种种问题，各国政府多在私营机构之外，设立官营金融机构，以负责供给农业资金，严厉监督，控制私营的金融机构。19世纪后期以来，私营农村金融机构日趋减少，官营机构日趋增加，例如德国于19世纪初年设立的邦营、省营及土地信用银行，1861年以后设立的土地改良银行，1891年设立的地租银行，1895年设立的普鲁士中央合作银行及1924年设立的中央农业银行；法国于1926年改组的国立中央农业合作银行，意大利于1929年改组的国立劳动银行，美国于1916年设立的联邦土地银行，1923年设立的联邦中期信用银行，1933年成立的中央合作银行、农业金融管理局等，都是采取集中官营的组织。官营的金融机构都不以营利为原则，向合作金融机构提供低利资金以示支持，从而有利于合作金融的发展。

合作金融在农村金融中占有重要地位，在农村金融制度创立和发展的初期是如此，第二次世界大战后随着合作经济、农村金融愈趋商业化，这一特点仍没有改变。据统计，截至2006年末，美国农业信贷市场中，商业银行信贷规模占市场份额的42.4%，合作组织占32.6%，个人信贷及其他占17.2%，政策性金融和保险公司分别占5.3%和2.6%。[①]合作金融仍然是农村金融的重要支柱，这不仅因为合作金融的运作机制对农村的适用性，而且合作金融所形成的健全组织系统，以及良好的市场环境和秩序对于降低农村金融的成本有着重要意义。

20世纪20年代，中国着手建立新的农村金融制度伊始，无论是

---

① 汪小亚：《农村金融体制改革研究》，中国金融出版社，2009年，第179-191页。

理论探讨、对国外经验的介绍，还是华洋义赈会在农村推行合作，都把农村金融发展的路径指向合作金融。但是，合作金融在中国徒具形式，真正意义上的合作金融制度在中国并没有建立起来，农村金融几乎从一开始就被商业金融所控制，过早商业化了。首先，合作社没有建立健全的组织，也没有培植农民的自助、互助及民主管理的合作精神，使得农民对合作社并没有真正的参与意识，不关心合作社，也不参与合作社的管理，合作社易被外部力量所控制。其次，银行向合作社放款以追求营利为目的。银行农村放款在地域、对象上的选择性，不仅抗战前是如此，就是抗战时期商业银行退出农村金融市场，国家行局成为农村金融市场主力，这种商业化倾向依然如故，它们为争夺有利的农村市场，各自为政，相互竞争。这种情形下，需要政府的力量纠正农村金融的这种偏向，但是以政府之力所设立的农民银行，不仅没有足够的资力，其本身的经营也明显表现出商业化倾向。在商业金融控制下，合作金融应有的特质没有了，合作金融实际上成了商业金融的工具，合作金融被异化，不仅不能发挥其应有的作用，反而产生了消极的影响。中国新式农村金融在建立的初始，就没有形成合作金融的根基，而是被商业金融所控制，农村金融过早商业化了，这不仅使农村金融一开始就表现出制度体系的纷乱复杂，弊端丛生，也为以后农村金融的发展演变设定了路径。

二、农村金融制度基础的脆弱

民国时期，中国农村金融制度的基础非常脆弱。合作社组织不健全、运行机制不正常，是合作社的常态。首先，合作社所建立的基本规章制度和治理结构形同虚设，各种章则只存在于纸面上，理、监事会不能正常召开，会计制度落后。其次，合作社被认为是"合借社"。政府、银行、社会团体等派指导人员帮助农民建立合作社时，并没能让农民明了合作社的真谛，以致农民对合作社的组织经营漠不关心，只关心能否从合作社得到借款；再加上组织合作社的首要任务是通过合作社向农民放款，致使"一般加入合作社的，误认为合作社为合借社，不注意经营业务。合作社除掉借款还款外，无业务可言"①。第三，合作社被外部势力控制。合作社的经营常被掌握在指导机关之手，更常被土豪劣绅所操纵，因为除一部分热心合作人士不辞辛苦真正帮助农民建立合作社外，指导人员多是依赖保甲长或乡镇力量甚至土豪劣绅，拉他们出面做筹备人员，合作社无形中交给了他们，被他们操纵，"一些乡镇合作社，常被操纵在土豪劣绅及商人；所以有些少数不好的乡镇长，兼了合作社的经理或理事主席，更似予虎添翼的为害乡里，剥削民众了；有些商人，操纵了合作社，常来移用合作社的资金，来办理自己店里的货"。②被外部势力所控制，降低了合作社的信用，也增大了银行的风险，银行为防止合作社放款被挪用，常在放款时派人现场监放，但是农民拿到借款离开现场后，常被豪强势力派人强行收走，监放只是流于形式，这更使银行倾向于干预合作社的经营。合作社经营陷入恶性循环之中。

合作社的基本原则荡然无存，它只是银行向农民放款的工具，同时被土豪劣绅所利用。导致如此状态，既有中国社会先天就存在的不利条件，也有在合作社建立过程中不断出现的因素所致。

中国社会先天就存在着社会组织不发达的特点。以小农业和家庭手工业相结合为基础、生产生活以自给为主的社会生产再生产模式，决定了农民对外交往很少，所谓"鸡犬之声相闻，老死不相往来"；另一方面，当中国进入文明社会时，氏族血缘关系没有淡化，家族不仅没有瓦解，而且渐渐成为相对独立的社会单元，它与发达的农业文明结合，家族血缘关系得到进一步强化，使之成为社会生产生活中最重要的社会关系，每个人对家族血缘关系之外的社会关系并没有深切的需求。中国农民这种注重家族血缘关系、没有社会组织需求的特征常被以"一盘散沙"、"散漫无组织"来形容，当中国开始了向现代社会转型时，农民的这一特征被认为是推进农村社会进步的一大障碍，

---

① 周佩箴：《中国农民银行与合作事业》，《合作月刊》战时版，第11、12、13期，1939年5月。

② 唐巽泽等：《实施县各级合作组织的几个问题》，《合作前锋》战时版，第9-10期，1941年。

并希望以从西方传入的合作加以改造，"中国农村经济衰落，其原因固多，而农民本身缺乏坚强之组织实为重要原因。农村因缺乏合作组织，无相当联络，不能共同经营生产与消费事业，因此生产减少，并重受中间商人之剥削。此就经济上言，农民有相互合作之必要。再自心理及精神方面而言，农民各自独立，一盘散沙，相互间缺乏深切同情及共同意识；因此，遇有灾难则各自为谋，不能采取一致的共同行动"。[1] 希望通过"合作之训练，而养成其组织能力"，并以合作来推进其他事业的改进，解决其他问题，"中国农民智识，原极低下，因合作而提高其程度；中国农民不讲卫生，各地皆然，农村死亡率之高，至足惊人，而农民咸委为命运，其愚有如此，有合作组织，则卫生问题，亦得以解决；中国农民，私心极重，因合作而养成其互助习惯，提高其道德观念，总之，合作确是解决农村问题的利器，农村中的'穷愚弱私'四个问题，惟有运用合作组织才能解决"。[2] 寄希望以合作组织改变农民的散漫无组织，但农民的散漫无组织、对社会组织没有深切的需求，恰恰非常不利于合作社的建立，这是一个矛盾，也意味着在中国建立起真正的合作组织难度之大。

深知中国农民没有合作传统，知识水平低下，推行合作难度大，第一个在农村推行合作组织的社会团体——华洋义赈会非常注重尊重合作的基本精神，期望培植农民的自助、自立能力。他们强调"合作社乃农民自身之组织，其发达与进展应基于人民之自觉与努力"，帮助农民建立合作社是"带动"而不是"代动"，最终是要"达纯由农民自动组织合作社及联合会之境地"，[3] 因此，华洋义赈会与合作社的关系不是领导与被领导的关系，而是处于指导地位。华洋义赈会先是在河北，国民政府时期继而在安徽、江西、陕西等省推行合作，尽管其推行合作的进展较慢，但基本能保证所建立起来的合作社组织健全，基本符合合作的基本精神。如果沿着华洋义赈会的路径推行合作，

---

[1] 李景汉：《中国农村金融与农村合作问题》，《东方杂志》第33卷第7号，1936年4月。

[2] 章元善：《合作在中国所负之使命》，《实业部月刊》1卷7期，1936年10月。

[3] 《本会推行合作事业方案》，《中国华洋义赈救灾总会丛刊》甲种第43号：《民国二十三年度赈务报告书》，1935年，第110页。

也许一开始推进的速度很慢，但能在中国建立起真正的合作组织。

　　国民政府时期，政府、银行、社会团体及学术机构都指导农民组织合作社，使合作社的数量大量增加，但是，政府打着救济农村、实现民生主义的旗号，银行则为了利用合作社向农村放款，它们的旨趣与华洋义赈会大为不同，"他们根本不认合作社有它的独立性。今日合作运动发展太慢，运用资金的力量太薄弱，他们就径自组织'合作社'，希望在短时期内，粗制滥造些农民团体来，做银行放款的对象"，银行家"为自身的安全起见，自然要找些有地有势的人们，来当所谓社员，把钱放给他们，利息照城市行情，——在竞争环境之下还要低些。放款收利之外，有时还要附带着条件，牵连到农产品的买卖，自成一个系统，满足他们进取的欲望，至于合作运动的生死存亡，那是在所不顾的"，①它们"不注意于农民互助自助力量之培植，必致丧失农业合作之最重要意义"。②

　　政府、银行等不注重合作社基本精神的培植，这又给土豪劣绅侵入、控制合作社以可乘之机。民国时期，土豪劣绅操纵合作社成为一个普遍现象，其背景是这些恶势力对乡村社会和基层政权的控制。在传统中国社会，基层权力结构中起着举足轻重作用的是乡绅，他们是维系乡村社会秩序的重要力量。1905 年科举制度被废除后，乡绅趋向没落，除一部分大士绅迁居都市外，留在乡村的小士绅大多丧失了社会整合能力，逐渐从政治社会的权力中心退居到边缘。传统乡绅没落后，土豪恶霸等乡村边缘势力乘机崛起，也跻身于"绅士"的行列，他们依据的不再是传统的科举功名，而是强权武力和财力。凭藉武力者，拥枪自雄，独霸一方；凭藉财力者，多参与地方自治、教育、商务、党团及民意机关和团体的活动。他们在地方颇具势力，上者把持县政，挟制县长，下者垄断乡曲，把持乡政，并在地方买田置地，承包税收，富甲一方。土豪劣绅控制基层社会之时，适当民国政府向下扩张、渗透国家政权，在县以下相继建立区、乡镇政权。基层政权的

　　① 章元善：《商资与合作》，《民间社》2 卷 1 期，1935 年 5 月 10 日。
　　② 巫宝三：《华洋义赈救灾总会办理河北省农村信用合作社放款之考察》，《社会科学杂志》5 卷 1 期，1934 年 3 月。

下移，政府规模的扩大，在传统乡绅没落，而政府又没有能够培训足够公职人员的情况下，其权力真空却由土豪劣绅等边缘恶势力来填充。民国政权的强行向下扩张，恰逢其会地为土豪劣绅提供了一个纵横驰骋的舞台和天地。[①]在这样的背景下，土豪劣绅控制合作社乃寻常之事。在合作社里，他们担任理事、监事之职，合作社从银行获得的借款往往被他们所掌握，再以高利转借给社员，实际变成了高利贷。真正需要借款的贫民不能实际控制合作社，不能参与合作社的经营，不能从合作社得到实惠。

不仅土豪劣绅控制合作社，政府也逐步加强了对合作社的控制。1928 年，国民党将合作纳入国民党基层党务工作范围内，对合作的控制已初有显露。抗战前，国民政府对合作更多是加以利用，以合作救灾、收买人心。抗战中，国民政府为推行所谓地方自治，更是将合作社纳入地方自治系统之中。1939 年 9 月，国民政府颁布《县各级组织纲要》，1940 年元旦，行政院通令各省普遍施行新县制，并规定以三年为期，各县一律完成。为谋求合作事业配合新县制的普及实施，行政院于 1940 年 8 月颁布《县各级合作社组织大纲》，其基本内容，一是县各级合作社以乡（镇）为中心，先就每乡（镇），设乡（镇）合作社，逐渐普及各保合作组织，以达到每保一社，每户一社员为原则，这是要使合作组织全民化；二是严格限制合作社解散及社员出社。保合作社除非与他社合并、破产、解散之命令，不得解散，社员非合作社解散时，不得出社。[②]《大纲》强调县各级合作社应与其他地方自治工作密切配合，它表明国民政府对合作社新的定位。在所谓地方自治的框架内，新县制、保甲制度与合作制度等相互配合，使国民政府可以加强对基层社会的控制，但在《县各级合作社组织大纲》的框架中，已经没有了合作的基本精神。

在中国，合作社本来就不是农民自发组织，而是由外部力量帮助建立。农民处于被动地位，对其自助、自立精神的培植又没被注重，

---

① 关于清末民国时期乡村社会权力结构的变化，参见王奇生：《民国时期社会权力结构的演变》，载《中国社会史论》（下），湖北教育出版社，2000 年，第 549-590 页。

② 陈岩松：《中华合作事业发展史》，台湾商务印书馆，1983 年，第 192-193 页。

是不可能产生基于合作组织发展基础上的合作金融机构。

三、金融机构建设的缺陷

从各国看，构筑系统的农村金融制度，除依赖合作社的普遍发展外，政府发挥了重要作用，在农村金融建立较晚的国家，这一点更为突出。政府的作用首先是制度设计，稍晚于德国建立农村金融制度的法国已经有了显现，政府主导了法兰西土地信用银行和中央农业合作银行的设立。越是较晚开始建立合作金融的国家，越是注重制度设计，因有早发国家的经验教训可以吸取，为缩短制度建设的时间，政府设计整个制度的框架体系，根据实际情况的变化不断完善。美国政府对农村金融制度的设计最为典型，在 1916 年创设联邦土地银行和合股土地银行，1923 年设立联邦中期信用银行和国立农业信用公司后，1933 年春，对农村金融机构做了大的调整，设立农业金融管理局作为农村金融的管理机构，将各种农村金融机构直接置于其管辖之下，其下的放款机构，除保留联邦土地银行、联邦中期信用银行外，作物种子贷款所、地区农业信用公司、联邦农业放款局均予以取消清理，另再设合作银行和生产信用公司，从而形成了完整的农村金融体系。其次，参与各级机构的设立，尤其是中央金融机构由政府设立，或以政府为主设立，长期、短期中央金融机关基本都是如此。以中央机构统辖整个农村金融系统，并以中央金融机构连接国家财政和整个金融系统，对农村金融提供资金支持，调剂其资金的运用。最后，提供津贴和低利资金。如法国，1897 年 11 月，政府与法兰西银行商定，由该行无利息借予政府 4000 万法郎，并每年至少给予政府报效 200 万法郎，以充农业信用之用，该行还允许接受农业票据的再贴现。[①]再者如美国，依据相关法律，联邦土地银行、联邦中期信用银行等银行的资本应由各种合作社认购，不足之数由财政部拨付，但各银行开办时，其资本基本由政府认缴。《联邦农地放款法》规定每家联邦土地银行须收足

---

① 薛涛：《各国合作金融概观》，《合作与农村》第 1 卷第 2 期，1936 年。

75万元，方可开始营业，各土地银行初设立时，认购股份的贷款合作社尚未着手组织，应者寥寥，终由财政部拨付889万余元作为官股。中期信用银行成立之初，每一银行由财政部拨付500万元作为资本，12家共6000万元。1933年，中央合作银行成立时，联邦政府一次指拨5000万元作为股本，其后，因借款合作社的需要增加，又由政府认购2500万元；12家区合作银行每家亦由政府认缴股本500万元。[①]

值得提出的是，政府从机构设置、资金等方面对农村金融提供强有力支持的同时，为保证合作组织的健全和运作机制的正常，对基层合作组织的经营则不予干预，合作社以及各级金融机构都是各自相对独立经营。

中国农村金融制度兴起之时，农村金融在欧洲、美洲、亚洲的许多国家推行已久，各国积累的丰富多样的经验教训值得中国吸取，尤其是如美国等后起国家的政府在农村金融建设上的重要作用更值得中国政府借鉴。国民政府上台后，以积极的姿态推进农村金融制度的建设，在制度设计、机构的设置和调整、资金的投入上都有所行动，但是每一步都留下缺憾，使得所建立的制度不是逐步完善，而是偏离系统完整性。

国民政府曾组织过建立怎样的农村金融制度的讨论。1930年4月、1932年11月，农矿部、实业部曾先后聘请农业经济专家组织农业金融讨论委员会进行讨论，对农业金融制度的设置、推行机构、资金筹措等提出了一些基本方案，认为农业贷款应分为长、中、短期，与此相应，农业金融制度宜分为二：一是仿各国土地银行制度，兼采美国中期贷款制度，由政府投资设立农业银行，做中长期贷款；二是仿各国合作银行制度，由政府或私人设立农民银行，做中短期贷款。[②]这是一个粗略的具有一定可行性的方案，但国民政府并没有对之做进一步研究，更谈不上使之成为可以实施的法案，实际上是不了了之。没有明确的制度设计，也就没有通盘筹划与一以贯之的政策，任由商业

---

① 吴宝华：《美国之农业金融》，第75、97、107、109页。

② 姚公振：《中国农业金融史》，第206—209页。

银行、社会团体以及各级政府分别推进，这就使得中国的农村金融制度自形成伊始，就表现出纷乱复杂的特点。

　　针对农村金融演进过程中存在的问题，国民政府有过两次对机构的调整。一次是设立农本局，寄希望于通过农本局辅设合作金库，逐步建立系统的合作金融制度。但农本局设立后，还没来得及大规模推广合作金库的辅设，日本就发动全面侵华战争，国民政府为发展大后方的农业，极力利用各国家行局扩大农贷，大后方的农贷确实扩大了，同时也限制了农本局推广辅设合作金库，因为农本局在各行局的农贷区域辅设合作金库要受到牵制。另一方面，实业部对农本局的制度设计存在重大缺陷，一方面赋予农本局辅设合作金库，建立农村合作金融制度的重任，又规定其业务有调整农业产品、流通农业资金两大部分，其中调整农业产品的业务随着战时局势的变化而一再调整和加重，使农本局不堪重负。与业务的定位不清相关，农本局的机构设置也存在问题，主要是地方机构不充实。中央机构之下，其基层机构主要是在重要地点设专员办事处，农本局的策略是，为"避免本局之多设机构以节省人力"，强调业务开展要与当地政府、金融、技术各方面合作。为节省成本，农本局的考虑有其合理的一面，但是一味地强调节省成本，而不加区别地将其业务特别是农业贷款、辅设合作金库等核心业务委托其他机构代办，势必造成农本局在农村金融业务上被边缘化。农本局还存在严重的资金困境。按规定，农本局的资金分为固定资金、合放资金、流通资金，其中固定资金为 3000 万元，由政府自 1936 年起分五年筹拨；合放资金 3000 万元，由各参加银行分五年缴清；流动资金数额，由该局与各银行协定。但除政府每年的 600 万元勉强能够拨付外，各银行的合放资金，除拨付第一期外，其后未继续拨付。[①]1940年，四联总处正主导各行局扩大农贷，农本局却是农贷资金无法周转。急切扩大农贷的需要，农本局存在的种种缺陷，致使各国家行局在扩张农贷规模的同时，农本局却受到诸多限制，终在 1941 年初被改组，其农业金融业务全部移交各行局，其所承担的建立系统合作金融制度

---

① 农本局研究室：《经济部农本局概况》，第 18 页。

的使命也被终结。

一次是抗战时期，调整各行局的农贷，筹设中央合作金库。这次是针对国家行局扩大农贷所引致的混乱，对行局农贷的调整由联合农贷、分区农贷而将所有农贷归于中国农民银行，这似乎有利于农业金融制度的完善，但在将所有农贷归并中国农民银行的同时，又筹设中央合作金库，显示国民政府仍没有对整个农村金融的统筹考虑，实际是在不改变中国农民银行现状的前提下，再设一个中央合作金库。尽管1943年对两者业务有一个原则性规定，但没有任何实质性意义，无法真正协调两者之间的关系。自华洋义赈会以来，农村放款向以合作社为主要贷款对象，1942年四行专业化后，几乎所有农村放款都归于中国农民银行，如此广大的贷款领域，中国农民银行怎会以一纸议决而轻易放弃。更深层次的问题是要对整个农村金融进行统筹规划，必然要改组中国农民银行，这又涉及国民政府的整个金融体系。作为国家银行的中国农民银行，还在其由四省农民银行改组为中国农民银行不久，就有学者提出将其改组为中央农业银行，其基本的框架是设立总行并扩充内部组织，在上海、北平、广州、汉口、成都及广州设置中央农业银行区行，在其下不再广设分支行处，[①]这样设计的目的是使中国农民银行统筹全国农村金融，并调剂各地农村资金。但这一建议并没有在政府里引起反响，中国农民银行像商业银行那样一直在扩充分支行处，在农村金融业务上与各金融机构展开竞争，最终它成了最大的农业银行，而不是中央农业银行。中国农民银行不仅仅是一家农业银行，还是蒋介石直接控制下的一家特殊银行，一家垫支军政开支的国家银行，具有多重角色和职能。[②]将中国农民银行改组为中央农业银行，首先要缩减其基层的分支行处，这势必会至少是在短期内影响中国农民银行的利益，其次则要裁去其他的角色和职能，这恐怕是改组中国农民银行遇到的最大难题。

---

① 林和成：《改组中国农民银行为中央农业银行之检讨》，《湖南大学季刊》2卷3期，1936年7月。

② 邹晓昇：《试论中国农民银行角色和职能的演变》，《中国经济史研究》2006年第4期，第59-67页。

国民政府对农村金融的资金投入也非常有限。由地方政府和中央政府所设立的农民银行资金筹集艰难，且数量有限，江苏农民银行是以孙传芳时代经征未完的二角亩捐充作资本，成立时额定资本220万元；[1]浙江省农民银行因资本筹集不足而停办，各县农民银行的资金大多来自各县地方公款及田赋附加税款，偶尔也有募集商股的，实收资本多在10万元以下，农民借贷所则仅在1万元左右；[2]四省农民银行成立时，实收资本只有250万元，至1935年4月改组为中国农民银行才增至1000万元。[3]至于农贷资金，抗战前，各农民银行和商业银行的农贷资金大部分来自社会储蓄，抗战时期商业银行的农贷差不多敛迹，农贷主要依靠各国家行局的资金，而各行局的资金又主要来自纸币的发行，有估计，1939年的农贷总额只有1/5来自社会储蓄，有4/5来自新货币的发行。[4]政府资金投入的不足，既制约了政府对农业金融的支持，也很难使其在合作金融机构的调整上有所作为。在既定投入下，国民政府面对农村金融的迫切需要，既想改进农村金融制度，却又无力改变现状，只能是问题出现时被动、事后地应付。

农业是弱质产业，对农业的金融支持需要有与商业金融不同的特殊机制，以欧美各国的经验，这种机制的形成既要农民的自立和自我组织的健全发展，又需要政府强有力的支持和恰当的干预。民国时期，由于中国农村经济的衰败、农民缺少自我组织合作社的内在动力和机制，使得在中国农村金融制度的建立过程中，政府的责任更为重大，它不仅要在制度的设计、机构的设立和资金的提供上提供强有力的支持，还要动员和整合各种力量帮助农民建立合作组织。国民政府在上述这些领域确实有所行动，但是它对农村金融的支持和干预却与欧美国家有着巨大差异，本应在制度的设计、机构的设立和资金的提供上提供强有力的支持，实际是缺少对农村金融的整体设计和足够的投入，

---

[1] 姚公振：《中国农业金融史》，第188页。

[2] 中央银行经济研究处：《中国农业金融概要》，第230页；姚公振：《中国农业金融史》，第198页。

[3] 姚公振：《中国农业金融史》，第218-219页。

[4] 欧阳苹：《农业金融之当前问题》，《中农月刊》2卷6期，1941年6月。

无力对错综复杂的金融机构进行根本的改进，无力约束银行业放款农村所表现出的趋利性；本应帮助农民建立让其实现自立的合作组织，政府却一步步加强了对合作社的控制，使合作社失去了合作的基本精神。民国时期，中国从欧美各国移植了新式农村金融制度，但是，由于历史的、社会结构的原因，更主要是政府没能发挥其有效的作用，使得中国新式农村金融制度自建立伊始，与欧美国家相比，就发生了变异，欧美各国的农村金融制度以合作金融充分发展为基础，长、短期金融并行发展，并形成了完整的系统，中国的农村金融制度，合作金融没有充分发展，并且过早的商业化，长期金融发展不足，整个金融体系表现得纷乱复杂。由于自一开始没有建立合作金融的稳固基础，使得此后的农村金融制度的演变充满曲折，目前，中国农村金融是否应该建立合作金融制度，仍然是一个让人们感到纠结和困扰的问题。

附　录

合作社法

国民政府 1934 年 3 月 1 日公布，1935 年 9 月 1 日施行，1939 年 12 月 17 日修正。

第一章　通则

第一条　本法所称合作社，谓依平等原则，在互助组织之基础上，以共同经营方法，谋社员经济之利益与生活之改善，而其社员人数及股金总额均可变动之团体。

第二条　合作社为法人。

第三条　合作社之业务，得为左列各款之一种或数种。

一、为谋农业之发展，置办社员生产上公共或各个之需要设备，或社员生产品之联合推销。

二、为谋工业之发展，置办社员制造上公共或各个之需要设备，或社员制造物之联合推销。

三、为谋社员消费之便利，置办生产品与制造品，以供给社员之需要。

四、为谋金融之流通，贷放生产上或制造上必要之资金于社员，并收受社员之存款。

五、为谋相互之扶助，办理社员各种保险。

六、其他不违反第一条之规定。

国民政府与中国农村金融制度的演变

第四条　合作社之责任分左列三种。

一、有限责任谓社员以其所认股额为限负其责任。

二、保证责任谓社员以其所认股额及保证金额为限负其责任。

三、无限责任谓合作社财产不足清偿债务时，由社员连带负其责任。

第五条　经营第三条、第四条业务之合作社，经主管机关之核准，得收非社员之存款。

前款所收受之存款，在有限责任合作社，不得超过其社员已缴股额及公积金之总额；在保证责任合作社，不得超过其社员已缴股额、保证金额及公积金之总额；在无限责任合作社，不得超过其社员已缴股额之五倍及公积金之总额。

收受非社员存款之合作社，不得兼营第三条第四款以外之业务。

第六条　合作社之业务及责任应于名称上表明之。

非经营本法第三条所规定之业务，经所在地主管机关登记者，不得用合作社名称。

第七条　合作社得免征所得及营业税。

第二章　设立

第八条　合作社非有七人以上不得设立。

第九条　合作社设立人应召集创立会，通过章程，选举理事监事，组织社务会，于一个月内向所在地主管机关为成立之登记。

应登记之事项如左。

一、名称。

二、业务。

三、责任。

四、社址。

五、理事、监事之姓名、性别、年龄、籍贯、职务、住所。

六、社股金额、缴纳方法。

七、各社员认购之社股及已缴金额。

八、关于社员资格及入社、退社除名之规定。

九、关于社务执行及职员任免之规定。

十、保证责任合作社之社员及其保证金额。

十一、关于盈余处分之规定。

十二、关于公积金、公益金之规定。

十三、定有解散事由时其事由。

前项登记事项，除第五款年龄、籍贯、职务，及第七款外，有变更时应于一个月内为变更之登记。

在未登记前，不得以其变更对抗善意第三人。

合作社章程有修改时，应经社员大会之决议。

第十条　主管机关接到前条呈请后，应于十五日内为准否之批示。

第三章　社员、社股及盈余

第十一条　合作社社员应具备左列资格。

一、中华民国人民，年满二十岁，或未满二十岁而有行为能力者。

二、有正当职业者。

第十二条　法人仅得为有限责任或保证责任合作社社员，但其法人以非营利者为限。

无限责任合作社社员不得为其他无限责任合作社社员。

第十三条　有左列情事之一者，不得为合作社社员。

一、剥夺公权。

二、破产。

三、吸用鸦片或其代用品。

第十四条　合作社成立后，凡愿入社者，应有社员二人以上之介绍，或直接以书面请求，以左列规定决定之。

一、加入有限责任或保证责任合作社，应经理事会之同意，并报告社员大会。

二、加入无限合作社，应由社务会提经社员大会出席社员四分之三以上之通过。新加入之社员，合作社应于许其加入后一个月内向主管机关登记。

第十五条　新社员对于入社前合作社所负之债务，与旧社员负同一责任。

第十六条　社股金额每股至少国币二元，至多国币十元，在同一社内必须一律。

第十七条 社员认购社股，每人至少一股，至多不得超过股金总额百分之二十。

第十八条 社员已认未缴之社股金额，不得以对于合作社或其他社员所有之债权主张抵销，不得以已缴之社股金额抵销其对于合作社或其他社员之债务。

第十九条 社员欠缴之社股金额，合作社得将其应得之股息及盈余拨充之。

第二十条 社员非经合作社之同意，不得让与其所有之社股，或以之担保债务。

社股受让人或继承人应承继让与人或被承继人之权利、义务，受让人或继承人为非社员时，应适用第十一条及第十四条之规定。

第二十一条 有限责任合作社减少每股金额，保证责任合作社减少每股金额，或保证金额时，应经社员大会决议，并通知或公告债权人，指定一个月以上之期限，声明债权人得于期限内提出异议。

前项期限内债权人提出异议时，合作社非将其债务清偿，或提供相当之担保，不得减少社股金额或保证金额。

第二十二条 社股年息不得过一分，无盈余时不得发息。

第二十三条 合作社盈余除弥补累积损失及付息外，信用合作社或其他经营贷款业务之合作社，应提取百分之二十以上，在其他合作社应提取百分之十以上为公积金，百分之五为公益金，百分之十为理事、事务员及技术员酬劳金。

前项公积金已超过股金总额二倍时，合作社得自定每年应提之数。

社员对于公积金不得请求分配。

第二十四条 合作社盈余除依前条规定提出外，其余额之分配以社员交易之多寡为标准。

第二十五条 公积金应经社员大会之决定，存储于信用合作社或其他殷实银行。

公积金超过股金总额百分之五十时，其超过部分经社员大会决议，得用以经营合作社业务。

第二十六条　社员有左列情形之一者为出社。

一、丧失中华民国国籍者。

二、有第十三条规定情形之一者。

三、死亡。

四、自请退社。

五、除名。

第二十七条　社员得于年度终了时退社，但应于三个月前提出请求书。

前项期间得以章程延长至六个月，社员为法人时得延长一年。

第二十八条　社员之除名应经社务会出席理事、监事四分之三以上之议决，以书面通知被除名之社员，并报告社员大会。

除名之事由以章程定之。

第二十九条　出社社员仍得依第十四条之规定再请入社。

第三十条　出社社员得依章程之规定，请求退还其股金之一部或全部，股金计算依合作社营业年度终了时之财产定之，但章程另定者依其规定。

经营第三条第三款所定业务之合作社，得以货物偿付出社社员之退还股金。

第三十一条　无限责任合作社或保证责任合作社出社社员，对于出社前合作社债权人之责任自出社决定之日起，经过二年始得解除。

前项合作社于社员出社后六个月内解散时，该社员视为未出社。

第四章　理事、监事及其他职员

第三十二条　合作社理事至少三人，监事至少三人，由社员大会就社员中选任之。

第三十三条　理事任期一年至三年，监事任期一年，均得连任。

第三十四条　理事依本法及合作社章程之规定，与社员大会之决议执行任务，并互推一人或数人对外代表合作社。

理事违反前项规定，致合作社受损害时，对于合作社负赔偿之责。

第三十五条　理事会应置合作社章程、社员名簿、社员大会记录及其他依法应备之簿册于合作社，社员名簿应载明左列事项。

一、社员姓名、性别、年龄、籍贯、职业及住所。

二、社员认购社股之日期及其股数与股票字号。

三、社员已缴金额及其缴纳之日期。

四、保证责任合作社社员之保证金额。

第三十六条　理事会应于年度终了时，造成业务报告书、资产负债表、损益计算表、财产目录及盈余分配案，至少于社员大会十日前送经监事会审核后，报告于社员大会，但召集临时社员大会不在此限。

第三十七条　前二条之书类，社员及合作社债权人均得查阅。

第三十八条　经营第三条第四款所定业务之合作社，不能清偿存款之债务时，理事负连带清偿之责。

前项责任，理事解任后经过二年方得解除。

第三十九条　监事之职权如左。

一、监查合作社之财产状况。

二、监查理事执行业务之状况。

三、审查第三十五条、第三十六条所规定之书类。

四、合作社与其理事订立契约或为诉讼上之行为时，代表合作社。

第四十条　监事不得兼任理事、事务员或技术员。

曾任理事之社员，于其责任未解除前，不得当选为监事。

第四十一条　监事不得享受第二十三条所规定之酬劳。

第四十二条　理事、监事违反法令或合作社章程时，得由社员大会全体社员过半数之决议，解除其职权，其失职时亦同。

第四十三条　理事、监事违反法令，或有其他足以危害合作社之情事者，主管机关认为必要时，得令其解除职权。

第四十四条　合作社因业务之必要，得设事务员及技术员，由理事会任免之。

第五章　会议

第四十五条　合作社会议分左列四种。

一、社员大会，每年至少召集一次。

二、社务会，每三个月至少召集一次。

三、理事会，每月至少召集一次。

四、监事会，每月至少召集一次。

第四十六条　社员大会由理事会召集之。

前项召集应于七日前，以书面载明召集事由，及提议事项通知社员。

第四十七条　理事会于必要时得召集临时社员大会，社员全体四分之一以上亦得以书面记明提议事项及其理由，请求理事会召集临时社员大会。

前项请求提出后，十日内理事会不为召集之通知时，社员得呈报主管机关，自行召集。

第四十八条　社员大会应有全体社员过半数之出席始得开会，出席社员过半数之同意始得决议。

第四十九条　社员大会开会时，每一社员仅有一票表决权。

第五十条　社员不能出席社员大会时，得以书面委托他社员代理之，同一代理人不得代理二人以上之社员。

第五十一条　社员大会流会二次以上时，理事会得以书面载明应议事项，请求全体社员于以定期限内通信表决之，其期限不得少于十日。

第五十二条　社务会由理事召集之，其主席由理事、监事互选之。

社务会应有全体理事、监事三分之二之出席始得开会。

出席理事、监事过半数之同意始得决议。

社务会开会时，事务员、技术员得列席陈述意见。

第五十三条　理事会由主席召集之。

理事会应有理事过半数之出席始得开会，出席理事过半数之同意决议始得决议。

理事会主席由理事互选之。

第五十四条　前条之规定于监事会准用之。

第六章　解散及清算

第五十五条　合作社因左列各款情事之一而解散。

一、章程所定解散之事由发生。

二、社员大会之解散决议。

三、社员不满七人。

四、与他合作社合并。

五、破产。

六、解散之命令。

前项第二款、第四款之决议，应有全体社员四分之三以上之出席，出席社员三分之二以上之同意。

第五十六条　有限责任或保证责任之合作社，不能清偿其债务时，法院得因理事会、监事会或债权人之声请宣告破产。

第五十七条　合作社决议解散，应于一个月内向主管机关声请登记。

第五十八条　合作社为合并时，应于一个月内向主管机关分别依左列各款声请登记。

一、因合并而存续之合作社为变更之登记。

二、因合并而消减之合作社为解散之登记。

三、因合并而另立之合作社为设立之登记。

第五十九条　合作社解散或为合并时，应于一个月内分别通知各债权人并公告之，并应指定一个月以上之期限声明，债权人得于期限内提出异议。

第六十条　合作社之解散，其清算人除合作社章程别有规定，或由社员大会另行选任外，以理事充任之。

不能依前项之规定选定清算人时，法院得因利害关系人之声请选派清算人。

一、了结现务。

二、收取债权清偿债务。

三、分派剩余财产。

第六十一条　清算人为执行前项职务，有代表合作社为一切行为之权。

第六十二条　清算人有数人时，关于清算事务之执行，以其过半数决之，但对于第三人，各有代表合作社之权。

第六十三条　清算人就任后，应即检查合作社情形，造具资产负债表，及财产目录，提交社员大会请求承认，社员大会流会时，清算人得呈请随时答复。

第六十四条　清算人于就任后五日内应以公告方法，催告债权人，限期报明债权，对于所明知之债权人，并分别通知。

前项期限不得少于五十日。

第六十五条　清算人于清算事务终了后，应于二十日内制具报告书，呈报主管机关，并分送各社员。清算人由法院选派者，并应呈报法院。

第七章　合作社联合社

第六十六条　二个以上之合作社或合作社联合社，因区域上或业务上之关系，得设立合作社联合社，同一区域或同一区域内同一业务之合作社，不得同时有二个联合社。

第六十七条　合作社联合社为法人。

第六十八条　合作社之入社或退社，应经各该联合社社员大会议决之。

合作社联合社之入社或退社，应经各该联合社代表大会之决议。

第六十九条　合作社联合社之代表大会，以合作社或合作社联合社之代表组织之。前项代表之名额，依下列各款方式之一定之。

一、依合作社社员或合作社联合社所属合作社社员之人数比例定之。

二、依合作社股金总额或合作社联合社所属合作社股金总额比例定之。

三、依合作社或合作社联合社对于联合社之出资额比例定之。

第七十条　合作社联合社之责任，限于左列两种。

一、有限责任。

二、保证责任。保证责任合作社联合社所属合作社联合社之保证责任，应依各社或各联合社加入之股金总额定之。

第七十一条　合作社联合社之理事、监事，由联合社大会就所属合作社或合作社联合社之代表中选任之。

第七十二条　除本章及法令别有规定外，本法关于合作社之规定于合作社联合社准则之。

第八章　罚则

第七十三条　合作社设立人、理事、监事及清算人有左列各款情事之一者，得科二十元以下之罚款。

一、违反第十四条第二项、第五十条及第五十八条关于声请登记期限之规定者。

二、违反第四十七条第二项、第五十一条、第五十九条、第六十四条关于通知或公告期限之规定者。

第七十四条　合作社社员、设立人、理事、监事及清算人有左列各款情事之一者，得科三十元以下之罚款。

一、违反第三十五条及第三十六条、第六十三条及第六十五条关于合作社章程、大会纪录、业务报告书、资产负债表、损益计算表、财产目录及盈余分配案、清算报告书之规定，为不实之记载，不备置于事务所，或不提交于社员大会时。

二、违反第三十七条关于查阅书类无正当理由而拒绝查阅者。

三、违反第五十六条之规定，不为宣告破产之声请者。

第九章　附则

第七十五条　各种合作社业务之执行，除依本法规定外，于必要时另以法律定之。

第七十六条　本法施行细则由经济部定之。

第七十七条　本法自公布日施行。

（选自中国农民银行经济研究处：《农村经济金融法规汇编》第259-274页。）

县各级合作社组织大纲

行政院 1940 年 8 月 9 日公布。

第一章　通则

第一条　县各级合作社之组织，依本大纲之规定行之。

第二条　县各级合作社为发展国民经济之基本机构，应与其他地方自治工作，密切配合。

第三条　县各级合作社之组织系统如左。

（一）县合作社联合社。

（二）乡（镇）合作社。

（三）保合作社。

分区设署县份，得由县合作社联合社于各该区域设置办事处。在人口稠密地方，如镇或村街为自然单位不可分离时，得就数镇或数保联合设立合作社。

第四条　县各级合作社组织之推进，以乡（镇）为中心，先就每乡（镇）设乡（镇）合作社，并逐渐普及各保合作组织，以达到每保一社，每户一社员为原则。

第五条　各级合作社业务采兼营制，其名称亦所在地县乡（镇）保之名名之。但为举办某种合作事业必要时，得成立专营合作社或联合社，另定其业务区域，并于名称上载明其经营之业务。

第六条　前条采兼营业务制之各级合作社，一律用保证责任。保证责任之保证金额倍数，由各社自行订定，但至少不得少于所认股额之五倍。

第二章　保合作社

第七条　保合作社非因左列各款情事之一，不得解散。

（一）与他合作社合并。

（二）破产。

（三）解散之命令。

第八条　保合作社由居住各该保之具有公民资格之各户长加入之。户长不合前项之规定时，得以该户之具有公民资格者一人，加入合作社。

前二项之规定，其年龄不合规定而有行为能力者，亦得加入合作社。

第九条　社员认购社股，得依实际情形，于两年内分期缴纳。但成立时第一次应缴数额，不得少于所认股金总额十分之一。

前项社股，必要时得以劳力折合现金缴纳之。

第十条　保合作社应加入乡（镇）合作社为社员。

第十一条　保合作社出席乡（镇）合作社代表，由社员大会就社员中推选之。

前项出席代表人数由乡（镇）合作社以章程定之。但同一合作社所属各社代表人数必须相等。

第十二条　保合作社于必要时，得设立分社。

前项分社设置社长一人，由保合作社理事会就社员中选任之。并得设会计员、事务员，由社长遴选请理事会任用之。

第十三条　数保联合组织之合作社，准用本章各条之规定。

第三章　乡（镇）合作社

第十四条　乡（镇）合作社以乡（镇）公所所在地及附近各保具有第八条所规定之资格者与各保合作社为社员。

社员非依第七条之规定解散时，不得出社。

合于第八条之资格者，得准用第九条第二项之规定。

第十五条　依第四条规定组织之专营业务合作社，不另组织联合社时，得加入乡（镇）合作社为社员。

前项合作社入社后，因另组织联合社时，得请求出社。

第十六条　乡（镇）合作社以社员大会为最高权力机关。

第十七条　社员理事会主席代表出席乡（镇）合作社社员大会时，不得当选为乡（镇）合作社理监事。

第十八条　乡（镇）合作社因业务之需要，得分部经营。

第十九条　乡（镇）合作社分部经营业务时，其各部会计应予独立。

第二十条　乡（镇）合作社应加入县合作社联合社为社员。

第二十一条　乡（镇）合作社出席县合作社联合社代表，除理事主席为当然代表外，应由社员大会就各社员及社员代表中推选之。

前项出席代表人数由县合作社以章程定之，并准用第十一条第二项但书之规定。

第四章　县合作社联合社

第二十二条　县合作社联合社，以各乡（镇）合作社为社员。

第二十三条　依第五条规定组织专营业务之合作社或联合社，得加入县联合社为社员。

前项合作社或联合社入社后，因另组织联合社时，得请求出社。

第二十四条　县合作社联合社设区办事处时，各处得各设主任及事务员等职员，依联合社章程及理事会之决议，办理各项事务。

第二十五条　第十四条第二项、第十七条、第十八条之规定，于县合作社联合社准用之。

第五章　附则

第二十六条　本大纲未规定事项，依《合作社法》之规定。

第二十七条　本大纲实施前呈准登记之各级合作社，其实际性质不合本大纲之规定者，应由省主管机关斟酌情形，分别限期改组。

前项限期自本大纲实施之日起，最长不得逾二年。在限期内不为变更之登记者，应解散之。

第二十八条　本大纲自公布之日施行。

（选自《中央银行月报》9 卷 12 期，1940 年 12 月）

中国农民银行条例

1935 年 6 月 4 日公布，1937 年 6 月 3 日修正公布，1941 年 9 月 5 日修正公布。

第一条　中国农民银行经国民政府之特许，为供给农民资金，复兴农村经济，促进农业生产之改良进步，依照股份有限公司之组织设立之。

第二条　中国农民银行资本总额定为国币二千万元，分为二十万股，每股国币一百元，一次缴足。除由财政部认十二万五千股及各省市政府分别认股外，余由人民承购。

前项资本总额受足后，如因业务上之必要，增加股本时，得由股东会议决，呈请财政部核准增加之。

第三条　中国农民银行设总管理处，并得酌设分支行及办事处，或与其他银行号暨农业金融机关订立代理契约，但分支行及办事处之设立，须呈请财政部核准备案。

第四条　中国农民银行股票概用记名式，股东以有中华民国国籍者为限。

第五条　中国农民银行营业年限为三十年，自本条例公布日起算，期满时得由股东会议决，呈请财政部核准延长之。

第六条　中国农民银行之营业范围如左。

一、放款于农民组织之合作社及合作社联合社。

二、放款于农业之发展事业。

三、放款于水利备荒事业。

四、经营农业仓库及放款于农业农具之改良事业。

五、动产不动产之抵押放款及保证信用放款。

六、票据之承受或贴现。

七、收受各项存款及储蓄存款。

八、代理收解各种款项。

九、办理汇兑及同业短期往来。

十、买卖有价证券。

十一、办理信托事业。

十二、其他农民银行应有之业务。

第七条　中国农民银行农业放款以供左列各项用途为限。

一、购买耕牛、籽种、肥料、畜种及各种农业原料。

二、购买或修理农业应用器械。

三、农业品之保管、运输及制造。

四、修造农业应用房屋及场所。

五、其他与农民经济或农业改良有密切关系之事项。

第八条　中国农民银行之放款期限最长不得过五年。

第九条　中国农民银行不动产抵押放款之总额，不得超过实收资本及公积金之总数。

第十条　中国农民银行农业放款不得少于放款总额百分之六十，并于每届年终结算时于资产负债表上以适当之科目表现之。

第十一条　中国农民银行于总管理处设土地金融处兼办土地金融

业务，其兼办土地金融业务另以法律规定之。

第十二条　中国农民银行得依法发行兑换券。

第十三条　中国农民银行经国民政府之特准，得发行农业债券，但发行总额不得超过已收资本之五倍，并不得超过放款之总数，其每年偿还额不得少于收回放款百分之六十以上。

第十四条　中国农民银行不得经营左列各款事项。

一、收买本银行股票，并于本银行股票为担保之放款。

二、买卖不动产，但业务上必要之不动产不在此限。

三、以投机之目的而从事于有价证券之买卖。

第十五条　中国农民银行设董事十五人组织董事会，由股东会在百股以上之股东中选任之，任期三年，每年改选三分之一，连选得连任，但第一届董事之任期于首次开董事会时，以抽签规定之。

第十六条　中国农民银行设常务董事七人，由董事互选之，并由常务董事互选一人为董事长，均以董事之任期为任期。

第十七条　中国农民银行设监察人五人，由股东会在百股以上之股东中选任之，任期一年，连选得连任。

第十八条　中国农民银行设总经理一人、协理一人至三人，由董事长提经董事会同意遴聘，呈请财政部核准备案。

总经理因事故不能执行职务时，由协理代理之。

第十九条　中国农民银行之股东会分为左列二种。

一、股东常会。

二、股东临时会。

第二十条　股东常会每年于总管理处所在地开会一次，由董事会召集之。

第二十一条　董事会认为有重要事件必须开会时，得召集股东临时会。

第二十二条　董事会遇有董事过半数，或监察人，或有股份总数二十分之一以上之股东，因重要事件请求会议时，得召集股东临时会。

第二十三条　股东会开会时，股东须于会期六十日以前登记者，始得出席会议。

第二十四条　股东会股东因事故不能到会时，其委托代理人以股东为限。

第二十五条　中国农民银行每年营业所得纯利，提百分之二十为公积金，百分之四十五为股利，余为特别公积金及职员奖励金。

职员奖励金不得超过其全年薪俸四分之一。

前二项纯利之分配须经股东会通过，呈报财政部备案。

第二十六条　前条公积金之用，以填补资本之损失及维持股利之平均。

第二十七条　中国农民银行应依照本条例详订章程，经股东会议决，呈请财政部、农林部核准。

第二十八条　本条例自公布日起施行。

（选自中国农民银行经济研究处：《农村经济金融法规汇编》第290-294 页。）

合作金库规程

1936 年 12 月 18 日实业部公布，1938 年 3 月 23 日经济部修正公布。

第一章　总则

第一条　合作金库以调剂合作事业资金为宗旨，准用《合作社法》合作社联合社之规定组织之。

第二条　合作金库分左列各种。

一、中央合作金库。

二、省及直辖行政院之市合作金库。

三、县市合作金库。

四、县市以下之区域于必要时得设合作金库代理处。

前项第四款合作金库代理处之任务，得由当地信用合作社或信用合作社联合社行使之。

第三条　合作金库之责任，依《合作社法》第六十九条之规定，以有限责任或保证责任为限。

第四条　中央合作金库受经济部之监督，省合作金库受省以上合作主管机关之监督，直隶行政院之市合作金库受直隶行政院之市以上合作主管机关之监督，县市合作金库受县市以上合作主管机关之监督。

第五条　合作金库应设于各该主管机关所在地，同一区域内不得设立两个以上同级合作金库。

第二章　资本

第六条　中央合作金库由省及直隶行政院之市合作金库，暨以全国为范围之合作社联合社认股组织之，省合作金库以县市合作金库及以省为范围之合作社联合社认股组织之，直隶行政院之市合作金库及县市合作金库由各该区域内信用合作社及各种合作社联合社认股组织之。

在合作金库试办期间，各级政府、农本局、农民银行、地方银行及办理农贷各银行暨其他不以营利为目的之法团，得酌认股额提倡之。

依前两项认股之机关、银行、法团、信用合作社、各种合作社联合社及下级合作金库，均为合作金库社员，得选派代表出席代表大会。

第七条　中央合作金库资本总额至少一千万元，省合作金库、直隶行政院之市合作金库至少一百万元，县市合作金库至少十万元。

第八条　合作金库股票分一股、十股及一百股三种，均为记名式，非各该合作金库理事会之同意，不得让与或担保债务。

第九条　合作金库资本额之增加或减少，须经代表大会议决，呈报主管机关核准，其减少资本额时，并应依《合作社法施行细则》第二十一条规定之程序行之。

第十条　合作金库初成立时，得由第六条第二项之社员先行认股组织，并订奖励信用合作社、各种合作社联合社认股方法，俟合作金库基础巩固时，得将认缴之股逐渐收回。

第十一条　合作金库每股金额年息及缴纳方法，均于各该合作金库章程内载明之。

第三章　组织

第十二条　各级合作金库由社员选派代表出席代表大会，其选派名额于章程中规定，按所缴股额比例分配之，但合作社或合作社联合社至少须有代表一人。

第十三条　代表大会分常会、临时会两种，常会于每年十二月结账后两个月内由理事会召集之，临时会经主管机关或理事会、监事会认为必要时召集，或经社员四分之一以上请求，由理事会召集之。

第十四条　合作金库设理事、监事各若干人分别组织，理事会、监事会其人数由代表大会议定之。

前项理事监事，由代表大会就代表中选任，但依第六条第二项及第十条之规定，由政府、农本局、银行及各法团提倡组织时，至少须有理事、监事各一人为信用合作社或各种合作社联合社之代表。

信用合作社、各种合作社联合社及下级合作金库所认股额，逐渐增加时，各机关、银行及法团代表当选之理事、监事，应比例减少。

第十五条　理事、监事之任期、职权，依《合作社法》之规定。

第十六条　合作金库置经理一人，总理金库事务，遇必要时，得增置副经理一人，襄助经理处理事务，均由理事会聘任之。

第四章　业务

第十七条　合作金库办理存款、借款、放款、汇兑及代理收付各种业务。

第十八条　中央合作金库得放款于省及直隶行政院之市合作金库，及以全国为范围之合作社联合社，省合作金库得放款于县市合作金库及以省为范围之合作社联合社，直隶行政院之市合作金库及县市合作金库，得放款于该区域内信用合作社及各种合作社联合社。

第十九条　各级合作金库之信用放款，除直隶行政院之市合作金库及县市合作金库，得对于各该区域内之信用合作社及信用合作社联合社为信用放款外，以对直属合作金库及同级信用合作社联合社为限。

第二十条　合作金库之营业资金不得为本规程规定业务外任何事业之投资。

第二十一条　合作金库营业计划，应于每年度开始前，提请代表大会通过，并呈报主管机关备案。

第二十二条　合作金库以每年度终了为总决算期，应依《合作社法》第三十三条之规定造成财产目录、资产负债表、业务报告书及盈余分配案，提请代表大会承认，并呈报主管机关备案。

第二十三条　合作金库盈余之分配，依《合作社法》第二十条、第二十一条之规定。

第五章　附则

第二十四条　合作金库应依本规程订立一切章则，呈请主管机关核准，转报经济部备案。

第二十五条　本规程自公布日施行。

（选自中国农民银行经济研究处：《农村经济金融法规汇编》第311-315页。）

廿九年度中央信托局、中国、交通、农民三银行及农本局农贷办法纲要

四联总处第 20 次理事会议通过

一、为适应抗战建国需要，集中力量，扩大农贷办法起见，中央信托局、中国、交通、农民三银行及农本局，依照本办法组织农贷事宜。

二、本年度农贷，暂就后方各省尽先办理，并以四川、西康为首要区域，其他省区由四联总处斟酌情形，随时决定之。

三、贷款对象，以农民团体或个人，及农业改进机关所经营之事业为范围。

甲、农民团体　凡依法登记之合作社、互助社、借款协会、农会、以及供销代营等组织属之。

乙、农民个人　凡佃农及自耕农直接请求贷款者属之。

丙、农业改进机关　凡以改进农业为目的之机关、团体、学校所经营之事业属之。

四、贷款暂分左列各类。

甲、农业生产贷款　凡供应一切农业生产资金之贷款属之。

乙、农业供销贷款　凡供应购买农产品及加工运销等资金之贷款

属之。

丙、农产储押贷款　凡供应建仓设备及农民自有产品储押所需资金之贷款属之。

丁、农田水利贷款　凡供应一切灌溉排水等工程所需资金之贷款属之。

戊、农村运输工具贷款　凡供应农村运输必需之牲畜、车辆、船只等资金之贷款属之。

己、佃农购置耕地贷款　凡供应佃农购置自耕田地所需资金之贷款属之。

庚、农村副业贷款　凡供应农民经营各种副业所需资金之贷款属之。

辛、农业推广贷款　凡供应一切农事改良及推广所需资金之贷款属之。

五、本年度农贷款额由四联总处视各地事实需要随时决定，按左列比例，由行局分担：中央信托局一五、中国二五、交通一五、农民三五、农本局一零。

六、各行局经办农贷分联合办理及分区办理两种，由四联总处规定之。

七、贷款区域经指定后，如已有其他行局在该区域办理农贷时，应由关系行局协商，任采下列方式之一种，报由四联总处指定之。

甲、由指定之行局接受办理，并尽量维持原放款行局已设之机构，充分利用。

乙、由指定之行局与原放款行局联合办理，其分担成分由关系行局商定之。

丙、由指定之行局委托原放款行局继续办理，其业务及账目由委托行局审核之。

八、各行局办理农贷，应依照下列方针进行。

甲、贷款区域应力求普遍，尽量使农户直接享受贷款之利益。

乙、贷款数额应予提高，以适合当地农民之生产需要。

丙、贷款手续应力求简捷，适应农时。

丁、在农民团体尚未健全普及之区域，行局认为必要时，得协助地方政府，辅导农民，组设互助社等团体，先行贷款，补办登记手续。

戊、各地有关农产之指导工作，行局均应积极参加。

己、行局应联络地方党政机关，协同调查宣传倡导。

九、各行局办理各种农贷之标准，如期限、利率、担保等，在一省以内应力求划一。

十、各行局与地方政府签订农贷合约，应由四联总处核定之。

十一、各行局之农贷进行，随时由四联总处考核之。

十二、如有未尽事宜，随时由四联总处核定办理。

（选自《中央银行月报》9 卷 3 期，1940 年 3 月）

中国农民银行兼办土地金融业务条例

1941 年 9 月 5 日国民政府公布。

第一条　本条例依《中国农民银行条例》第十一条之规定指定之。

第二条　中国农民银行土地金融处办理土地金融业务，以协助政府实施平均地权政策为宗旨。

第三条　土地金融业务如左。

一、照价收买土地放款　凡实施土地税之区域地政机关，对报价不实之土地，施行照价收买之放款属之。

二、土地征收放款　地政机关依法征收私有土地之放款属之。

三、土地重划放款　地政机关依法举办土地重划时之放款属之。

四、土地改良放款　政府为开发公有荒地，或办长期性质之农田水利之放款，及公有荒地承垦人或代垦人，依法承垦或代垦荒地之放款属之。

五、扶植自耕农放款　政府为直接创设自耕农征购土地，及农民购买或赎回土地自耕，或依法呈准征收土地之放款属之。

第四条　中国农民银行土地金融业务基金定为国币一千万元，于资本总额内就财政部认定之股本一次拨足，必要时得呈请财政部核准增拨之。

第五条　中国农民银行土地金融业务之会计完全独立。

第六条　中国农民银行办理土地金融业务，得发行土地债券，其发行办法另以法律定之。

第七条　中国农民银行于董事会之下设土地金融审议委员会，审议土地金融业务事宜。

第八条　中国农民银行应依本条例，详订土地金融业务规章，呈请财政部核准。

第九条　本条例自公布日施行。

（选自中国农民银行经济研究处：《农村经济金融法规汇编》第294-295 页。）

参考文献

北碚管理局档案：《中国农民银行农业贷款、中央合作金库农业合作贷款业务范围与标准》，《北碚管理局有关办理农贷情形有关问题》卷，重庆市档案馆藏，案卷号 0081-4-6081。

四联总处渝分处：《中中交农四行联合办事总处三十年度农贷报告》，《关于 1942 年度农贷问题》，重庆市档案馆档案，案卷号 0292-1-207。

中国农民银行档案：《重庆、柳州、赣州等各分行及广西合库关于土地金融业务情况进行趋势报告》，中国第二历史档案馆藏，案卷号 399（4）-5043。

中国农民银行档案：《重庆、恩施、柳州等各行处关于土地金融业务情形及进行趋势》，中国第二历史档案馆藏，案卷号 399（4）-5044。

中国农民银行档案：《镇江、重庆分支行关于土地金融业务及检讨报告》，中国第二历史档案馆藏，案卷号 399（4）-5009。

中国农民银行档案：《西安、衡阳、重庆等分行关于土地金融业务报告概况及撤退后善后办法》，中国第二历史档案馆藏，案卷号 399（4）-5010。

中国农民银行档案：《调整及改进本行辅导合作金库亏损办法》，《修订各省县合作金库机构调整实施细则》，一般合库调整事项，中国第二历史档案馆藏，全宗号 399（5）-2329。

重庆市档案馆、重庆市人民银行金融研究所合编：《四联总处史料》（上、下），档案出版社，1993 年。

交通银行总行、中国第二历史档案馆编：《交通银行史料》第一卷

（1907－1949），中国金融出版社，1995 年。

荣孟源主编：《中国国民党历次代表大会及中央全会资料》（上、下册），光明日报出版社，1985 年。

实业部劳动年鉴委员会：《民国二十二年中国劳动年鉴》，1933 年。

四川省合作金库：《民国二十六年度四川合作金融年鉴》，1937 年。

农本局研究室：《中华民国二十七年农本局业务报告》，1939 年。

农本局研究室：《中华民国二十八年农本局业务报告》，1940 年。

农本局研究室：《中华民国二十九年农本局业务报告》， 1941 年。

《上海商业储蓄银行农业贷款报告》（1935 年 1 月至 6 月），1935 年。

四联总处秘书处：《三十七年上半年农贷报告》，1948 年。

江苏省农民银行：《江苏省农民银行业务报告》，其中二十三年度、二十五年度分别见《银行周报》19 卷 17 期（1935 年 5 月 7 日）、21 卷 21 期（1937 年 6 月 2 日），二十四年度为单行本。

中国国民党中央委员会党史委员会：《革命文献》第 84 辑，《抗战前国家建设史料——合作运动（一）》，1980 年版。

《农矿部农政会议汇编》，决议案第 14 号（关于农业贷款各案之决议案），1930 年。

全国合作事业讨论会办事处：《全国合作事业讨论会汇编》，（台北）文海出版社有限公司，1987 年版。

中国农民银行经济研究处汇编：《农村经济金融法规汇编》，1942 年。

中国第二历史档案馆编：《中华民国史档案资料汇编》，第三辑，《金融》，江苏古籍出版社，1991 年。

中国第二历史档案馆：《中华民国史档案资料汇编》第五辑第一编，《财政经济（七）》，江苏古籍出版社，1994 年。

中国第二历史档案馆：《中华民国史档案资料汇编》第五辑第二编，《财政经济（三）》，江苏古籍出版社，1991 年。

中国第二历史档案馆编：《中华民国史档案资料汇编》，第五辑第三编，《财政经济（二）》，江苏古籍出版社，2000 年。

中国第二历史档案馆、中国人民银行江苏省分行、江苏省金融志编委会：《中华民国金融法规汇编》，档案出版社，1989 年。

中国人民银行金融研究所：《中国农民银行》，中国财政经济出版社，1980 年。

陈颖光、李锡勋：《合作金融》，正中书局，1947 年。

陈振华：《农业信用》，商务印书馆，1933 年。

董时进：《农村合作》，北平大学农学院，1931 年。

侯哲荞：《合作金融论》，中国合作学社，1936 年。

侯哲荞：《世界合作思想十讲》，正中书局，1946 年。

季特：《英国合作运动史》，商务印书馆，1933 年。

江西省合作金库研究室：《江西省合作金库概况》，1939 年。

江苏省政府秘书处：《三年来江苏省政述要》，1936 年。

林和成：《中国农业金融》，中华书局，1936 年。

陆国香：《湖南农村借贷之研究》，国民政府实业部国际贸易局，1935 年。

农本局研究室：《经济部农本局概况》，1942 年。

天野元之助：《支那农业经济论》，日本东京改造社，昭和 17 年（1942）。

王志莘、吴敬敷：《农业金融经营论》，商务印书馆，1936 年。

王宗培：《中国之合会》，中国合作学社，1935 年。

吴宝华：《美国之农业金融》，商务印书馆，1938 年。

吴敬敷、徐渊若：《农业金融制度论》，商务印书馆，1935 年。

徐渊若：《日本之农业金融》，商务印书馆，1935 年。

徐渊若：《德国之农业金融》，商务印书馆，1936 年。

杨西孟：《中国合会之研究》，商务印书馆，1935 年。

杨肇遇：《中国典当业》，商务印书馆，1933 年。

姚公振：《中国农业金融史》，中国文化服务社，1947 年。

叶谦吉：《合作金库制度之意义与建立》，南开大学经济研究所农业经济丛刊第一种。

于树德：《信用合作社经营论》，中华书局，1921 年。

于海：《中外农村金融制度比较研究》，中国金融出版社，2003 年。

张镜予：《中国农村信用合作运动》，商务印书馆，1930 年。

张绍言：《合作金融概论》，中华书局，1944 年。

张则尧：《合作金融要义》，中国合作经济研究社，1944 年。

中央银行经济研究处：《中国农业金融概要》，商务印书馆，1936 年。

卜明：《中国银行行史（1912－1949）》，中国金融出版社，1995 年。

蔡勤禹：《民间组织与灾荒救治》，商务印书馆，2005 年。

陈岩松：《中华合作事业发展史》，台湾商务印书馆，1983 年。

何廉：《何廉回忆录》，中国文史出版社，1988 年。

李金铮：《借贷关系与乡村变动》，河北大学出版社，2000 年。

李金铮：《民国乡村借贷关系研究》，人民出版社，2003 年。

汪小亚：《农村金融体制改革研究》，中国金融出版社，2009 年。

徐畅：《二十世纪二三十年代华中地区农村金融研究》，齐鲁书社，2005 年。

薛毅：《中国华洋义赈救灾总会研究》，武汉大学出版社，2008 年。

张曼茵：《中国近代合作化思想研究（1912－1949）》，上海世纪出版集团上海书店出版社，2010 年。

赵泉民：《政府·合作社·乡村社会》，上海社会科学院出版社，2007 年。

中国农业银行四川省分行农村金融志编委会：《四川农村金融志》，四川大学出版社，1992 年。

曹锡光：《美国农村金融概观》，《中国农民月刊》1 卷 6 期，1942 年 7 月。

常文熙：《农村经济破产声中农村金融问题之研究》，《中国经济》3 卷 8 期，1935 年 8 月。

陈晖：《中国信用合作社的考察》，《中国农村》1 卷 8 期，1935 年 5 月。

陈宗：《德国农村金融概观》，《中国农民月刊》1 卷 6 期，1942

年 7 月。

陈颖光：《合作金库业务改进刍议》，《金融知识》1 卷 4 期，1942 年 7 月。

陈颖光：《论我国农业金融之使命及其应有之改进》，《金融知识》1 卷 6 期，1942 年 11 月。

陈颖光：《丹麦合作金融机构之发展及其业务》，《财政评论》8 卷 10 期，1948 年。

陈仲明：《中国合作事业之回顾与前瞻》，《黄埔》5 卷 22 期，1941 年。

崔永辑：《德法农业金融制度之比较研究》，《中农月刊》1 卷 11、12 期合刊，1940 年 12 月。

崔永楫：《我国土地金融事业之回顾与展望》，《中农月刊》3 卷 2 期，1942 年 2 月。

丁宗智：《八年来之合作金融》，《金融知识》4 卷 1、2 期合刊，1945 年 7 月。

丁宗智：《中央合作金库之筹备经过》，《经济汇报》9 卷 12 期，1944 年 6 月。

杜元信：《论中国合作金库》，《西南实业通讯》3 卷 2 期，1941 年。

费孝通：《农贷方式的检讨》，《中农月刊》1 卷 6 期，1940 年 6 月。

傅兆文：《中国农村贷款事业之检讨》，《新农村》第 15 期，1934 年 8 月。

符致逵：《商业银行对于农村放款问题》，《东方杂志》32 卷 22 号，1935 年 11 月。

甘布尔：《对于中国合作事业之批评及希望》，《中国农村》战时版第 11、12、13 期合刊，1939 年 5 月。

顾尧章：《当前我国合作金库实务问题之检讨》，《经济汇报》6 卷 10 期，1942 年 11 月。

顾翊群：《十年来之中国农民银行》，《中农月刊》4 卷 4 期，1943

年 4 月。

郭敏学：《中国农业金融制度之史的检讨》，《农村月刊》2 卷 6 期，1948 年 6 月。

郭荣生：《战时西南西北金融网建设》，《财政学报》1 卷 3 期，1943 年 3 月。

郭荣生：《我国近年来之农贷》，《经济汇报》10 卷 9 期，1944 年 11 月。

郭荣生：《县银行之前瞻及现状》，《经济汇报》6 卷 7 期，1942 年 10 月。

韩德章：《浙西农村之借贷制度》，《社会科学杂志》3 卷 2 期，1932 年 6 月。

洪瑞坚：《土地金融业务的检讨》，《中农月刊》5 卷 11 期，1944 年 11 月。

侯哲莽：《十年来之吾国合作运动》，《中农月刊》4 卷 4 期，1943 年 4 月。

侯厚培：《近代农业金融机关之发展及其比较研究》，《中农月刊》1 卷 5 期，1940 年 5 月。

侯哲莽：《现在中国之信用合作事业》，《银行周报》16 卷 21、22 期，1932 年 6 月 7、14 日。

侯哲莽：《农贷纲要在中国农业金融史上之地位》，《财政评论》3 卷 5 期，1940 年 5 月。

侯哲莽：《论今后我国农业金融制度的改进》，《财政评论》8 卷 4 期，1942 年 10 月。

侯哲莽：《农业金融》，《金融知识》2 卷 2 期，1943 年 3 月。

侯哲莽、林嵘：《中国农业金融论》第一章，《金融知识》1 卷 4 期，1942 年。

侯哲莽、林嵘：《中国农业金融之史的发展》，《金融知识》1 卷 5 期、6 期，1942 年 9、11 月。

胡铁：《省地方银行之回顾与前瞻》，《金融知识》1 卷 6 期，1942 年 11 月。

黄肇兴：《中国合作金融之发展》，《新中华》复刊第 1 卷第 3 期，1943 年 3 月。

黄肇兴：《中国合作金库发展史之鸟瞰》（上、下），《新中华》复刊第 1 卷第 10、11 期，1943 年 10、11 月。

黄肇兴：《经济落后国家合作运动的特征》，《合作经济》新 2 卷第 3 期，1948 年 8 月。

黄肇兴：《合作社法施行上之困难》，《农村合作》2 卷 1 期，1936 年 8 月。

黄通：《扶植自耕农与土地金融》，《地政月刊》5 卷 2、3 期合刊，1937 年 3 月。

黄通：《一年来之吾国地政》，《中农月刊》5 卷 4 期，1944 年 4 月。

黄通：《土地金融之概念及其体系》，《地政月刊》2 卷 2 期，1942 年 2 月。

黄卓：《英国农村金融概观》，《中国农民月刊》1 卷 6 期，1942 年 7 月。

蒋学楷：《美国农业金融制度》，《农村合作》2 卷 6 期，1937 年 1 月。

克襄：《论农本局》，《国际贸易导报》8 卷 6 期，1936 年 6 月。

孔雪雄：《三年来之中国农贷事业》，《天行杂志》新 1 卷第 3 期，1943 年 3 月。

劳远瑗：《农业仓库与农村金融》，《农行月刊》4 卷 4 期，1937 年 4 月。

厉德寅：《三年来之农业金融及今后改进之途径》，《经济汇报》2 卷 1、2 期合刊，1940 年 7 月。

厉德寅：《我国农业金融制度之展望》，《经济汇报》3 卷 9 期，1941 年 5 月。

李厚芬：《豫鄂皖三省农村金融救济概况》，《银行周报》18 卷 2 期，1934 年 1 月 23 日。

李景汉：《中国农村金融与农村合作问题》，《东方杂志》33 卷 7

号，1936年4月。

李奇流：《农业金融之需要与供给》，《中农月刊》1卷1期，1940年1月。

李叔明：《一年来之中国农民银行》，《中农月刊》5卷4期、6卷4期、7卷4期、8卷4期、9卷4期，1944年4月、1945年4月、1946年4月、1947年4月、1948年4月。

李文伯：《华洋义赈救灾总会与中国合作运动》，《南大半月刊》，第13、14合期，1936年。

林嵘：《七年来中国农民银行之农贷》，《中农月刊》1卷1期，1940年1月。

廖伟青：《农贷问题鸟瞰》，《中国农民月刊》1卷6期，1942年7月。

林和成：《改组中国农民银行为中央农业银行之检讨》，《湖南大学季刊》2卷3期，1936年7月。

林和成：《民元来我国之农业金融》，《银行周报》，31卷9、10期，1947年3月10日。

林嵘：《七年来中国农民银行之农贷》，《中农月刊》1卷1期，1940年1月。

刘荫仁：《创设中央合作金库问题时论析评》，《中国合作》2卷10-12期合刊，1942年6月。

罗俊：《各国中央合作金融机关之组织制度及其特征》，《中农月刊》3卷3期，1942年3月。

卢广绵：《改进社二十四年度棉运工作》，《大公报》，1936年3月7日《经济周刊》。

吕克勤：《法国合作运动的特征》，《合作经济》新2卷第3期，1948年8月。

慕杰：《新币制策动下之银行农村投资》，《统计月报》31卷，1937年5月。

慕杰：《廿五年银行业农业投资之状况》，《上海法学院商专月刊》1卷1期，1937年1月。

彭深泽：《农贷可以紧缩吗？》，《中国农村》战时版8卷7期，1942年。

乔启明：《农业金融政策》，《中农月刊》4卷10期，1943年10月。

乔启明：《我国农业金融之展望》，《中农月刊》3卷3期，1942年3月。

乔启明：《农贷问题》，《中华农学会报》第186期，1948年3月。

乔启明：《当前农贷问题之检讨》，《农业推广通讯》3卷12期，

秦柳方：《论当前农贷》，《经济论衡》2卷2期，1944年2月。

沙凤岐：《英国合作运动的特征》，《合作经济》新2卷第3期，1948年8月。

沈伯虬：《日本农业金融制度》，《农村合作》2卷6期，1937年1月。

施德兰：《对于中国银行界投资农村之意见》，《银行周报》19卷9期，1935年3月12日。

寿勉成：《我国合作金融问题批判》，《中国合作》2卷10－12期，1942年6月。

寿勉成：《我国合作金融问题》，《金融知识》3卷6期，1944年11月。

寿勉成：《改进我国合作金融制度刍议》，《财政评论》5卷1期，1941年。

寿勉成：《我国合作金库之沿革与将来》，《银行周报》31卷1期，1947年。

宋之英：《农贷与合作的检讨》，《西南实业通讯》5卷5、6期、6卷1期，1942年5、6、7月。

孙起烜：《德国农业信用制度》，《农村合作》2卷6期，1937年1月。

孙耀华：《我国农贷事业之检讨与改进》，《中国农村》战时版8卷7期，1942年。

唐巽泽等：《实施县各级合作组织的几个问题》，《合作前锋》战时

版，第 9、10 期合刊，1941 年。

翁祖善：《实施新县制后的贵州合作事业》，《贵州企业季刊》2 卷 1 期，1944 年。

王清彬：《胜利以来之中国农民银行》，《中央银行月报》新 3 卷 5 期，1948 年 5 月。

王厚渭：《银行救济农村商榷》，《银行周报》19 卷 35 期，1935 年 9 月 10 日。

王士勉：《商子流入农村之先河》，《实业部月刊》1 卷 7 期，1936 年 10 月。

王世颖：《美国农业金融制度之新猷》，《银行周报》20 卷 9 期，1936 年 3 月。

王世颖：《我国农业金融之新猷》，《财政评论》3 卷 5 期，1940 年 5 月。

王世颖：《我国历代之农业金融政策》，《中农月刊》1 卷 2 期，1940 年 2 月。

王世颖：《青苗钱制——我国历史上一个农业金融制度》，《中农月刊》1 卷 4 期，1940 年 4 月。

王世颖：《我国近代农业金融之发轫》，《中农月刊》1 卷 6 期，1940 年 6 月。

王文钧：《商业银行在农村中之动态》，《银行周报》19 卷 48 期，1935 年 12 月 10 日。

王益滔：《论商业银行之农村放款》，《农学月刊》2 卷 2 期，1936 年 5 月。

汪荫元：《当前农贷的出路》，《中农月刊》3 卷 3 期，1942 年 3 月。

巫宝三：《华洋义赈救灾总会办理河北省农村信用合作社放款之考察》，《社会科学杂志》5 卷 1 期，1934 年 3 月。

巫宝三：《论我国农业金融制度与贷款政策》，《金融知识》1 卷 4 期，1942 年 7 月。

吴承禧：《中国银行的农业金融》，《社会科学杂志》6 卷 3 期，1935

年 9 月。

吴文晖：《现阶段我国农业金融组织之检讨》，《青年中国季刊》1卷 3 期，1940 年 4 月。

吴文晖：《建立农地金融制度之管见》，《新经济半月刊》3 卷 12期，1940 年 6 月。

吴文晖：《中国战后农业金融问题》，《经济建设季刊》2 卷 3 期，1944 年 1 月。

吴文晖：《抗战建国中的农业金融政策》，《时事月报》23 卷 4 期，1940 年 10 月。

徐曰琨：《我国新式农村土地抵押贷款问题之商讨》，《中央时事周报》5 卷 30 期，1936 年 8 月 8 日。

武育宣：《银行业投资农村之检讨》，《中国经济》3 卷 5 期，1935年 5 月。

小平权一：《各国合作金融制度概述》，《经济汇报》8 卷 2 期，1943年 7 月。

徐国屏：《合作金库机构调整后实务之改进》，《中农月刊》4 卷 2期，1943 年 2 月。

徐世润：《江西省之合作事业与农业金融》，《中农月刊》1 卷 2 期，1940 年 2 月。

薛树薰：《合作金库本质之鸟瞰》，《中农月刊》5 卷 9、10 期合刊，1944 年 10 月。

薛树薰：《合作金库组织系统及其理论之探讨》，《中农月刊》5 卷11 期，1944 年 11 月。

许性初：《各国农贷制度之比较》，《中农月刊》1 卷 11、12 期合刊，1940 年 12 月。

言穆渊：《我国银行经放农贷之数量（1931-1937）》，《经济学报》第 2 期，1941 年。

杨蔚：《农贷理论之检讨与根据》，《经济汇报》1 卷 13 期，1940年 5 月。

姚公振：《论农业合作金融制度》，《中农月刊》1 卷 5 期，1940

年5月。

　　姚公振：《十年来之中国农民银行》，《经济汇报》6卷11期，1942年12月。

　　姚公振：《我国农业金融之检讨与展望》，《四川经济季刊》2卷2期，1945年4月。

　　叶德盛：《吾国金融界投资农仓事业之回顾与前瞻》，《中农月刊》7卷3期，1946年3月。

　　叶谦吉：《我国合作金库制度的检讨》，《财政评论》3卷5期，1940年5月。

　　叶谦吉：《对于本年度农贷计划的建议》，《甘行月刊》第2期，1941年4月。

　　于永滋：《中国合作社之进展》，《东方杂志》32卷1号，1935年1月。

　　阮有秋：《论今日我国农贷的任务及其工作精神》，《中国农民月刊》1卷6期，1942年7月。

　　余建寅：《合作金库的现势及其前途》，《经济汇报》3卷1、2期合刊，1941年1月。

　　章景瑞：《近世农业金融制度的发展及其趋势》，《中农月刊》1卷11、12期合刊，1940年11月。

　　章景瑞：《农贷的现在和将来》，《经济建设季刊》创刊号，1942年7月。

　　章元善：《合作在中国所负之使命》，《实业部月刊》1卷7期，1936年10月。

　　章元善：《农贷何处去》，《中农月刊》2卷1期，1941年1月。

　　章少力：《我国农贷事业之过去与现在》，《经济汇报》8卷6期，1943年9月。

　　张履鸾：《紧缩声中农贷应取之途径》，《中农月刊》3卷3期，1942年3月。

　　张遽：《抗战以来我国合作事业的检讨》，《合作评论》1卷1期，1941年1月。

翟克：《论今日之农贷》，《行健月刊》第 8 期，1941 年。

张则尧：《论我国中央合作金库之创设》，《中国合作》1 卷 8、9 期合刊，1941 年 3 月。

赵之敏：《论我国今后农贷政策》，《经济汇报》5 卷 11 期，1942 年 6 月。

郑厚博：《中国合作社实况之检讨》，《实业部月刊》1 卷 7 期，1936 年 7 月。

郑厚博：《全国合作会议之收获》，《合作月刊》战时版第 22、23 期合刊，1941 年 5 月。

郑麟翔：《苏联农村金融概观》，《中国农民月刊》1 卷 6 期，1942 年 7 月。

郑林庄：《论农本局》，《独立评论》第 206 号，1936 年。

钟崇敏：《发行土地债券推进土地金融业务问题》，《中农月刊》9 卷 6 期，1948 年 6 月。

周佩箴：《中国农民银行与合作事业》，《合作月刊》战时版，第 11、12、13 期合刊，1939 年 5 月。

朱幼珊：《中国华洋义赈救灾总会办理合作事业大事记》，《合作讯》百期特刊，1933 年。

朱剑农：《论土地金融在新中国的建设中应负的使命》，《四川经济季刊》2 卷 3 期，1945 年 2 月。

邹枋：《农村放款中的几个实际问题》，《银行周报》19 卷 5 期，1935 年 12 月 5 日。

《本会推行合作事业方案》，中国华洋义赈救灾总会丛刊甲种第 43 号；《民国二十三年度赈务报告书》，1935 年。

《二十九年度中央信托局、中国、交通、农民三银行及农本局农贷办法纲要》，《中央银行月报》9 卷 3 号，1940 年 3 月。

《合作金库规程》，《中国合作》2 卷 10—12 期，1942 年 6 月。

《各行局农贷业务交接原则》，《金融周刊》4 卷 3 期，1943 年。

《江苏省农民银行办理农业仓库及合作事业概况》，《中国农村》创刊号，1934 年 10 月。

《农本局进行计划纲要》，《四川经济月刊》6 卷 5 期，1936 年 11 月。

《确立合作的农贷制度》，《新华日报》，1942 年 6 月 12 日。

《三十年度中央信托局中国交通农民三银行农贷办法纲要》，《中国合作》2 卷 1 期，1941 年 7 月。

《全国合作会议专号》，《合作事业月刊》3 卷 5－9 期合刊，1941 年 9 月。

《全国合作会议总决议案及重要决议案》，《中国合作》1 卷 11、12 期合刊，1941 年 6 月。

《县各级合作社组织大纲》，《中央银行月报》9 卷 12 期，1940 年。

《县各级组织纲要》，《地方行政》第 1 期，1941 年 7 月。

《中国农民银行第七、八次营业报告》，《银行周报》21 卷 22 期，1937 年 6 月 8 日。

《中中交农四行局三十一年度办理农贷方针》《中中交农四行局农贷办法纲要》《中中交农四行局各种农贷准则》，《中国合作》2 卷 6、7 期，

白越平、于永：《20 世纪 30 年代农村金融救济"量"的考察》，《内蒙古师范大学学报》2002 年第 1 期。

陈意新：《农村合作运动与中国现代农业金融的困窘》，《南京大学学报》2005 年第 3 期。

程霖、韩丽娟：《民国时期农业金融制度建设的四种模式》，《中国经济史研究》2006 年第 4 期。

成功伟：《抗战时期四川农村合作金融体系初探》，《社会科学研究》2010 年第 6 期。

董长芝：《论国民政府抗战时期的金融体制》，《抗日战争研究》1997 年第 4 期。

杜恂诚：《20 世纪 20－30 年代的中国农村新式金融》，《社会科学》2010 年第 6 期。

范崇山、周为号：《抗战前我国农村信用合作社之考察》，《学海》

1992 年第 2 期。

傅亮、池子华：《国民政府时期农本局与现代农业金融》，《中国农史》2010 年第 1 期。

高石钢：《民国时期新式金融在西北的农贷活动绩效评价》，《中国农史》2009 年第 3 期。

龚关：《合作金库的辅设问题探究》，《贵州财经学院学报》2011 年第 6 期。

韩德章、詹玉荣：《旧中国农村的高利贷》，《中国农史》1984 年第 4 期。

韩德章、詹玉荣：《民国时期的新式农业金融》，《中国农史》1989 年第 2 期。

何莉萍：《南京国民政府土地政策和土地立法之评析》，《法史学刊》2006 年卷，社会科学文献出版社，2007 年 7 月。

黄立人：《论抗战时期国统区的农贷》，《近代史研究》1997 年第 6 期。

黄正林：《农贷与甘肃农村经济的复苏（1935－1945 年）》，《近代史研究》2012 年第 4 期。

姜枫：《抗战前国民党的农村合作运动》，《近代史研究》1990 年第 3 期。

蒋国河：《中国农民银行农贷业务评析》，《福建师范大学学报》2003 年第 4 期。

李金铮：《20 世纪 20－40 年代典当业的衰落》，《中国经济史研究》2002 年第 4 期。

李顺毅：《资金来源结构与合作金库的发展》，《民国档案》2010 年第 2 期。

刘建生、王瑞芬：《浅析山西典当业的衰落及其原因》，《中国社会经济史研究》2002 年第 3 期。

刘秋根：《明清民国时期典当业的资金来源及资本构成分析》，《河北大学学报》1999 年。

刘永祥：《20 世纪 20 年代商业银行"资金归农"活动评述》，《社会科学家》2007 年第 3 期。

刘志英、张朝晖：《民国时期浙江地方银行的农贷研究》，《杭州师范学院学报》2007 年第 1 期。

马俊亚：《典当业与江南近代农村社会关系辨析》，《中国农史》2002年第 4 期。

梅德平：《国民党政府时期农村合作社组织变迁的制度分析》，《民国档案》2004 年第 2 期。

单强、昝金生：《论近代江南农村的"合会"》，《中国经济史研究》2002 年第 4 期。

沈渭滨：《"平均地权"本义的由来与演变》，《安徽史学》2007 年第 5 期。

王奇生：《民国时期社会权力结构的演变》，载《中国社会史论》（下），湖北教育出版社，2000 年。

王先明、张翠莉：《二三十年代农村合作社借贷资金的构成及其来源》，《天津师范大学学报》2002 年第 4 期。

王天奖：《近代河南农村高利贷》，《近代史研究》1995 年第 2 期。

魏本权：《20 世纪上半叶的农村合作化——以民国江西农村合作运动为中心的考察》，《中国农史》2005 年第 4 期。

魏本权：《试论近代中国农村合作金融的制度变迁与创新》，《浙江社会科学》2009 年第 6 期。

徐畅：《"合会"述论》，《近代史研究》1998 年第 2 期。

徐畅：《抗战前江苏省农民银行述论》，《中国农史》2003 年第 3 期。

许永峰：《20 世纪二三十年代"商资归农"活动运作的特点》，《中国经济史研究》2012 年第 2 期。

薛念文：《论 20 世纪三十年代中国新式农业金融机构的发展》，《档案与史学》2001 年第 4 期。

杨勇：《近代江南典当业的社会转型》，《史学月刊》2005 年第 5

期。

易绵阳:《抗战时期四联总处农贷研究》,《中国农史》2010 年第 4 期。

岳谦厚、许永锋:《1930 年代中国农村合作运动讨论中的"商资归农"问题》,《安徽史学》2007 年第 4 期。

昝金生:《20 世纪二三十年代江南农村信用合作社述论》,《中国农史》2003 年第 3 期。

张杰:《农户、国家与中国农贷制度:一个长期视角》,《金融研究》2005 年第 2 期。

张士杰:《国民政府推行农村合作运动的原因与理论阐释》,《民国档案》2000 年第 1 期。

张天政:《抗战时期国家金融机构在陕西的农贷》,《抗日战争研究》2009 年第 2 期。

赵泉民:《乡村合作运动中合作金融制度建设之议》,《东方论坛》2008 年第 4 期。

赵泉民、忻平:《资金构成与合作社的"异化"》,《华东师范大学学报》2006 年第 2 期。

赵泉民、刘巧胜:《绩效与不足:合作运动对中国农业生产影响分析》,《东方论坛》2007 年第 2 期。

郑庆平:《中国近代高利贷资本及其对农民的剥削》,《经济问题探索》1986 年第 2 期。

邹晓昇、黄静:《论中国农民银行的农贷运行机制》,《河北大学学报》2004 年第 4 期。

邹晓昇:《试论中国农民银行角色和职能的演变》,《中国经济史研究》2006 年第 4 期。

张晓辉、屈晶:《抗战时期广东省银行农贷研究》,《抗日战争研究》2011 年第 4 期。

邹晓昇:《20 世纪 30 年代前半期商业银行农贷活动》,《江海学刊》2011 年第 2 期。

章元善：《华洋义赈会的合作事业》，《文史资料选辑》第 80 辑，文史资料出版社，1982 年。

张天政：《抗战时期国家金融机构在陕西的农贷》，《抗日战争研究》2009 年第 2 期。